张晶萍 著

叶德辉生平及学术思想研究

湖湘文库编辑出版委员会
湖南师范大学出版社

湖湘文库
乙编

《湖湘文库》编辑出版领导小组

《湖湘文库》编辑出版领导小组办公室

《湖湘文库》编辑出版委员会

出版说明

湖湘文化源远流长，博大精深，是中华文化中独具地域特色的重要一脉。特别是近代以来，一批又一批三湘英杰，以其文韬武略，叱咤风云，谱写了辉煌灿烂的历史篇章，使湖湘文化更为绚丽多彩，影响深远。为弘扬湖湘文化、砥砺湖湘后人，中共湖南省委、湖南省人民政府决定编纂出版《湖湘文库》大型丛书。

《湖湘文库》编辑出版以"整理、传承、研究、创新"为基本方针，分甲、乙两编，其内容涵盖古今，编纂工作繁难复杂，兹将有关事宜略述如次：

一、甲编为湖湘文献，系前人著述。主要为湘籍人士著作和湖南地区的出土文献，同时酌收历代寓湘人物在湘作品，以及晚清至民国时期的部分报刊。

二、乙编为湖湘研究，系今人撰编。包括研究、介绍湖湘人物、历史、风物的学术著作和资料汇编等。

三、乙编中的通史、专题史，下限断至1949年。

四、甲编文献以点校后排印或据原本影印两种方式出版。

五、除少数图书以外，一律采用简体汉字横排。

六、每种图书均由今人撰写前言一篇。甲编图书前言，主要简述原作者生平、该书主要内容、学术文化价值及版本源流、所用底本、参校本等。乙编图书前言，则重在阐释该研究课题的研究视角和主要学术观点等。

七、对文献的整理，只据底本与参校本、参校资料等进行校勘标点，对底本文字的讹、夺、衍、倒作正、补、删、乙，有需要说明的问题，则作出校记，一般不作注释。

八、甲编民国文献中的用语、数字、标点等，除特殊情况外，一般不作改动。乙编图书中的标点、数字用法、参考文献著录规则等均按现行出版有关规定使用和处理。

《湖湘文库》卷帙浩繁，难免出现缺失疏漏，热望社会各界批评指正。

《湖湘文库》编辑出版委员会

前言

一

叶德辉（1864—1927），字奂彬（也作焕彬、奂份），号郎园，又号直山。祖籍江苏吴县，后迁居湖南。叶德辉一生历经清同治、光绪、宣统三朝以及民国初期，参与或见证了近现代史上许多大事，在政治、经济、文化方面都有一定的影响。叶德辉在政治上以“顽固守旧”著称于世。戊戌变法时期，他以“扶世翼教”为己任，对康有为的公羊学说进行了不遗余力的批驳，由此名动天下，成为晚清“翼教”派之领袖。袁世凯酝酿复辟帝制时期，叶德辉曾任筹安会湖南分会会长，并积极响应袁世凯政府有关尊孔读经的号召，成立湖南经学会。1927 年北伐战争期间，湖南农民运动高涨，叶德辉不满于时事，戏作对联，极尽讽刺之能事，最终作为湘省著名土豪劣绅而遭到镇压。

以上所述，几乎成为众人皆知的事实，也是叶德辉“谤满天下”的缘由所在。然而，另一方面，叶德辉还是近代湖南乃至中国的文化名人，是著名的藏书家、目录版本学家、经学家、出版家，一生刊刻、整理、撰述著作达百余种之多。对于叶德辉的学术成就，湖南著名学者李肖聃曾有过这样的评价：“论者谓湘州亟年以来，文儒相望，而甄微广术，孤诣致精，撰集穷乎众流，徒人及于域外，未有若先生也。”（《湘学略·郎园学略》）可见叶德辉在学术上贡献之大、影响之广。

叶德辉的思想中，既有传统士大夫的政治关怀，又有旧式学者的文化追求。正是这种政治关怀与文化追求使得叶德辉在一生中做出了种种不合时宜之事，几乎成为“专业逆历史潮流而动的反动派”。他不仅政治思想较为传统，而且在学术上也逆时而动。在新旧嬗递的近代社会文化转型之际，叶德辉以绵斯文、衍绝学为己任，致力于旧学的保存，从而成为近代著名的传统学者。叶德辉是近代史上值得关注的人物，他虽然由于行事风格独特而为世人侧目，但绝不是历史的例外，而是清末民初之际旧式文化人的典型，其经历、思想是新旧冲突、中西碰撞之际旧式学者的缩影。

与叶德辉的历史影响很不相称的是，目前有关叶德辉的研究还极为薄弱，很多方面还是一片空白。

首先，关于叶德辉的生平研究极为缺乏。古人云，知人论世。对于叶德辉其人其事的真切了解，是准确评价叶德辉思想的一个前提。然而，迄今为止，有关叶德辉的唯一一本传记专著是杜迈之、张承宗二人合著的《叶德辉评传》（岳麓书社 1986 年版）。该书分为上、下两编，上编述其人其事，下编述其学。该书在内地叶德辉研究中有筚路蓝缕之功，但极为简略。在有保留地肯定叶德辉在目录、版本、文字、历法等方面的学术成就的同时，对于叶氏其人，则基本上采取了“历数劣迹”的方式铺叙，强化叶德辉作为劣绅的一面。另外，郑伟章、李万健所著的《中国著名藏书家传略》（书目文献出版社 1986 年版），以《叶德辉与观古堂》为题对叶德辉作了些介绍。申畅著的《中国目录学家传略》（中州古籍出版社 1987 年版）也对叶德辉的目录学成就有极简短的介绍。两书所论均不出《叶德辉评传》之范围。

近年来，亦有部分通俗史学家或文化人谈论叶德辉其人其事，但大多止于猎奇心理，人云亦云，学术价值不高。因此，尽管叶德辉声名远扬，在世人心目中依然是“犹抱琵琶半遮面”。他一生究竟参与了哪些重大活动、起了什么作用，他所生活的交往圈、时人后人是如何评论他的，现有相关论著都语焉不详。

其次，有关叶德辉学术的研究虽然取得了一些成果，但很不全面，研究结构不太合理。自 20 世纪 90 年代以来，学术界在“其人不足道，其学实有可传”的思想指导下，对于叶德辉具体的学术活动、学术成就的研究渐渐升温。截至目前，以叶德辉为论题的单篇论文约有 40 余篇，其中包括 4 篇硕士学位论文，即朱新民的《叶德辉及其历史文献学研究》（湖南师范大学 2005 年硕士学位论文）、刘孝平的《叶德辉文献学研究》（武汉大学 2005 年硕士学位论文）、李秋实的《〈秘书省续编到四库阙书目〉校证》（吉林大学 2006 年硕士学位论文）、王晓娟的《书林清话研究》（湖南师范大学 2007 年硕士学位论文）。这些单篇论文的共同特点，是集中探讨了叶德辉在历史文献学方面的活动与成就，内容包括叶德辉的藏书活动、校勘活动及方法、目录学成就、版本学成就等方面。其中《书林清话》又是重中之重，几乎每一篇与叶德辉相关的研究论文，都会涉及此书，而直接以《书林清话》为论题的就有多篇。这说明当前有关叶德辉的专题研究专注于历史文献学的领域。至于叶德辉的经学成就、学术交往、学术影响等等，除笔者本人曾有专文介绍外，尚无他人涉及，特别是叶德辉思想的研究，更是当前一大盲区。

鉴于叶德辉在历史上的影响与目前叶德辉研究的缺失，对叶德辉的生平与思想进行全面的、深入的研究，就很有必要。其意义不仅在于对叶德辉个人形成“了解之同情”，更在于促进对近代湖湘文化的全面认识，为当前的文化建设提供借鉴。

二

本书立足于近代湖湘文化发展演变的历史背景，通过严格的史料梳理，对叶德辉的生平与思想进行了较为全面、系统的探讨，以期为读者提供一幅真实的、清晰的叶德辉形象。

叶德辉的思想表达形式具有一定的特点。与历史上众多以思辨见长、以建构理论体系著称的思想家相比，叶德辉的思想大多以闲言碎语的方式散见于各类著作当中，而缺乏系统的论述与理论阐发，显得粗糙而零散。确切地说，叶德辉不是一个思想家，而是一个有思想的学问家。然而，这并不等于说叶德辉的思想就没有价值。叶德辉的思想反映的是时代的“一般”水平，而不是最高水平。恰恰正是因为这种“一般”性，反而更具有代表性，有利于我们借叶德辉之眼观察近代一般传统学者的思想状况。另一方面，叶德辉又绝不是一个埋首学问、不问时政的遁世者，在他的行事当中、学术活动当中，无不贯穿着深切的文化关怀，曲折地表达着思想诉求。只有深入地理解了叶德辉的思想，才能理解叶德辉看似出格、荒唐的行为；也只有全面把握了叶德辉的活动，深入分析叶德辉思想得以展开的语境，才能更好地阐释叶德辉的思想。

职此之故，本书虽以探讨叶德辉思想为研究目标，但没有采用通常所见的将历史人物思想分成几个部分、分别探讨这个思想那个思想的路径，而是紧紧结合对叶德辉生平重大活动的考证来探讨叶德辉的思想，在对叶德辉重大活动的描述中，分析他的思想，比较接近于“思想评传”的形式。而在写作模式上，则采取叙事与分析相结合、考证与思辨相结合、宏大叙事与民间叙事相结合的做法。它既非单纯的人物研究，也非通常意义上的观念史研究，而是将叶德辉及其思想作为一种现象，放在近代思想的演进链条中加以考察。其宗旨是既借助于现有的研究成果来探讨叶德辉的思想，达到一种“了解之同情”，即对于叶德辉思想内在逻辑的把握；同时，又通过对叶德辉这样一个颇为典型的个案分析，来丰富对近代思想文化的认识，尤其是对近代湖湘文化的认识。

全书共分六章：

第一章，晚清湘湖文化与叶德辉的思想渊源。历史人物的思想总是在一定的语境下展开的，尤其与地域文化有着千丝万缕的联系。本章通过考察晚清湖湘文化的特征，分析叶德辉的思想渊源，指出近代湖湘文化中的卫道意识直接影响了叶德辉的思想；而近代湖湘汉学思潮的兴起又使得叶德辉的个人爱好与振兴湘学的使命汇合到一起。

第二章，辟佛之韩愈：叶德辉与戊戌变法。叶德辉由湘绅而“名动天下”，始于戊戌变法时期的新旧之争。本章对叶德辉究竟是如何卷入新旧之争的、有什么样的内在依据、参与了哪些活动、起了什么作用等，一一进行了探讨。尤其注意结合湖南维新运动的发展变化，来考察叶德辉是怎样由新政的赞同者变成反对派的，揭示了叶德辉与激进维新派在儒学观上的分歧。

第三章，传经之伏生：叶德辉与清末新政。叶德辉被同时代的人与后来的人视为“权绅”，成为湖南所谓王、张、叶、孔“四大劣绅”之一。那么，在清末湖南省政中，叶德辉究竟是如何参与省政的？本章通过史料的钩沉，再现叶德辉在清末湖南省政中的作用，既展示了叶德辉作为热心公务的湘绅精神，又揭示了叶德辉对新学新政的抵触心理，并从思想的高度来加以阐释，指出叶德辉之所以抵制废书院、兴学堂，根本原因是出于对经学命运的担忧。在局势无可挽回的背景下，叶德辉以“传经之伏生”自我期许，致力于经学的研究与传承活动。

第四章，无奈的退守：从参与省政到闭户弦歌。随着清末民初政局的演进，叶德辉逐渐从参与省政退守到学术文化领域。本章着重考察了叶德辉在清末民初的几次重大活动，特别注意挖掘叶德辉在这些活动背后的思想认识，阐发叶德辉的文化关怀。

第五章，绵斯文之绪：叶德辉的藏书理念与出版理念。在叶德辉生平活动中，藏书与出版占有尤为突出的位置。本章结合叶德辉的藏书活动与出版活动，系统地分析、概括了叶德辉的藏书理念与出版理念，同时将二者放在叶德辉思想的系统中加以阐发，指出藏书与出版不仅仅是叶德辉的个人兴趣爱好，更是叶德辉绵斯文之绪的手段，是叶德辉对其文化思想的落实。

第六章，乱世人才刀俎物，不缘挝鼓误平生。本章结合对叶德辉晚年的活动与思想的考察，对叶德辉之死做出了文化意义上的阐释。叶德辉晚年由湖南移居江苏，最终又由江苏迁回湖南。他之所以要转换生活空间，除了具体的原因之外，更为深层的原因则是寻求精神的家园。由于在近代中日文化交流的背景下，叶德辉与日本学人颇有往来，在经历了对湖湘文化的失望、对吴越文化的失望之后，叶德辉一度将日本视为自己的精神家园，并有移居日本的愿望，最终未能成行。而留在国内静观时变之时，叶德辉好批评时政的本性难改，并借游戏文字抒发对时事的不满，最终遭到镇压。那么，叶德辉真的是因为“游戏邀祸”吗？本章没有囿于前人从叶德辉个性、从叶德辉的顽固反动等角度来解释叶德辉之死，而是将叶德辉的思想放在近代社会文化变迁的广阔背景下进行考察，指出：文化理想与社会现实的严重冲突，使叶德辉与所处时代处于日益严重的紧张对峙关系之中；出于对“斯文之丧”的痛惜，叶德辉曾多次表达“生不如死”的想法。因此，叶德辉之死虽为农民运动所造成，但本质上是死于他的文化理想，死于“翼教”。尽管叶德辉“死不得其所”，但他还是在历史上留下了足迹，特别是学术传承方面的贡献值得后人景仰。

三

作为国内第一本有关叶德辉思想研究的专著，本书具有以下几个方面的特色：

第一，理论创新。本书内容虽属于思想史研究，但并没有局限于通常的思想史领域，而是大量借助了社会史与学术史的方法，进行跨学科的综合解释，力求从多个维度达到对叶德辉的整体把握，寻求一种立体的历史。

第二，方法创新。本书问题意识与实证色彩并重。书稿超越一般著作的猎奇心理，始终将叶德辉其人其事作为一种有待解答的现象，放在近代史的广阔背景下进行考察。而在寻求答案的过程中，力图破除成见，将思想的考察与人物活动的考察结合起来，避免概念化，尽可能做到叙事与分析的统一，宏大叙事与民间叙事的结合。既将历史的宏大叙事还原为具体的人的活动，又将人的活动、思想作一定的提升，达到对叶德辉的一种理论解释。

第三，观点创新。通过对叶德辉生平及思想的全面考察，本书获得如下新发现：其一，在叶德辉与湖湘文化的关系问题上，本书指出，不仅近代湖湘文化中的卫道意识是叶德辉的思想渊源之一，更为重要的是，近代湖湘汉学思潮的兴起对叶德辉产生了直接的影响。叶德辉是近代湖湘汉学知识谱系中的重要环节。他既秉承了王先谦等前辈赋予的振兴湖湘汉学的使命，又以自身的学术研究与人才培养，发展了湖湘汉学，在一定程度上改变了近代湖湘学术的传统。其二，本书超越现有研究成果以“变法与反变法”、“西艺与西政”、“保守与激进”等看待新旧之争的二分对立模式，尽可能通过史实的考证，弄清叶德辉“成为”旧派之领袖的来龙去脉，结合学术与思想、社会多个层面考察叶德辉自身的思想逻辑，接近叶德辉的本意，提出戊戌变法时期叶德辉对康有为、梁启超等人的攻驳，最直接的原因是今古文之争，最核心的分歧则在于对西潮冲击下的儒学命运的不同判断：一者认为儒学产生了危机，故要改教以保教；一者对儒学的自信心不变，反对在新政的名义下变乱儒学。尽管总体上看，叶德辉的“翼教”思想是不合乎历史发展潮流的，但在洞察激进维新派的保教思想及其内在缺失方面具有一定的合理性，值得后人参考与借鉴。其三，叶德辉既有传统士大夫的政治关怀，更有传统学者的文化理想。其不合时宜的活动背后，往往寄托着叶德辉的文化理想，其藏书活动与出版活动都是服务于“绵斯文衍绝学”的文化理想。这些具体的活动为保存中国文化遗产做出了较大的贡献。其四，从思想的高度来看，叶德辉既不是死于“游戏邀祸”，也不是死于农民运动，而是死于他的文化理想，是死于“翼教”。其冥顽不化令人叹息，而其护惜传统文化的情怀则令人生敬。

总之，本书通过史料的梳理，廓清传闻之误，探求思想之理，还原了一个真实的叶德辉。不但将叶德辉生平的重大活动重新呈现在世人面前，而且对叶德辉思想的内在逻辑进行了合理的阐释。

目 录

第一章　晚清湖湘文化与叶德辉的思想渊源

1923年，当叶德辉年届六十之时，曾作《郎园六十自叙》，对自己大半生进行了总结与自我评价，将自己喻为“天子不得臣，国人皆欲杀，海内诵其著述，遐荒识其姓名”之人。① 同时，门人友朋也有诗文贺寿，如朱锡梁所作的《叶郎园先生六十生朝重宴集序》称：“夫世运值贞厄绝续之交，则必有康强巩笃之耆儒，继往开来，绵斯文之统绪；学术丁异曲泯棼之日，亦必有宏肆博辨之巨子，辟邪拒诐，树吾道之干城。是故秦燔《诗》、《书》，有伏生、申公诸儒之传训存，经术终有萌芽之一日；唐溺佛老，有韩愈、傅奕二公之谏疏出，圣教遂以炳焕乎中天。况近世学派支离，虫生于物腐，殊方译言庞乱，蜂午抵于儒柔。于斯时也，必有人焉，学足以皋牢百氏，辨足以辟易千人，典柱史之藏，留为偃武修文之籍，受尼山之戒，扫除疑经惑古之谈，望之者其惟我郎园先生乎?”② 虽不无谀辞之嫌疑，却道出了叶德辉的思想宗旨，即在近代学术文化转型之际，坚守对传统儒学的信仰，坚持对传统学术的研究与传承，成为传统文化的代言人。

---

① 叶德辉. 郎园六十自叙. 长沙：叶氏观古堂，1923：1

② 朱锡梁. 叶郎园先生六十生朝重宴集序//叶德辉. 郎园六十自叙附录. 长沙：叶氏观古堂，1923：1.

叶德辉的一生，可以说是守望传统文化的一生，其号“郋园”就是其一生思想的注脚，寄托了他的文化理想。叶氏一生有过许多号，大多与尚古、重学有关。如以“元尚”署书斋名，表示重小学之意；又取《大戴礼》、《尔雅》“以观于古”之义，名其堂为“观古堂”。叶氏堂、号中，以“郋园”最为著名。由于“郋”字颇为生僻，人们常不知其读音、不知其字义，或读为“郎”，或写为“郇”，也有人去向叶氏询问。叶氏颇不耐烦，故在1921年左右曾经作《郋园字义说》，对“郋园”字义进行了解释，实际上也是借此表明平生志向与抱负。叶氏考证，“郋”字之意，一为春秋时期汝南召陵里，一为东汉许慎所居之地。一方面是春秋时儒学发源之地，另一方面是东汉古文经学家、文字学家许慎故里。故以“郋”为号，表明了对汉朝经学家许慎的一种景仰。而从《说文解字》入手，从事经学研究，正是叶德辉一生学术的根基。更为重要的是，叶德辉的思想又不以“宗郑”这一具体的学术取向为局限，更有超越其上的意义，即笃守儒学，且要将其广大。

历史人物的思想总是在一定的背景下产生的，这个背景既是历史人物的活动空间，也是特定的语境。叶德辉生于湖南，长于湖南，浸润于湖湘文化之中。湖湘文化为叶德辉的思想提供了底色，而晚清湖湘文化的变化，又赋予了叶德辉特定的使命。因此，探讨叶德辉的思想渊源，不得不先从晚清湖湘文化的流变说起。

第一节 晚清湖湘文化的卫道意识

一、湖湘文化的理学传统

湖湘文化是产生于湖湘地区的一种独具特色的区域性文化。它渊源于先秦，历经发展，在宋代开始在全国彰显其特色，至近代而为世人所瞩目。湖湘文化既包括山川物理，又包括特定的风俗民情。而对于学人而言，湖湘文化的核心即是特定的地域学术文化，即湘学。

湖南地处长江南部的湘江流域，在春秋战国时属于楚国。是故论及湘学，不少人远追屈子，将其源头追溯到楚文化；近接濂溪，视理学之开山为湘学之先导。如戴德诚说："三闾以孤愤沉湘，元公以伊尹为志，遂开湘学仁侠之大宗。"① 将屈原与周敦颐当作湘学发展史上的两个开创性人物，一为文学巨匠，一为理学开山，相去千余年，象征着湘学发展的两个不同的历史阶段。钱基博也将楚之屈原和宋之周敦颐称之为湖南的"两巨子"："一为文学之鼻祖，一为理学之开山，万流景仰，人伦模楷，风声所树，岂徒一乡一邑之光哉！"② 然而，春秋战国时期的楚国虽以其瑰丽浪漫的神话传说和楚辞歌赋而自成一家，闻名于世，但战国之后的楚文化渐渐衰落。由于湖南地处偏僻，"北枕大江，南薄五岭，西接黔蜀，群苗所萃，盖亦山国荒僻之亚"③，难与发达的中原地

① 戴德诚．湖南宜善于守旧．湘报，第40号，314.

② 钱基博．近百年湖南学风．北京：中国人民大学出版社，2004：3.

③ 曾国藩．湖南文征序//曾国藩全集（诗文）．长沙：岳麓书社，1986：334.

区相交通，所以湖南人物罕见史传。三国时期如蒋琬者，只有一二人；唐开科三百年，长沙刘蜕始举进士，时谓之破天荒。文化学术之落后可见一斑。北宋年间，湖南道州人周敦颐（1017—1073）曾著《太极图说》和《通书》，建立了“无极—太极—阴阳五行—万物化生”的宇宙论哲学，以及以“诚”为核心的道德形而上学的理论体系，被后世推尊为理学的开山。然而，周敦颐在世时，地位不高，影响不大，并没有直接改变湖湘文化在全国的边缘地位。

湖湘文化真正引起世人的注意，是在宋室南迁之后，其标志是独具特色的湖湘学派的形成。

南宋建炎年间，胡安国、胡宏父子在湖南湘潭、衡山一带创建碧泉、文定诸书院，以周敦颐、二程为学术正宗，讲学授徒，卒开湖湘之学统。此后，胡宏弟子又进一步发展了湖湘学派。胡宏弟子中，于湖湘学影响最大者为张栻。张栻（1133—1180），字敬夫，又字乐斋，号南轩，汉州绵竹人，南宋著名抗金将领张浚之子。张栻自幼随父侨居外地，曾从胡宏学于碧泉书院。学成后，回到长沙，在长沙妙高峰下创建城南书院，在此讲学。湖南的学术中心也从衡山一带转移到长沙。岳麓书院修复后，张栻又主讲岳麓讲坛，以“成就人才，以传道济斯民也”为宗旨，岳麓书院成为湖湘学派的学术大本营，成为全国理学思潮发展的基地。求学士子云集于此，使湖湘学派的规模得到了进一步的扩充，成为和朱熹的闽学、陆九渊的江西学、吕祖谦的婺学并盛的四大理学流派之一。洞庭衡岳之地，一时获“南国洙泗”之誉。乾道二年（1166年），朱熹来长沙岳麓书院与张栻进行学术交流，是为著名的“朱张会讲”。以此为契机，朱熹的思想也渗透到湖湘学派之中，成为湖湘之学的思想渊源之一。

淳熙年间张栻去世后，由于各种原因，作为一个学派，湘学已呈分崩离析之势。一方面由于无人能在理学思想中取得突出学术成就，另一方面湖湘学子纷纷改换门庭，还有的弟子脱离了学术领域，而投身于经世济民的政治活动和军事活动。因此，至南宋末年，湖湘学派已难以作为一个完整的学派活动于学术界。但学术思想的传承仍在继续，湘学依然存在，湖湘学派的精神积淀——湖湘学风依然保持着它旺盛的生命力。

以湖湘学派为契机而逐步建构形成的地域学术文化——湘学，在长期的发展过程中，逐渐确立了自己的特色。大体上来说，它具有三个特色：

其一，推崇义理之学。

理学成为官方意识形态之后，在全国各地受到普遍推崇。而湖南的推崇理学，除了这一共同因素之外，还有其独特的原因。湖南学术文化长期以来处于边缘地带，与世无争。理学产生后，湖南一跃而成为"理学之邦"，有"南国洙泗"之称。先前的文化自卑感骤然变为一种学术荣誉感，使得湖南士人对理学十分珍视。尤其是朱熹、张栻等理学大师在岳麓书院的遗泽，更成为重要的精神资源，成为湘人持续传承的"道德偶像"与先贤形象资本。故湘人多奉理学为正宗，官僚、士大夫亦多以理学之道劝勉、激励湖南士子，使理学思想不仅作为学术思想受到崇奉，而且渗透到了日常生活和社会习俗中去。

正因为如此，湘学几乎成为了理学的代名词。无论此后中国学术思潮如何演变，即便是明代王学兴起、清代朴学盛行之时，湘人依旧笃守程朱，任尔东西南北风，不改初衷。明代王阳明曾到湖南传播心学，他的再传弟子张元忭在万历年间还担任了岳麓书院山长，"万事万物皆起于心"的心本体理学体系在湖南得到了一定的流传。① 但理学话语依然是湘学中的主流。

其二，强调经世致用。

胡氏父子、张栻等人的注重经世致用，也衍化成湘学的一大特色。胡安国持《春秋》经世说，通过注释《春秋》宣传康济时艰、抗金复国的政治主张。胡宏的《知言》亦以重济世为特色。张栻及其弟子也以抗金救国、经邦济世的成就而闻名于一时。通晓时务物理，留心经济之学，成为湘学的一种治学取向。

其三，主张躬行实践。

湖南学者少讲心性体悟、理气思辨，而特别强调躬行实践。明中叶王学兴起，而在湖南讲学的王门弟子大多束身礼法，并对务于空言而忽躬行之实的学风提出批评。明末清初王夫之提出"知行相资以为用"的知行统一观，使知行论达到了中国古代朴素唯物主义的最高水平。但湘学中的躬行实践主要以伦理道德为特征。②

当然，宋代以后湘学特色的固守不变，既是一种传统学风的积淀，也与此后的湖南依然落后、较少与中原人文交流有关。

尽管湖湘学派成就了湘学史上的一段辉煌，也成就了湘人心目中的骄傲，但元、明两代，湖湘学术又呈荒落之现象，依然是文化落后、人才缺乏。虽有王夫之综核百家，自立一宗，但其说未彰于时，幸赖岳麓书院一方讲席使湘学得以一缕不绝。至清代康熙时，两湖合闱乡试，湖南中额"不及四分之一"或"仅逾十分之三"。所以，当时的著名学者刘献廷说湖南是"荒陋之区"，无半人堪对语，拒绝在湖南定居。萧一山的《清代学者著述表》

---

① 杨布生．岳麓书院山长考．上海：华东师范大学出版社，1986：52－58.

② 关于湖湘学派特色的概括，参阅朱汉民《湖湘学派史论》（湖南大学出版社2004年版）与《湘学原道录》（中国社会科学出版社2002年版）等书。

所举学者，其中死于顺治至嘉庆年间者，江苏230余人，浙江170多人，安徽60多人，江西30多人，湖南仅8人。

迄乎清朝嘉道以降，内乱迭起，外患踵继，湖南经世学派乘时而起，开近代湖南人才辈出之先河。清嘉道年间，清王朝由盛转衰。为匡时济世，中国学术思想界萌生出一股经世致用思潮。在长期湖湘文化孕育中成长的湘籍经世学派乘时而起，以汤鹏、魏源等文人幕僚与陶澍、贺长龄等疆臣大吏为代表。他们倡言“通经学古而致用”，以“研经究史”为致用之具，试图通过革除弊政以挽救清王朝的危机。由此，湖湘文化再次引起世人的瞩目。张佩纶曾言:“论道光来人才，当以陶文毅为第一。其源约分三派：讲求吏治、考订掌故，得之者在上则贺耦庚，在下则魏默深诸子，而曾文正集其成；综核名实、坚卓不回，得之者则林文忠、蒋励堂相国，而琦善窃其绪以自矜；以天下为己任，包罗万象，则胡、曾、左直凑单微，而陶实黄河之昆仑、大江之岷也。”① 以曾国藩为首的湘军集团的兴起，更是成就了湖湘文化的一段神话，同时也加强了湘学中的理学话语。

曾国藩及其湘军集团领导，以理学为指导思想，以忠义相号召，镇压了太平天国运动，成就了清王朝的中兴，也使一度被怀疑为玄虚无用的理学的活力得到证明，改变了以往人们对理学的态度，使理学话语在湖南得到强化。

曾国藩和其他湘军集团将领如刘蓉、郭嵩焘、江忠源、李元度等，都曾在岳麓书院学习过。众所周知，岳麓书院是湖南省的学术中心，其历任山长皆“以洛闽正学陶铸弟子”，教诲士生“务以程朱为宗”。清帝康熙和乾隆分别为书院赐额“学达性天”和“道南

① 张佩纶．涧于日记．台湾：学生书局，1966：126－127.

正脉”，就是对该书院理学地位的肯定。曾国藩的早年习染，在他走出湖南、任官京师并与其他理学家交往之时，得到了强化。在北京任职期间，曾国藩与著名理学家唐鉴、倭仁等从游问学，所得尤多。唐鉴，字镜海，湖南善化人，生平学宗朱子，笃信谨守，无稍依违。嘉道之际，当考据之风流衍全国之时，唐鉴以笃信程朱倡为正学，蒙古倭仁，六安吴廷栋，昆明何桂珍、罗平等皆从问学。曾国藩亦与焉。唐氏有《国朝学案小识》十五卷，以陆陇其、张履祥、陆世仪、张伯行四人为传道，余为翼道、守道。曾国藩作《学案小识书后》，对其推崇备至。倭仁则是于理学修身制行实践最力者，每日从朝至寝一言一动、饮食皆为札记。受两位老师影响，曾国藩曾以朱子之书为日课，并时以痛自刻责自勉。

以曾国藩为首的湘军集团将领构成了近代史上的湖南理学派。然而，湘人对于理学的崇奉，主要不是一种治学途径的采用，或者性理之学的深入探讨，而是表现为一种信仰，将理学家所倡导的伦理纲常看成是天经地义、不可逾越的教旨，同时表现为对理学家敦行践履的一种效法，强调其修己治人的功用。有对理学的宣讲，而无对学术的精深探讨。以湘军集团首领与骨干对理学的习染程度而言，大约可分三类：其一，既讲习有年又具理学家之名，如罗泽南、曾国藩。曾于道光二十一年（1841 年）七月开始向唐鉴请教读书之法、检身之要，并每天写修身日记。次年十一月，又向倭仁请教修身方法，并每天实行。同时将日记交给唐鉴、倭仁批阅，接受指导。后虽放弃了修身方法，但道德修养方法一直未放松，在治国、治军、用人、外交等方面，无不受到理学的影响。故其虽无著述问世，仍无愧于理学家之名。罗泽南不仅按照理学家的方式修身、讲学，且有理学方面的著述，如《人极衍义》、《姚江学辨》、《西铭讲义》等刊行于世。此外如左宗棠、刘蓉等都对理学有过研究，尤其是刘蓉崇奉理学几达迷信程度。其二，既无理学家之名，亦无卓然可称之行，仅取理学之忠孝二字付诸实践，同一般儒生无异。大多数文职人员都属于这种情况。其三，接受理学关于忠、孝、仁、义的说教，但拒绝按照理学家要求修身养性，既有惊世骇俗之壮举，亦间有丑陋邪僻之行者。仅从他们的言行来看，不但很难同理学联系起来，且为一般儒生所不齿。典型人物是胡林翼和江忠源。①

朱汉民先生曾从文化学的角度将儒学分解成“道”、“学”、“术”三个层面，其中“道”代表了一种信仰，“术”代表了实践操作，而“学”代表的是知识系统。② 照此，则湖湘人士的理学情结代表的是对儒学的信仰与践履。因此，近代的湖南理学派确切地说是理学经世派。

二、晚清湖湘文化的卫道意识

作为崇奉理学的副产品，湖湘学风中也形成了信奉天理、自觉地维护封建礼制的传统，从王夫之到魏源，再到湘军集团，无不如此。王夫之认为“尊其尊，卑其卑，位其位”，“以贤治不肖，以贵治贱”，是“万世不易之大经”，不能颠倒，不能僭越；他虽然反对绝对君权，但又认为，“原于天之仁，则不可无父子，原于天之义，则不可无君臣”③，主张君臣之义不可废。王氏思想的另一特色，是严夷夏之辨。主张：“夷狄之与华夏，所生异地，其地

① 朱东安．清儒汉宋之争与曾国藩集团的思想基础．明清论丛：第二辑．北京：紫禁城出版社，2001：3.

② 朱汉民．宋明理学通论——一种文化学的阐释．长沙：湖南教育出版社，2000.

③ 王夫之．读通鉴论：卷一一．北京：中华书局，1975：780.

异，其气异矣；气异而习异，习异而知所德蔑不异焉。”① 将夷夏之辨提高到“古今之通义”的程度，将它看得比君臣名分的维系还要重要。王夫之到道光年间受到湖南人士的重视，成为湖南先贤形象资源，其保守思想也为湖南人所继承。而嘉道间湖南经世派在分析清王朝由盛转衰的原因时，也从封建礼制入手，认为乃由忠、信、孝、悌、礼、义、廉耻等伦理道德遭到破坏所致。要改变这种情况，必须从古圣人经典中寻找治世良方，通过恢复封建道德、挽救世道人心来扭转局面。魏源在近代史上以“师夷之长技以制夷”的思想主张著称于世，成为近代中国学习西方的先驱。但是在魏源的本意中，“师夷”只是救国强国的一种辅助手段，是“兵机”；而“兵本”则是重整传统的伦理纲常以正人心，并引用明臣“欲平海上之倭患，先平人心之积患”为证，说明御外最终要落实到人心上来，兵机才能发挥作用。论及《海国图志》一书，他曾说：“然执此书即可驭外夷乎？曰：唯唯！否否！此兵机也，非兵本也；有形之兵也，非无形之兵也。明臣有言：欲平海上之倭患，先平人心之积患。”这里说的“平人心之积患”既包括除伪饰言行、去畏难情绪、不空谈性理章句、注重讲究经世致用，也包括重整传统的伦理纲常以正人心的意思。师夷长技只是兵机，是属于“技”的范畴，而非兵本。仅有兵机还不足以抵御外患，还必须正本，就是要以传统伦理道德来规范人心，去心中之“贼”。所以他反复强调“千举万变，其道不穷；势变道不变”，“若夫君臣之义，父子之亲，夫妇之别，朋友之序，必不可弃”。②

湘学中的卫道保守意识在湘军集团兴起过程中表现得极为明显。如前所述，湘军集团的领袖与骨干成员如曾国藩、左宗棠、

① 王夫之．读通鉴论：卷一四．北京：中华书局，1975：976.
② 魏源．海国图志序//魏源集．北京：中华书局，1976：207.

郭嵩焘、罗泽南、刘蓉等都是理学的信徒。而“理”衍化为社会政治道德秩序，就是“礼”，即封建伦理纲常。他们把封建伦理纲常看成是“无须臾之敢离”、“无毫发之敢差”、“地维所以赖立、天柱所以赖尊”的万古不变的常道，不容颠倒，不容紊乱。维护这种万古不变之常道，是他们的责任。正是这种卫道的责任感，使他们投笔从戎，组织湘军。1854 年 2 月，曾国藩率领湘军出省，镇压太平天国。在所发布的《讨粤匪檄》中说：

“自唐虞三代以来，历世圣人，扶持名教，敦叙人伦，君臣父子，上下尊卑，秩然如冠履之不可倒置。粤匪窃外夷之绪，崇天主之教，自其伪君伪相，下逮兵卒贱役，皆以兄弟称之。谓惟天可称父，此外凡民之父，皆兄弟也；凡民之母，皆姊妹也。农不能自耕以纳赋，而谓田皆天王之田；商不能自贾以取息，而谓货皆天王之货；士不能诵孔子之经，而别有所谓耶苏之说，《新约》之书。举中国数千年礼义人伦、诗书典则，一旦扫地荡尽。此岂独我大清之变，乃开辟以来名教之奇变，我孔子、孟子之所痛哭于九原！凡读书识字者，又乌可袖手安坐，不思一为之所也！……本部堂奉天子之命，统师二万，水陆并进，誓将卧薪尝胆，殄此凶逆；救我被虏之船只，拔出被胁之民人。不特纾君父宵旰之勤劳，而且慰孔孟人伦之隐痛；不特为百万生灵报枉杀之仇，而且为上下神祇雪被辱之憾。”①

因此，湘军镇压太平天国，不仅是一般意义上的镇压叛乱者、捍卫清王朝，更主要的是一场捍卫夷夏大防、维护名教圣统的文化保卫战。湘军将领不仅在理论上为这场战争赋予了文化使命，而且在治军过程中也充分运用封建伦理纲常来教化士兵、激发天

① 曾国藩．讨粤匪檄//曾国藩全集（诗文集）．长沙：岳麓书社，1986：232.

良。王鑫在军中督责将士日课《四书》，亲自讲解经史义理，以至听者潸然泪下。每战之前，他总是“摄衣登台，陈说忠孝大义，声情慷慨，闻者也渐为感奋”①。曾国藩更是时常集诸勇，训做人之道，反复向士兵灌输封建伦理纲常。曾国藩还以“礼”在军队中严别尊卑界限，一营之中，指臂相连，弁勇视营哨，营哨视统领，统领视大帅，皆如子弟视父兄，在湘军中形成浓厚的封建宗法关系，从而保证整个湘军对他绝对的服从和忠诚，收指臂之功效。湘军成为一支弥漫着理学精神的特殊军队，以理学作为精神支柱和指导原则，从而使全军上下达到了思想和行为的绝对统一。②

以理学思想武装起来的湘军，历经十余年的征战，终于击败了太平天国，挽救了清王朝的封建统治，同时也进一步巩固了湖南作为“忠义之邦”的形象。对于湖南学术文化，它带来了两种相反的影响。一方面，湘军走向全国，湘军将领成为晚清政坛上一支重要力量，湘人名声大振，使湖南一改以往“碌碌无所轻重于天下，亦几不知有所谓对于天下之责任”③的局面。一批湘军将领成为清政府雄踞一方的封疆大吏，甚至跨出国门，亲眼目睹西方资本主义政教制度的优越，成为倡导洋务、介绍西学的先驱。曾国藩、左宗棠等成为洋务运动的最早倡导者和实践者。郭嵩焘、曾纪泽是政治现代化的积极倡导者。另一方面，也使曾国藩更加坚信湘军的胜利是理学对西教的胜利。因而，曾氏兄弟在攻下天京后，大肆刊刻《船山遗书》，利用王船山的重礼思想来强化保守

---

① 梅英杰等．王鑫年谱//湘军人物年谱．长沙：岳麓书社，1987：48.

② 关于湘军以理学思想治理军队的具体情形，可参见郑焱《近代湖湘文化概论》第三章第一节“湖湘传统学风与湘军理学经世集团”（湖南师范大学出版社1996年版，第39－56页）。

③ 杨毓麟．新湖南//杨毓麟集．长沙：岳麓书社，2001：36.

的传统观念。湘军将领还通过大修地方志、为湘军阵亡将士建立专祠等形式，来宣扬湘军的忠义思想。这样，恪守封建忠义、维护传统圣道的湘军成为湖南士人心目中的道德典范，争相效法的众趋人格。高度的成就感和荣誉感助长了湖南人的自负感与使命感，强化了湘人自觉卫道的社会观念。卫道意识由此成为区域性的普遍心理。由此，也加大了华夏文化的自大感和坚信名教无往而不胜的虚骄之气。

当曾、左、胡、郭等走出湖南、甚至走出国门的湘军将领以倡导洋务开全国风气之先之时，在湖南本土，由于与外国文化接触较少，加之湘军的不朽功业，使湘人产生了一种强烈的民族自负心理和自大意识，导致湖南一度拒夷排外，成为全国最为保守的地方，甚至被称为“铁门之城”。英国传教士马歇尔·布朗荷这样形容说：“湖南之对于中国，正如拉萨之对于西藏一样，多年以来，它是大陆腹地中一座紧闭的城堡，因而也是一个无与匹敌的，特别引人注意的省份。中国的保守主义，以及对于所有外国事务的反应，都在这儿集中起来了。因此，这里不仅产生了中国最好的官吏和军队，也出现了对基督教的最激烈的攻击。不管别的省份采取什么态度，湖南仍然毫不留情。所以，在中国其他各省传教士和商人开放很久以后，湖南人继续吹嘘没有一个外国人胆敢进入他们的省境。”① 时人记述，直到 1897 年，洋人尚未进入长沙。于是恼羞成怒的外国传教士遂将长沙（乃至湖南全省）诬为“铁门之城”，意即一个“拒绝文化洗礼”的地方。② 1900 年以前，没有任何传教士能在长沙立脚。1890 年，广东已有近 50 座新教堂，湖南还没有 1 座；全国已有教会学校 1000 多所，学生 16000

① 周锡瑞．改良与革命．北京：中华书局，1982：39.
② 湖南历史资料，1958（4）：38.

多人，湖南也没有1所。

湖南的反教仇教，当然与西方列强的侵略有关。由于西方传教士的东来，往往是伴随着军舰、大炮及不平等条约，是借势传教，严重挫伤了以卫道自居的湖南士人的民族自尊心，故反教运动不断。1861年，法国传教士自湘潭来长沙。长沙绅民激于义愤，数千人集于明伦堂，进行口诛笔伐。1876年，湖南士子会集长沙，参加秋闱考试，互传湘省已许通商，西人将至，于是群情激愤，争言抵制。长沙城内，很快揭帖满街。至19世纪90年代，湖南反洋教运动达到了高潮，出现了著名的反洋教人物周汉。周汉，字铁真，湖南宁乡县人。15岁中秀才，后在左宗棠湘军中帮办营务，升陕西候补道。1884年请长假返回湖南，居住在长沙。从1889年起，他撰写了大量反洋教的作品，包括书本、歌谣、揭帖、檄文、公启等共计43种之多。这些揭帖不仅在湖南各处流传，还传播到长江流域的其他省份。故而湖南反教宣传中，有相当多的部分是对西方传教士种种劣迹的揭露。

然而，湖南之所以以反教拒夷著称于世，除了抵抗西方文化侵略的成分外，主要还是缘于过度的卫道使命感与传统文化优越感。当时反教作品中，最基本的内容还是黜异端崇正学。所谓黜异端，就是要黜除不敬祖宗、不拜天理、灭人伦、丧失廉耻的基督邪教；所谓崇正学，就是要维护儒家学说的正统地位。如《天主教十害公檄》："吁！耶稣之说流行，孔圣之道不作，尚复成何世界！"《湖南士民公传揭帖》："我湖湘士民，情溺纲常，俗拘廉耻，食毛践土，久承北阙之恩，肄礼读书，只识东山之教。假令华夷杂处，哪堪鸟兽同群。"① 湖南著名的反教人士周汉，就自称

---

① 中国第一历史档案馆，福建师范大学历史系合编．清末教案//中国近代史资料丛刊续编：第1册．北京：中华书局，1996：220－223．

周孔徒，表示忠臣孝子服从本国君父之教，至死不变。

由拒夷反教进一步衍化，凡与洋人相关的事都反对，晚清的湖南又以耻闻洋务而为世人瞩目。陈宝箴曾说：“咸丰以来……名臣儒将，多出于湘，其民气之勇，士节之盛，实甲于天下。而恃其忠肝义胆，敌王所忾，不愿师他人之长，其义愤激烈之气，鄙夷不屑之心，亦以湘人为最。”① 这种心态，使得湘人对待湘军将领中较早接触洋务、倡导洋务的名宦产生了抵制情绪。曾国藩、郭嵩焘这些本应为湘人引以为豪的名宦，在他们的家乡却被排斥。

同治十一年（1872 年）五月，曾国藩病殁金陵。其灵柩由新式轮船威靖号运返故乡，船抵长沙，绅民起而大哗，历数年不息。②

光绪二年（1876 年）初，寓居长沙多年的郭嵩焘因素讲洋务，再次被朝廷起用，为处理“马嘉理案”善后问题而出使英国。此举在京师和长沙均激起了舆论的哗然。长沙部分绅民特为郭编了一副对联：“出乎其类，拔乎其萃，不容于尧舜之世；未能事人，焉能事鬼，何必去父母之邦。”③

不但如此，当年秋闱的士子们汇集到长沙，依然在议论郭之罪行，并由此引发了上林寺事件。上林寺是长沙著名的古刹之一，始建于唐，清代多次修复。同治初年，在郭嵩焘等人的捐助下，进行了较大规模的修建。1876 年秋闱期间，全省数千名儒生汇集长沙，郭嵩焘出使英夷，背祖忘宗，成了应试士子们议论的中心话题。传言郭将勾结引洋人而至，湖南开埠在即。于是义愤至极的儒生们在少数绅士的组织下，齐集省署公堂前请愿，要求湘抚

① 朱寿朋编．光绪朝东华录：四．北京：中华书局，1984：4051.

② 朱克敬．暝庵杂识暝庵二识．长沙：岳麓书社，1983：100.

③ 王闿运．湘绮楼日记．长沙：岳麓书社，1997：460.

设法禁阻。他们情辞迫切，大都为激愤之辞，甚至有痛哭流涕者。湘抚王文韶好言相劝，劝他们勿相信浮言。愤怒的儒生们又把注意力转向了刚刚筹建的湖南机器局，认为机器局需用洋人，实招引洋夷入境之渐，要求一律严禁。但因机器局乃奉旨而设，故儒生们又不得不有所顾忌，于是将满腔愤怒迁移到郭嵩焘身上，于 1876 年 10 月 4 日，一举焚烧了由郭嵩焘倡修的上林寺，并追打该寺的住持西枝，扬言要毁郭嵩焘的住宅。①

郭嵩焘出使之际，根据朝廷诏令，将自己在从香港到伦敦沿途 20 多个城市的所见所闻进行了详实记录，并结集成《使西纪程》一书，向国人如实汇报了西方世界的文明成果，意在开阔国人视野。他的日记经总理衙门刊发后，在京师和长沙再次引起轩然大波。廷臣对其极意夸饰英国多有不满，甚至还有人以“有二心于英国，欲中国臣事之”的罪名弹劾他。② 而在湖南本土，更是引起轩然大波。上层绅士或恨郭嵩焘“已中洋毒”，或叹其迂。③为平息风波，朝廷很快下令禁止该书的传播。1879 年，郭嵩焘出使归来，湘人又不许其所乘轮船进入省河。郭回到长沙后，又遭到围攻。他协助湖南学政重建湘水校经堂进行课程改革，遭到訾议。《伪校经堂奇闻》指责郭嵩焘在校经堂“不讲时文试帖，而讲天文算学，其计狡毒”，并称他为内奸。据郭判断，这些匿名书信揭帖的文笔，似非愚民所能为。④

总之，晚清时期的湖南，由于湘学的传统，特别是由于湘军

---

① 王文韶日记：上册．北京：中华书局，1989：397；郭嵩焘日记：第三卷．长沙：湖南人民出版社，1982：854，855.

② 王闿运．湘绮楼日记．长沙：岳麓书社，1997：579.

③ 王闿运．湘绮楼日记．长沙：岳麓书社，1997：569，597.

④ 郭嵩焘．郭嵩焘日记：第三卷．长沙：湖南人民出版社，1982：935.

的兴起及成功，理学话语得到强化。这种理学话语在客观上造就了湘人以维护封建伦理纲常为己任的文化使命感，以及名教无往而不胜的虚骄之气。在面临外来文化入侵时，湖南顽强地进行了抵抗，不但仇夷拒外，而且反对一切与洋人有关的事务。这使得湖南一度成为全国最为保守的地方。卫道、严夷夏之辨，成为湖湘地域文化中的公共心理。这种公共心理，无疑构成了叶德辉的思想渊源之一。

第二节　晚清湖湘汉学的兴起

晚清湖湘文化的一大变化，就是在崇奉理学之外，还兴起了一股汉学思潮；在强化卫道意识的同时，又产生了一种学术上的自觉。湖湘汉学思潮的兴起直接影响了叶德辉学术旨趣的选择，增进了叶德辉对湖湘文化的认同以及振兴湘学的使命感。

一、三吴汉学入湖湘

汉学的兴起与发展本是清代学术史上最突出的现象。它在康雍之际源起于吴、皖，至乾嘉之时而流衍于全国，一时大江南北，人人许、郑，家家贾、马，汉学成为主流性的学术话语。对于这种全国性的学术走向，湘人最初无动于衷。湘人罗研生就说：乾嘉汉学风行海内，而“湖湘尤依先正传述，以义理、经济为精宏，见有言字体音义者，恒戒以逐末遗本。传教生徒，辄摒去汉唐诸儒书，务以程朱为宗”。① 叶德辉也说：“乾嘉以后，吴越经学之

① 罗汝怀．绿漪草堂文集：卷首．光绪九年（1883 年）：5.

盛，几于南北同宗，湘人乃笃守其乡风，怀抱其忠义。经世之作，开风气之先；讲学之儒，奏戡乱之绩。流风广衍，本不以考据为能。"① 当汉学风靡一时，"湖湘学子大都专己守残，与湖外风气若不相涉"②。在文化上形成一个闭塞、落后的孤岛。故钱穆有言："清儒考证之学，盛起于吴、皖，而流衍于全国，独湖、湘之间披其风最稀。"③ 当然，对此可以有多种不同的解读。既说明理学传统的强势地位，如曾国藩在《湖南文征序》中所解释，乃因"前哲之倡导不宏，后世之欣慕亦寡"④，也说明湘学在全国学术主流中的边缘性。所谓风气自创、别开生面，在一定程度上也反映了湘学的不振。

然而，区域文化的统一性下面也存在着多样性。对于"学"的兴趣，恰如一股潜流，由此构成了另一种湘学知识谱系。

就清代而言，湘学中的考据之学的源头可追溯到康熙年间的王九溪。"明清之际，工诗文者，稍有传人，而专精经术者绝少。康熙时有王先生九溪，独治朴学，淹贯群籍，卓然为一代鸿儒。"⑤ 王文清（1688—1779），字廷鉴，号九溪，湖南宁乡一都铜瓦桥人。康熙癸巳恩科湖广乡试举人，雍正甲辰会试钦取进士。曾任职国史馆纂修、三礼馆纂修等。任职国史馆时，"当事属校勘五代史，为摘三十五条为考证以进。当事即以进呈，御笔批定，未驳一字"。在三礼馆任职时，也以博学强记著称，京师有"记不明，

---

① 苏舆．翼教丛编．上海：上海书店出版社，2002：176.

② 湖南文献委员会编．湖南文献汇编：第2辑．长沙：湖南文献委员会，1949：111.

③ 钱穆．中国近三百年学术史：下册．北京：商务印书馆，1997：638.

④ 曾国藩．曾国藩全集（诗文）．长沙：岳麓书社，1986：334.

⑤ 陈宏谋．经学之乡碑文．转自杨布生．岳麓书院山长考．上海：华东师范大学出版社，1986：132.

问文清”之语的流传。王文清告养回籍后，主讲岳麓书院，“以群经教授诸子，阐发先儒性道心传，梯航后进，不少吾湘学蔀为之一开，如是大湖南北，莫不知九溪先生之名”。湘抚陈宏谋表其里门曰“经学之乡”。王文清一生无论是在官还是掌教岳麓书院，还是告老还乡，都把精力用在诂经考史上，并以经史作教材来训迪生徒和培养子侄。王氏虽然著作甚多，卷帙浩繁，但大部分毁于兵火，致使“遗书不行于士林，后学寡知其名姓”。而后学也没能将王氏朴学继承开来。当乾嘉朴学兴盛、南北同宗之时，湖南没能产生出同吴皖学者相抗衡的朴学家。

王文清之后，罗典亦以经学著称。罗典（1719—1808），字徽五，号慎斋，湖南湘潭人。清乾隆十六年（1751 年）辛未进士，累官至鸿胪寺少卿。一生掌教岳麓书院共 27 年。罗既是教育家，又是经学家，学术造诣颇深，著作较多。先生虽以制艺名一世，而精神专注则在经。其治经也，以古人简质文字，无间剩，即经诂经，字批而句梳之。既皆有确切注脚，则通之一章，又通之全篇。全经有所窒，则废寝食，夜以继日，必得其融贯而后安，先后有《易管见》、《诗管见》、《今文尚书管见》、《春秋管见》等著作。他“洞彻于天人之微、事物之变，周情孔思，立说时出新义，要其精者，实阐古人不传之秘”。[①] 然而罗氏囿于湖南一隅，声闻不出湖外，不为世人所知，也没能参与到全国性的学术文化活动中来。

罗典之后，以湘人而治汉学者有余廷粲。余廷粲（1727—1798），字卿云，号存吾，长沙人。乾隆二十六年（1761 年）辛巳进士，官翰林院检讨，以母老乞养归，遂不复出，嘉庆三年

① 杨布生．岳麓书院山长考．上海：华东师范大学出版社，1986：172－173.

(1798年）戊午卒，年七十。“著者生当乾嘉之际，其时汉学风靡一世，而湖湘学子大都专己守残，与湖外风气若不相涉。独著者以屡至京师，获闻绪论，倾心折服。”余氏著有《存吾文集》四卷传世，其中多考经之作。如“卷一《释射》一首，取凡与射义有关之文字一一加以诠诂，与沈彤《释骨》、任大椿《释缯》、孙星衍《释人》体例略同，而博洽亦复相类；《旅酬考》、《九献考》二篇，融会经文，条举件系，令读者于繁复之礼制一览了然，最为详核。他如《寝衣辨》据《说文》证寝衣之为被，考引戴震、阮元之说而加以申证，皆考核详明，不为肤论。卷二《书尔雅正义后》，于邵晋涵之书备极推崇。卷三《江慎修永传》、卷四《戴东原事略》，胪举两家学术，简而得要。又如卷二书赤道南北两总星图说，书测恒星黄道经纬仪说，书测恒星赤道经纬仪说，书纪限仪说诸篇，历述西人汤若望之说，深相推挹，尤非迂儒深闭固拒者可比。以文字论，亦真气横溢，兀傲不平”。①

余廷粲以屡至京师、获闻绪论，倾心折服汉学，而唐仲冕则与乾嘉诸儒多有交往，能预朴学之流。唐仲冕（1749—1827），字六枳，湖南善化人。乾隆五十八年（1793年）进士，由知县历知州、知府。官至陕西布政使，所至有循声。道光七年（1827年）卒，年七十五。唐仲冕有《陶山文录十卷》传世，仲冕自定，每篇之尾，附载钱大昕、王昶、姚鼐、孙星渊、洪亮吉、段玉裁、法式善、秦瀛、伊秉绶、许桂林诸家评语，足见唐仲冕与乾嘉诸儒交往之密切。“钱、王、姚年辈视仲冕为长。盖尝从褰裳奉手；孙、洪、段、法、秦、伊诸家，乃等夷之人，情好较密。许则其门下士也。证之陶山诗录二十四卷中酬答之作，知其与乾嘉学者，

---

① 杨树达．存吾文集四卷提要//湖南文献委员会编．湖南文献汇编：第2辑．长沙：湖南文献委员会，1949：111－112.

交流殆遍，宜其闻见博洽，卓然有成。……仲冕治经，仍主于阐明大义，与乾嘉经师所从事者不尽同。故其言有曰：稽古所以证今也；穷经将以致用也。六艺萌芽于汉，劂后专门名家，自各为说。近世诸儒，力宗汉学，亦谓名物象数。精之至于穷理尽性，开物成务，所谓熟训故、矜淹洽而已。若徒核点画之参差，订铅椠之同异，而无与明体达用之实学，非即程子所谓玩物丧志哉。（是集卷五杨芸士述郑斋诗钞序）又曰：经与道合而经尊，经与道乖而经废。是故荒弃，非尊，日手一编，亦非尊也。佔毕，非尊；训诂考订亦非尊也。简陋无文，非尊，襞绩藻绘为词章，亦非尊也。尊之者于《易》得刚柔之用，于《书》得修治之方，于《诗》得性情之正，于《礼》、《春秋》得伦纪名分之宗。因以契古圣贤敬慎笃实克己服物之道（卷七如皋县学重修尊经阁碑记）。然则仲冕之治经，盖欲自附于贤者识大之科，而不囿于训诂名物之末。顾其致力之端，力宗古注，语必有据，无宋元诸儒架空立论之习，故不为乾嘉经师所屏。"① 唐氏力宗古注，语必有据，这是他能得到其他经学家认可的原因；但坚持"贤者识大"，治学路径不同于乾嘉经师，故不以汉学名家，也无意于提倡汉学，对湘学学风的变化影响不大。

此后，湘人中追踪乾嘉诸老、钻研汉学者亦不乏其人，如罗汝怀。罗汝怀（1804—1880），字研生，晚号梾根居士，湘潭人。罗氏"自少通训诂、舆地之学，闭门研讨"，而为湘人所不解。"楚之人以先生所为无资于今，无过问者。而先生为之益勤，行亦益高。天下识与不识，得所著书，以为德清胡氏、休宁戴氏之精博，先生视之固无多让。"② 罗氏学术之精，堪比乾嘉汉学名流胡

① 张舜徽．清人文集别录．北京：中华书局，1963：280.
② 郭嵩焘．罗研生七十寿序//郭嵩焘诗文集．长沙：岳麓书社，1984：265.

渭、戴震，却不为湘人所识、所习，感慨道："楚人士孤哉！屈原以孤芳而文，吾以孤行而学。"于是推述元、明以来能文之士八百余家，裒而辑之，为《楚南文征》，曰："楚之文如是，吾道其终不孤也。"自罗氏此书出，"楚人相尚以朴学，后生晚进，才智辈兴"。

不过，真正标志着"三吴汉学入湖湘"的是湘水校经堂的建立。

湘水校经堂创办于湖南巡抚吴荣光。吴荣光，字荷屋，广东南海人，是清代有"汉学护法"之称的著名学者阮元之门生。阮元在嘉道之际，大兴改科举、兴实学之风，在浙江学政任内，设立诂经精舍，聘请孙星衍、王昶等人主讲经史之学，成就人才无数。在广东巡抚任内，又设学海堂，培养经史人才。"堂堂诂经舍，多士奉圭臬。……至今学海堂，报公文满箧。"①

吴荣光于道光十一年（1831 年）出任湖南巡抚后，"太习士风敝，经荒行不修"，遂萌生教育改革的想法。他在岳麓书院和城南书院亲自开课，"于常课外，以四孟月课经解古学"。贺长龄曾这样描写他："亲课两书院，朴学勤爬搜。簿书填委间，深夜仍校雠。遂令实梧腹，古义知所求。犷俗亦已和，义德亦已修。谁识靡及怀，虽休犹勿休。"② 不仅如此，道光十三年（1833 年），吴荣光还在岳麓书院山长欧阳厚均和城南书院山长贺熙龄的协助下，仿效阮元学海堂模式，在岳麓书院内创办湘水校经堂，以矫正当时书院重举业的陋习，倡导一种新的实学风气，造就通经史、识时务的有用之才。湘水校经堂以经义、治事、词章分科试士，并规定：一岁四课，一季分课一经，因人而授之课程，其特色是不

① 吴荣光．石云山人诗集：卷十七．［出版者不详］．
② 贺长龄．题吴荷屋中丞西湖秋泛图//耐庵诗存：卷三．［出版者不详］．

重时文而重经史。

湘水校经堂的意义在于引进一种新的学风，所谓“奥衍总期探郑许，精微应并守朱张”是其宗旨所在。这是一种汉宋并重的学风，而对于以朱张为正宗的湖湘学风而言，则是引进了汉学的因子。倘若于汉学本身无所措意，无所专长，何来汉宋并重？故后来郭嵩焘在《重建湘水校经堂记》中说：“嘉道之间，仪征阮文达公立诂经精舍浙江，继又立学海堂广东，奖进人才为盛。自顷十余年，各省直亦稍建书院，以治经为名。下及郡县，亦相率为之。而湖南校经堂课实开偏隅风气之先。意者经学将遂昌明，承学之士有所凭藉以资讨论，庶几一挽末世之颓风邪?”① 湘水校经堂“一时造就人才如周自庵（寿昌）、郭筠仙侍郎（嵩焘）昆弟、孙芝房侍读鼎臣、凌荻舟中翰玉垣，号称极盛”。② 叶德辉甚至说：“中丞抚湘，增广岳麓书院诸生膏火，创建湘水校经堂，拔置通经史识时务之士，至今古学号为中兴，得人亦称极盛。百年以来，巍科高第著述名家，与文达抚浙所建之诂经精舍、抚粤所建之学海堂若神山之相望久矣。”③ 将湘水校经堂的作用，夸大到与诂经精舍、学海堂相等的地位。

事实上，湘水校经堂在湖南的命运，显然不如诂经精舍在浙江、学海堂在广东那样好。学海堂很快培养出了经史人才，改变了广东学术人才匮乏的面貌，因而成为广东学术权威机构，学海堂的学术传统也成为岭学的正宗。④ 而湘水校经堂作为官方引进汉

① 郭嵩焘．重建湘水校经堂记//郭嵩焘诗文集．长沙：岳麓书社，1984：526－527.

② 王先谦．与但方伯//葵园四种．长沙：岳麓书社，1986：888.

③ 叶德辉．重刊辛丑消夏记序//吴荣光．辛丑消夏记．光绪乙巳夏五郎园刊.

④ 程美宝．地域文化与国家认同——晚清以来广东“文化观”的形成．北京：生活·读书·新知三联书店，2006：165－180.

学、倡导经学的努力，发展却极为曲折。虽然它一时造就了人才，在湖南造成了古学中兴的局面，但并没有维持下去。道光十六年（1836年），吴荣光因事落职，此课遂废而堂为虚设。此后近30余年间，湘水校经堂存其名而无其实。直至咸丰年间，湖南巡抚毛鸿宾又倡导重建，“自是湘人士稍稍向学矣”①。但这次的兴建显然没能取得多大成效。又过了18年，郭嵩焘从国外出使回湘后，倡言重整湘水校经堂。至1879年，在学使朱逌然的支持下，湘水校经堂重新整顿；并且脱离岳麓书院，迁进城南书院。

重建后的校经堂学额为20名，另有商籍附额4名，共24名。学生一般由学政从湘省各地岁试成绩优秀者中间选拔，也选择一些虽未经考试但品优学富的有志之士。学生以自学研究为主，教学讲学为辅。校经堂备有丰富的藏书可供查阅，学生有疑问可向教师请教。校经堂奉祀郑玄和朱熹，汇汉宋于一途。“以经解经，最为得之。至于先儒之后，无论为汉为宋，其合于经者取之，不合于经者去之。”② 堂内义理、辞章、考据、经济之学并行，以经济之学为重。湘水校经堂不仅主张讲究经世致用之学，而且还尝试着引进一些新式学科，“不讲时文试帖，而讲天文算学”，为近代湖南培养了一大批人才。其中有以经学闻名的胡元玉、胡元直兄弟，有通时务、军事并著有《通商志》、《曾法兵事记》的杜俞，有从事程朱之学、究心时务的袁绪钦等人。

1888年，张亨嘉履任湖南学政，进一步发展了湘水校经堂。

---

① 郭嵩焘．重建湘水校经堂记//郭嵩焘诗文集．长沙：岳麓书社，1984：526-527.

② 左调元．拟校经书院学约//湘英文摺：卷三．转自刘琪，朱汉民．湘水校经堂述评//湖南大学岳麓书院文化研究所编．岳麓书院一千零一十周年纪念文集：第一辑．长沙：湖南人民出版社，1986：29.

不但增加学额，且扩建校址，并更名为校经书院。张亨嘉提出，治学必须与古今天下治乱、中国强弱之故结合起来。要求学子“举乎日所闻于经者，抒之为方略，成之为事功，一洗二百年穿凿之耻”。① 校经书院分经义、治事两斋，专课经史及当世之务。“务期多士沈潜向学，博达古今，养成有体用之才，以备他日吏于军咨之选。”湘水校经堂以摒弃举业教育始，重视考据训诂的汉学，重视经世致用，将学术研究与国家的兴衰危亡联系起来。

尽管湘水校经堂的发展极为曲折，特别后来的几次重修重建，由于时势的变化，其宗旨已非兴经学所能范围，但汇汉宋于一途，一直是其不变的宗旨。对于湘学来说，是在理学之外，容纳、引进了一种汉学的因子。

二、从尊宋抑汉到汉宋兼容
——晚清湘学思潮的嬗变

在“三吴汉学入湖湘”的过程中，湘人对于汉学也经历了一个由抵制、批评到接纳、倡导的过程，由此构成了晚清湘学思潮嬗变的一大线索。

汉宋之争本是清代学术史上的一个重要现象。1818 年江藩《国朝汉学师承记》出版，将汉学看成是清代学术的正宗，并以“纯宗汉儒”作为选编的依据，引起了宋学家的反击。方东樹作《汉学商兑》，历数汉学家之误，并提出宋学有弊，汉学更有弊。江、方二人将有清学术划分汉、宋，壁垒森严，势如水火。至嘉道之际，由于承平不再、悲风骤至，人们在反思社会动荡的原因

① 张亨嘉．新建校经书院记．转自刘琪，朱汉民．湘水校经堂述评．湖南大学岳麓书院文化研究所编．岳麓书院一千零一十周年纪念文集：第一辑．长沙：湖南人民出版社，1986：30.

时，纷纷集矢于脱离实际的汉学。湘籍经世学派乘时而起，以倡导“有实学斯有实行”名动天下。从经世致用的精神出发，湘人加入到对汉学的批判中来。

魏源作为湖湘经世派的代表，其对汉学的批评尤为尖锐。他说：“自乾嘉中叶后，海内士大夫兴汉学，而大江南北尤盛。……锢天下聪明智慧，使尽出于无用之一途。”① 从经世致用的角度出发，魏源批评汉学（东汉古文经学）无用，表彰西汉诸儒能“以《周易》决疑，以《洪范》占变，以《春秋》断事，以礼乐服制兴教化，以《周官》致太平，以《禹贡》行河，以《三百五篇》当谏书，以出使专对，谓之以经术为治术”②，以为西汉今文经学才是“真汉学”。因此，他要求由东汉古文经学进而复西汉今文经学：“今日复古之要，由训诂、声音以进于东京典章制度，此齐一变至鲁也。由典章制度以进于西汉微言大义，贯经术、政事、文章于一，此鲁一变至道也。”③ 并追踪“以经术缘饰吏事”的西汉今文经学，著《诗古微》、《书古微》等，成为晚清今文经学健将之一。

曾国藩理学集团兴起之后，从其宋学家的立场出发，对汉学亦多持批评态度。曾国藩云：“近世乾嘉之间，诸儒务为浩博。惠定宇、戴东原之流，钩研训诂，本河间献王实事求是之旨，薄宋贤为空疏。夫所谓事者非物乎？是者非非礼乎？实事求是，非即诸子所称即物穷理者乎？名目自高，诋毁日月，亦变而蔽者也。”④

被誉为楚材第一、“开口能谈天下事，读书深抱古人情”的左

① 魏源．武进李申耆先生传//魏源集．北京：中华书局，1976：358－359.
② 魏源．默觚上//魏源集．北京：中华书局，1976：24.
③ 魏源．两汉经师今古文家法考叙//魏源集．北京：中华书局，1976：152.
④ 曾国藩．书学案小识后//曾国藩全集（诗文）．长沙：岳麓书社，1986：166.

宗棠，对汉学多有微词。在《马征君遗集·序》中说：“自乾嘉中叶以来，声音训诂校雠之习盛，士竞时局，逐声气，以搏击先儒为能，放言无忌。”在《陶文毅公节书冯定远〈杂录〉跋后》：“近世士大夫专尚考证、训诂、书数之学，以窥隙攻难为功，至标立汉学名字号召后进，于书之言身心性命者相戒为空疏迂阔之谈，弃置不一顾。其甚者乃敢躬冒不韪，轻议先儒，及问及四子书义，不能答，尝以利害细故，颓乱而无所守。”故而提出要“箴汉学之膏肓，而一以朱子为归”。而在《重刊〈吾学录〉序》中，将太平天国运动的爆发，甚至西方列强的入侵亦归罪于汉学。他说：“出于礼取入于刑，其翼教持世者不可忽也。礼坏慝作，讼狱繁而干戈起矣。盗起岭峤，祸延下国，中原糜沸，夷戎凭之。三朝忧于上，公卿将吏瘁于下，阅廿余箕乃有止戈之望。推原祸始，厥有由来。”① 该文作于光绪年间收复新疆之时，实际上是将咸同年间的内忧外患归罪为礼坏，将礼坏归罪于乾嘉考据学。

此外如孙鼎臣，也认为“粤寇之乱”起于汉学，曾言：“天下之祸，始于士大夫学术之变；杨墨炽而诸侯横，老庄兴而氐戎入，今之言汉学者，战国之杨墨也，晋宋之老庄也。”②

然而，湘人对于汉学的批评，更多的是站在一种道德的立场上进行谴责，而缺乏学理的分理，所论难免偏颇，并且在批驳的过程中，也暴露了其本身对于汉学的无知，引起了其他人的不平与讥讪。这反过来刺激湘人关注汉学。王先谦曾说：“孙芝房先生以粤寇之乱，归狱汉学，大为士林姗笑。良由于考据一道，未加

① 左宗棠．家书·诗文//左文襄公全集：第十三册．长沙：岳麓书社，1987：251，278，260.

② 朱克敬．儒林琐记·雨窗消意录．长沙：岳麓书社，1983：56.

讲求，致兹巨失，故曾文正起而亟正之。”①

曾氏早年一宗宋儒，而后主张汉宋兼容。相对于尽宗宋儒而言，这种“汉宋兼容”实际上意味着对汉学的采纳。在《谕纪泽》家书中说：“余于道光末年，始好高邮王氏父子之说。”并且还嘱咐自己的儿子，汉学名目可以不标，但汉学门径不可不知。“学问之途，自汉至唐，风气略同；自宋至明，风气略同；国朝又自成一种风气。不过顾、阎、戴、江、钱、秦、段、王数人，而风气所扇，群彦云兴。尔有志读书，不必别标汉学之名目，而不可不窥数君子之门径。”② 汉宋兼容是为了挽救名教之奇变。封建名教的核心是礼，统治阶级也标榜礼治；而汉学家的礼制考证也很细致，故亦不可否认。

职是之故，曾国藩对于一味地诋毁汉学的做法颇持异议。在《孙芝房侍讲〈刍论〉序》中说：“曩者良知之说诚非无弊，必谓其酿晚明之祸则少过矣。近者汉学之说诚非无弊，必谓其致粤贼之乱则少过矣。”③ 曾氏所作《圣哲画像记》，清朝部分首列顾亭林，次秦惠田，次姚鼐，次王念孙，均为汉学名家，或清代汉学之先河。以曾国藩在湘学中的领袖地位，这种汉宋兼容的态度具有一定的号召作用。此后关于汉宋短长之议论一直成为湘人中长盛不衰的一个话题，调和汉宋渐渐成为湘学中的新思潮。

与此同时，湘人颇有走出湖南、参与到全国的学术活动中者，如何绍基。何绍基（1799—1873），字子贞，晚号蝯叟，湖南道州人，户部尚书何凌汉之子。道光十六年（1836 年）丙申进士，官至国史馆提调、四川学政。道光末年，何氏曾在京师与众多学者

---

① 王先谦．复阎季蓉书∥葵园四种．长沙：岳麓书社，1986：297.

② 曾国藩．曾国藩全集（家书一）．长沙：岳麓书社，1986：476.

③ 曾国藩．曾国藩全集（诗文）．长沙：岳麓书社，1986：257.

一起发起修建顾炎武祠，并于春秋佳日及顾氏生辰进行祭祀，以志思慕。此举既是对顾炎武学术文章的追慕，更是对顾炎武砥砺志行的一种提倡，成为王国维所概括的“道咸以降之学新”的代表性事件。[①] 参与这一活动的，即有汉学家圈子，也有古文学家圈子，以及一些大臣。其中，何绍基与张穆、苗夔三人是顾祠修禊活动的核心人物，交谊尤深。张穆（1805—1849），字石州、石舟、石洲，山西平定人，道光年间著名的边疆史地学者。苗夔，字先麓，甘肃肃宁人，嗜六书形声之学。苗夔曾说：“同年咸集，独与何子贞、张石洲以说经讲小学最相得。嗣后或聚或散，然聚之时较多。”[②] 何绍基对此的解释是：“此三人者志相合，学相砥，闲冷野逸，性相似也。”[③] 何绍基后以书法家名世，其实所学甚广，尤精汉学。曾氏称其学有五长：一曰《仪礼》精，二曰《汉书》熟，三曰《说文》精，四曰各体诗好，五曰字好。[④] 致仕后，主讲长沙城南书院十余年，对学生“勖以实学”，对湖南的学风有一定的影响。

晚清湖南还出现了许多经学世家，如湘潭胡氏、新化邹氏等。新化邹文苏，治算学、乐律，兼通《三礼》。邹文苏有子6人，长子汉纪、次子汉潢、三子汉勋、四子汉嘉、六子汉池，互为师友，于天文推步沿革六书九数之属靡不研究。诸邹或以经史名世，或以小学见长，或精于舆地、天算之学，均为学术精湛、著述颇丰的一方名士，而以三子汉勋尤著。邹汉勋（1806—1854）字叔绩，

---

① 魏泉．“顾祠修禊”与“道咸以降之学新”——十九世纪宣南士风与经世致用学风的兴起．清史研究，2003（1）：69－79.

② 苗夔．使黔草序//何绍基诗文集．长沙：岳麓书社，1992：1083.

③ 何绍基．村谷论心图记//何绍基诗文集．长沙：岳麓书社，1992：789.

④ 张舜徽．何绍基书//爱晚庐随笔．长沙：湖南教育出版社，1991：486.

举人出身，参加过湘军，后死于南昌战事。汉勋年十五，佐伯兄汉纪撰《左氏地图说》；年十六七，撰《群经百物谱》；年十八九，撰《六国春秋》。二十以后，精研汉学，撰《读书偶识》。自谓“所记者见必出于己，理不阿于人，破前人之训故，必求唐前之训故方敢用，违笺传之事证，必求汉前之事方敢从”①，纯系乾嘉以来汉学家治学之法。邹汉勋尤长地理学，曾修《贵阳志》、《宝庆府志》等。邹汉勋之学传之后人，其孙邹代钧（字沅帆）为清末著名地理学家，曾创立“舆地学会”于武昌，又曾任北京大学堂地理总教习。“流风广播，至今全国言地理学者，皆代钧三四传及五六传弟子也。”②

湘潭胡氏亦以经学显。胡氏经学出自番禺陈澧。道光之末，有胡湘者，以候补知县分发广东，署南海县事，延陈澧教其二子锡燕、同寿。锡燕尤笃学，不乐仕进，独聚书数万卷，勤读精校。锡燕四子，伯元仪、季元玉，喜治经；仲元常，喜读史；叔元直，喜为词章。③ 胡氏一门，俱以通经博学名世，而元仪（1848—1907，字子威）尤精《三礼》，一宗高密郑氏，所著《诗谱订》刊入《南菁书院续经解》，《北海三考》刊入《湖南丛书》，为世所重。元玉字子瑞，著有《驳春秋名字解诂》、《汉音钩沉》、《郑氏许字义异同评》、《雅学考》等，合刻为《胡氏杂著》，又有《璧沼集》，为说经释字之文也，所著皆“考证名物，疏说礼制，博引广

---

① 杨树达．读书偶识提要//湖南文献汇编：第2辑．长沙：湖南文献委员会，1949：123.

② 罗元鲲．新化邹氏舆地学会与亚新地学社//湖南文献汇编：第1辑．长沙：湖南文献委员会，1948：124.

③ 张舜徽．端敏先生遗集别录//清人文集别录．武汉：华中师范大学出版社，2004：568.

征，语无虚设，信乎其为实事求是之学”①。

湖湘经学世家，对于湖南其他学人的治学，又产生了影响，推进了一批名家的形成，如周寿昌。周寿昌字荇农，号自庵，湖南长沙人。道光二十五年（1845年）进士，由翰林官至内阁大学士，兼礼部侍郎。中兴湘人多以功名显，先生独回翔词苑，几数十年。以病罢官后，寓居京城，以丹黄自娱，日从事于考据之学。周氏自述其学之所宗：“吾师胡稚威之博，而不取其僻；爰洪稚存之隽，而不学其纤。”② 所著《思益堂日札》考经证史，以渊博著称。其学长于乙部，著有《汉书注校补》、《后汉书注补正》、《三国注证遗》、《五代史纂误补续》诸书。

三、从郭嵩焘到王先谦：晚清湖湘汉学知识谱系的建构

当汉学为越来越多的湘人所接纳之时，反思湖湘汉学之不足渐渐成为湘学内部的一股思潮。在反思的同时，倡导湖湘经学，构建了晚清湘学的又一种知识谱系——晚清湖湘汉学知识谱系，其代表人物包括郭嵩焘与王先谦。他们的学术思想直接影响了叶德辉。

郭嵩焘（1818—1891），字伯琛，号筠仙，又以太平军进攻湖南时尝避居湘阴县东之玉池山，因别署玉池山农，晚年更号玉池老人，曾筑室曰“养知书屋”，学者又称其为“养知先生”，湖南湘阴人。郭嵩焘是中国近代著名的政治家、外交家和思想家，以素谈洋务著称。另一方面，郭嵩焘又是一位著述丰富、成就显著

① 张舜徽．壁沼集别录//清人文集别录．武汉：华中师范大学出版社，2004：569.

② 王先谦．思益堂集序//葵园四种．长沙：岳麓书社，1986：69.

的学者。“养知始宗晦庵，后致力于考据训诂，其治经先玩本文，采汉宋诸说以求义之可通，博学慎思，归于至当，初不囿于一家之言，故能温故而知新，明体以达用。”① 郭认为，治经离不开训诂考订。“国朝诸儒创立汉学、宋学之名，援其说以诋程朱，而郑学乃大显。讨论研习之深，精义之发于人心，亦足上掩前贤矣。”又曰：“国朝乾、嘉以来，标立汉学、宋学之名，以所得训诂古义寻求义之所归，其言深当经旨，多所发明。”② 郭嵩焘不仅是在原则上赞同汉儒之训诂有助于经义之发明，而且也从事考订工作，涉及到经学、子学、史学、地理等方面，著名的有《礼记质疑》、《中庸章句质疑》、《大学章句质疑》、《毛诗余义》、《校订朱子家礼》等，诚为专家。

郭嵩焘对于晚清湖湘汉学的意义，不仅在于他自己精研汉学，更在于他与王先谦一道，关注湖南学术，以推动湖南学术发展为己任。作为一个湖南学者，郭嵩焘一方面推崇实学、讲究经世致用；另一方面，又不满于湘学在汉学方面的不足，曾说：“乾嘉之际，经师辈出，风动天下，而湖以南黯然无知郑、许《说文》之学者。”③ 湖湘文化固然讲究经世致用，但不知郑、许《说文》之学毕竟是一种缺憾，有待于后来者的改进。郭嵩焘晚年定居长沙，在日记时常抱怨湘中无人文。如光绪六年（1880 年）正月初四：“吾邑人文尤苦少，求一二可与言及文事，竟不可得。”④ 为此，他一方面重整湘水校经堂，摒弃举业教育，而以经史课士，倡导汉宋兼容；又发起禁烟公社，纠正弊俗；又开思贤讲舍，以培育

① 徐世昌编．养知学案//清儒学案：卷一百八十二．北京：中国书店，1990.
② 郭嵩焘．郭嵩焘诗文集．长沙：岳麓书社，1984：22，27.
③ 郭嵩焘．罗研生墓志铭//郭嵩焘诗文集．长沙：岳麓书社，1984：445.
④ 郭嵩焘．郭嵩焘日记：第四卷．长沙：湖南人民出版社，1983：3.

人才。在思贤讲舍中，郭嵩焘倡导："读书必自经始，读经书必自训诂始，学问本原，必由于此。要之，训诂考订，著书名家，学中之一艺耳。其本原在立身制行。"① 同时，郭嵩焘还注意表彰素不为湘人所注重的湖湘汉学者如罗汝怀，关注湖南经学世家如新化邹氏、湘潭胡氏。这种表彰、关注，包含着建立新的学术传统的用意。

在反思、批判湘学之不足上，王先谦比郭嵩焘走得更远，在传播汉学方面的成就也更大。

王先谦（1842—1918），字益吾，号葵园，辛亥以后号遯翁，湖南长沙人。王氏出身于一个书香之家，曾祖王声扬、祖父王远松、父亲王锡光均为县学生，授徒自给。王先谦兄弟四人，排行第三，长兄王先和（会庭公）、仲兄王先惠（敬吾公）、季弟王先恭（礼吾公）皆因劬学而死，对王先谦影响极大。王先谦早年迫于生计，曾一度入军营任书记。不久仍回到长沙。当 1864 年叶德辉出生之时，王先谦已中乡试成为举人；1865 年会试及第，钦点翰林院庶吉士。散馆，授编修。先后充任云南乡试副考官（1870 年）、会试同考官（1874 年）、江西恩科乡试正考官（1875 年）、浙江乡试副考官（1876 年）、国史馆总纂、实录馆纂修，兼充总校。1879 年升翰林院侍讲，1885 年补授国子监祭酒，简放江苏学政。1888 年江苏学政任满，请假回籍养病。1889 年假期满，以养病为由，奏请开缺，得到批准。从此优游林下，成为湖南士绅领袖。

王先谦在二十余年的仕途生涯中，一方面以评议时政、忠耿直谏、鼓吹自强而小有名声；另一方面又以重视学术、著述丰富

① 郭嵩焘．郭嵩焘日记：第四卷．长沙：湖南人民出版社，1983：310.

而著称，先后编、刊有《续古文辞类纂》、《十朝东华录》、《皇清经解续编》等大型著作，又刻《南菁书院丛书》。王先谦治学崇尚汉学。在京师时，“时从周自庵先生游”①。王于周为侄女婿，既为姻亲，又从事问学，服膺无间，涉取甚多，特别是在《汉书》研究方面，皆承寿昌余绪，而增益众说以成之者。王先谦在京师与众多学者交往，加之多次出任考官，对各地学风差异深有体会，又曾任清代汉学发源地之一的江苏学政，使王先谦在治学方向上偏离了湘学正宗，而成为晚清汉学之重镇。

在主持各项文化工程的过程中，王先谦有心表彰湖南乡邦文献，却痛感湖外文章声气之暌绝。以经学论，编《皇清经解续编》时，湖南入选者没有几家，与素有人文渊薮之称的江浙吴皖等地悬殊甚大。以文学论，邓湘皋、欧阳磵东同为蜚声资、邵间的诗人，而湖外之人只知有邓湘皋，却不知有欧阳磵东。尽管晚清湖南人才辈出，封疆大吏遍布全国，然而一旦落实到经学层面，则湖南依然处于边缘地带。这使王先谦引以为恨，并立志要改变此种状况。归田后，遂以提倡经学、振兴湘学为己任；同时通过刊刻湖南先贤故籍以提升湖南在全国学术界的地位。

王先谦的这一主张，又得到了郭嵩焘的支持。由于王先谦早年在朝为官之时亦因倡言洋务而小有名气，故郭嵩焘对王先谦早就颇为留意。如王先谦于光绪五年（1879 年）所上之《条陈洋务疏》，郭嵩焘就找来进行了认真研读，虽然指出王先谦对洋情事势的认识不够全面，但亦肯定王先谦所奏“时有中肯语”②。在郭嵩焘心目中，王先谦无疑是可以言谈的同道。尽管两人在对西方文化了解的深度与广度上都有不同，但“应变”与“求强”的动机

---

① 王先谦．诗余偶钞序//葵园四种．长沙：岳麓书社，1986：73.

② 郭嵩焘．郭嵩焘日记：第三卷．长沙：湖南人民出版社，1982：947.

是相同的，这是促使两人成为忘年交的重要原因之一。

1882—1884 年，王先谦丁忧回乡，两人交往极为密切，《郭嵩焘日记》所记郭、王晤谈极为频繁，而所论均以学术与世道人心为主。郭嵩焘赞王先谦所作的《汉书补注》“其校订经史之功，实远出宋明诸儒之上，即此亦可汇为一书，实不朽之盛业也”；又赞王先谦刊刻《天禄琳琅》“盖不朽之业也”；赞“益吾勇于为文，每信必日数作，可为畏友”。① 此后王先谦在江苏学政任上所刊、刻、著各书，也都赠送给郭嵩焘。

1889 年，王先谦正式开缺。里居的王先谦同郭嵩焘志同道合，两人几乎无日不会面。光绪十六年（1890 年），王先谦接掌了郭嵩焘所开办的思贤讲舍的主讲席，肩负起正学术、挽人心的重任。不仅如此，王先谦还在思贤讲舍内设局刊书，通过刊刻古籍和时人文集，来振兴学术、维系风俗人心。1891 年，王先谦改主城南书院（1894 年后改主岳麓书院），但思贤讲舍的精神却延续下来了，扶世翼教仍是不变的宗旨；而思贤书局则成了振兴儒学的一个机构。

郭、王之间的文章道谊之交感人至深。多年后，王先谦在回忆郭嵩焘时还说：“犹忆郭筠仙先生在时，每见先谦文，其以为可者，反复称美，又时时为人道之；其不可，则奋笔代定，无所假借。真能与人为善者也。”② 对于郭嵩焘，王先谦“一意求表彰”；郭嵩焘临终时，将毕生所著文稿托付王先谦整理。思贤书局成立后，王先谦所做的一件大事，便是刊布郭嵩焘的《礼记质疑》、《大学章句质疑》、《中庸章句质疑》等著作。郭嵩焘逝世后，王先

① 郭嵩焘．郭嵩焘日记：第四卷．长沙：湖南人民出版社，1982：312，482，484.

② 王先谦．与王泽寰书//葵园四种．长沙：岳麓书社，1986：298.

谦领衔呈书李鸿章恳求其奏请朝廷为郭嵩焘赐谥立传。他为郭嵩焘的遭遇感到不平和痛惜，称“吾于郭筠仙先生尤深慨焉”①，赞郭嵩焘“思以先觉，觉彼后知，利在国家，岂图其私”，不愧为一“魁奇杰特之士”②。

郭嵩焘赍志而殁，王先谦继承了他未竟的事业，“论事救时为先，治经宗两汉”。而叶德辉则接续了王先谦的精神，既以维护儒家伦理纲常为自己的文化理想，又以振兴湖湘汉学为自己的学术志向。

第三节　叶德辉早期经历及活动

一、求学应考，初涉著作之事

同治三年（1864 年）甲子正月十四，叶德辉出生于湖南省城小西门下坡子街叶公和店中。是日有鹊盈千，飞翔屋前后，竟日始散，次日又上元灯节，故祖父叶绍业（字颐泉，号肯堂）命小名曰“庆”。

叶氏本系吴人，世居江苏吴县洞庭西山。后来叶德辉谈到自己的家族渊源时，倾向于从先祖谈起，说：“余姓出于楚之叶公，世家南阳，迁越迁吴，号为望族。”③ 据叶德辉自述及其从子叶启

---

① 王先谦．兵部左侍郎郭公神道碑//葵园四种．长沙：岳麓书社，1986：187.
② 王先谦．养知书屋遗集序//葵园四种．长沙：岳麓书社，1986：91.
③ 叶德辉．校辑鬻子序//鬻子．长沙：叶氏观古堂，1892：1.

勋所作《叶郎园先生年谱》① 记载，叶氏迁吴始祖为南唐刑部侍郎叶逵。叶逵五传至南宋叶梦得。叶梦得原名叶蕴，后改梦得，字少蕴，世称石林先生，著有《石林诗话》、《石林燕语》等书，是宋代著名学者。叶梦得有子10人，以木榜名者五：栋，桯，模，楫，橹。其中楫公绝，无后人，橹公传数代而绝，栋公独传至今，是为湖州叶氏，不与其他叶氏后代同谱录。以叶氏族谱所载来看，叶梦得后人主要是桯公与模公两系人丁兴旺。其中桯公以下共有13派若干支，模公以下共有二派若干支。叶德辉祖上出自桯公后的茅园派。茅园派的叶氏32世祖应风公（字舜仪）迁洞庭西山消夏湾。应风公有子二人，长子为芳蓁，字茂宗，为叶德辉之高祖。茂宗公生子三，长如松，字万新，为叶德辉之本生太高祖；次如柏，字廷芳，是为叶德辉太高祖；三允贤。万新公生子三，长国良，字郑推；次国泰，字芳玉；三国明，字启东。由于廷芳公无子，故以国泰为嗣。国泰生子二，长绍成，字懋林；次绍业，字颐泉，号肯堂。颐泉公即叶德辉的祖父。颐泉公生子二，长浚兰，字涤贤，号雨村；次庭兰，字辅臣。

叶氏本习钱谷（师爷），以馆幕未就，遂为行商。累代富饶，不慕仕进，不应考试。叶德辉之曾祖国泰公豪侠好义，又喜藏书，山居峻宇雕墙，极宫室之美。所交皆名流，轩斋题额，皆乾嘉名流沈德潜、王鸣盛、钱大昕手书居多。叶氏迁湘始于道光末年。时值太平天国运动兴起，洞庭山滨湖土匪乘时劫掠。肯堂公携全家避乱来湘。叶氏最初在坡子街开公和染坊，后在小西门正街与

① 参见叶启勋《叶郎园先生年谱》，原载于《南强旬刊》第一卷第11期、12期、13期，中华民国二十七年（1938）六月二十日、三十日，七月十日发行。惜乎没有完成，只写到叶德辉27岁为止。可能13期之后《南强旬刊》停刊，亦可能其他期散佚，无从寻找。

人合伙开设玉和槽枋。积资渐丰后，又得到同乡姻亲劳氏的资助，与钱姓商人合伙经营黑茶生意，运销甘肃一带。其后，更在樊西巷、坡子街开设德昌和钱铺与怡和百货号。因此，叶氏成为长沙有名的富商大户。①

咸丰九年（1859 年），浚兰娶妻马氏。马氏祖籍亦是江苏吴县洞庭山人，父母于道光年间为避乱迁居湖湘，马夫人出生于湖南湘潭。马夫人先后生子女 8 人，4 男 4 女；长子即叶德辉。叶德辉兄弟 4 人：二弟德耀，字昺文，生于 1866 年，卒于 1902 年；三弟德炯，字容皆，生于 1869 年；四弟德煌，字默安，生 1875 年，卒于 1911 年。叶德辉的叔父庭兰于 1866 年去世无子嗣，故二弟德耀出嗣为叔父庭兰之后，由叶母马氏与叔母劳氏共同扶养。此外还有四姊妹：德贞，生于 1860 年；德芳，生于 1872 年；德钰，生于 1878 年；德宜，生于 1881 年。

叶德辉在入塾之前，由父亲雨村公教之识字。日课四五字，并择字形相类者，同时课之，使分别同异。一年下来，亦识得一千八百字。夜间灯下，则由其母马夫人教以《三字经》、《千字文》、《百家姓》三书。8 岁时就外傅，从长沙徐菜圃先生于樊西巷徐姓家塾。此时由其父命名“德辉”。小学所读无非《诗经》、《书经》、《易经》。每日暮自塾归，其父叶雨村就于灯下，课以篆书，用《说文解字》，先课以部首，后课以散字；间日轮讲司马光的《资治通鉴》一则、朱熹的《名臣言行录》一二则。这两本书直到叶德辉 16 岁时才讲完。叶雨村曾从长沙沈清泉先生滏游。沈滏为善化理学家唐鉴的弟子，故叶雨村于宋学亦略有渊源。11 岁时，叶德辉在樊西巷徐姓家塾从湘阴黄敦堂先生就读，学唐诗。

① 杜迈之，张承宗．叶德辉评传．长沙：岳麓书社，1986：1－2.

14 岁时，在路边井徐姓家塾从浏阳焦壁莹先生学，读《礼记》、《尔雅》、《春秋左氏传》，兼读《公羊》。之后又在福源巷私塾从长沙陈春楼先生学《公羊》、《谷梁》，并开始做时文及试帖诗。年十五，从善化唐馥田先生森寅学于下坡子街刘姓家塾。

对于早年的读书生涯，叶德辉在《郋园六十自叙》中曾有回忆。据记载，幼年的叶德辉并不聪颖，而是相当的不开窍，几视读书为天下第一难事。初入小学时，“骤然脱慈母之怀，心肝若摧，日必数哭泣。平时家中往来亲眷，蔼若可亲。忽日对面黄唇黑、眼著铜框镜、手执木戒方之人，觉其支离可怪之形，有若庙偶之可怖。兼之顽童八九，列坐相环。余性洁而孤，何能相耐。盖此时以为天下至苦之事莫读书若矣”。[①] 这种对读书“苦”的记忆，与叶德辉幼年的木讷有关。叶德辉记性极差，“今日所授读，明日辄忘之”。相比之下，二弟叶德耀聪明得多。虽然初入学时，德耀识字不如其兄多，但记性极好，日诵四五百字，背诵如流，绝无脱误。除在私塾学习困难之外，放学回家后叶雨村的督课也让叶德辉心生畏惧。“先君督课至严，夏楚之威如临汤火”，使叶德辉更加认定天下最苦之事莫过于读书。于是在光绪四年（1878）年十五岁时，一度弃学习贾。习贾未三月，“一夜，仰卧忽开悟，忆所读书皆了解。试为文，亦颇成章段，持以质塾师，极称誉”。于是重新入学，渐渐能做八股试帖。除做八股试帖外，还读全经。叶父屡嘱塾师勿节删，故叶德辉所读皆全经。及冠，叶父请唐先生为叶德辉命字，曰“焕彬”，亦作“奂彬”。

光绪六年（1880 年），叶德辉入岳麓书院，从宁乡刘树瑚先生佩衡问学。刘以工于时文著称于世。当时盛行管韫山侍御世铭的

① 叶德辉. 郋园六十自叙. 长沙：叶氏观古堂，1923：2.

《韫山堂稿》，人人揣摩，以为逢时利器。刘先生则曰："学管韫山，不如学方望溪。韫山本学望溪。所谓取法乎上，而后得力于中也。"叶德辉于是从坊肆间购得二方时文合刻。二方者，一方望溪，一朴山先生棨如也。刘先生又说："时文即古文。试取俞长城辑刻《百二十家名文》考之，所录宋王安石、陈傅良诸家经义文，无有作八比式者。八比六比一体，盖始于明嘉靖以后。然艾千子南英及国朝姚惜抱鼐所为时文，尚不拘守八比六比之式，是皆以古文名害者。明乎此中消息，时文安有不工者耶。"受刘先生的引导，叶德辉从此苦溺于时文，凡刘先生平日所列举者，如《百二十家名文》，吴选《明天崇百篇》、《余铭塾钞》、《钦定四书文》，以及名人专稿，如金声、陈际泰、项煜各家，王步青《式法集》、《后式法集》，无不搜罗罄尽，馈寝沈思。刘先生所教的"取法乎上"使叶德辉受益匪浅，以后所作之文也能"意深而辞达，格高而调谐"。①

1882年，叶德辉从宁乡崔识先生家量学解经文字。崔先生教以阅段玉裁《说文解字注》。叶德辉将幼所习汲古阁本《说文解字》与段玉裁的《说文解字》相比较，发现其中多有不同，段注擅删擅改之处颇多。崔先生因此命阅王箓友筠的《文字蒙求》、《说文句读》、《释例》三书，于是叶德辉知二家得失。此后又得到武昌官局刻本桂未谷馥《说文义证》，逐字参考，遂通训诂之学。

从上述叶德辉的求学经历来看，他与一般湖湘士子没有什么两样。不过，由于原籍吴县，家富藏书，叶氏家族又给了叶德辉多少不同于一般湘人家庭的教育背景。叶德辉在晚年回忆时，时常强调其祖上楹书世守，先祖来湘时，除衣箱外，皆书簏，大抵

① 叶启勋．叶郎园先生年谱．南强旬刊，1（12）：14.

均江浙乾嘉诸儒先之书，“幼无师承，所得庭训，实赖此楹书之力”①。这多少有些夸张，所谓“家富藏书”只是个含糊的说法，叶德辉的藏书大多数还是他成年之后自己搜集收购而来的。但不可否认的是，叶氏祖先遗留下来的图书的确给叶氏兄弟打开了另一扇大门，得以开阔眼界，甚至使他们在个别地方超出师长。据叶德辉回忆，有一次，其二弟德耀影写“上大人，孔乙已；化三千，七十二，尔小生，八九子，佳作仁，可知礼”摹本，问塾师：这段话出自何书？有何取义？孔夫子何以一作孔乙已？八九子是否为七十二子？塾师不能对。实则是叶氏兄弟因看了家藏明叶盛《水东日记》上记载的这一则故事，故意向先生发难也。

叶德辉在通训诂学之后，将先祖所遗藏书找出，一一翻阅。其中有顾炎武的《日知录》、惠栋的《九经古义》、钱大昕的《十驾斋养新录》等。虽书多残缺不全，而触类引申，益人神智。由此，叶德辉开始了他的汉学研究。当时，他见到孙星衍《问字堂集》中有一篇文章“释人”，感觉很有意思，于是取沈果堂彤《释骨》一篇两相校正，为之疏证。叶德辉所作的《释人疏证》后于1902年出版。

在早年的求学经历过程中，叶德辉除了受到业师的指点之外，还特别受到了几位官员的知遇提携。1882年，山东潍县曹仲铭鸿勋督学湖南。下车伊始，课试观风，将叶德辉置为童卷第一名。并说：“此生尚属英年。诸艺如出已作，他日当以诗文名世。”对于这种赏识，叶德辉心存感激，因此视曹鸿勋为平生第一知己。多年后，尝有诗记之：“忆昔潍县师，持节来湘渚。下车例观风，题目争先睹。时余少年狂，下笔驰风雨。一挥当千言，如春蚕丝

① 叶启勋．叶郎园先生年谱．南强旬刊，1（11）：5.

吐。……公览再称奇，执卷为起舞。谓是名世英，奖励殊侪伍。……追念知己深，大儒出东鲁。功业著史宬，琐记终何取。只今校经堂，尚有甘棠树。”①

叶氏本侨居湘中，于湖南无县籍，不能参加科举考试，故1883年拟回吴县参加童试。这时叶之业师徐子筠峙云介绍他捐八百金修学宫，取得湘潭县籍。徐也是原籍吴县，而入湘潭籍学者。故有此举。待到叶捐金取得县籍之时，则当年的考试时限已过。当时，徐正在湖南督粮道、江西新建人夏芝岑献云幕府中。夏献云风雅爱士，有乾嘉诸老流风。当时省城每月官师轮课二次，一次课时文，一次课经古。叶德辉每次考试，都能名列前茅，甚至于易名参考，夏献云也能认出叶氏之作。叶德辉获奖颇多。后叶乡试中试后，叶执贽称门生，以夏为师。“师官粮道，宏奖后进，真贤有师也。”② 1922年，叶德辉在回忆早年求学经历时，曾作《五先生咏》，其中之一即夏献云，称：“爱士出至诚，公余喜文治。书院省有三（岳麓、城南、求忠），月课输官试。诡名余最多，榜出辄高置。吾师眼有神，暗中亦相识。不睹真姓名，赏拔总优异。迨余登贤书，公襄内闱事。写榜见题名，捷报驰飞骑。谓是假门生，逢人道名字。以此感知深，遂列弟子记。”③

1884年二月，叶德辉正式参加湘潭县试。当时湘潭县知县、仁和洪秋帆锡绶将叶列为前七名。同年五月应府试，又受到知府高抟九万鹏的赏识，被拔置前列第三。为此，叶德辉视高万鹏为平生又一知己之师，不过却不满于高氏之命截搭题。科举考试中，为了防止考生作弊，命题形式也是绞尽脑汁，五花八门，最为人

---

① 叶德辉．五先生咏//浮湘集．长沙：叶氏观古堂，1929：3．

② 叶德辉．郋园六十自叙．长沙：叶氏观古堂，1923：2．

③ 叶德辉．五先生咏//浮湘集．长沙：叶氏观古堂，1929：3－4．

诟病的是所谓割裂题，即将一句话的最后几个字与下一句的前几个字联结起来。高氏即是如此。在府试中，五场每卷拈一字命题。“余拈得‘余闻善言则拜’之‘拜’字。余文起讲结句云：‘盖其好善之诚，固有积于未拜之前者矣。’追补‘则’字神理。为公所击赏。是场拔擢第三名，遂定案送院试。然割侮圣经，实不足为法。而余之好弄聪明，亦可想见。”高氏对叶德辉也是称奖有加，许为他日国家之栋梁。叶德辉有诗忆此，称高氏“勉之以国器，所重非文章。今日为桃李，他日为栋梁。多士列坐听，引领群相望”①。

1884 年十一月，叶德辉与善化劳德扬之二女成婚。劳氏祖上亦是吴县洞庭山人，清初有劳澂字在兹者始由吴迁湘。劳澂在兹本善画事，与叶氏先祖、明代著名文人叶燮为至交，时通婚姻。后来劳在兹于吴三桂反叛时卖药于长沙，遂占籍善化（今长沙县)。劳在兹手绘九芝双桂图卷，后代便以“劳九芝”为其药店堂号。叶、劳两家同为吴人迁湘者，又同为湖南富商大户，结秦晋之好亦属门当户对。据说叶妻劳氏“生长膏腴，性极勤俭”，深受叶母马太夫人怜爱，却与叶德辉性情不投。直到 1923 年叶德辉写回忆录时，还对当日夫妻之纷争耿耿于怀，坦言家庭不睦：“内子性温柔，尚俭约，又能佐中馈，得吾母欢心。惟染其家族田舍翁之风，颇厌文史。性亦阴妒，妯娌时有违言。余喜唐宋人律绝诗，以内室向南，荣光甚敞，抄诗习字，时在室中。倦或出游，迨晚归，则内子已将笔砚移置外室几案间。于是者数数，渐有勃谿者。吾母素怜之，每事必责余也。”② 劳氏先后生三子：长子启先六岁而殇，次子启倬（1889 年生），三子启慕（1891 年生)。1891 年

① 叶德辉．五先生咏//浮湘集．长沙：叶氏观古堂，1929：2.
② 叶德辉．郎园六十自叙．长沙：叶氏观古堂，1923：3.

劳氏生三子启慕后未满月即病亡。叶德辉“虽恸悼之，深以此后少室家儿女之累为幸，自是誓不再娶”。不过这是后话。

成婚后的叶德辉，一边准备科举考试，一边开始了经学研究，特别是对文字学颇为留心。由于对段、王、桂三家之书均不满意，于是想仿经注集解之例，搜辑魏晋以上文字古谊，为《说文故训》。计划以桂氏义证为底本，存其精要，而去其泛引；再以桂书未采及之故籍，及新出见之古书，校勘拾遗。即使旧说两歧，亦并存之，不为之别是非辨同异，本着述而不作、信而好古的态度来研究《说文》。这本书历经20余年乃成，是叶德辉平生最为自负的一部文字学著作，但不幸稿佚，世人无由共睹。与此同时，叶德辉开始注意书籍的搜讨。1885年，湘潭县袁漱六的卧雪庐藏书散出，有人持袁氏所藏小字本宋刻《说文》至省求售，索价四百金。叶德辉从之借校于江苏浦氏刻本之上。

1885年八月，叶德辉参加湖南乡试，榜发，中式第59名举人。正考官为侯官陈芸敏编修琇莹，副考官为福山谢南川编修隽杭，同考官宁乡县知县富平景天相。几位考官中，叶德辉独视谢南川为受知师。谢南川乃光绪庚辰（1880年）进士，出自近代著名学者缪荃孙门下。叶称：“福山鲁名邑，近有两巨儒。忠节重文敏（王公懿云），谢师圣人徒。同出艺风门，再传德不孤。甲申举大比，皇华始载途。吾师典湘试，侯官与之俱。入场万人试，中额防滥竽。榜出尽名下，沧海无遗珠。拔萃与优行，十科近所无。揄扬玉池老，持论殊不诬。惟余最年少，涂抹相嬉娱。”① 1886年叶德辉北上京城，应试礼闱不售。但在京城遍游琉璃厂书肆，尽搜近儒治《说文》之书数十种，捆载南归。归家后，开始著《说

① 叶德辉．五先生咏//浮湘集．长沙：叶氏观古堂，1929：4.

文故训》。搜访书籍也成为叶德辉日常生活的一部分。

在初期的求学应考生涯中，叶德辉与本土的湘学领袖如郭嵩焘、王闿运等没有太多的直接交往，也没有太多地参与本土的文人交往活动。据叶氏年谱记载，光绪十四年（1888 年），王闿运、郭嵩焘皆在省城，当时有人在省城北门外开福寺成立碧湖诗社，推郭嵩焘、王闿运递相主盟。湘潭著名的诗僧寄禅和尚即释敬安，邀请叶德辉同往入社。叶德辉偶尔赴会却不入社。他认为，《儒林外史》中所谓“斗方名士，麕集其间，徐凝恶诗，千载一辙”，大约是不屑于诗社中的鱼龙混杂。据说，王雁峰观察楷当时主讲城南书院，也曾入社，后作一诗：“长沙近事君知否？碧浪湖中多鲫鱼。”寓讥刺之意也。后来郭嵩焘去世，王闿运出游，诗社遂寂然。[①] 不过，这是叶德辉的事后回忆，不免有自我炫耀的成分。据梅季编《八指头陀年表》，光绪十二年（1886 年）6 月 15 日，王闿运集诸名士开碧湖诗社，诗社成立时共有 19 位会员。寄禅和尚被邀参加。碧湖诗社成立后的一两年，王闿运、郭嵩焘、寄禅等在碧湖频繁雅集。碧湖雅集大约是当时湖南本土层次最高的文人交往活动，因主持者乃为湘人所宗的湘学领袖郭嵩焘、王闿运。以叶德辉新科举人的身份，未必会受郭、王的青睐，也未必有资格去鄙夷这种高层次的雅集，虽然成名后的叶德辉睥视天下、骂倒一切。

1888 年冬，叶德辉再次北上，取道山东入京。1889 年三月，会试不第。由于光绪大婚亲政，同年举行恩科，第二年有恩科会试，为免南北往返之劳，叶德辉没有回家，而是与长沙涂稚衡孝廉景涛一起，僦居京城。涂氏为乙亥科举人（1875 年），工骈偶文，好旧书，于是间日与叶一起游厂肆，各挟书而归。此外，留

① 叶启勋．叶郎园先生年谱．南强旬刊，1（13）：19.

京应考期间，叶德辉还对《尔雅》一书进行了研究。《尔雅图赞》为晋郭璞所作，久散佚，为清代学者严可均所辑。严可均赞郭璞“博洽古文，覃精术数，以不附王敦谋逆，杀身成仁。其为赞也，穷物之形，尽物之性，羽仪经业，粹然估者之言”。此《图赞》原本附在《山海经图赞》后，叶抄时将其析出。叶赞严氏“抉择之精，校雠之密”，不仅是有功郭氏，而且“羽仪经传，揖让姬孔”①。此文当是目前所见叶德辉最早的学术论文。1890年，叶再次参加会试，不第，于四月南归。

从1886年到1890年，叶德辉虽然几次应试不第，但在学术研究上却取得了一定成就。由于宁乡崔先生的引导，叶德辉对文字学产生了兴趣，并计划作一部类似古经集解性质的《说文故训》，为此广泛阅读各种相关古籍。此外，对古书的搜集也成为叶德辉的习惯性行为。几次入都，都是遍游厂肆，搜访古籍，捆载而归。而湖南本省的几家大藏书家之书，如袁芳瑛卧雪庐之书，也部分地为叶所得。安化罗文僖绕典家中藏书散出，叶德辉亦有所得。

二、京师交往，预汉学之流

1892年三月，叶德辉再次参加会试，入第十五房，中试第九名贡士。主考官为户部尚书翁同龢，副主考官为工部尚书祁世长，内阁大学士李端棻、霍穆欣，同考官有朱福诜、沈曾桐、袁昶、徐仁铸、洪思亮等。四月殿试，列二甲第95名，赐进士出身。同科进士有吴士鉴、陈伯陶、汤寿潜、蔡元培、尹昌龄、张元济、唐文治、沈宝琛等。四月底朝考，叶德辉列二等第57名，钦点吏

---

① 叶德辉．尔雅图赞跋//郭璞．尔雅图赞．长沙：叶氏郎园，1895.

部主事。“殿试三百士，作赋声摩空。姓名榜黄甲，分曹司考功。”① 当时湖南吏部无人才近20年，同乡同年皆称贺。

几次北上京师应考和后来的任职吏部，对于叶德辉而言，不仅是生活空间的变化，更是思想、学术场域的变化，使他能够接受湖湘以外的思想、学术风气。京师交往对叶德辉的学术取向产生了深远的影响，尤其是加强了他尚汉学的趋向。

尽管就全国学术动向而言，汉学在嘉道以后已日渐衰落，丧失了学术主流的地位，然而，此种衰落并非直线下降，而是有起有伏，在总体趋势下，也有局部的发展和回升。朱德裳在《同光之际学风》中说：“自翁叔平、潘伯寅以朝贵为公羊学，兼治古文辞、金石，提挈宗风，倡导后进，京师上自尚、侍，下至编检以及部曹内阁才俊之士，靡然从风。而以张孝达为上首。宗室盛伯羲，满人宝竹坡、端午桥，丰润张佩纶，吴人吴清卿、洪文卿，浙人沈子丰、子培、李忠伯、黄漱兰，赣人文道希，粤人梁鼎芬，湘人王益吾等均相尚以学问，然不及时政也。”② 特别是光宣之际，京师朝臣中一度出现了汉学复兴的局面。正如桑兵所指出的：“清代学术，号称极盛，实为对历代学术做一总结，虽然不免于偏，而且越到晚近，越行偏锋，毕竟人才辈出。道咸以后，迭经内乱外患，承平时的盛况，一去不复返。但流风余韵，依然可见。同光两朝，欲图中兴，学术文化方面，延续旧途，开启新轨，出现表面的繁荣。文士学人，虽然成就不及前辈，也还昭昭可观。末代王朝，内外交困，政治上日暮途穷，学术文化亦趋于消沉，可还是不乏其人。”③ 这个判断应该说是有相当根据的。

---

① 叶德辉．五先生咏//浮湘集．长沙：叶氏观古堂，1929：1.

② 朱德裳．同光之际学风//三十年闻见录．长沙：岳麓书社，1985：55.

③ 桑兵．民国学界的老辈．历史研究，2005（6）：8.

叶德辉于光绪年间在北京游学、任职，获闻绪论，耳濡目染，自然受到影响。他在日后的回忆中，也多次提到当时的情形。如《郎园字义》："余壮岁通籍，正同光中兴盛时。朝士崇尚朴学，人人企慕汉许叔重、郑康成二氏，援李赓芸别号'郙斋'之例，吴县潘文勤公祖荫号'郑庵'，仁和汪柳门侍郎鸣銮号'郎亭'。其他师郙、师郑之称，几遍朝野。余方温《说解》，亦趋时尚，取号'郎园'，意谓师郙师郑，千百雷同，而仰止高山，不可无所向往。"① 则叶德辉不仅取号"郎园"受京师风气之影响，学术风尚亦受京师之影响。

又如《还吴集·惠耕渔茂才属题先德四世传经图像册图绘朴庵先生有声、密云大令元龙先生周惕、翰林学士仲孺先生士奇、征君定宇先生栋四世像，为作七古一首》中提到："壮年通籍宦京曹，于时汉学帜正高。郑庵尚书主先进，后生奔走多贤豪。"郑庵即前述潘祖荫。叶德辉不仅受京师之影响形成汉学风尚，而且受京官影响，形成了好搜书买书的嗜好。《书林清话》曾记载当年的情形："吾官京曹时，士大夫犹有乾嘉余韵。每于退值或休务日，群集于厂肆，至日斜，各挟数破帙驱车而归。"②

叶德辉后来曾作诗《后买书行》，也描述了为官京曹之时搜书情形："计偕入京师，欲探酉山邃。日从厂甸游，琳琅启金匮。路南肆如林，路北居杂厕。赝鼎寓目多，宁作朱崖弃。时有漏网珠，拾之出无意。内城隆福街，比之慈仁寺。客来访渔洋，约与寺门伺。粤维光绪初，承平日无事。王孙推祭尊（宗室盛昱），诒晋薰香媚。潘（文勤）张（文襄）振儒风，缪老（荃孙）传清秘。丁

① 叶德辉．郎园字义说//郎园北游文存．辛酉（1921 年）夏正冬十月财政部印刷局活字印：58.

② 叶德辉．书林清话．长沙：岳麓书社，1999：217.

（丙）陆（心源）勤刻书，诏旨褒嘉惠。同官半书淫，交游重文字。"① 可见京师交游于叶德辉学术之影响。

然而，叶德辉在吏部主事任上不到一年，就放弃了这份光明的前程，告假回乡。从此悠游林下，专以著书为事。

叶德辉为什么要辞官？他自己没有太多的说法，只是在1923年所作的《五先生咏》中有"宦情本间淡，归卧湘江东"之句，表明自己本无做官之瘾。杜迈之、张承宗的《叶德辉评传》中说："但因为主事的月薪只有七两银子，当然不能满足叶德辉的名利欲望；以家庭经济情况论，他也不愿呆守这个京官的位置。所以，当他得到这个'钦点主事、观政吏部、保升员外郎加四品衔'的出身后不久，就以乞养为名，请长假回籍。"② 似乎叶德辉是嫌这个职位俸禄太低。这种说法虽然也说得通，但不够充分。

以后的叶德辉常以"叶吏部"的名义活动，而"吏部"一衔也带给了他不少荣耀。那么，这个"吏部"到底是个什么样的官？陈三立的经历或许会有助于我们理解这个问题。

光绪十五年己丑（1889年），陈三立成进士，旋以主事分吏部考功司。到任不久，吏部的一位书吏衣冠楚楚地登门相贺。三立根据来人的衣着、举止，"误以为缙绅一流"，遂"以宾礼接见"。书吏见状，喜形于色，"亦昂然自居于敌体"。交谈数句，三立始知访客原来是本部的僚吏，"乃大怒，厉声挥之出"。书吏羞愧难当，掩面而去，临出门时小声嘀咕道："不得庶常，何必怪我？"强颜自饰之余，颇含讥刺之意。三立虽以楷书不中律而未入翰林，岂会迁怒于无知胥吏？真正令他勃然大怒的，还是"部吏弄权，势成积重，吏部尤甚，兹竟贸然与本部司员抗礼，实大悖体制"。

① 叶德辉．后买书行//于京集．长沙：叶氏观古堂，1929：12.
② 杜迈之，张承宗．叶德辉评传．长沙：岳麓书社，1986：3.

三立当从“折其僭妄，弗与假借”，并非小题大做，而是要借此表明对纲纪坏弛的深恶痛绝。①

陈三立原本也是胸怀大志，亟于有所作为。如今亲身经历了小京官的真实体验，这才真切地感受到了什么叫做“浮沉郎署”，什么叫“难有展布”。一番深思熟虑之后，陈三立以侍亲为名毅然辞官而去，此时距离他到任还不足三个月。

陈三立分授吏部主事司考功在1889年。三年之后，叶德辉所任的职务正是当年陈三立所任的职务，也是“分曹司考功”。部吏弄权、犯上作乱的情形，大约没有太多的改善。由于史料有限，叶德辉吏部主事任上究竟做了些什么，我们很难全面把握。但透过雪泥鸿爪，还是能稍微捕捉到一点信息。

黄兆枚在《叶郎园先生传》中提到一事：黄于1903年入铨曹，距叶德辉任职时已十余年，吏部的人，还有谈及叶德辉击部胥事者。当时部胥窟穴久把持案例，尤轻视新曹官。这让叶德辉十分厌恶。“一日，乘其倨慢，怒批其颊。盖柯权倒置之弊，已愤慨于中矣。”② 陈三立由于部吏的僭越而大怒，将胆大妄为、敢与自己平起平坐的僚吏厉声挥之出；叶德辉由于部吏的把持案例而怒批其颊，两者都反映了对当时纲纪松弛的深恶痛绝。

既然吏部主事不如它名义上的那么尊贵和能够有所作为，于是，叶德辉在取得了这个出身之后，以未及三十之少龄，决计归田，从事于自己所钟爱的经学研究事业。

三、王、叶结交，定名山之约

叶德辉以吏部主事的身份回到长沙后，在湘学领袖王先谦的

---

① 张求会. 陈寅恪的家族史. 广州：广东教育出版社，2000：216.

② 黄兆枚. 叶郎园先生传//叶郎园先生事略. [民国刻本].

提携下，很快成为晚清湘学的重要一员。

叶德辉刚回到长沙，尚未整理行装，王先谦便登门拜访。因叶乡试时的房师谢隽杭（山东福山人）会试时系出王先谦门下，与王有师生之谊。王在叶德辉回籍之前，即看过叶德辉会试墨卷，极为欣赏，视为振兴湘学的同道。《郋园六十自叙》中对此有详细的叙述："公坐定，盛称余会墨典重高华，有雍乾作家风范。因问余平日所读何书、治何学，余谦让弗敢对。次日急往谒，公常服出，邀余至书房。坐次，语余曰：'吾归田已四年，求一读书人与语不可得。今阁下归，余获一良友矣。'又坚问余于何书用功最深，余不获已，答以少承庭训，本习宋人书，以先祖楹书多江苏先哲遗书，藉诂经课，略知经学门径。留京三年中，居郡馆中，于习大卷白折外，案有马国翰《玉函山房丛书》，见其中引据讹漏甚多，拟取原书逐卷校补，苦于分心举业，不竟其功。公曰：'此著作事也。无怪闱墨书卷之气溢于行间，是故足觇根柢矣。又询余出处，余答以长假养亲，不再出。公曰：'是也。吾在江苏学政任内，成《皇清经解续编》千余卷，因是感触吾湘经学之陋，未免见笑外人。当编辑时，仅得船山诸书及魏默深书、诗《古微》二种，犹未纯粹，乃以曾文正《读书日记》析其读经笔记，杂凑一家，而生存人如胡元仪、胡元玉所著书亦录入，盖不得已也。归田后，遂以提倡经学为己任。如阁下年力富强，任择一经为之，必远出前人上。吾观阁下会闱三艺，知必深于经学矣。今日同居一城，吾有书必就商，名山之约定于今日。'"对于王先谦的重望，叶德辉感慨道："公叠秉文衡，东南名宿尽出于公门下，何图于余？诱掖奖励如此。回思此三十年著作等身，皆出公提撕（携）之力，又实平生第二知己也。"①

① 叶德辉．郋园六十自叙．长沙：叶氏观古堂，1923：4.

王、叶结识一幕，在王先谦笔下，并没有留下记载，但反复流传于叶德辉及其弟子之口，可见其对于叶德辉影响之大、印象之深。不排除叶德辉借此事自重的心理，但也说明，王先谦的嘱托为叶德辉所接受，叶德辉自觉地将此后自己的学术研究与湘学联系在一起，视振兴湘学为自己的文化使命。

在王先谦的提携之下，叶德辉很快在湘绅中脱颖而出。《郎园六十自叙》称："关于地方利弊之事，有时必呈达地方官斟酌施行者，以前只张、黄及李幼梅观察等三数人与议。后葵园见余决事明快，有事必坚邀余入议。"① 《郎园学行记》称："吾师乡居与王、张二师及孔观察、黄觐舆太守自元同为地方官倚重。太守厚德，从不立言；阁学善于条陈而拙于言论，张、孔以外吏见巡抚，拘于礼节，不能尽言。凡有兴革及枢府咨询之事，巡抚集司道耆绅会议，多所依违。惟吾师侃侃而谈，动中窾要。历任巡抚皆虚己以听，立饬施行。"② 此后，王先谦、叶德辉共同参与了湖南省政的许多大事，成为湖南旧派中的领袖、湘绅中的权绅。

然而，在叶德辉的眼里，王叶之交更多的是一种文章道谊之交，其意义在于对湘学的振兴与湘人忠义之气的维持，所谓扶世翼教。

关于王先谦，叶德辉曾在1902年为其所作的六十寿文中称："湖南自军兴以来，士争务于功利。湘乡曾文正督师戡乱，不废弦歌。每克一名城，即补秋闱，创书局，礼名士。至今大江南北，祀之瞽宗，名以精舍，而其文章教泽，未被于乡里。湘阴郭侍郎，自海西出使归主思贤、城南讲席。侍郎之学，本永嘉、湖州遗法，课士以事功，范之以程、朱之诚敬。于时湘人薄言外务，侍郎谆

---

① 叶德辉．郎园六十自叙．长沙：叶氏观古堂，1923：4．

② 杨树达等撰，崔建英整理．郎园学行记．近代史资料，1985（4）：136－137．

谆以告于人。坐是而得众谤，久之不合去。公承二公之后，治经宗两汉，论事以救时为先。自思贤、城南移席岳麓，士之沐其教者，类多能文章，达时务，以蕲全于世用。……夫人才之盛衰，与学术相维系。天道至仁，唯恐斯世一日不治。故湘乡、湘阴两公未竟其志，独与公以闲暇之岁月，教育英才，以储异日将相之器。"① 这里，将王先谦看作是继曾国藩、郭嵩焘之后的湘学正宗，兼有救时与兴学两者之长；而自己无疑也是绍续湘学统宗之人。

从王先谦到叶德辉，其学术思想中有两个明显的特点：一是以乾嘉诸老相期待。以王先谦而论，1911 年王氏七十寿辰之时，同好贺文、贺诗，多比诸乾嘉诸老。如吴庆坻云："每登虚受之堂，从容奉手，恍如见乾嘉时诸老之风范也。" 俞廉三云："先生踵仪征之轨范，仿粤秀之规矱。"② 叶德辉云:"（王先谦）轺车所至，甄拔英奇幽滞之士，时论比之阮文达、朱竹君一流。"③ 则乾嘉风尚为王、叶等人所继承，而乾嘉时期的湖湘"独披其风最稀"成为他们心头的一个结。二是以维护传统价值、扶世翼教自任，具有强烈的文化使命感，关怀所系，不局限于一省一市，而是整个传统文化伦常纲纪。而这两者，都是承袭晚清湘省学风而来。

叶德辉的青少年时期，正是湘军战胜太平天国、湖南本土重修地方志与书院、理学话语得到强化、卫道意识最浓时期。这对于年少的叶德辉，自然不无潜移默化的影响。此后的叶德辉，在论及湘学时，每每表彰湘人"笃守乡风"，"怀抱忠义"，"经世之作，开风气之先；讲学之儒，奏戡乱之绩"。④ "道咸之间，粤逆

① 王先谦．葵园自订年谱//葵园四种．长沙：岳麓书社，1986：812－813.
② 王先谦．葵园自订年谱//葵园四种．长沙：岳麓书社，1986：769－780，807.
③ 王先谦．葵园自订年谱//葵园四种．长沙：岳麓书社，1986：812－813.
④ 叶德辉．答友人书//翼教丛编．上海：上海书店出版社，2002：176.

倡乱，湘军特起，成戡定之功。其间柄兵大臣如胡文忠、曾文正、左文襄以及罗忠节、王壮武诸公，皆以理学名儒，出膺艰巨”①，成就大业。他表彰曾国藩的道德文章，同时又慨叹其未能泽及本土。对于郭嵩焘，叶德辉无多少直接交往（郭、王之交本身已是忘年交，王、叶之间又相差20余岁），有时为表明自己的独立的学术立场时，也说：“鄙人生长湖湘，先辈如王湘潭、郭湘阴，一时号为学者所宗，鄙人亦未尝依附。所谓士各有志，学各有宗。”②但实际上如前所述，从曾国藩到郭嵩焘，到王先谦，是叶德辉心目中的湘学知识谱系。叶德辉虽然自认为在学术上不追随曾、郭，但影响却是有的。叶德辉后来与其弟子论及为文时，自称于“湘人则取湘阴郭养知侍郎嵩焘，谓其充实在曾文正之上”③。

当1892年少年科第的叶德辉决计归田之时，对于王先谦来说，是在少了郭嵩焘这样一位知音之后，又来了一位能够与之论学、能够续绍儒统大业的接班人。王先谦以此相嘱托，叶德辉以此为使命，从而构成了一个从曾国藩到郭嵩焘、到王先谦、到叶德辉的卫道与兴学并重的湘学知识链条。

四、表彰乡贤，张楚学之帜

回乡后的叶德辉，致力于古籍的搜集、校勘、辑佚与出版。从小处说，这是个人兴趣爱好；从大处说，则亦蕴涵着振兴湖湘学术的良苦用心。特别是通过表彰乡邦文献，缅怀先贤，重塑地域文化形象。如1892年校辑《鬻子》二卷，就有对楚文化的探

① 叶德辉．十三经注疏又一部//郎园读书志：卷一经部．戊辰（1928年）初夏上海澹园版：17.

② 叶德辉．答罗敬则书//郎园论学书札．长沙叶氏戊戌仲冬刊：34.

③ 杨树达等撰，崔建英整理．郎园学行记．近代史资料，1985（4）：120.

讨，充分肯定楚文化的历史地位。“楚为春秋时强大之国，其民俗尚武，至今犹有遗风。逮乎战国之世，则有屈原、宋玉、唐勒、景差诸人，造作骚赋，接风雅之宗传，为词章之初祖。文武递嬗，至于今日，虽鲁号秉礼，莫能尚焉。”楚地为何能“文学彬彬，同于邹鲁”，“人文化成千载相望”？在叶德辉看来，不只是地处东南，泰山、黄河、洞庭之英灵磅礴郁积而钟于人，五行秉武烈之性，有文明之象；更在于开国祖鬻熊的作用。据史书记载，鬻熊曾为文王师，历事文、武、成三朝，周封为楚祖。班固《汉书·艺文志》“道家”类中有《鬻子》22篇，而在“小说家”中又有《鬻子说》19篇，注云：“后世所加。”叶德辉据此判断：“有书而后云加。足见当时鬻子著书之多，流风衍被，遂成文治之国。”故楚地文学之盛，“虽曰地气使然，固其先君先公教泽之留贻有以致此耳”。叶德辉又说：“余姓出于楚之叶公，世家南阳。自宋南渡迁越迁吴，号为望族，乃始封之地，子姓无多。且自宋以来，通德闻人，类皆著籍于吴越，楚则阒然无闻。然则数典忘祖，谁之咎也？”张之洞在湖北建两湖书院，崇祀乡贤，以楚祖鬻子居首。叶德辉校辑《鬻子》一书，正是为楚祖张帜，“欲使楚之人家有其书，吾之宗世守其学。以鬻子之学治楚，其效必速盱黄老之治汉、申韩之治蜀焉，而屈宋之徒，赓起相接，以存中原之文献，立终古之强国”①。叶德辉还先后撰、辑、校刊有晋郭璞《郭氏玄中记》二卷（1893）、郭璞《尔雅图赞》一卷（1895）、郭璞《山海经图赞》二卷（1895）、汉许慎《淮南间诂》二卷（1895）、唐《沈下贤集》十二卷（1895）、李玉棻《瓯钵罗室书画过目考》四卷（1897）等书籍。

① 叶德辉．校辑鬻子序∥鬻子．长沙：叶氏观古堂，1892：1.

叶德辉还参与了思贤书局的工作，与王先谦、张祖同等人一起，致力于古籍和时人文集的出版。维新运动前后，思贤书局先后出版了郭嵩焘的《礼记质疑》、《大学章句质疑》、《中庸章句质疑》，张之洞的《劝学篇》，陈立的《句溪杂著》，李道平的《周易集解纂疏》，舒天民的《六艺纲目》，郭庆藩的《方言疏证》等著作。一方面通过这些活动来振兴学术，另一方面以此来弘扬圣教，教化臣民，靖人心，正纲常，维护清王朝的统治。

不同于王先谦归田后的蜷伏里闬、不与中原人士交往，叶德辉在告假回乡之后，还时常出游四方，或回祖籍江苏吴县扫墓、修谱，或北上京师购书访友，与外界保持了较为密切的联系，也对湘外风气尤其是思想学术风气有所了解。1896 年叶德辉又再度入都，途经上海、南京，在南京拜访、会晤了众多学者，特别是在南京钟山书院拜访了缪荃孙。缪荃孙（1844—1919），字炎之，又字筱珊，号艺风，江苏江阴人，光绪进士，曾先后任南菁书院山长，泺源书院、南京钟山书院山长等，1901 年任江楚编译局总纂，筹建三江师范、江南图书馆，创办北京图书馆，是中国近代藏书家、目录学家，中国近代图书馆事业的奠基人，中国近代教育事业的先驱者之一，著有《艺风堂藏书记》、《艺风堂金石文字目》、《艺风堂文集》等。叶德辉初次拜访缪荃孙时，缪正任钟山书院山长。缪荃孙称叶德辉“熟于目录之学，所见亦博，近时之英隽”。[①] 缪荃孙后来成为叶德辉交往密切、论学契合的忘年交。此外，在南京，叶德辉还曾晤蒯光典、张謇、陈庆年等人。八月，至北京，寓居南城宣武门外库堆胡同浏阳会馆。这次入都历时一年余，直到 1897 年夏暑才出都南还，回到长沙。在都期间，他与

---

① 缪荃孙．艺风老人日记．北京：北京大学出版社，1986：829.

众多学者、官僚交往，特别是与叶昌炽颇多学术往来。叶昌炽（1849—1917），字鞠裳，号缘督，江苏长洲县人，光绪二年（1876年）举人，光绪十五年（1889年）进士，选翰林院庶吉士，散馆，授翰林编修，依次补为国史馆协修、纂修、总纂等官。参与撰《清史》“儒林”、“文苑”传稿。光绪廿一年（1895年）入会典馆，修《武备图说》。主要有《藏书纪事诗》、《寒山寺志》、《缘督庐日记》、《石语》等。叶昌炽喜辑佚古书、校理群籍、搜集碑版，与叶德辉有相同的爱好；又因是叶氏宗族，故叶德辉与他交往密切。叶德辉将自己所辑、校刊的书送给叶昌炽，同时也向其借书校勘。叶德辉对古籍版本等的熟悉以及不拘礼节的行为举止显然给叶昌炽留下了深刻的印象。《缘督庐日记》中光绪二十二年（1896年）八月初七日记载：

“叶焕彬吏部来谈，赠所刻《沈下贤集》、《阮氏三家诗补遗》及所辑许氏《淮南间诂》、《淮南万毕术》各种。焕彬本吾郡洞庭西山人，其祖游幕楚南，遂入湘潭籍。询家谱甚殷。仆告以君楚籍，真吴人；余吴籍，真越人也。”①

同年八月初十、十一日，又记载叶德辉为友人向叶昌炽借《医心方》，叶昌炽由此感慨德辉“可谓为友人出死力矣”②。

同年八月十三日，又记载：

“焕彬述所著有《宋元版本考》、《论泉绝句》，自是吾宗巨擘。仆告以君读《世说》太熟，举止謦咳，皆可入临川之笔，不觉大笑。”③

此外，在京都期间，叶德辉还去拜访了他会试时的老师徐仁

---

① 叶昌炽．缘督庐日记．南京：江苏古籍出版社，2002：2439.
② 叶昌炽．缘督庐日记．南京：江苏古籍出版社，2002：2441.
③ 叶昌炽．缘督庐日记．南京：江苏古籍出版社，2002：2442.

铸，“时先生悲悯时事，颇张康有为之说，余不谓然”。[①] 这可能是叶德辉首次对康有为的学说表示异议。出游京师，使叶德辉得悉京师风气、国朝掌故，将视野由湖外扩展到中原大地。特别是对康有为学说的了解与不满，埋下了戊戌新旧之争的伏笔，并最终使叶德辉“名动天下”，由湘学领袖上升为全国著名的传统主义者。

① 叶德辉．《輶轩今语》评．翼教丛编．上海：上海书店出版社，2002：70.

第二章　辟佛之韩愈：叶德辉与戊戌变法

戊戌维新运动将叶德辉推到了历史舞台的中央，他不但成为比肩王先谦、王闿运等的湘绅领袖，而且成为全国著名的翼教派人物。那么，叶德辉究竟是如何成为旧派之领袖的？他与新派人物之间发生了哪些争执？从事了哪些活动？让我们在史料的丛林中穿行，寻找历史的真相。

第一节　亦是忧时之君子

1897年夏天，当叶德辉在游京师一年之后再回到湖南时，时势的变化已使他感到“商量旧学，渺如隔世”，竟是那么不合时宜。

本来，作为一个笃信忠义之道、嗜好考据之汉学的学者，叶德辉倾向于“温故知新”，从传统文化典籍中寻找解决现实问题的对策。早在任职吏部之时，叶德辉就曾对政治制度进行了考察，尤其是对“吏部”的缘起、演变、应有的功能及其缺失进行了思考。不同于思想家或政治家，叶德辉没有将这种思考上升到理论体系中，而是寄寓在他的理董旧籍活动中。《山公启事》一书的整理即是这种思考的体现。

吏部既主管官员的选拔，又主管官员的考核，其职权至关重要。推原其始，《周官》中的“太宰”实为“吏部”的前身。周公作《周官》，立“太宰”，以治官府，命曰“天官”，掌“进退有司”。天官主管人事，而进贤退不肖是政治清明的关键。故“天官”之尊，虽司徒宗伯之教礼，司马、司寇之政刑，司空之事壹，都要接受“天官”的考察，以达到齐天下之贤否、一国家之举措之目的。这是《周官》之古意。然而，周礼后来逐渐沦替；发展到两汉时期，已无天官之设，卿贰陟擢，委于三公；郡国掾属，出于自署，光禄勋常，侍曹虽典铨选，然非专职。至此周制稍稍替矣。此后，其位崇者，或由堂除，或付廷推，部所除授者，不过间散微职，无所臧否，注籍而已。而西晋时，尚存周制，以吏部尚书执用人之柄。核之以山涛故事，诚为不假。

山涛字巨源，曾为竹林七贤之一。后投奔司马师，在吏部任选官多年，颇有政绩。《世说新语·政事》称赞说：“山司徒前后选，殆周遍百官，举无失才。凡所题目，皆如其言。”嵇康死时，曾对其子嵇绍说：“巨源在，汝不孤矣。”《世说新语·政事》又载：“嵇康被诛后，山公举康子绍为秘书丞。绍咨公出处，公曰：‘为君思之久矣。天地四时，犹有消息，而况人乎？’”嵇绍出仕后成为晋朝忠臣。永兴元年，惠帝北征成都王颖，于荡阴败绩，嵇绍为掩护惠帝，中箭身死。山涛为官尽职，且善于应酬官场，位至三公。对山涛先为名士后居宰辅，后世毁誉不一，东晋孙绰说：“山涛吾所不解，吏非吏，隐非隐，若以元礼门为龙津，则当点额暴鳞矣。”这当然是对山涛出仕为官所作的讽刺。①

① 孔繁．魏晋玄谈．沈阳：辽宁教育出版社，1991：68－70.

山涛作为晋之重臣，执掌吏部尚书之要职。其所选之职，上而尚书黄散，下而郡守县令；其所任之人，皆恪尽职守。故历史上山涛有识人之明之称。《山巨源启事》即是山涛所上举荐书、所颁任职令之汇编，由此亦可见西晋吏部之重要。然而其书早已散佚。叶德辉将散见于各书中的有关山涛的启事辑佚出来，之后又命弟子刘肇隅补证其事，是为叶氏所辑《山公启事》。

叶德辉辑录此书，从保存文献的角度看，是为了便于后人考察古代考功、则例。正如其弟子刘肇隅所言："吏部掌故书，当以此为最古，虽所存不及百分之一二，然人臣以人事君之义、冢宰人栖治国之权，皆约略具于《启事》中，是亦则例之先河，考功之令典矣。"① 然而，在辑佚古书的同时，也寓含着叶德辉对吏部之制的思考。山涛所铨选任命者，侍中、尚书令、御史中丞、太子保傅、右卫将军、平南司马、河南尹，均一时要职，而未尝不得其人。"当其时，晋祚新建，天下草创，人才之进退，群屏息企踵，而听命于吏部。而武帝长治之策未立，游宴之欲已侈，杨贾之党势倾内外，虽有忠直之臣，虑无能有为者。山公以藐然孑立之身，支柱其间，前后十余年。其举废大柄，一无所假借，而卒能上结主知，彼族不得而中伤之。此其故何也？无风纪之司，耳目所寄也；非有公天下之心，必无以拔天下之士。"② 山涛权重而不滥用，有风纪之司，有公天下之心，故能拔天下之士。由西晋吏部之事，可推周礼之古意。那么，后人是否可效法山涛？周礼是否可恢复？显然不行。掌吏部铨选者，若要真正像"天官"或

① 刘肇隅．郋园四部书叙录·史部．长沙：丁卯（1927年）嘉平月观古堂刊行：6.

② 刘肇隅．山公启事跋//叶德辉辑．山公启事．长沙：光绪庚子（1900年）长沙叶氏刊．

晋山涛那样发挥作用，首先应具知人之明。而知人之明不可学，必出于天资。故具体到清朝，官员之进退，不倚重大臣，而是依据成法与公议。“事无大小，一付之于法；人无贤不肖，一付之于公议，诚以当时大臣不足与知人之明也。”① 成法较之吏部尚书一人之明，究竟可靠一些。

1900 年，叶德辉将此书付梓。湘乡许郑起枢为叶氏书序时说：“今欲苟废一切文法，而听黜陟于一尚书，则巧进之士益多，而徇私朋比之风将合，摎胶固而不可拔。为之权衡以称之，则并与权衡而窃之；为之符玺以信之，则并与符玺而窃之。……今之喜言变法者妄也。善治者去其弊法者耳。停捐纳，则仕途清矣；严考成，则吏治肃矣。厚禄糈，则廉耻作矣。省文牍，则神志壹矣。朝廷苟采吾说而行之，吏部郎典选举，固山公所谓宜得能整齐风俗、理人伦者居之也。”② 序言在一定程度上亦代表叶德辉对于时势的看法。叶德辉一方面对于周礼古意充满了向往，另一方面又对将变法希望寄托在某一人身上表示怀疑，倾向于现有制度的调整与改革。

将政治清明的希望寄托在进君子退小人上面，显然是中国传统政教路径。然而，在中西碰撞、古今交汇的晚清，这种传统的路径却显得不敷应用。当西方文化如潮水般涌入中国后，特别是这种挟其长技争胜于中华的西方文明以坚船利炮等最直观的形式显示其优越性后，国人的心理防线一层层崩溃，最后至觉事事不如人。尤其是在国且不保的情况下，传统的政教如何安顿？无论

---

① 许枢．山公启事序//叶德辉辑．山公启事．长沙：光绪庚子（1900 年）长沙叶氏刊．

② 许枢．山公启事序// 叶德辉辑．山公启事．长沙：光绪庚子（1900 年）长沙叶氏刊．

是鬻子之学、还是黄老之术，抑或是申韩之法，都无疑失去了效力。更为关键的是，作为传统文化之核心的儒学也面临考问。当传统的儒家之“术”无法应对社会危机之时，道统如何延续？学统如何延续？如何在政治与文化之间寻找一种平衡？时变孔亟，社会文化秩序何以重建或改造？这是时代提出的课题，也是每个关注社会的人士都回避不了的问题。特别1894年甲午战争的爆发及其结局，再一次将这个问题摆在人们面前。

无论是对于整个中国来说，还是对于湖南省来说，1894年的中日甲午战争及其结局，都是非同寻常的大事。当战争爆发之初，防守辽东的清军不堪一击，接连败退。清政府将希望寄托在湘军身上，指望湘军重振昔日雄威，挽回眼前的败势。曾几何时，湘人以湘军为骄傲，也产生了无往而不胜、慨然以天下为己任的自负心理。陈宝箴曾说：“自咸丰以来，削平寇乱，名臣儒将，多出于湘。其民气之勇，士节之盛，实甲于天下。……其义愤激烈之气，鄙夷不屑之心，亦以湘人为最。”① 在此危急关头，视保家卫国为神圣使命的湘军将领，再次挺身而出。湖南巡抚吴大澂主动请缨，率湘军三万余人，自长沙赴威海卫；并起用湘军旧将魏光焘、陈湜、李光久、余虎恩等，由山海关拔队东征。吴大澂自以为湘军不仅有“精枪快炮”和“堂堂之阵、正正之旗”，更有“湖湘子弟、忠义奋发”的斗志，“日本以久顿之兵，师老而劳，岂能挡此生力军乎”!② 遂煞有介事地向日人“出招降旗”。不料辽东一役，湘军虽然进行了艰苦奋战，但所战皆败，接连丢失了牛庄、营口、田庄台等城镇，溃不成军。一时“海陆交乘，畿疆

---

① 湖南巡抚陈宝箴奏设湖南时务学堂折．湘报类纂，621.

② 湘抚告示．万国公报：第74卷，光绪二十一年（1895年）二月，第24册：15092.

危逼”，清政府被迫割地赔偿，签订丧权辱国的马关条约。

甲午海战的失败刺激了中国人民。当《马关条约》的消息传到京城时，正在北京参加会试的广东、湖南等省举人上书都察院，反对签订《马关条约》。1895年5月2日（四月八日），康有为联合在京的十八省举人，发动公车上书，请求拒和、迁都、练兵、变法。康有为并乘公车上书之势，鼓动京师士大夫与官僚，设立了强学会。在强学会的资助下，康有为、梁启超等人还创办了《中外纪闻》，借媒体来宣传新知，推动变法。梁启超等人的文章由此在京城士绅中广泛流传。此后又在上海设立强学会分会，并获得两江总督张之洞的支持。虽然康有为后来因不放弃孔子改制说而与张闹翻，但影响由此可见一斑。变法维新逐渐成为一股强大思潮。特别是《时务报》的创立，使梁启超充满激情的政论文章流播全国，家喻户晓。康有为师徒渐成导思想潮流之风云人物。

对于湖南本土人士来讲，甲午战败无异于一剂清醒药，击碎了他们的迷梦。“安知蕞尔微三岛，竟敢横行大九州。”① 现实使湖南人士反思，其虚骄不可向迩之气亦顿馁矣。“世间无物抵春愁，合身苍冥一哭休。四万万人齐下泪，天涯何处是神州？”② 原自以为可以拯救天下的湖南人士，对战争失败产生了一种负罪感，此种负罪感又极大地激发了湘人的救世热忱和求变自强意识。时人论曰：“吾湘士及今不思自厉，上无以宣圣天子作育之化，中无以答有司宏奖之雅，下无以塞薄海豪杰敬畏想望之心。”③ 作为一个传统士大夫，叶德辉对于此等世变自然不能无动于衷，他深深

① 皮锡瑞．感愤//师伏堂丛书：第40册：1.

② 谭嗣同．题江建霞东邻巧笑图诗//谭嗣同全集．北京：中华书局，1981：276.

③ 湖南时务学堂缘起//中国史学会主编．戊戌变法：四．上海：上海人民出版社，1957：492.

地感到："今日之时局，法诚弊矣。"① 法既弊，唯有变。"忧时之君子，未有不知法之宜变者。"② 叶德辉的知交，以谈洋务、开明通达著称的王先谦也有同感："今日之局，前代所无，当雄邦环伺之秋，为经久自立之策，熟筹通变，时势使然。"③

如前所述，晚清时期的湖南以排外守旧著称，有"铁门之城"之喻。然而，在坚拒固守之中，亦有新风吹进。晚年的郭嵩焘定居长沙，利用各种时机谈洋务。他办禁烟公社，宣讲鸦片泛滥与国势衰弱的关系，使湘绅辨知中外，开阔视野，渐收启迪思想之效。而甲午战争中湘军的败北，打破了湘军无往而不胜的神话，也打击了湖南人的自负心理。湖南士绅一洗从前的虚骄之气，求变自强，成为相当一部分人的共同心理。再加上地方官员如巡抚陈宝箴、学政江标（后为徐仁铸）、按察使兼盐法长宝道黄遵宪等的大力倡导和支持，使湖南在全国维新运动开始之前，率先拉开了新政运动之帷幕。

陈宝箴（1831—1900），字右铭，江西义宁（今为修水）人。道光末举人。曾国藩在长沙编练湘军时，陈宝箴上书言政，被曾国藩目为"奇士"，礼为幕府。他长于兵略，运筹帷幄，每建奇功。后长期在湖南为官。寓居长沙时，与郭嵩焘过从甚密，相与谈洋务，是郭嵩焘晚年洋务两知音之一（另一为王先谦）。中日《马关条约》签订后，陈宝箴上书言政，历陈得失。④ 1895 年被任命为湖南巡抚，激于国势阽危，慨然以变法开新为急务。《王先谦

① 叶德辉．答友人书//翼教丛编．上海：上海书店出版社，2002：175.

② 叶德辉．与俞恪士观察书//翼教丛编．上海：上海书店出版社，2002：177.

③ 王先谦．致俞中丞//葵园四种．长沙：岳麓书社，1986：883.

④ 陈三立．巡抚先府君行状//散原精舍文集．沈阳：辽宁教育出版社，1998：69－77.

年谱》中也说："陈右铭中丞宝箴莅任湖南，余素识也。向以志节自负，于地方政务亦思有所振兴。"① 由于长期在湖南生活，与湘人交往密切，陈宝箴对于湖南感情甚深，当得知被委为湖南巡抚后，"窃喜自慰"。而湘人也赞赏陈宝箴的为政魄力与为官德行，闻其出持湘政，咸感欢欣，寄予厚望。

王先谦与陈宝箴本是老相识，都是郭嵩焘谈洋务的知音，故大力支持新政举措。1896 年，王先谦与张祖同、黄自元、朱昌琳、汤聘珍、熊希龄等共同集议，发起创办了大型机器制造企业——宝善成制造公司。王先谦一掷万金，并多方筹款，盛邀朋友入股，被推为该公司的负责人。王先谦参与、领导的筹办湘省内河行轮是湖南维新运动中颇具象征意义的事件。1896 年，湘绅提出创办轮船的请求，但遭到了湖北巡抚谭继洵和湖广总督张之洞的反对。后谭继洵虽被说服，但张之洞担心湖南兴办小轮会招致西人入内，引起中外交涉。他说："闻比年以来，湘中士大夫讲求洋务，专究机器，专立书院，研究西法，辄为之神往眉飞，颂祝劝赞，以速其成。"但是，"此事行于下江一带，固属有利而无弊，行于湘中则尚有不尽然者。西人觊开湘省口岸久矣，徒以风气未开，若远人麇至，易滋事端。……倘本省绅民先自行轮，难保外人不步趋而至，藉词申促，译署恐无以拒之"。担心自办行轮会招致西人要求开湘省口岸，洋商联袂而来，教堂接踵而起。而湘中"士习素坚，民习素强，其持迂论守旧说者，恐仍有不少，虽有通达时务之荐绅先生，恐亦不能遍行劝导阻止"。如果出现伤洋人、毁洋产之事，必然会使洋人借口寻衅，加添条约，"牵引大局"。② 在湖

---

① 王先谦．葵园自订年谱//葵园四种．长沙：岳麓书社，1986：744.

② 张之洞．与陈右铭//张文襄公全集：第 4 册．北京：中国书店，1990：848－849.

南绅士亟请开办的时候，王先谦领衔向张之洞上禀稿。其在《湖南士绅请办内河小火轮船禀稿》中说："从前湘人恐因轮船致引外人入于内地，又恐民船尽失生涯"，近日风气已开，对轮船见惯不惊。且新条约已准西人货物通行各省，"与其本地权利全付他人，孰若本地之人自立根基，或可免异日喧宾夺主之患。是以从前不愿举办轮船者，兹皆极称轮船有利无害，宜速无迟"。强调兴办此事，是因"目击时艰，冀维桑梓；怵他人之我先，懔利权之宜挽"。① 在谋求抵制洋人专利的同时，也蕴涵着积极谋利的用意。

后来负盛名的时务学堂的开办，最早亦动议于王先谦、熊希龄、张祖同、蒋德钧等人。当时议立宝善成制造公司，同时在宝善成公司内部设工艺学堂。陈宝箴得知后，极为赞赏，且亲自命名为"时务学堂"。由于宝善成制造公司、湘鄂行轮与时务学堂三事，本为同一批人所发起，为避免互相推诿，遂由熊希龄提议，三项大事应当各专责成。经商议，轮船之事推归汤聘珍、朱昌琳主持，后又归张祖同主办；以宝善成公司之事推归王先谦负责，而时务学堂则由熊希龄负责。

对于新政，王先谦的态度是"共观其成，共防其弊"，且对新政颇有"长虑"，主张"起势总宜慎重"，盖"湘人锐气挫不得，一事失利，即事事不肯向前"②。

作为湖南传统学术大本营岳麓书院的山长，王先谦还充当了改革书院教育的先锋，表现了求新求变的精神。1897 年 2 月，他会商城南、求忠两书院山长，发布了《购〈时务报〉发给诸生公阅手谕》，1897 年 7 月，王先谦正式发布了岳麓书院《月课改章手

① 湖南士绅请办内河小火轮船禀稿．湘学新报：第 1 册．台北：华文书局，1966.

② 王先谦致熊希龄函．湘报，112 号．

谕》，提出："岳麓书院名称最古，向为人才荟萃之区，所宜首订章程，创开风气。近日湘中人士，见闻日辟，靡不鼓舞振兴，尤当迎厥新机，导之行路。"在课程中定经、史、掌故、算、译各学列为五门，以舆地并归史学，经史掌故由院长自行督课，算学别立斋长，译学延请教习，一切购书制器及岁需经费，已由抚部院俯允筹给。此后制艺试帖除由官长课试外，院长月课改用经史掌故，照章给奖。同时，王先谦还告诫士子"摒除意见，方能启牖灵明"。"院长老矣，于时务并无通晓，惟以己身不学之故，而并窒人向学之路，则断断不敢出此。"鼓励诸生"务当博览兼精，累进益上，庶几周知当世之要，成为有用之材，以毋负抚部院嘉惠盛心及院长掖劝微意"。① 在王先谦的带领下，湖南其他书院纷纷改课。

相比之下，叶德辉基本上没有直接参加维新的实际事务，只在光绪二十四年（1898 年）曾应洋务局总办蔡乃煌之邀，为涉及奥商开采矿产之合同签字作证。但叶德辉与主持维新的官绅交往密切，并且对维新运动中的种种话题颇为关注，有自己的思考。

首先，叶德辉赞成开民智之举。

开民智是湖南维新运动前期的重要内容之一，它与湖南学政江标的倡导分不开。江标（1860—1899），字建霞，号师郘，又自署谚笘，江苏元和（今吴县）人。光绪十五年（1889 年）进士，授翰林院编修。光绪二十年（1894 年）八月，由编修转放湖南学政。履任后以"变风气，开辟新治为己任"。一方面改变命题方式，以经学、史学、掌故、舆地、算学、词章六类命题试士，务期能选拔真才实学之士。另一方面，整顿校经书院，筹建学堂藏

① 岳麓书院院长王月课改章手谕，湘学新报：第 1 册．台北：华文书局，1966：276－278.

书，在校经书院内设立校经学会，分算学、舆地、方言三门。算学讲求浅近实用之法，舆地授以测量绘图之术，方言则攻习英文。经过江标的整顿，校经书院成为湖南讲求新学之嚆矢。更为重要的是，江标还创办《湘学报》。江标在发刊词中说："恭值朝廷屡有整顿书院、广求实学之议，勉设舆地、算学、方言学会于校经书院，犹惧乡曲儒士拘植于途而不知返也，乃取门下诸生粗有所得之卮言，分学凡六：曰史、曰掌故、曰舆地、曰算、曰商、曰交涉，每月约得百页，分三期刊布。蕲与海内切劘，颜曰'湘学新报'。"在《湘学新报》凡例中，提出中国士人"积习太深，实学不讲，虽入塾之士多于恒河沙数，而狃于夏虫井蛙之见，非故为虚骄，即颓焉沮丧"，民智未开，故民学日窒。如何开民智？开于学术。故创立《湘学新报》，"将群章甫缝掖之儒，讲求中西有用诸学，争自濯磨，以明教养，以图富强，以存遗种，以维宙合"。各地报馆"言政者多，言学者少；言改政者多，言广学者少"。而《湘学报》"专从讲求实学起见，不谈朝政，不议官常。盖学术为致治之本。学术明斯人才出"。① 该报是一种旬刊，出刊后，张之洞、陈宝箴分别札行湖北、湖南两省购阅。陈宝箴誉该报"指事类情，洵足开拓心胸，为学者明体达用之助"，"为湘中承学有得之言，于本省人士启发尤为亲切"，要求各州县"先自捐廉，赴省订购"，分交书院肄业各生及城乡向学士子，一体披阅，并劝绅富自行购买分送，俾乡僻寒畯，皆得通晓当世之务，以为他日建树之资。所费无多，为益甚大"。② 而湖广总督张之洞也说该报"大率皆教人讲求经济时务之法"，"议论闳通，于读书讲艺

① 学报叙．湘学新报：第1册．台北：华文书局，1966：5－6，8－9．

② 湖南巡抚陈饬各州县订购湘学新报札．湘学新报：第1册．台北：华文书局，1966：182．

之方，次第秩然，通饬各道府直隶州订阅，并应发给书院诸生阅看。江标被后人视为湖南新政运动的“开路先锋”①。

叶德辉与江标交往密切，“三年中书札往来”，过从极欢。对于江标的开风气之举，叶德辉予以充分的肯定，曾与人言：“此君在湘三年，提倡西学，风气为之一新。考试各属，拔取亦多知名之士，而爱才如命，察吏如神，弊绝风清，实近来所未有。”但叶德辉对江标在湘之举措亦有不满之处，“惟其处事轻率，泛爱而不亲仁，势利之见不免介怀，瞻循之事亦所恒有。由于天真未凿，凡事多受人欺故也”。叶德辉指出：“在湘三年，交游极广，而亦不无滥交，又无知人之明，颇有因人受过之事。”可见叶德辉不满于江标者，不在于江标提倡西学，而在于他在用人方面的失误。当然，所谓“失误”，也是照叶德辉的眼光来看待的，不一定客观。总体上看，叶德辉肯定江标在湘所做的事，以为“往时一切浮言，事后人亦从谅之，再迟一二年，士林必有去后之思，亦其风雅好士有不能尽泯者”。论及自己与江标之间的关系，则说：“彼亦谬以仆为知己。而仆之于彼，恭维之事少，规劝之事多。”在交往过程中，叶德辉对江标屡有规劝，但这种规劝只是在尽朋友直谅之谊，“彼或过而即忘，仆则友朋之谊尽矣”。② 叶德辉与江标的交往，甚至引发了湘中一些人的非议。皮锡瑞曾在拟答叶德辉书中写道：“公昔与江学使往来，不得志于场屋之人，作联语诋公，有叶麻云云。弟尝为公辩，必无受贿荐人之事。即有举荐，

---

① 林能士．清季湖南新政运动的发轫//中国近现代史论集：第十二编戊戌变法．台北：台湾商务印书馆，1986：494.

② 叶德辉．致叶昌炽四//王逸明主编．叶德辉集：第四册．北京：学苑出版社，2007：414－415.

亦是爱才，不是爱财。”① 可见叶、江关系之密切是众所周知的。

叶德辉不但与江标往来密切，而且还与时务学堂总教习梁启超酒食往来，极融洽；与西文总教习李维格更是交厚。对于开民智的主张，亦表赞成。这从他对弟子石陶钧的教导中即可见出。石陶钧本是邵阳人，为江标在邵阳岁考时所拔识，带到长沙府署，送到叶德辉家中从叶学习。叶德辉虽然自己专好考订之学，但于石却是因材施教，“先教之以读《资治通鉴》，及一切经世有用之书”。石陶钧天资聪颖，志向远大，以乡先辈江忠源为效法楷模，深得叶德辉赏识。后叶将之送入时务学堂，“留其在学堂通晓万方之略，周知天下之情，毫不累于考试，亦不累于章句”，视此为旧学改新学之机。在《致熊希龄》中说，“时局如此，尚欲三尺童子坐以待毙，虽至愚至陋，计不出此”。② 石去时务学堂后，叶德辉又再三嘱咐他要通时务，以为：“夫不通古今，不得谓之士；不识时务，不得谓之俊杰。”儒者一物不知，深引为耻。既要像班固所说的“通万方之略”，又要避免“博而寡要，劳而少功”。对于当今时势来说，“今之视西艺若仇雠者，一孔之儒也”。倘若“深闭固拒，问以环海各国之政教，茫然不知谓何”，即是所谓“不通万方之略者也”。倘若“袭高邮王氏之颓波，理仓山主人之旧业”，即是所谓“博而寡要，劳而少功”。实际上，也是提出传统士大夫如何应对时局问题。

湖南维新运动的前期，开民智的重要内容之一是引导老百姓不要仇教排外，引发事端。19 世纪 90 年代以后，宁乡周汉刊刻书词揭帖，痛诋天主耶稣教以挖眼剖心之事，詈天主教为天猪教。其词既鄙俚不堪，又绘为图画，坐猪精于上。遍传各省，流入欧

① 皮锡瑞．师伏堂未刊日记．湖南历史资料，1959（2）：113．

② 叶德辉致熊希龄函．湘报，第112号．

洲诸国。又有传教士将周汉的书词、揭帖寄往欧美各国。“欧洲人见之，既皆切齿愤慨，又以其图说登报，注云：闻今日中国为半教化之国，周汉为中国之道员，其识见之鄙陋，一至于此，何况其他。远近数万里，传为绝大耻辱，绝大怪事，无不愤且笑者。”① 为此，英、美、德等国驻华公使曾先后向总理衙门交涉，要求严饬湘鄂两省查禁。当1898年省署收审周汉时，宁乡县试生徒竟哗聚公堂，以罢考要挟县令上书巡抚释周汉。② 而在老百姓中间，仇夷排外的情绪也尚未化解。1897年，传教士谓尔福来长沙游历，遭到部分书院学生和士民的围堵，还有人向他所乘之船投掷石头。时人记述，“曾见一识字老农，读官方告示，谩狺狺不休，询其意见，则遽曰：‘此等官示，要我学洋人，我怕天主教来剖我心，挖我目。’”③ 为此，开明绅士深以忧。如何化解民众的闹教情绪与仇夷情绪，成为开明绅士的共同话题。陈宝箴在南学会第一次讲演时指出，设立南学会，意在合众讲学，开启智慧。“不学则无以开智慧，明义理，独学无友，则孤陋寡闻，今日学会之设，意盖本此。”为学先知耻。“以天下数万里之大，四万万之众，不得与欧洲诸国比，岂非吾辈之大耻乎？虽然，当耻我不如人，不当嫉人胜我。今湘见游历洋人，则群起噪逐之，抛掷瓦石殴辱之，甚欲戕其人而火其居，不思我政教不如彼，人才不如彼，富强不如彼，令行禁止不如彼，不能与彼争胜于疆场之间，而欺一二旅人于堂室之内，变故既起，徒以上贻君父之忧，下为地方之祸，不更可耻之甚哉！”由开民智引到批评仇外。第四次开讲，熊希龄以时世危急，痛言“洋人不可与之开衅”，陈宝箴接着“曲为譬喻，

---

① 陈中丞南学会第七次讲义．湘报，第31号．

② 杨世骥．周汉与反洋教．湖南历史资料，1958（4）．

③ 张翼云．论湖南风气尚未进于文明．湘报，第57号．

嘱湖南莫打洋人”①。

当时《湘报》上刊登一些通俗歌谣，宣传文明排外。如岳州府临湘吴獬作《大家想想歌》：“湖南来了徐学台，有篇手谕谕秀才。说我们秀才会开导，要叫百姓莫乱闹。乱闹的原因有几宗，一宗游历要说通，二宗为的他传教，平民教民不和好，三宗通商开码头，不明枉自结冤仇。……世间海阔天又宽，他来游与我何相干。”② 又如《醒世歌》：“近日洋人喜图赖，要我打他好索债。我说打他快我心，中他计策受他害。……杀他教士衅隙开，赔了兵费又让他。”③

叶德辉维护儒学，但对周汉以周孔徒自居、仇夷排教的做法并不认同。“今日当官之人，但求朝廷无事于教案之事，实为不得已而为之，小民无知，以为抑中而尊西，始而骇然，继而哗然，终且嚣然，嚣然不已，而仇杀相寻。此天发杀机，虽圣人复生，不能以微词弭此奇祸，是则有心人所不忍闻者也。鄙见以为，劝诫士民，当以佛、老相喻，谓其无碍于天地之宽，不当谓其教力大于孔子，激人以攻击之口。”④ 亦可谓平实之论。

其次，赞成兴工商。

劝工兴商是湖南维新运动时期的一个共识。其中王先谦是力倡者。早在19世纪七八十年代，王先谦即倡言运货出洋，与洋人争利，以为立国之远模，一在练水军，二在兴商务。维新时期，王先谦依然认为：“今国之急务在海军，民之要图在商务。”⑤ 这

---

① 皮锡瑞．师伏堂未刊日记．湖南历史资料，1958（4）：112.

② 吴獬．大家想想歌．湘报，第75号．

③ 皮嘉祐．醒世歌．湘报，第27号．

④ 叶德辉．与南学会皮鹿门孝廉书∥翼教丛编．上海：上海书店出版社，2002：168.

⑤ 王先谦．复毕永年书∥翼教丛编．上海：上海书店出版社，2002：158.

是为了更好地抵制西方经济侵略，同时发展本土经济。“西人以工商立国，用其货物，朘我脂膏，我不能禁彼物使不来，又不能禁吾民使不购，则必讲求工艺以抵制之，中国机庶可转。故声光化电及一切制造、矿学，皆当开通风气，力造精能。”①

王先谦对工商立国的认识，与他身历洋务运动有关。相比之下，叶德辉没有直接参与过洋务运动，但受王先谦的影响，也对工商兴国表示赞同。进而主张兴工商。“曩闻葵园先生言近日新政，若早行于中日讲和之后，至今必粗具成效，外人不敢轻视，胶州、旅大之患可以隐消”，由此断定，“中国欲图自强，断非振兴制造不可”②。

第三，主张改革科举。

救时必自求人才始，求才必自变科举始。变科举成为又一个共同关注的问题。王先谦为此特作《科举论》，指出：在一统之天下，可以用“制艺”造士，让所有人遵循同样的伦理道德；而处于列国竞争之时，则不能不有所变通。当列国环伺、国势阽危之时，士人空有仁义而不知用，只能以死效国。故当今之势，应造就有用之民。对于历史上的科举制度，王先谦一方面肯定它的作用，另一方面也指出科举制度对人才的束缚：科举之制，可以笼络人才，使士人抟心奋志，求合有司，餍其宠荣，不生异志，魁桀俯首而趋入吾彀。然而，“逮及末造，积弱势成，外侮凭陵，群熟视而无策。为下者，虽有忠义之气，手足如被桎梏，徒瞋目张胆，效死以殉”③。批评科举制度束缚其民造成民不足用之害。有鉴于此，王先谦提出要改科举，以策论代制艺。同时指出，以策

---

① 叶德辉．与吴生学兢书//翼教丛编．上海：上海书店出版社，2002：159.

② 叶德辉．与俞恪士观察书//翼教丛编．上海：上海书店出版社，2002：177.

③ 王先谦．科举论上//葵园四种．长沙：岳麓书社，1986：5－7.

论代替制艺，也并非万全之策，只是为避免制艺之害，而策论并非人才兴起之本。

王先谦此论，极得叶德辉之赞同："废时文用策论，使士人免八股束缚之苦，匀出日力，可以多读有用之书，免致不得科第之人，终身不能摆脱制艺，更无暇日涉猎群书，此则为益甚大。王葵园有《科举论》，立说最平允，用意固与梁氏不同也。"①

对于时文之弊，叶德辉也有批评，指出："时文久为通人所诟病，通人多不能时文，高才博学坐是困于场屋，而揣摩之士乃捷足得之。"他主张变革科举，但对于以策论代时文，亦不寄予过高的希望。在叶德辉看来，策论亦容易成为空论。事实上，科举考试改时文为策论以后，"主试者以报纸为蓝本，而命题不外乎是；应试者亦以报纸为兔园册子，而服习不外乎是"②。策论也成为另一种时文，不过从前抄时文者，改为抄报纸，"满纸起点、压力、热力等字"，亦是一种空谈。

总之，在湖南维新运动的前期，王先谦、叶德辉都是维新派的同道。王先谦是许多新政的实际参与者与策划者，特别是在兴工商与书院改革中，都自觉地顺应时代的潮流，主动求新求变。以王先谦的德高望重，此举诚有导向作用。叶德辉虽然没有直接参与实际的事务，但与维新人士交往密切，关注湖南新政，赞同开民智、兴工商、变科举等维新主张，与维新派成员拥有共同的话题与倾向。但同时，无论是王先谦还是叶德辉，并非无条件地寄希望于维新举措，对那种视某一维新举措为万能的乐观做法表示了怀疑。就此而言，叶德辉无疑又是一个条件论者，是一个保守者。

但这种保守与顽固守旧显然有别。张翼云曾在《论湖南风气

① 叶德辉．非幼学通议//翼教丛编．上海：上海书店出版社，2002：137.
② 姚公鹤．上海报业小史．东方杂志，第14卷，第6号.

尚未进于文明》一文中对湖南新政兴办之后依然存在的守旧、闭塞现象进行了揭示："乡里中细民，丰心部翳目光，乍见新政，即传为洋人来当努力击之；语以化学电学光学诸端，掩耳疾走，俨尘垢之污人。"而那些参与到新政中来者，也未必领会了新政的精神与实质。时人曾感慨，对时务学堂，"则父兄所以勉其子弟者，不过觊觎膏奖，绝不知创设之何谓。而州县官以谓于考成无涉，尤视为具文，而资送寥寥。然则吾中丞及一二当事之苦心，虽揭日月而行，而邦人诸友，其能曲体深谅，出而效片壤消埃之助者，几何人矣"①。皮锡瑞日记中有关湘省绅民愚昧不学、智慧难开的记载也有多处。如1897年底，他由湘潭乘船回长沙，同船有30多人，"此辈议论绝可笑，有谓电灯、电报，洋人将以此烧省城者"。他几次赴席，座中士绅多为举人、廪贡出身，或系归田官吏，然而谈及维新变法，多不赞同。皮锡瑞由此感慨"守旧维新，议论不一，予是以知湘中风气尚未开也"。② 如此看来，我们对维新运动时期湖南整体风气的骤新似不宜估计过高。相比之下，叶德辉倒是个名副其实的趋新者。

第二节　成为旧派之领袖

对于湖南新政前期的许多举措，从兴工商、开民智到改科举，叶德辉无不赞同。然而，当湖南新政由稳健发展到激进、由具体的实事转移到思想宣传之时，特别是康有为的学说被奉为"二千

① 张翼云．论湖南风气尚未进于文明．湘报，第57号．

② 转自吴仰湘．通经致用一代师——皮锡瑞生平和思想研究．长沙：岳麓书社，2002：147．

年未有之绝学”而在湖湘大地流播之时，叶德辉率先回应，攻驳辩难，充当了反对激进维新派的急先锋，并最终攻散时务学堂，成为世人心目中的旧派之魁首。

一、不安于康说

为了理解叶德辉的心路历程，首先必须从康有为的学说说起。

康有为（1858—1927），又名祖诒，字广厦，号长素，广东南海人，近代杰出的思想家、教育家、公羊学者。康有为早年曾师从广东著名学者朱次琦，学习宋明理学，后习公羊学，又接触到了大量的西学书籍。康有为痛感晚清遭遇三千年未有之变局，慨然有变法之志。康有为在西学知识的启发下，形成了自己的一套看法，并且将自己的见解以经学这种合法的形式表达出来。早在1891年，康有为就出版了《新学伪经考》一书，将两千年来信奉的经典断为伪经，并由此否定两千年来一直以伪经为合法性依据的礼乐政制。到维新变法之前，又出版了《孔子改制考》一书，将孔子打扮成托古改制的人物，为自己的变法理论张目。一破一立之间，颠覆了传统儒学的观念。

从学术形式上看，《新学伪经考》的取向是否定古文经而重拾今文经学之统绪。康有为将该书要旨概括为：“始作伪者，乱圣制者，自刘歆；布行伪经，篡孔统者，成于郑玄。阅二千年岁月日时之绵暧，聚百千万亿衿缨之问学，统二十朝王者礼乐制度之崇严，咸奉伪经为圣法。”“凡后世所指目为‘汉学’者，皆贾、马、许、郑之学，乃新学，非汉学也；即宋人所尊述之经，乃多伪经，非孔子之经也。”① 梁启超在《清代学术概论》中将《新学伪经

① 康有为．新学伪经考．北京：生活·读书·新知三联书店，1998：2-3.

考》的要点归纳为五："一、西汉经学，并无所谓古文者。凡古文皆刘歆伪作。二、秦焚书，并未厄及六经，汉十四博士所传，皆孔门足本，并无残缺。三、孔子时所用字，即秦汉间篆书，即以'文'论，亦绝无今古之目。四、刘歆欲弥缝其作伪之迹，故校中秘书时，于一切古书多所羼乱。五、刘歆所以作伪之故，因欲佐莽篡汉，先谋湮乱孔子之微言大义。"① 不单经学内部所谓汉学宋学尊崇的都是伪经，便是两千年的礼乐制度圣法，亦为伪经余绪。此语一出，围绕着圣经贤传的光环黯然无色，从经典中推衍出的纲常名教也顿失正统意识形态的合法性。

从思想逻辑上看，康氏此说，诚能在思想界刮一飓风，动摇传统儒学的根本。事实上，后来的研究者也多半从此着眼，积极评价康有为创造性诠释传统的贡献。问题是，对于康有为的如此说法，传统学者是否会接受？从学术的角度看，康有为有擅长考证的一面，如从文献比较和考证中提出问题，但更多的是自以为是的论点、跳跃式的结论。"至谓《史记》、《楚辞》经刘歆羼入者数十条，出土之钟鼎彝器，皆刘歆私铸埋藏以欺后世，此实为事理之万不可通者，而有为必持之。"就连弟子梁启超，也不讳言乃师的武断，"有为以好博好异之故，往往不惜抹杀证据或曲解证据，以犯科学之大忌"②。康氏此书一出，在引发思想界大震动的同时，也引起了传统学者的批评，朱一新就是其中之一。

朱一新（1846—1894），字蓉生，号鼎甫，浙江义乌人，晚清学者。朱氏为同治九年（1870 年）举人，光绪二年（1876 年）进

---

① 梁启超．清代学术概论：二十三∥梁启超史学四种．长沙：岳麓书社，1985：77－78.

② 梁启超．清代学术概论：二十三∥梁启超史学四种．长沙：岳麓书社，1985：78.

士。先后充翰林院庶吉士，散馆，授编修。光绪十一年（1885 年）充湖北乡试副考官，转陕西道监察御史。因上疏言海军用人不当，又弹劾内侍李莲英，降为御史候补主事，旋乞归田。光绪十六年（1890 年），应两广总督张之洞聘请，主讲肇庆端溪书院，继任广州广雅书院山长，课诸生以经、史、理、文等“有用之学”。其院规为“先读书而后考艺，重实行而屏华士”。

朱与康为旧识，学养为康所重，又年长康 10 岁，故《新学伪经考》完稿尚未付梓之时，已送请朱氏览正。朱一新不同意康有为的论断，反复辩驳，至有五封信之多。如谓：“足下以董生正宋儒，而并欲推及董生所不敢言者，仆窃以为过矣。”（一书）“窃以为伪《周官》、《左传》可也，伪《毛诗》不可也；伪《左传》之羼乱者可也，伪其书不可也。”（二书）朱氏特别指出康书：“夫同一书也，合已说者则取之，不合者则伪之，此宋、元儒者开其端，而近时汉学家为尤甚。虽未尝无精深之言，要非仆之所敢言也。”（二书）康氏以前，虽有人疑某经为伪，但无人如康有为断言古文皆伪。汉有人不承认《左传》为传经，但没有人进而怀疑《左传》其书之真。“近儒谓古文虽伪，而作伪者皆有来历，其书仍不可废，然则枉费笔墨何为乎？”朱氏所虑，不仅在于康有为之说的不合学术规则，而在于他的导学术之歧，进而摧毁儒学的价值体系。“六经更二千年，忽以古文为不足信，更历千百年，又能必今文之可信耶？”（三书）康若想借此正人心，则人心转惑。“自顷道术衰退息，邪说朋兴，圣学既微，异教遂乘间而入。气机之感召固有由来。忧世者亟当明理义以正人心，岂可倡为奇邪，启后生以毁经之渐？”（三书）① 不但如此，朱一新在《无邪堂答问》中也再

① 朱侍御答康有为书//翼教丛编．上海：上海书店出版社，2002：1，2，7，6，6.

三批驳康说，以端诸生之趋向，可见其用意之良苦。而康有为并不以朱一新之批驳为然，“盖天下义理，无非日新……义理以求仁为主，若其不仁，安知平澹之不特无益，而且以害人乎？”（康致朱蓉生书光绪辛卯）“气则有阴阳，世则有治乱，天道日变，异于旧则谓之新，仆所谓新者如此。”“仆之言学，及应改制度，盖日日公羊之，非待掩饰闭藏阳儒阴释者也。”既不顾学统家法，也不受传统之束缚。

朱一新对康有为经说的批驳主要涉及到几点：第一，康有为经学在学术上的弊端；第二，今古文之辨；第三，学术与人心的关系；第四，变法问题。朱一新对康有为学说的驳难，体现了一个正统学者的担忧。

康著《新学伪经考》出版后，曾连出五版，但不久康就被控污蔑刘歆，欺世盗名，以及叛逆圣教之罪。三年之后，清廷特召两广总督李瀚章查问此事。李瀚章则请经学家李滋然审阅。李滋然虽指出书中的错误，但不认为有离经叛道之罪。李瀚章遂要求康自毁书版而了结此案。

叶德辉初次接触到康有为的学说，是在1896—1897年游京师之时。当时，他的老师徐仁铸颇张康说，其他友朋如吴雁舟亦为康有为《新学伪经考》之被指控鸣不平，叶德辉则不以康说为然。这种“不以为然”，正如同朱一新一样，不仅涉及到经今、古文之争，更是对康说对儒学知识系统之破坏的不满。后来，在1898年夏间湖南新旧之争激烈时，叶德辉就重刊朱氏书札。其弟子杨炳章在《朱氏书札序》中说：“朱蓉生侍御，以文章气节鸣海内。平日学有本原，尤为士林所推重。曩主讲粤东广雅书院，一时英彦之士，多出其门下。其时康有为所著《新学伪经考》刊成，俗学鄙夫奉为枕秘，侍御数以书相诘难。又条辩于《无邪室答问》一书。此数篇亦其一时作也。今年夏间，康逆窃弄威福，湘中当道靡然从风，庠序之子狂吠尤甚。吾师叶吏部手出是编，命梓人重刊。……读侍御此书，又不能不服其远见宏识也。"① 而在编撰《翼教丛编》时，将朱一新致康有为的五封书信列在卷一，借朱一新对康说的批驳来表达自己的主张。

《新学伪经考》一书"破旧说"，《孔子改制考》一书"立新说"。该书"定《春秋》为孔子改制创作之书，谓文字不过其符号，如电报之密码，如乐谱之音符，非口授不能明。又不惟《春秋》而已，凡六经皆孔子所作。……孔子盖自立一宗旨而凭之以进退古人，去取古籍"②。将孔子打扮成托古改制的教主。如果说《新学伪经考》潜含的是对儒家经典的否定的话，则《孔子改制考》潜含着改变儒学性质——变人文设教为神道设教的危险。

康有为的学说得到湖南维新派领袖如谭嗣同等人的推崇。光绪二十一年（1895 年），谭嗣同在北京结识了梁启超，从梁启超那得获知康有为的学说和政见，对康有为景仰备至，自称为康有为的私淑弟子，赞美康有为"孔门不传之正学，阐五洲大同之公理，三代以还一人，孔子之外无偶"。③ 随着梁启超出任湖南时务学堂中文总教习，康有为学说在三湘大地流传开来。叶德辉的"不以为然"，变成了不安，并在与弟子书中表现出来。

叶德辉最早对人表示对康说的不满，是在 1897 年 12 月左右（丁酉年十一月中旬）所作的《与石醉六书》中。该书后来收入《郋园书札》时，叶德辉特意附言说明："此书作于丁酉十一月中，

---

① 杨炳章．朱氏书札序//叶德辉编．朱氏书札．长沙：叶氏，戊戌冬月刊.

② 梁启超．清代学术概论：二十三//梁启超史学四种．长沙：岳麓书社，1985：78.

③ 杨廷福．谭嗣同年谱．北京：人民出版社，1957：71.

为斯事辩难之始。石生天资绝高，文尤奇伟，从余游数年。经史百家之学，皆能发抒心得，是岁同人推为学堂首选。余惧其为所鼓煽，习于无父无君之议，因作书诫约之。抑洪水驱猛兽，士夫固有责也。"① 一语道出了该信的写作背景。本来，梁启超入湘时，曾得到了包括叶德辉在内的湘绅的欢迎。叶与梁且酒食往还，极融洽。据熊希龄说，叶德辉还曾带领弟子石陶钧去拜访梁启超，说："梁先生讲公羊，你无妨从而学之。"叶德辉在与熊希龄信中也自称："弟初晤卓如，即告以醉六之可造就，并告醉六，欲其往见梁先生。"② 不过，要石陶钧从梁启超学公羊学之语可能更多的是一种客气话，非叶德辉之本意。私下里，叶德辉对于梁启超讲学湖南是有所不安的，曾言："梁卓如来湘，苟务伸其师说，则将祸我湘人。"③ 因此，不欲石陶钧学习公羊学说。

这里，必须说到时务学堂的变化。如前所述，时务学堂本是起源于宝善成机器制造公司附设的工艺学堂，因得到巡抚陈宝箴的赞同，亲为命名曰"时务学堂"。就陈氏初衷而言，本为着培养通晓时务之人才，以西学之长辅中学之所短。陈宝箴在《陈中丞招考时务学堂示》指出："知己知彼，乃谋国者之急务；然必具朴诚忠勇之质，方备折冲尊俎之用，庶不至沾染洋风，舍己从人，艳彼教而忘根本也。"又说："泰西各学，均有精微，而取彼之长，辅我之短，必以中学为根本。惟所贵者不在务博贪多，而在修身致用。"（1897 年 9 月 17 日发表于《湘学新报》）陈宝箴所定的宗旨，大抵不出"中体西用"的范围，既强调周晓西学的重要性，

---

① 叶德辉．与石醉六书附记//郋园书札．长沙：叶氏，光绪二十四年（1898 年）冬月刊：4.

② 叶德辉致熊希龄函．湘报，第 112 号.

③ 叶德辉．与石醉六书附记//翼教丛编．上海：上海书店出版社，2002：163.

又强调以中学为根本。

然而，随着梁启超的到来，陈宝箴拟定的办学宗旨在很大程度上被改变了。当时，梁启超在上海办《时务报》，以谈时务闻名天下，经盐法长宝道黄遵宪提议、众湘绅同意，被聘为湖南时务学堂教习。梁启超入湘之前，就与康有为拟定了《湖南时务学堂学约》和《时务学堂功课详细章程》，是作为实践自己的政治思想的一部分而制订的。来湘后，正式提交给湖南官绅。《学约》共分十章：立志、养心、治身、读书、穷理、学文、乐群、摄生、经世、传教，实为时务学堂的教育方针。梁启超解释：前八项为学生每日功课所当有者，后二项为学成之后所当为者。而所谓"经世"，即中西学并重，"中学以经义掌故为主，西学以宪法官制为归，远法安定经义、治事之规，近采西人政治学之意"。其经世范围不再是传统意义上的经邦济国，而是涉及到根本的政治制度问题。所谓"传教"，"以宗法孔子为主义"，"取六经义理制度，微言大义，一一证以近事新理以发明之，然后孔子垂法万世"，"传孔子太平大同之教于万国"。① 这实际上是要将陈宝箴原用来培养洋务人才的时务学堂改造成一所培养政治人才的学校。该《学约》与《章程》经湘省各官绅互相传阅之后，均以为可行。《章程》对于时务学堂的教学实施办法做了具体规定，如学习内容、学习方法、考试方法等。熊希龄正是据梁的《学约》与《章程》重新制订了《湖南开办时务学堂大概章程》。与《陈中丞招考时务学堂示》相比，《大概章程》的办学宗旨由中体西用变为中西并重；学习期限由三年变成五年，因西文浩繁，期限太短恐难收效；入学年龄也由 14～20 岁变成 12～16 岁，因年愈幼则气质语言愈易

① 梁启超．湖南时务学堂学约//饮冰室文集之二．北京：中华书局，1989：28.

变更。

既然梁启超所拟订的《湖南时务学堂学约》与《时务学堂功课详细章程》曾经湘省各官绅互相传阅，则叶德辉有可能预知梁启超在学堂中所讲内容。由于叶德辉早就对康有为不以为然，因而对梁启超宣传公羊学以佐其改制之说的做法颇为警惕。既要顺应时势，让弟子上时务学堂通晓万方之略、周知天下之情，旧学转新，但又唯恐石陶钧受公羊学说之迷惑，预为辨析。

《与石醉六书》的主旨是论公羊之短长，较之叶德辉以后充满翼教激情的论说，该文通篇都是学理分析。首先指出，梁启超主张公羊学说，是为了为其改制理论制造依据。其次，从经学史的渊源上论证《公羊》、《左传》之短长。左氏与孔子同时，不同于后人的传闻。《公羊》家则援引谶纬，以为“西狩获麟”即“赤帝代周”之兆，假托于汉制，挟天子以令诸侯。《公羊》学之盛，乃“利禄之途使然”。第三，从《公羊》学的实际运用来看《公羊》之流弊。以经术缘饰吏事，本为西汉今文经学的特色。其时，《春秋》决狱，《禹贡》行河，《诗三百篇》当谏书。而与现实政治联系最密者为《公羊》学。董仲舒治《公羊》，推灾异，而弟子吕步舒不知其师书，致使董仲舒蒙受牢狱之灾，命几不保。第四，古今之《公羊》学又有不同。汉代《公羊》学尊汉，今日《公羊》学尊夷。故要石取两书互证，先求持平之论，不为梁氏所惑。第五，表明自己尊《左传》黜《公羊》的学术主张。第六，分别孟子、荀子。战国之时，孟、荀并称。荀之为人，有儒行，其书亦朴致深微，在诸子之上；孟子识力甚高，而立言不无偏激。以《孟子》为《公羊》之羽翼，实为不经之论。

这里，叶德辉针对康有为的经说进行批驳，从《公羊》、《左传》之短长，到孟子、荀子之是非，到当今《公羊》学之流弊，都有切中肯綮的分析。同时，对于改制之说的学理依据提出质疑。叶德辉此论，尚是根据此前对康有为经学的了解所采取的预防性措施，并未公开刊刻，也未传阅，因而此时尚未与激进维新派发生正面冲突。而随着南学会的建立，尤其是叶德辉的文字之交、经学家皮锡瑞出任南学会主讲，叶德辉对公羊学说的不满渐渐公开。

二、公开辩难

皮锡瑞（1850—1908），字鹿门，又字鹿云，湖南善化人。因崇敬西汉经学大师伏生，额其堂曰“师伏堂”，故学者称“师伏先生”。光绪壬午（1882年）举顺天乡试。皮氏始为文人，后精研经学。初治《尚书》，考证今文，疏证《大传》，著书十余万言。既数困于春官，遂绝意仕进，主讲江西经训书院，日以朴学训示生徒。暇则闭门著书，从事于《尚书》之学，号为专经大师。①

皮氏讲学主今文，与湖南另一名宿王闿运相类似。据《年谱》载：1893年“十二月，得四川尊经书院课艺，知川学宗旨，大抵出于王壬秋先生。公云：‘王先生说《易》先通文理，不用象数、爻辰。其旨亦本于焦里堂（焦循——引者注），而推阐之。《诗》不主毛，亦非尽用三家，《春秋》兼用《公羊》、《谷梁》新义，间出前人之外。《礼》经尤精。说《易》说《诗》皆以礼证之。故其说虽新而有据，异于宋明诸人。与予说经之旨相同，惟予不敢过求新异耳”②。这与笃守汉学轨则的叶德辉是不同的。皮锡瑞与后来被叶德辉引以为知己的文廷式为壬午科乡试同年，两人交

① 李肖聃．鹿门学略//湘学略．长沙：岳麓书社，1986：211.
② 皮名振．皮鹿门年谱．上海：商务印书馆，1939：26－17.

好。文廷式亦是维新变法的主张者，却极其鄙视康有为的经学。“国初人讥宋学家不读书，近时讲汉学者标榜公羊，推举西汉便可以为天下大师矣！计其所读书，尚不如宋学者之夥矣！”① 文廷式既然鄙视公羊学说，又与皮锡瑞有同年之谊，故于1893年有劝皮不讲公羊学之举。“六月，文学士道希由京寄书论学，欲公不讲常州及川学。公谓阳湖庄氏之学，尝蹈宋人改经陋习。川学即廖季平一派。分别古今，各自为学，甚是，然多失之附会。”② 时皮主讲江西经训书院，而文乃江西萍乡人，出于对乡土学风的考虑，故有是举。

皮叶之争，亦是由叶德辉阻止皮锡瑞出任南学会会长、阻止皮锡瑞在南学会上讲公羊学始，然而又超出了学术论争的范围。

南学会是湖南维新运动中成立的一个重要组织。1897年11月德国强占胶州湾事变发生后，朝野之士普遍感到亡国危险在眼前，谋求自救。而欲自立自保，当从学会入手，欲兴民权，宜先兴绅权；欲兴绅权，宜以学会为之起点。湖南维新派因而有创立南学会之举。当时名“南学会”而非“湘学会”，意在因此而推诸南部各省，则他日虽遇分割，而南中国犹可以不亡。南学会以“开濬知识，恢张能力，拓充公益为主义”，“以同心合力振兴中国为务”。在组织上，南学会以会友构成，“无论官绅士庶，既登会籍，俱作为会友，一切平等，略贵贱之分，即以通上下之气，去壅阂之习”。会友又有三种：一是议事会友，是南学会中的决策者；二是讲论会友，在学长的组织下为会友讲论；三是通信会友，即那些不在省城的会友，可以通过通信的方式，彼此函商。不但如此，南学会还是全省学会之总会，以后各府、厅、州、县续立之学会，

① 文廷式．纯常子枝语：卷六．上海：上海古籍出版社，1979：10.
② 皮名振．皮鹿门年谱．上海：商务印书馆，1939：26.

都为分会；而其他学会，如农、工、商、矿、医、武备、水师、女学各学会学堂，皆须联合于分会，受成于本会。① 南学会的主要活动，一是定期集会诸人演讲，二是设藏书楼供会友借阅。南学会讲学分学术、政教、天文、舆地四门。此外还设有问答。“各会友有疑难不解之义，询之本会，由学长批答。不能答者，代询通人答之（函问、札记均备二本，一批回，一留存）。”②

皮锡瑞虽为经师，却并不困守书斋，而有着强烈的经世致用精神，倾向于变法维新。在江西南昌主讲经训书院时就很关注湖南的新政运动。1897 年秋回湘后，又与倡议新政的湖南官绅及时务学堂教习宴饮酬唱，往来密切，思想进一步开化。湖南维新人士也在与皮锡瑞的交往中，加深了对皮的了解，并引为同道。如黄遵宪赞赏他不仅学识渊博，还思想开通，难能可贵。当时维新派正在筹办南学会，梁启超和熊希龄等人看中他善于言谈的特长，有意延聘他出任南学会会长。

皮锡瑞与叶德辉本为多年的文字之交。早在 1893 年叶德辉告假还乡不久，就曾拜访皮锡瑞于长沙寓所。叶德辉富藏书，精校刊，每得佳本，必与皮相借录。皮锡瑞的许多著作，皆赖叶德辉为之提供资料。如皮锡瑞作《孝经郑注疏》，叶德辉就为他提供清人严可均所辑的《孝经郑注》四录堂本。皮锡瑞汉学虽宗今文，但征实平易，不同于王闿运的过于求新，亦不同于康有为的过于疑古，因此，深得王先谦、叶德辉的赞赏，有“经学独步、湘中夺席”之誉。

对于皮锡瑞就任南学会主讲一事，王先谦并无异议，并且还曾从中谋划，促成此事。叶德辉则从一开始就不主张皮氏就任。

① 南学会章程．湘报，第 34 号．

② 南学会总会章程．湘报，第 35 号．

据《师伏堂未刊日记》戊戌年正月十三（1898 年 2 月 3 日）记载：“下午，赴唐鲁英饮席。叶焕彬、汪镜青在座，皆守旧党，劝我勿入学会，恐不能久，与求贤馆相似，现在时务学堂，已经费不敷等语。其说亦是；然江右亦非长局，故不欲往。”① 叶德辉阻止皮锡瑞出任南学会会长，一方面是从皮氏生活实际出发，学会讲席的报酬不稳定，对于以束脩养家的皮锡瑞来说，要承担一定风险；另一方面，也与叶德辉对讲学的传统看法相关。

明末时期，东林结社，朋党林立，学术纷争，士人习于游谈。明亡清立，学者们痛定思痛，有感于明末王学之空疏无用，所谓“无事袖手谈心性，临危一死报君王”，故有经世实学之倡导。顾炎武曾有言：“今日只当著书，不当讲学。”清廷当局也有“明之天下不亡于流寇，而亡于东林”之感，于是明令禁止结社开会。而乾嘉学者在反思宋学之弊时，对结社讲学这种形式也产生了反感，纪昀更是奏请禁设会分社。因此，在正统学者的眼里，这种聚会讲学既有违政府成令，也易于形成朋党与门户。叶德辉正是从此角度出发，对南学会的设立持反对意见。

此时的叶德辉当然不清楚南学会设立的真正用意。从南学会的创办者来说，实际上是想把南学会办成地方议会。梁启超在第二次上书陈宝箴时，便对南学会作了这样的规划：“先由学会绅董，各举所知品和端方、才识开敏之绅士，每州县各数人，咸集省中入南学会。会中广集书籍图器，定有讲期，定有功课，长官时时临莅以鼓励之，多延通人，为之会长，发明中国危亡之故，西方强盛之由，考政治之本原，讲办事之条理。或得有电报，奉有部文，非极秘密者，则交与会中，俾学习议事，一切新政，将举办

① 皮锡瑞．师伏堂未刊日记．湖南历史资料，1958（4）：87．

者，悉交会中议其可办与否，次议其办法，次议其筹款之法，次议其用人之法，日日读书，日日治事。一年之后，会中人可任为议员者过半矣。"① 而《南学会总会章程》也提出："将来智慧日开，学会权所得为，如通民隐、兴民业，卫民生。"也表明南学会是一种政治组织，而非学术组织。对此，主讲皮锡瑞颇不以为然，认为学会"章程甚繁，以此为议院规模，利权尽归于绅，即右帅去，他人来，亦不能更动。似此举动，未免太怪。中国君主国，绅权太重，必致官与绅争权"。"予以为诸公意，盖不在讲学，实是议院，而不便明言，姑以讲堂为名，以我不多事，借此坐镇。"②

1898 年 2 月 21 日，南学会正式开讲，有巡抚、学政、按察使等省府大吏以及王先谦、谭嗣同等士绅三百余人参加，盛况空前。"初会时，舄履交错，士大夫周旋问答，言笑晏晏，在所不免。"钟十二下，主讲诸公就座，会者毕坐。堂上铃声作，咸屏息敬听。这次讲习，先由皮锡瑞开讲，之后黄遵宪、乔茂萱、谭嗣同、陈宝箴等宣讲。讲毕，堂上铃声作，众皆起，鱼贯趋出。这种新颖的形式使"士大夫啧啧称羡，以为贤长官用平等之仪，讲学会之旨，情比于家人，义笃于师友，此事为生平所未见，不图今日见三代盛仪也"③。

对于南学会的第一次开讲，与众多守旧人员相比，叶德辉的反应还算通达。据皮锡瑞《师伏堂日记》戊戌年二月初五日（1898 年 2 月 25 日）载："遂至柑子园李宅公局，已起戏，诸君议论纷然，有说好的，有说不好的，惟焕彬所言通达，谓仍用我法

① 梁启超．上陈中丞书//中国史学会主编．中国近代史资料丛刊：戊戌变法（二）．上海：上海人民出版社，上海书店出版社，2000：555.

② 皮锡瑞．师伏堂未刊日记．湖南历史资料，1958（4）：80，92.

③ 开讲盛仪．湘报，第 1 号.

讲正学，予意亦如此，其余俟诸人讲可矣。见彼传单，分学派、政教、天文、地舆四门分送官绅，与京城戏单相似。予不谓然。彼于官绅，则延请其来；于士子发单多所刁难，以拒绝其来，殊乖平等主义。诸公多不以讲学为然，保卫局尤不肯筹款；王、张、叶均以予主讲为可惜，谓将来当以校经一席相属，且看机会如何。"① 这里面包含了两个意思：一是对于皮锡瑞讲学内容的肯定，二是对于讲学的不以为然，以为非长久之计，甚至还提出为皮谋校经讲席。

在维新思潮迅猛发展之时，人思自奋、家议维新，皮锡瑞当然不可能听从叶德辉的规劝，只讲"正学"。更何况南学会本来就不是一个学会组织，而是为了开通民智、伸议事之权。换言之，是借学会这种形式参政议政。平心而论，皮锡瑞所主讲的"学术"还是比较平实、通达的，没有太多的煽惑之辞。从论合群之益，到开通风气、文明排外等话题，无不有益。但是，在演讲的过程中，皮锡瑞也超出传统学术的范围，而直接讲论时事，宣传变法。其中心议题是推尊孔教而引申变法之说，以尊孔保教为旗帜，大力宣传维新变法。而所谓孔子改制说及孔教论等，都不是叶德辉所认同的。故皮叶之间经常面辩变法之是非。除当面争辩外，叶德辉还三次移书皮锡瑞，攻击皮锡瑞，不惜言辞过激。

戊戌年三月十六日（1898 年 4 月 6 日），《湘报》第 27 号刊载了皮锡瑞之子皮嘉祐的《醒世歌》。该歌经皮锡瑞修改，且主要思想与皮锡瑞讲演中表达的思想一致，故实际上是皮锡瑞思想的通俗版。如谓："近日洋人喜图赖，要我打他好索债"，即皮氏南学会第五次演讲所说："彼见中国一意讲和，无词可执，意在挑衅，

---

① 皮锡瑞．师伏堂未刊日记．湖南历史资料，1958（4）：100.

藉为兵端，甚望我伤害彼一人，即可肆其恫吓要挟之讲。”此外，如“昔有宋朝贾似道，囚元使臣事草草，因使惹出元兵来，元犹使人议和好。不料行到独松关，张濡作事更猖狂，乱杀元使议和者，从此宋室江山亡”都见于皮氏第五次讲义。对此，叶德辉表示了异议。《师伏堂日记》三月十八日：“赴刘特村席……焕彬在座，发议颇不可解，右铁道人，左康工部，未免意气偏激。云有信与我，想大旨即如是。我用我法，不能随人作计，故者无失其故，亦不必与争也。”① 据此，则叶氏此信即为《翼教丛编》中的《与南学会皮鹿门孝廉书》。

叶德辉此信历来被视为保守落后的一大原因，在于叶德辉对《醒世歌》中“若把地球来参详，中国并不在中央”、“地球本是浑圆物，谁居中央谁四傍”等今人视为常识的批驳（但叶德辉对于文明排外论并无异见）。皮嘉祐（实际上是皮锡瑞）所讲，意在通过新的地理学知识，破除人们的自大意识。叶德辉虽然承认地球是一圆物，无中央无四边之分；但坚持用传统的五行观念看待东西南北之别。“亚洲居地球之东南，中国适居东南之中，无中外独无东西乎？四时之序先春夏，五行之位首东南，此中西人士所共明，非中国以人为外也。五色黄属土，土居中央，西人辨中人为黄种，是天地开辟之初，隐与中人以中位。西人笑中国自大，何不以理晓之？”② 这段话暴露了叶德辉对新学的无知，及其以旧思维看待新问题的特点。但叶德辉第一封信，所论绝不限于此，而是广泛涉及到中西文化优劣短长、中西政教之比较，如何尊孔保教以及如何兴学，如何救世等原则问题。从此信中也可见出，

① 皮瑞锡．师伏堂未刊日记．湖南历史资料，1959（1）：86．

② 叶德辉．与南学会皮鹿门孝廉书//翼教丛编．上海：上海书店出版社，2002：167．

叶德辉对于新学并非完全不与闻。如 3 月 29 日（三月初八）《湘报》上刊载了易鼐的《中国当以弱为强论》，遭到同邑之士的群起而攻之；当有人将此事告诉叶德辉时，叶德辉断定易生此论出于无心，不过是袭《时务报》议论之残唾、参以癸巳年《申报》宋存礼所上合肥相国书杂识而成。对于皮锡瑞的演讲，叶德辉承认："《湘报》著录之论，公论最为博通。"但对于皮锡瑞以耶稣传教比拟孔教有所不满。又再次对不求实事而徒事讲学这种做法表示了异议，对康有为的经学则严辞斥责，致有"宁可以魏忠贤配享孔庭，使奸人知特豚之足贵，断不可以康有为搅乱时政，使四境闻鸡犬之不安。其言即有可采，其人必不可用"① 这样刻薄的话语。

平心而论，叶德辉的第一封信，主要还是学理论争，对于皮锡瑞本人，也还是态度中肯："鄙人于公文字之好不可谓不深，虽其间学有异同，而一得之愚，或亦公所未及。"虽然不满于皮氏讲孔教，又以"言多必失，故或为道路所讥评"来讥刺皮锡瑞，但总起来看，还是以论学的立场与皮讨论，态度不失中肯。

但在当时的情况下，叶德辉这些言论颇不中听。皮锡瑞也以叶氏之流顽心一时难以开悟，不屑空费笔舌与之论争。故依旧撰拟讲义，按期在学会讲学，拟出答书而留滞不发。

皮叶第二次论争则与湖南学政徐仁铸有关。1897 年江标任满后，徐仁铸接任湖南学政。徐仁铸（1863—1900），字研甫，号缦愔，直隶宛平人，光绪十五年（1889 年）进士。徐仁铸痛感国势日衰，亟思变法。下车伊始，即颁发《湘士条诫》，又在《湘学报》上连载《輶轩今语·学语》，所倡学术亦是今文经学一派。由于学政的特殊地位，特别是利用科考这根指挥棒，使得湘中士子

---

① 叶德辉．与南学会皮鹿门孝廉书∥翼教丛编．上海：上海书店出版社，2002：169.

向风而靡。故王先谦在《与徐学使书》中抱怨："阁下主持康教，宗风所煽，使承学之士望景知归。此次敝郡岁试，弟子亲友以'南海圣人'获隽者不下十人，以'南海先生'入选者则指不胜屈。两次面谕生童，赞扬康学，大众皆点头领会"①。叶德辉不满徐仁铸之举，于是不顾师生情谊，援笔作《〈輶轩今语〉评》，逐条批驳徐氏言论。书成后，于闰三月廿九日（5月19日）送给皮锡瑞阅读，同时附送一信。

叶德辉第二封信究竟内容如何，不得而知。但从皮锡瑞接到来信的反应及叶德辉在此后第三封信中所承认的推测，第二封信言辞远为激烈，大约将当时民间流传的诸如"鹿皮讲学，熊掌摇铃"之类的几近谩骂的联语以及其他"议公谤公者"都载入其中。皮锡瑞接到后，以其"如山膏好骂"，又一意刊行来往书信，于是愤然起而辩驳。时在四月初三日（5月22日）。据吴仰湘考证，皮氏此书几经修改，言辞由温和而趋激烈，态度由客气而趋强硬。②今所见收入《翼教丛编》者，是为定稿。皮氏再三表明自己在南学会演讲的宗旨，分析汉、宋讲学之不同："汉儒所讲皆经学，问答皆弟子；宋儒所讲兼及时事，不皆经学，问答不皆弟子。"表明南学会讲学是宋人规模，只可讲大义，不可讲训诂；自己讲学的大旨在发明圣教之大，开通汉、宋门户之见，次则变法开智，破除守旧拘挛之习。同时表明，自己之所以甘冒天下之大不韪，而登堂说法，实在是迫于形势，乃救焚拯溺。对于攻击自己的各种言论，皮锡瑞以"文人相轻，自古已然。湘人无乡谊，好自相入攻击"来解释，并指责这些"丑诋"南学会诸人者"并非必因所

① 王先谦．与徐学使书//翼教丛编．上海：上海书店出版社，2002：162.

② 吴仰湘．通经致用一代师——皮锡瑞研究．长沙：岳麓书社，2002：173－179.

讲不是，不过要人一事不办，坐以待毙而已”。而对于叶德辉的学术思想批判也上纲上线：“大著因恶康氏之学，并迁怒于古人，诋《孟子》诋《公羊》，诋梨洲《建都》启二百年后洪秀全都金陵之逆志。”措辞严厉，并且也是隐含杀机。说到叶德辉逐条驳诘《輶轩今语》，又不采纳自己“勿刊布”的建议，皮瑞锡几近愤怒：“恐逼人太甚，人将反戈攻公。”①

四月初七日（5月26日），叶德辉在收到皮锡瑞的回信后，再次答复皮锡瑞。表明自己前信胪举近日之议公、谤公者，言之过激，又杂以诙谐，“本意无他，不过欲公之去而已”。对于讲学，叶德辉依然坚持自己的观点：“宋人讲学，感慨时事者有之，未有牵合儒、墨，不顾伦理者。”讲论并非救时之良药，更何况讲论中涉及孔教西教部分，开民智者适开民乱。对于皮锡瑞的“文人相轻，湘人无乡谊”等说法，叶德辉再三慨叹：“公误矣、误矣！”这不仅不是为学门户之争，亦非私利之争，而是事关公论。对于学术误国之说，叶德辉解释道：“汉学家谓明亡于讲学者，盖谓国家危急之时，一二贤者当实心实政，共济时艰，岂有号召生徒，纷纷辩论，长浮嚣之气，开挟制之风，如明季诸君子之所为者。”至于“汉学兴则有洪逆起”这样一个曾为通人所讪笑的说法（见第一章第二节），叶德辉也解释道：“芝房先生服膺宋学，为此报仇之词。平心论之，明亡于讲学则竟亡矣，洪逆起于汉学，洪逆实不知考据，天父、天兄之说，非平等者乎？公思之，当亦哑然笑耳。”至于皮锡瑞所攻击的“诋《孟子》诋《公羊》，诋梨洲《建都》启二百年后洪秀全都金陵之逆志”之说，叶德辉也解释道：“鄙人评词，梨洲条下原有‘儒者立言不慎，则害随之矣’二

---

① 皮锡瑞复叶德辉书//翼教丛编．上海：上海书店出版社，2002：172.

句，非专诋梨洲也。又谓拙著诋《孟子》诋《公羊》，则是公读拙著不明，欲横被以毁经之罪，不知‘公羊’下尚有‘家’字，又有‘之学’‘之徒’等字，何曾为诋《公羊》，《孟子》下尚有小注，乃朱子所已言，何曾为诋《孟子》？又经学‘公羊’条下小注，亦云二三传人皆尊圣人，岂复自相矛盾？”①

接到叶德辉第三封信，皮锡瑞再次作答。据《师伏堂日记》四月初七日载，答叶氏书云：“弟初讲学，承公有勿言《孟子》、《公羊》之教，而其后不能不略及之者，此非有意与公背驰，实以学会所讲，在开民智，听者人多而杂，必如此乃可推尊孔教而引申变法之说也。”皮锡瑞在叙述自己受聘南学会始末之后，以更加激烈的语气反驳叶德辉：“公闻浮言，欲弟速去，自属见爱之甚，然江西既未却聘，自当到彼终局，行计早决，不待公之激也。”虽然在与叶德辉论战几回之后，皮锡瑞果真于四月二十日（6 月 8 日）离湘赴赣到南昌经训书院，但并非叶德辉逼迫的结果。②

就叶德辉当时的本意来讲，与皮锡瑞论争，主要不是出于打击的目的，而是试图争取皮站到自己这一边，抵制康有为的学说。皮锡瑞虽然也讲今文经学，但较之康有为，毕竟更像一位学者，是王先谦、叶德辉等人眼里的“谨厚”之士。即使是在与皮论争之时，叶德辉在与他人的信中还是说：“鹿门在汉学中，所谓章句之儒，性情尤为敦厚。”而“入裸国而同裸，无怪其然”。叶德辉所谓“爱之重之，是以必欲去之”。此前两人文字论交，雅契相好，维新运动中因思想分歧几乎反目成仇。台湾学者王尔敏曾提

---

① 叶德辉．叶吏部答皮孝廉书//翼教丛编．上海：上海书店出版社，2002：170－171.

② 此处采用吴仰湘之说。见吴仰湘．通经致用一代师——皮锡瑞研究．长沙：岳麓书社，2002：179.

出两人论争似为馆地之争，[①] 多半出于想象。叶德辉家境丰饶，吏部主事的官衔尚且可以弃之若敝屣，本不以教馆为生。如果说有利害之争的话，则此利害当在于话语权的控制。

三、攻散时务学堂

与皮锡瑞论争的同时，叶德辉还卷进了与时务学堂的冲突之中。

在石陶钧之后，叶德辉又有两名弟子刘先端与黄郁文入时务学堂，且两生也同样热衷于康有为的学说，曾搜集康有为的《孔子改制考》一书阅读。于是，叶德辉再作《与两生书》，申论《公羊》改制说之是非，并再次攻击康有为"隐以改复原教之路得自命，欲删定六经，而先作《伪经考》；欲搅乱朝政，而又作《改制考》，其貌则孔也，其心则夷也"，指责康有为招摇撞骗；又对学堂培养人才的有效性表示怀疑："天津水师学堂、上海方言馆、福建船政局，粤逆平定后即陆续创开，主之者皆一时名臣大僚，三十年来，人才寥落，岂今日十六龄之子，异于往日十龄之子？亦岂今日之一二江湖名士，异于往日之名臣大僚？"[②] 要求两弟立定脚跟，不要投机取巧、进退无据。此书当作于1898年农历三月间，较之此前的《与石醉六书》，叶德辉《与刘先端、黄郁文两生书》虽然在学理分析上也还中肯，但言辞趋向激烈，并开始对康有为、梁启超进行人身攻击。在梁启超讲学内容流传开来之前，叶德辉可以说是湖南唯一的对其抱着警惕心或怀有不满的人；而当时务学堂讲习内容通过学生札记流传出来之后，叶德辉立即获得了许

---

① 王尔敏. 中国近现代史论集：第十二编. 台北：台湾商务印书馆，1986：470.

② 叶德辉. 与刘先端、黄郁文两生书∥翼教丛编. 上海：上海书店出版社，2002：66.

多同道。

时务学堂作为一种新式教育机构，在教学方面除教习上堂讲授外，最主要者可名之曰“研讨式教学”。教习令诸生札记，师长则批答而指导之，发还札记时，师生相与坐论。梁启超“每日在讲堂四小时，夜则批答诸生札记，每条或至数千言，往往彻夜不寐。所言皆当时一派之民权论。又多言清代故实，胪举失政，盛倡革命。其论学术，则自荀卿以下汉、唐、宋、明、清学者，掊击无完肤”①。梁氏的回忆可得到其他材料的佐证。如《湖南时务学堂学生日记类钞》（三通书局 1941 年版）中就有这样的批语：“今日欲变法，必自天子降尊始，不先变去拜跪之礼，上下仍习虚文，所以动为外国讪笑。”“夫臣也者，与君同办民事者也。如开一铺子，君则其铺之总管，臣则其铺之掌柜等也，有何不可以去国之义？”“孔子讥世卿，以为民权不伸君权不伸也。何以不伸？君则为木偏，民则为奴隶也。故君之令不可及民，民之愿不可闻上，上下相锢，终无已日。故此风愈甚，其君民愈蹙；此风愈久，其患愈深。……使益之以西人之法，则尽善矣。西法何？议院之制也。议院之制何？万心之推也。”“议院虽创于泰西，实吾五经诸子传记随举一义，多有其意者。惜君统太长，无人敢言耳。”②

由于学生住校，不与外间接触，时务学堂里的思想革命起初并不为外间知晓。1897 年旧历年底，学堂放假，学生回家，随之所记札记及老师批语也带到社会上。当时长沙实学书局还将时务学堂的课艺搜集刊印，乘机牟利。这也使得学生札记流传更广。

---

① 梁启超．清代学术概论：二十五∥梁启超史学论著四种．长沙：岳麓书社，1985：83.

② 湖南时务学堂学生日记类钞．［三通书局 1941 年版］．转引自周秋光．熊希龄传．长沙：湖南师范大学出版社，1996：122.

时务学堂的教学内容引起了人们的惊诧，群情哗然。于是陈宝箴下令调阅时务学堂学生札记，以证实札记的内容。当时外界传闻，听到巡抚要调阅时务学堂学生札记，分教习尽一夜之力，进行改正，匿其极乖谬者，就正平之，作临时加批。谭嗣同、唐才常等对此极力辩驳。唐才常致欧阳中鹄信云："外间攻学堂事，三月即有所闻。或谓中丞已厌卓如，或谓日内将使祭酒公代秉三，叶焕彬为总教习。……来谕云'分教皇遽无揭措，问计秉三，乃尽一夜之力统加抉择，匿其极乖谬者而临时加批'等语，果谁见之，而谁闻之？"①

同年五月（1898 年 7 月），时务学堂学生札记流传到岳麓书院斋长宾凤阳手上，宾凤阳上书岳麓书院院长王先谦。在信中，宾凤阳等对时务学堂的教学内容及其影响进行了分析，认为它败坏了湖南的学风，指出："自黄公度观察来，而有主张民权之说；自徐研夫（甫）学使到，而多为崇奉康学之人；自熊秉三庶常邀请梁启超主讲时务学堂，以康有为之弟子大畅师说，而党与翕张，根基盘固，我省民心顿为一变。"时务学堂倡导民权平等，蔑弃人伦，流风所至，上自衡、永，下至岳、常。宾凤阳论定时务学堂偏离了中丞开设它的本意："夫时务学堂之设，所以培植年幼英才，俾兼通中西实学，储备国家之用，煌煌谕旨，未闻令民有权也，教人平等也。即中丞设学之意，亦未尝欲湘民自为风气，别开一君民共治之规模也。"时务学堂本有中学西学，各有教习，各不相涉及，而梁启超"自命西学兼长，意为通贯，究其所以立说者，非西学，实康学耳"。② 为着端正学风起见，宾凤阳等人要求

---

① 唐才常集．北京：中华书局，1980：237－238.

② 宾凤阳等上王益吾院长书//翼教丛编．上海：上海书店出版社，2002：144－145.

王先谦函达中丞，从严整顿，辞退梁启超等，另聘品学兼优者为教习。信后还附上了时务学堂札记批答的摘录。

对于岳麓书院的师生来说，时务学堂学生札记的悖逆之辞，为他们反击时务学堂、夺回发言权提供了有利的契机。岳麓书院历来是湖南学术文化的中心。自时务学堂开办后，人心丕变，新旧对比，岳麓书院的正面形象逐渐遭到消解。虽然院长王先谦顺应时代潮流，率先进行月课改章，又增设算学与译学两门专业，并带动了全省其他书院的改章运动，但由于师资以及其他方面的原因，书院改新的收效甚微。然而，对于书院的这种缓慢转型，新派人士颇为不满，来自新派人士的批评不断出现。

在南学会问答中，就有人（长沙周骥）提出书院应开设学会，并特意以岳麓书院为例，进行批评："院长不亲院事，则诸生无所统一学术，无自讲求。恳请于算学、译学外，增设史学、舆地学、兵学、公法学，学长每月朔望日为会讲之期，院长学长俱前夕到院，本日早膳后，齐集大众会讲，院长通论各学源流，学长六人以次宣讲。"这是要求岳麓书院南学会化也，恰如提议者本人所表白的"一如南学会之例"。而在生徒的出路上，又要求岳麓书院向时务学堂看齐："院长课取其有才具卓越屡列高等者，备纪于册，送学院抚院存记，由抚院学院酌取，咨送南北学堂。"① 如此，则是希望岳麓书院兼有南学会和时务学堂的功能。

又有人（长沙周启明）对岳麓书院课程改章之成效提出质疑："岳麓书院为天下四大书院之一，全省风气俱于兹。近岁闻朝廷有整顿书院之议，已于岳麓添设算学、译学，入学者备赀二十千文。然去岁算学生二人、译学生一人，学长縻奉数百金，毫无益于成

① 南学会问答．湘报，第41号.

败。"[①] 平心而论，不要说此时的岳麓书院，就是以后的清末教育改革大潮中兴起的各式新学，也多半由于各种原因而存在有名无实的现象。此时的指责诚为过苛。当时的士子，以为天下事无不可为，对于岳麓书院这样一个虽已开新、但远远不够的旧学堡垒，提出取消"规钱"、院长要亲自管理院事、改奖银为奖书等改革建议。

总之，当时对于岳麓书院的批评都是以时务学堂或校经书院为参照做出的，同时又要求书院学会化，诚有王先谦所言的"欲天下学术尽出于一途"、"强人就我"之味道。在批评岳麓书院的同时，《湘报》上也充斥着"南海康先生、新会梁先生，是诚天下第一流，而维新党中之魁杰也"等谀辞。湖南教育界、思想界出现了唯康梁是从的趋势。

事隔两月余，当宾凤阳等人获得梁启超等所批学堂课艺、日记，发现其中的邪说之后，立刻找到了反击的把柄（或者说出气的机会）。宾凤阳在信中说："果尔，今之为学堂、学会，非徇警路人之木铎，直吹散弟子之楚歌。"[②] 故而要求整理时务学堂。当然，也与岳麓书院历来以濂洛关闽之学陶铸弟子、养成士子以传承儒统为己任的传统学风有关。

在上书王先谦的同时，宾凤阳还上书叶德辉，寻求叶德辉的出面支持。这是因为此前叶德辉刊布了直接批评湖南学政徐仁铸、间接反击康有为学说的《〈輶轩今语〉评》。宾表示"诵阅一遍，令人分外爽快"，并推誉"先生此举，洵正学之先声，中流之砥柱也"。同时指出，《輶轩今语》一书乃梁启超所作，并非出自徐公手笔，则是推崇异学、煽惑人心者，其罪应有专责。"吾恐中国之

① 南学会问答．湘报，第41号．

② 宾凤阳等上王益吾院长书//翼教丛编．上海：上海书店出版社，2002：145．

患，不在强邻之窥逼，而在邪说之诬民也。”请叶德辉顾全大局，“亟与当道诸公商请抚宪，另聘声望素孚、品学兼全者主讲时务学堂”。①

在宾凤阳上书王先谦前后，叶德辉即已得到时务学堂教习评语，并交给王先谦看，王先谦“乃知其志在谋逆”②，感到事态的严重。复接到宾凤阳等“请从严禁遏”的具禀，更感到有采取行动的必要。于是联络张祖同、叶德辉、刘凤苞、孔宪教、汪概、蔡枚功、郑祖焕、黄自元、严家鬯、苏舆等10人，于农历五月二十二（7月10日）领衔向上抚院递出《湘绅公呈》，要求撤换教习，并附上宾凤阳原信。《公呈》说：“为政先立民志，立学首正人心，损益乃百世可知，纲常实千古不易。湘省风气淳朴，人怀忠义，惟见闻稍陋，学愧兼通。”③ 这也是引以湘省卫道传统为豪。《公呈》赞时务学堂之设的良法美意：“本为当务之急，凡属士民，无不闻风兴起。”但攻击总教习梁启超等人自命西学通人，实皆康门谬种，致使胸无主宰的学子误以康学即是时务，争相趋附；要求屏退主张异学之义。

在王先谦、叶德辉等人酝酿提出整顿时务学堂之禀呈时，巡抚陈宝箴已经着手整顿时务学堂，以黄遵宪代替熊希龄总理时务学堂。在王先谦等人的《湘绅公呈》上达三天之后，即五月二十五（7月13日），熊希龄也联合黄膺、戴展诚、吴獬、戴德诚等，给抚院上《整顿通省书院禀稿》，并将《禀稿》登在《湘报》上。与《湘绅公呈》针锋相对。熊希龄等人首先认定“通省书院积弊太深”，而其原因是“山长无人”，将矛头直接指向了王先谦；并

① 宾凤阳与叶吏部书//翼教丛编．上海：上海书店出版社，2002：156.
② 王先谦．葵园自订年谱//葵园四种．长沙：岳麓书社，1986：744.
③ 湘绅公呈//翼教丛编．上海：上海书店出版社，2002：149－150.

提出定教法、端师范、裁乾脩、定期限、勤功课、严监院、速变通等各项整顿措施，核心所在，在于改山长。“从前山长，多半守旧不通时务之人，若听其久拥皋比，则坐废半年岁月；若一旦辞去，又觉不近人情，拟请饬仿江苏另延山长之法，将本年束脩全行致送，另筹款项，延请博学主讲，以免旷时弛业，致误学生前程。其有能见几者，自知才力不及、不敢尸位素餐退避贤路，亦可不固留也。”① 矛头所向，不难晓喻。

陈宝箴对王、熊双方的《禀稿》，皆含糊其词，以为众绅有门户意见。但同时，对于《公呈》中所提出的康有为之经说也不能不警惕，故于五月二十七（7月15日）上《厘正学术造就人才折》，参劾康有为的《孔子改制考》“伤理害道”，要求朝廷饬令康有为将《孔子改制考》自行毁版，主张对康有为可以“比之狂简造就而裁成之”②。同一天，熊希龄在《湘报》上公开上书陈宝箴，将聘请梁启超为中文总教习的来龙去脉公之于众，并表示要与王先谦、张祖同、叶德辉等“以性命从事，杀身成仁”③。

从熊希龄的《上陈中丞书》来看，熊怨恨最深的当为张祖同，历数张对同党、戚友、骨肉种种不仁义之举；于王先谦亦是措辞激烈，指责其排斥异己。熊希龄与王先谦曾经共同参与、发起了湖南新政中的众多事项，酿成过节，在同事的过程中产生的误会与人事纠纷，不具有思想高下之分。在筹措时务学堂经费时，大家曾商议向两江总督刘坤一请求从湘省盐厘中拨出部分经费。请拨经费的禀稿由蒋德钧起草，王先谦等人都具名。从史料来看，

① 熊希龄等．公恳抚院整顿通省书院禀稿．湘报，第111号．

② 陈宝箴．厘正学术造就人才折//中国史学会主编．中国近代史资料丛刊：戊戌变法（二）．上海：上海人民出版社，上海书店出版社，2000：283．

③ 熊希龄．上陈中丞书．湘报，第112号．

大约当初曾有由王先谦领衔之动议，后王先谦表示“不必用渠名，盖恐岘帅批驳，有失体面”，改为由熊希龄领衔。由此导致了熊希龄的不满，后者并产生了将时务学堂独立出来的想法，并得到了陈宝箴的支持。于是熊希龄将禀稿词句改动，不再牵涉宝善成公司。而此举又引起了王先谦的不满，认为熊希龄是“别有所图”，因此酿成过节。以后又由于陈宝箴倾向时务学堂，不甚关注宝善成制造公司，公司亏本，被陈宝箴收回官办。王先谦也因此赔了万两银子，并连自己招股的朋友的五千两银子也化为乌有。王、陈之间遂也生隙。

在此过程中，利害之争有可能加剧了双方的矛盾。最典型的一个例子是关于时务学堂分配学生名额一事。同为时务学堂校董的张祖同，认为熊希龄分配学生名额没有征求他的意见。“长沙不应只有额二十四名；岳州不应有额十名。”张祖同曾经提议具禀开办学堂的绅士六人（即王、张、汤、朱、熊、蒋），应每人占额四名各有情面之子弟，送入肄业，不必考试，为熊希龄所不允，因生不快。又一事是，时务学堂考毕录取学生时，张祖同递来考生徐嵩立等数人的条子，熊希龄皆未取。张祖同更为不快。就这两件事而论，诚为张氏私心。

那么，熊希龄与本没有直接参与这些具体事务的叶德辉之间，又因何发生矛盾？叶德辉与熊希龄书中有“其时阁下身无公事，时相过从”① 之语，则两人还是有来往。不仅有往来，且在一些事情上，如对叶氏弟子问题上，拥有相同的看法。湖南学政江标在任满之时，曾拟带石醉六（石陶钧）与刘焕辰二人到上海，被叶德辉所阻止。叶德辉的看法得到了熊希龄、梁启超、李维格等人

① 叶德辉致熊希龄函．湘报，第112号．

的赞同，“醉六灵兼主人欲送至上海学堂，弟初意不以为然，犹谓一人之见也。据昨日席间论，阁下未以为可，梁李二君亦未以为可”。叶德辉由此感叹：“然则旧党与新党，说到人情天理，固无有不合者也。”而熊希龄对叶之为人的不满，据熊说缘于一次酒席：一次，叶德辉与熊希龄同赴友人王莘田宴。席间熊希龄言及黄泽生营中无饷，“叶焕彬即昌言云：‘吾为黄泽生计，与其统无饷之饥军，何不在家学苗沛霖之所为乎？’此语座中人无不共闻，可以询证。龄当时即面责焕彬：‘你即系正人，不宜为此无父无君悖逆谋叛之言。’苟非别有肺肠，有至酒酣时露此面目也？嗟乎！己之不忠而可诬人乎？”熊希龄在报纸上公开叶德辉的此番话，并加以“无父无君悖逆谋叛”之罪名，无论事之有无，均为愤激之辞。酒中戏言为“本月二十三日”，距离熊希龄上陈宝箴书仅三四天。实际上，熊希龄所不满者，在于叶德辉对梁启超学说的攻击，以及要求辞退梁启超等活动。熊希龄认为梁启超来湘时，叶德辉与之酒食往来，极融洽；而梁一走，遂变初心。“推叶之心，不过乘鹬蚌相持之际，欲收渔翁之利耳。假托于维持风俗，其实大谬不然。”[①] 熊希龄此语，参之以唐才常所言“外间谣言，将以祭酒为总教习，焕彬为分教习之类”[②] 之语，指叶德辉有取梁而代之之意，故而打抱不平。不过这只是一种推测之辞，不能代表叶德辉的真实想法。

六月二十五日（1898 年 8 月 12 日），岳麓书院、城南书院与求忠书院等三大书院院长齐集学宫，签订《湘省学约》，提出了正心术、核名实、尊圣教、辟异端、务实学、辨文体、端士习等 7 条原则，以维持湘省正学传统、摒黜异端邪说。

---

① 熊希龄．上陈中丞书．湘报，第 112 号．

② 唐才常．致欧阳中鹄书//唐才常集．北京：中华书局，1980：237 – 238．

当叶德辉、王先谦等人攻击康梁、反击时务学堂之时，正是康有为取得光绪皇帝的信任、全国维新运动逐步走向高潮之时，因而冒着与朝廷作对的危险。事实上，康有为于8月上旬代杨深秀草拟奏折，通过朝廷来压制时务学堂的反对派。六月二十三（8月10日），光绪降旨："……即如陈宝箴，自简湖南巡抚以来，锐意整顿，即不免指摘纷乘，此等悠悠之口，属在缙绅，倘亦随声附和，则是有意阻挠，不顾大局，必当予以严惩，断难宽贷。"有此圣旨，陈宝箴、徐仁铸等人的态度又强硬起来。徐仁铸追究《湘省学约》的主笔之人，王先谦表示："学术非可强同，何况名教纲常之大，岂容稍有假借？弟在讲席一日，必竭一日维持之力，雷霆斧钺，所不敢避。如宗师必查究倡议主笔之人，即坐罪弟一人也。"① 叶德辉也表示："康有为之徒，至欲举天下之学问一扫而空，以肆其言佛、言天之毒，则其兴今文，崇孔氏，皆假托之词，心迹不如此也。鄙人一日在湘，一日必拒之，赴汤蹈火，有所不顾。"② 其态度之决绝，不亚于熊希龄的"以性命从事"。

叶德辉后来说："余于戊戌攻康有为。有为矫旨杀余与王葵园阁学先谦二人，时八月十一日也。湘抚陈宝箴颇持重，不欲兴大狱。而八月十三日，孝钦垂帘之电至，余遂获免。"③ 此言不一定是事实，但亦非空穴来风。据南学会佐办黄膺七月二十四日（1898年9月9日）给皮锡瑞的信称，"朝政维新，新党之气大伸，旧党已如爝火。闻中丞、学使有合参叶之说。新党有长沙大痞王

① 王先谦．与徐学使书//葵园四种．长沙：岳麓书社，1986：870.

② 叶德辉．答友人书//翼教丛编．上海：上海书店出版社，2002：177.

③ 叶德辉．白岩子云龙平别八年矣来苏相访赋赠四首//还吴集（丙辰）．长沙：叶氏，1929：23.

麻、湘潭大痞叶麻行状，院试散给考生”[①]。可见沦为旧派的叶德辉等人当时确有性命之虞。戊戌政变爆发，新政复旧，叶德辉等人的性命才得以保存。

从身份认同来看，新旧之争主要体现为以王先谦为首的岳麓书院与以熊希龄为首的时务学堂之间的冲突。那么，为何在后人的言说中总是以叶德辉为攻散学会、攻乱学堂之首领？对此，王先谦解释说：“湖南设时务学堂，大吏延康弟子梁启超为教习，学使徐仁铸相与主张，其说一时风靡，独焕彬辞而辟之，不以昔年出徐门下有所畏避。复与先谦等上书大吏，贻书友朋，匡救之功，无与伦比。康所行所学，惟焕彬知其深，而先谦不及知也。其说之盛行，在先谦出都后。每闻其徒党议论，但相与骇怪而已。得吏部言，乃悟其别有宗主也。……微焕彬，谁与摧陷而廓清之者？”[②] 这表明：在推动《湘绅公呈》的形成、贻书友朋揭露康有为学说等方面，叶德辉都起了主导作用。

综观叶德辉在新旧之争中的行为，大体上围绕着对康有为学说的态度来展开的。早在1896年北上京城之时，叶德辉就接触过康有为学说，并颇不以为然。1897年当弟子石醉六将入时务学堂之时，叶德辉与书剖析《左传》与《公羊》之别，打预防针；当弟子黄郁文、刘先端接触康有为《孔子改制考》之时，叶德辉又再次作书，论康说之是非。当学使徐仁铸颁发《輶轩今语》、引导湘省学风之时，叶德辉又作《〈輶轩今语〉评》，试图阻止康有为学说在湖南的流传。为此还与皮锡瑞之间产生了争端。当时务学堂学生与岳麓书院学生相争之时，叶德辉不仅策划了《湘绅公呈》，还作《正界篇》、《〈长兴学记〉驳议》、《〈读西学书法〉书

① 皮锡瑞．师伏堂未刊日记．湖南历史资料，1959（2）：151.
② 王先谦．赠叶德辉焕彬//葵园四种．长沙：岳麓书社，1986：626.

后》等书，批驳梁启超的学说。可以说，是叶德辉对康梁学说的批驳，使新旧之争打破了馆席、俸禄等具体利害之争，而提升到学术文化之争的高度。

第三节　叶德辉的“翼教”思想

在戊戌新旧之争中，叶德辉较为全面地阐发了自己的思想，从而显示了自己与康有为、梁启超等激进维新派的分歧所在。这些分歧涉及到学术（对经学）、文化（对儒教）、思想（对变法）等众多领域，而最为核心的则是对于儒学前途、命运的不同判断。叶德辉通过对康有为等激进维新派“保教”思想的批驳，来达到羽翼圣教的目的，并因此成为翼教派之领袖。

一、从保教论到通教论：晚清儒学的另类危机

儒学是中国传统文化的核心，在长期的历史发展过程中，它实质上扮演了准宗教或代宗教的角色，是华夏民族文化认同和精神依归所不可替代的符号体系。近代以来，随着中国局势的日益危急，不但中国随时面临豆剖瓜分的命运，儒学也日益遭遇来自内外的挑战，逐渐丧失其维持世道人心的作用。从外部危机来看，西方文化挟其长技争胜于中华，西方宗教凭借不平等条约，在中国以西医、兵力等传教，与传统儒学争夺人心、争夺信徒。从内部危机来看，面对西方文化的传入，激进维新派进行的保教宣传，又打破了传统儒学的稳定，导致传统儒学信仰危机。甲午战败后，康有为、梁启超等人的思想宣传包括了两个层面：一是宣传救亡图存，变法自救，是为政治民族主义；二是宣传尊孔保教，捍卫

民族文化，是为文化民族主义。1895 年至 1897 年间，康有为在上海、桂林等地组织强学会与圣学会，强调尊孔教以救中国。1898 年更是在北京发起成立保国会，明确提出此会的目的是“以图保全国地、国民、国教”①。从表面上看，保国保教并行不悖，相辅相成；然而，保教是为了保国，而为了保国必须先改教。因而，保教即是改教，这种改教导致了传统儒学特别是有关儒学知识系统方面的断裂，造成了新的儒学危机。这在湖南维新运动中表现得尤为突出。在叶德辉看来，儒学内部的这种自毁长城的做法，是儒学更大的危机。因此，针对康有为等人的保教理论，叶德辉提出了翼教主张。

由于叶德辉的“翼教”思想是以康有为的保教思想为参照系提出的，有很强的针对性，因此，为了更好地理解叶德辉的思想，必须先把握以康有为为首的激进维新派的保教理论。

大体说来，激进维新派的保教理论，呈现出以下几个特点：

其一，将儒学——孔教直接与西方基督教对应，以传教之广狭论教之强弱，提出儒学面临着教亡之危机。

“孔教”本是对儒学的一种习惯称呼。但在传统语义上，此“教”更多的是指文教，是一种人文信仰，非西方神学意义上的宗教。而在激进维新派的宣传中，直接将孔教当作了宗教。以传教之广狭、信徒之多寡来衡量，西教强而中教弱，中国有亡教之虞。唐才常言：“方今五洲人民一千三百兆，其行西教者九百余兆，行儒教者四百余兆，行回教者百余兆，其余则生番诸夷无教之民，是吾儒已有不敌西教之势。如不谋一自强之策，以抗彼而卫吾，

---

① 康有为．保国会章程//汤志钧编．康有为政论集．北京：中华书局，1981：233.

人类几何而不绝也?”① 孔教危机也是南学会宣传中的一个主题，南学会会长皮锡瑞在演讲中多次论及。如第二次：“我孔子之教行得远，彼天主耶稣之教更行得远，欧洲各国都尊信天主耶稣，美洲澳洲英人开辟已久，固不待说，非洲虽不尽归欧人所辖，而欧人开辟之地，亦多从天主耶稣。”② 特别是德军占领胶州湾后，“圣贤陵墓，尽属他人。邹鲁儒风，将从彼教”③。更加深了人们的孔教危机感。

孔教是华夏民族认同的文化资源，也是中国人的精神依归之所在。康有为说：“凡天下国之盛衰，必视其教之隆否。教隆，则风俗人心美，而君坐收其治；不隆，则风俗人心坏，而国亦从之。此古今所同轨，万国之通义也。”④ 这既是一种已然的事实，也是中国读书人的一种信仰。从汉代“罢黜百家，独尊儒术”开始，孔教就成为中国人安身立命之所在。三纲五常之理，《四书》、《五经》之文，无不家喻户晓，借此维系世道人心。国与教相维，教存则国存，教危则国危。湘中士子何来保甚至说：“哀莫大于教亡，而国亡次之。”“未闻有教亡而国能立者，更未有国亡而教即随者。”⑤ 中国人不光讲天下兴亡，匹夫有责，还应为师统之不继负责。

其二，以西方宗教为参照，追究孔教危机的根源。孔教危机根源何在？通过中西对比，维新派提出：一方面因为孔教不具备西教那种传教模式或精神，导致孔教竞争不过西教；另一方面又

---

① 唐才常．上欧阳中鹄书//唐才常集．北京：中华书局，1980：228.

② 皮鹿门学长南学会第二次讲义．湘报，第6号.

③ 皮鹿门学长南学会第七次讲义．湘报，第37号.

④ 康有为．请商定教案法律厘正科举文体折．转自黄明同，吴熙钊．康有为早期遗稿述评．广州：中山大学出版社，1988：291.

⑤ 何来保．悲孔下．湘报，第18号.

则因中国人名尊孔教而实不明孔教，有尊孔教之名而无其实。

西教行教之远，乃因“教皇之尊贵、教士之勤恳、政府之保教”①，无论新旧教，无论男女，都做礼拜诵圣经，又万里传教。相比之下，中国人既不传教，又不尊孔，对孔教之义理茫然无知。梁启超慨叹：“微夫悲哉！吾圣人之教之在今日也，号称受教者四万万，而妇女去其半焉，不识字者又去其半焉，市侩胥吏，又去其半之六七焉，贴括贱儒，又去其半之八九焉。此诚庄生所谓举国皆儒服，而真儒几无一人也。加以异说流行，所至强聒，挟以势力，奇悍无伦。呜呼！至今不思自保，则吾教亡无日矣。”② 孔教内部伪孔徒盛行，自相攻伐，即使没有西教的挑战，亦岌岌可殆。因此，对于激进维新派而言，孔教最大的危机，不是来自于西教的入侵，而是孔教内部的迷失本真。

第三，主张恢复真孔教以保教。在国势衰微的情况下，国人不能阻止西人来传教，唯有从儒学内部着手振兴儒学。真孔教的恢复，包含两个层面：

一方面，通过强化孔教的宗教仪式，恢复孔子教主的地位，提升孔教的神圣性。康有为等人保教的具体措施有：创教，即恢复孔子、孔教的宗教面目，使人人都知孔子为创教之圣；设立孔教会之类的全国宗教组织；毁淫祠，专拜孔子，采用孔子纪年。③纪年之外，复又仿行基督教周日礼拜之制，并取《易经》复卦所谓“七日来复”之意，而命名“来复”。通过这样的措施，将儒学改造为宗教。而其所设想，又无不以基督教为模范。

另一方面，则是通过学会、学堂，讲明孔教之真义理。这主

① 何来保．悲孔下．湘报，第18号.

② 梁启超．湖南时务学堂学约//饮冰室文集之二．北京：中华书局，1989：28.

③ 杨思信．近代中国与文化民族主义．北京：人民出版社，2003：85－88.

要体现在南学会的宣传之中。皮锡瑞提出："今欲保教，急须讲明孔教义理，使人皆灼知孔教与天主教何者为同何者为异，自然不至为彼教煽诱。若能推广学会，行教四方，使吾圣人之道，施及蛮貊，尤为盛事。"① 学会讲学，也无异于宗教的宣教，实际上也是传教。讲明孔教义理，使中国人皆知孔教之大，并且切实有用，自然尊信我教，不至遁入彼教；同时使外国人亦知孔教之大且切实有用，自然不至藐视我教，不敢以彼教夺我教。而孔教真义理，在很大程度上，又是康有为今文经学的同义词。

保教主张的提出，原本源于西方文化的挑战。新派有着深刻的文化危机感，力主保教，显示了一种文化民族主义的情感。然而，其思想逻辑本身是有漏洞的。首先，他们将造成儒学危机的原因归结为西方的文化侵略和儒学内部的伪孔教盛行等因素。其次，在当时国势衰微的情况下，国人不能阻击西人不来传教，唯有从儒学内部着手振兴儒学，开学会讲明义理，合群力以保护圣教。第三，在恢复"真孔教"的名义下，力求将儒学与西教沟通，对儒学进行了宗教化的改造，又将不符合西教的其他内容统统扫入了伪孔学之列。可以说，维新派的孔教论与伪经说是同条共贯的关系。维新派对真孔教的重新诠释解放了人们的思想。然而，从另外一个角度看，则产生了又一种儒学危机，即对传统儒学价值的怀疑。时务学堂课外生辜天佑在听南学会会长皮锡瑞主讲朱陆异同时，就颇为不满，并提出一个带有挑战性的疑问："朱子在南宋，何以无救于宋世之亡？"② 几经皮锡瑞解释、批评，辜生不改初衷，坚持应"专言政学，勿言理学"。而易鼐更是提出"通教以绵教"的主张，将保存儒学寄希望于融入西教。为什么要通过

① 皮鹿门学长南学会第六次讲义．湘报，第44号．

② 南学会问答．湘报，第10号．

加入西教来保护孔教?“特以中国之人名为奉孔子之教，实未尽孔子之道。”换言之，传统儒学都非真孔教。为此，他希望能允许自由入西教，为避免教案发生，由皇帝下一谕旨，国中自官绅以及士民，愿入救世教者听其自便；毁教堂戕教士者为叛民，杀无赦。这样国人入西教者纷纷，“而儒教之有真实学问者，从暗中推扩其善意，改革其差谬，弥补其缺憾”①，最终达到孔教、西教相忘、相化的境界。这可以说是中国近代史上全盘西化论的最初形态。

保教宣传除了导致对传统儒学信仰的怀疑之外，还导致对传统儒学知识体系的漠视。叶德辉注意到：自梁启超主讲时务学堂，“以《公羊》、《孟子》教授湘中弟子。数月之间，三尺童子皆知言改制、言民权、言秦始皇不焚书、言王安石变法。千百年之事，一旦得而非之；千百年之非，一旦得而是之。”② 如果说叶德辉是出于其守旧的眼光有偏见的话，那么，作为新派的皮锡瑞所虑正同。戊戌年闰三月，时务学堂第三次招生，在南学会开考。考题为“孟子兼师尹伊之仕论”，而学生中通晓者少。皮锡瑞发现，学生考卷皆不佳。“观诸生言洋务尚粗通，而孟子之文反不解，中学不将亡耶？予非守旧者，然此患不可不防也。”③ 这正是未得西学，而先亡中学；邯郸学步，反失其故。此后，这种“新知未浚，旧学先亡”之虞，一直伴随着一批知识分子。

儒学作为中国传统文化的核心，是儒道、儒术与儒学的统一。“道”代表的是儒学的人文信仰，“儒生们都相信在人们的生活世界中，存在一个最高的主宰和终极的意义，即‘天道’。对天道的信仰不仅为社会国家提供了统一的意识形态和精神归宿，同时也

---

① 易鼐．中国宜以弱为强．湘报，第20号．

② 叶德辉．明辨录序．[出版者不详]．

③ 皮锡瑞．师伏堂未刊日记．湖南历史资料，1959（1）：102.

给每一个个体提供了安身立命、自我超越的精神资源”①。“学”代表的是儒学的知识体系，以六经为主。同时，儒学还是一种术，具有工具价值。西汉儒生的“以经术缘饰吏事”，充分证明了儒学在经邦济世方面的效能。然而，随着历史的变迁，儒学的工具价值日益萎缩，而作为道德层面的价值却历久弥新。特别是近代以降，儒学在直接指导生产与现实政治上的作用捉襟见肘，这使得保教宣传在理论上陷入一种困局，即保教才能保国，保国才能保教。而要使孔教在保国层面发挥作用，必须凸显它在“术”的方面的意义。为此必须改教，使其与新政新学相通。当人们用“术”的标准来要求儒学之时，传统的性理之学、六经之学，顿时有失去存在的依据的危险。然而，抽掉了信仰与知识体系的儒学，还能叫儒学吗？而“保教”口号的提出，也似乎暗示着儒学本身不如西教，要靠外力来保。因此，在叶德辉看来，保教说恰恰是导致儒学危机的一大根源。因此，批判保教说成为叶德辉翼教的重要组成部分。

二、“孔不必悲，教不必保”——叶德辉的儒学思想

孔教遭遇到西方文化的挑战，这是人所共知的事实。那么，如何对待西方文化？叶德辉认为，应有一种客观态度，分析其优劣。他批判了两种偏颇：“自来中国之士，攻彼教者失之诬，尊彼教者失之媚。故谓西人无伦理者浅儒也，谓西教胜孔教者缪（谬）种也。”② 既不赞成一味地排斥西教，又不主张盲目媚外。他强烈

① 朱汉民．宋明理学通论——一种文化学的阐释．长沙：湖南教育出版社，2000：32．

② 叶德辉．明教//翼教丛编．上海：上海书店出版社，2002：68．

反对维新派所宣传的孔教说、保教说，指责“藉保护圣教为名，以合外教者”乃“巧言也”。①叶德辉的这种思想倾向，即继承了湖湘文化中传统的卫道意识，又融进了一定的理性分析。他在辨析儒学之性质、对比儒学与西教之优劣之后，提出“孔不必悲，教不必保”的主张。

首先，叶德辉认为，西教的传入并不意味着孔教危机。

面临西方的文化传入，尤其是西教“挟长技争胜于中华”，叶德辉也承认，“中西异教，近今不无强弱之分”②。西教中势力最强盛的莫过于天主、耶稣两教，其教蔓延于五洲，又浸淫及于亚洲之内，对于孔教形成了一种威胁。但这种强弱之分，并不意味着孔教危机，更不意味着孔教不如西教。对于孔教来说，未尝不是一种发展的契机。因为“人之持异教也愈坚，则人之护圣教也愈力。西人之言争自存，理固然也”。西教的入侵，并不会使孔教寝息百年而后再兴。因为，“历观孔教之废兴，当观乎人心之利害、彼教之消长、名义之虚实、推行之难易”。③综合此四个方面的情况，则可证孔教最终会战胜西教。

从人心之利害来看，孔教为天理人心之至公。就孔教与中国的关系而言，中国人口号称四百兆，男女老幼，人人意中有一孔子。中国之所以是礼义之邦、文明古国，就在于对孔教的尊信。这里，叶德辉与维新派的主张并无二致。维新派主张教隆则国盛、教衰则国衰，甚至有“未闻有教亡而国能立者”(何来保《悲孔》)

---

① 叶德辉．与南学会皮鹿门孝廉书//翼教丛编．上海：上海书店出版社，2002：168.

② 叶德辉．与俞恪士观察书//翼教丛编．上海：上海书店出版社，2002：178.

③ 叶德辉．明教//翼教丛编．上海：上海书店出版社，2002：66.

之言，将文化关怀放到了政治之上。叶德辉也指出：孔教是中国的国魂所在，如果不用孔教将国人凝聚起来，规范人心，则会篡弑相寻："天下且成虚器，何有于君主、民主、君民共主也者?"也即，没有了孔教维持世道人心，人心无所安顿，即使建立了新形式的国家，那还是中国吗？而孔教之所以是中国人的精神依归，就在于它是天理人心之至公。就孔教与西教的关系而言，西教之中，也有与孔教相通的教派。如卜斯迭尼教，以忠孝节义为宗，以尚俭弭杀为戒。又如剖而司登教，倡君为民首之说，以纠平等之非。西方没有信仰天主、耶稣的人还有十之二三。而卜斯迭尼教兴起后，人心靡然向风。这正是西教通孔教的开端。而剖而司登教，虽未盛行，而言之成理，至今亦与诸教会并立。更为主要的是，西方科学的发展，也对天主教、耶稣教提出了挑战，造成了两教发展的隐忧。两教的隐忧，恰是西教通孔教之先路。

从教之消长来看，西方宗教本有新教与旧派之分。叶德辉认为，旧教粗鄙不堪，故而谋求发展变化。《旧约书》中所载，尽是无稽之言。天主教变为耶稣教，愈来愈失其宗，新教盛旧教衰，由旧而新，正说明西教本身也有消长。

从教之虚实来看，叶德辉认为西教虚，托鬼神以行其术；孔教实，切于人事，以人道相教喻、人心相感召。

从传教之难易来看，孔教传易，西教传难。西教虽然"蔓延于五洲，又浸淫及于亚洲之内"，但它依靠的是外力，并且以最强之兵力行教。尽管如此，西教仍然不能胁迫西方所有国家尽从其教，说明传教之难。而孔教流传三千年，未尝借兵力传教。中国虽然不诵经，不传教，无教会组织，但孔教不待传而传，已渗透到中国人的心灵深处，不仅成为士大夫的安身立命之所在，而且成为普通百姓的信仰，使中国人不读孔氏之书而知有孔子，"虽不识字之农夫牧竖、妇人幼子，无不有‘孔子’二字横于胸臆间”①。值得注意的是，在传教问题上叶德辉与康有为显示出了不同的思维方式。康有为从西方传教的形式中感受到了孔教的危机，认为孔教缺乏西教那样的宗教组织形式，传教方面竞争不过西教；故孔教亦要传教。而叶德辉从西方传教的形式中感受到了孔教的生命力。湘中另一守旧者“汨罗乡人”在驳《时务学堂学约》时亦说：“夫使其教而善也，则不待传而自传；教而不善也，则虽如西人之兵力行教，而不能化一土耳其之回教，于中国圣教有何损益乎?”② 这个思想与叶德辉的思想是相一致的。

叶德辉还提出：在当时的局势下，为了避免教案的发生，政府宣布保护外教；而在宣传中，为了化解老百姓的仇夷排外的心理，对西教也应有正面的论证。保护外教是不得已而为之，与对外教的肯定应区分开来。若措辞不当、分寸不当，则会让百姓产生政府“尊西抑中”的误解，始而骇然，继而哗然，终且嚣然，嚣然不已，而仇杀相寻。作为一种宣传策略，叶德辉认为劝诫士民，“当以佛老相喻，谓其无碍于天地之宽，不当谓其教力大于孔子，激人以攻击之口”③。西教即使是行于东方，亦不过是释、老而已，何必为孔教过虑?

其次，叶德辉坚信，孔教优于西教，最终会大行于东西方。

叶德辉对于孔教的自信，是建立在“西教中源说”基础之上的。他认为，西教出于东教。中土之教中，最古老者为巫教。至

---

① 叶德辉．与南学会皮鹿门孝廉书//翼教丛编．上海：上海书店出版社，2002：168.

② 汨罗乡人学约纠误//翼教丛编．上海：上海书店出版社，2002：140.

③ 叶德辉．与南学会皮鹿门孝廉书//翼教丛编．上海：上海书店出版社，2002：168.

黄帝之时，为百物正名，进草昧而文明，于是尧、舜继之，以无为而治，道教开始萌芽。至老子时，著《道德经》。后为世人所崇奉，故后世称道教，必曰“黄老”，以二人为教主。道教既是中国最古老的宗教，又是西教渊源所自。道教在中国发展变化过程中，一变而为儒，再变而为法。孔子曾问礼于老聃，但青出于蓝而胜于蓝，冰出于水而寒于水，孔子学无常师，故以理胜。墨学亦渊自道家。而儒墨相争，以理绌者微，理胜者立，孟子距杨墨有功，其书进而同于六艺，成为儒家经典之一。就道教与西教的关系而言，道教的支裔流传至西方，变为浮屠，由浮屠再变为释。而泰西各教，如回回、天方、天主、耶稣等，又不过是释氏之支流余裔，各以其一鳞一爪，纵横于五大洲之间。故而天下古今之教，未有大于道教者。

“西教源于道教”这一说法颇显奇怪，但亦非叶德辉的发明创造。佛教流入中国后，国人在信仰与抗拒之间，就产生了老子化胡的传说。《史记》曾记载了有关老子出关西隐的故事。在佛教传入中国后，老子西隐的故事遂衍化为“化胡”学说。东汉桓帝之时就有“或言老子入夷狄为浮屠”之说，实为近代“西学中源说”的最早版本。叶德辉此一说，不过是在博览古籍的基础上所因袭的一种传统说法。叶德辉此后一直坚持此说，直到1907年在刻《佛说十八泥犁经》时还说：“天堂地狱之说，可以警愚民而化蛮俗，其原盖出于宋玉招魂。……楚俗尚鬼，老子为楚苦县人，当其出关化胡，传其旧说。释氏窃之，又以还中国。”①

既然孔教、西教同渊源于道家，以孔教在中国历史上战胜释、老，绵延几千年的历史经验来看，则西教即使行于中土，不过亦

① 叶德辉．刊刻佛说十八泥犁经序//安世高．佛说十八泥犁经．长沙：叶氏观古堂，1907：1.

是又一释老而已。孔教必将会“潜移默运，扫荡异教于不觉”。

从历史的经验来看，孔教能战胜释、老，其原因就在于“以理胜”。因此，中西教竞争的最终胜负，不在于传教之广狭、信徒之众寡，而要看教义本身中正与否。“凡天下之教，不立于中正，则不能久且大。”从教义上看，孔教以人伦设教，孔子讲伦理。而伦理为中西所同，血气尊亲，施及蛮貊，好生恶杀，人心之本然。这里，叶德辉似乎又回到了传统的文化优越论中。“孔子志在《春秋》，以救一世之乱逆；行在《孝经》，以立万世之纲纪。复有《论语》一书，综百王之大法。传其教者，如曾子、如子夏、如孟子，皆身通六艺之学，心究万变之情。凡人心所欲言者，莫不于数千百年以前言之，殆彼苍默知有今日之时局，而先以战国造其端。”① 叶德辉认为，谓西人无伦理者浅儒也，谓西教胜孔教者谬种也。他反复比较，虽然承认中西之教有相似之处，都讲伦理，但以人伦设教的孔教，更符合人情物理，或者说本身就是人情物理的体现，因而最终还是孔教为胜。就是在西方宗教各派中，最终的消长也是看它是否近人情。耶稣教旨较天主教为近人情，故得行于泰西文教之国。“方今泰西格致之学日进，西教亦因之而式微，然耶稣所辖之地视天主稍多，则以天主多不近人情故耳。”②对于各种宗教所信仰的经典，叶德辉都曾有所涉猎，形成自己的体会。“尝考耶稣之书，其切于人事处，颇胜于释氏之空谈，惟因灵魂不朽之说，而以天堂、地狱为贤智说法，则不如释氏之以天堂、地狱为愚民说法者，使人深信而不惑，宜乎为格致家所攻击，而无以自解也。”从较近人情的耶稣教所辖之地甚广，可推见最切合人情的孔教，将来所辖之地将会更广。

① 叶德辉．明教//翼教丛编．上海：上海书店出版社，2002：66.

② 叶德辉．与俞恪士观察书//翼教丛编．上海：上海书店出版社，2002：178.

中西之教都讲伦理，顺人情，而以孔子之教最能体现人情之正与天理之公。叶德辉认为，从五常的角度看，孔教本之于仁信而以礼实之，西教本之以义智而亦以礼贯之。礼，正是圣人之教的核心，也是人心所同然。孔教实，而西教虚，孔教以人伦设教，处处落实；西教借鬼神役使，使人忽视了俗世社会的实际人伦。另外，从历史上看，鬼神之教也在世俗化，越能顺应人情者越能获得信徒。因此，孔教当优于西教，为天理人心之至公，将来必大行于东西文明之国。

第三，叶德辉反对将儒学宗教化。

“孔教”是一个习惯性称呼，在中国，其本意是指政教、人文之教，正如台湾学者王尔敏所指出的：“儒学传衍近三千年，不出思想学术范围，未尝竟成宗教。虽然自唐宋以来，俗称儒佛道三教皈一，种种传说，流行民间。实则历代未尝真正出现儒教教会组织。尤其是历世儒学宗师，圣贤辈出，学派纷乘，而未尝有一家一人标榜宗教及行传教之事者。”① 当康有为等人将孔教宗教化、并以传教之广狭来判断教之强弱时，叶德辉提出反对意见：“盖圣人之教先之以人伦，而以神道辅其不及；耶稣之教先慑之以鬼神，而又专主一祀，抑伦理于后。其间次第、浅深，地球开通之时自有定论。”② 孔教是人伦之教，西教是神道设教，两者不仅性质不同，且有高下之分。一者不读孔氏之书而知有孔子，一者靠鬼神役其民，其间的功效不可同日而语。

康有为的孔教说既受西方宗教的启发，也与他的今文经学取向有关。作为经学的一大派别，今文经学有推崇孔子、神化孔子

---

① 王尔敏．中国近代思想史论续集．北京：社会科学文献出版社，2005：21.

② 叶德辉．与南学会皮鹿门孝廉书//翼教丛编．上海：上海书店出版社，2002：168.

的特点，视孔子为手定六经、托古改制、通三统立三世之义，是一位垂法万世、德比天子的素王。特别是在《春秋公羊传》中，更是有对孔子神化的解释。叶德辉则从学理上分析，批驳这种宗教化倾向。从儒学发展本身来看，认为“儒教非创于孔子，而成于孔子”①；儒教非自孔子立矣。早在孔子创立儒学之前，“儒”作为一种称呼、一种职业或官名，早已存在。据《说文》之解释：“儒，柔也，术士之称。从人，需声。”“儒”最早只是一些术士的称呼，人们并不以儒为贵。此后“儒”又指一些以专门技艺传授贵族子弟之人，所谓师保。至《周礼·太宰》言：“儒以道得民。”《周礼·大司徒》又有言：“联师儒。”可见儒之立教，自周公始。显然，叶德辉的解释建立在古文经学的观点之上的。

《论语》有“汝为君子儒，毋为小人儒”之言。对此，马融在《论语集解》中解释道：“君子为儒，将以明其道；小人为儒，则矜名也。”亦可见儒教非孔子所立。何谓“明道之儒”？班固《汉书·艺文志》说：“儒家者流，祖述尧舜，宪章文武，宗师仲尼，以重其言，于道为最高。”所言即是“明道之儒”。何谓“矜名之儒”？班固所言的“惑者既失其精微，而辟者又随时抑扬，违离道本，苟以哗众取宠，后进循之”，即为“矜名之儒”。②

“孔子之教，实无此名。‘素王’之号，乃纬侯家流传之言，在七十子之徒，推崇亦未为过。至于教主谥法，乃泰西教皇凭藉威福之所为，岂可施之于温良恭俭让之至圣？”③ 今文经学家为了推崇孔子，采录纬书之言，尊孔子为“素王”，情有可原。而要效

① 叶德辉．叶吏部与段伯猷茂才书//翼教丛编．上海：上海书店出版社，2002：181.

② 叶德辉．《辅轩今语》评//翼教丛编．上海：上海书店出版社，2002：84.

③ 叶德辉．读西学书法书后//翼教丛编．上海：上海书店出版社，2002：124.

法西方宗教，让孔子变成一位教主，以孔教比附西方宗教，则诚过矣。梁启超的《读西学书法》云："当知七十子后学皆以传教为事。"叶驳道："果如作者之言，则是传经之弟子，无殊受洗之门徒矣。"

叶德辉指责康有为倡孔教是别有用心，"隐以改复原教之路德自命"，然后可以为所欲为，将孔教变成一己之工具，反对康有为试图依靠孔教建立新权威。康有为孔教说的作用，如其伪经说一样，是拉虎皮当大旗。正如朱一新所批驳过的，"凡古书之与吾说相戾者，一皆诋为伪造，然后惟吾欲为，虽圣人不得不俯首听吾驱策"①。孔教之说亦有此效。而通过设教会、强化孔教宗教仪式来保教更是窒碍难行。"康有为平日慨然以孔教自任，其门下士持论，至欲访礼拜堂仪注拜孔子庙，此等猥鄙之事，楚鬼越禨则有之，岂可施之于大成至圣之前乎？"② 要将孔教宗教化，参照西教的宗教仪式来礼拜孔子，无异于将孔子从圣人变成了鬼神与木偶。若说中国人没有对孔子表示崇敬的仪式，则中国人自孩提时代入书塾，即设一孔子位，朝夕礼揖。至于成年人，则不在于这些外在的形式，只是在人伦日用上遵循孔教之精神。处则为孝子，出则为忠臣，就算不祭祀孔子，孔子又岂会怪罪他们？他们怎能不算是真正的孔教信徒？尊孔不在于形式。若说孔教宗教化有利于扩大信徒，改变"四民不关心孔教"、无缘上学因而不懂孔教的局面的话，则即使遍设孔庙，遍设教会，愚民又岂会趋之若鹜？"若施之于乡愚，则孔庙不能投杯筊，而乡愚不顾也；若以施之于妇人女子，则孔庙不能求子息，而妇女不顾也。"中国淫祀本多，其

---

① 朱一新答康有为第四书//翼教丛编．上海：上海书店出版社，2002：10.

② 叶德辉．与刘先端、黄郁文两生书//翼教丛编．上海：上海书店出版社，2002：165.

所以若存若亡者，以禁例森严，不敢为惑世诬民之事耳。将孔教宗教化，就是要将人伦之教的儒学信仰变成一种淫祀，非但不能提高孔教的地位，反而是对孔教的践踏与摧毁。而废大清统号以孔子纪年，亦是谬论。

叶德辉还根据宗教发展史提出，鬼神教化可以施之于愚民之世，不可以施之于智民之世，能治民简之世，不能治民繁之世。世界越来越进化，社会越来越复杂，人类越来越智慧，鬼神之教势必淘汰。而作为人伦之教的孔教，其优势正应得到凸显。而以神道设教的西教，在格致学兴起之后，正在式微。

因此，叶德辉提出："孔不必悲，教不必保，忠信笃敬可以达于殊方，魑魅魍魉可以消于白昼，汉制虽改而不改，民权不伸而得伸，由乱世而升平而太平。"①

值得注意的是，在当时，反对孔教之说的还有湖南维新派的核心人物黄遵宪。黄遵宪在湖南维新运动中以通西学著称。出任湖南盐法长宝道兼湖南按察使之前，黄遵宪即先后出任过驻日公使馆参赞、美国旧金山总领事、驻英公使馆参赞和新加坡总领事，对于西方政教文化的了解与体会，远远超过康有为、梁启超等维新派，他亦不赞成孔教之说。光绪二十八年（1902 年），黄氏致梁启超书云："往在湘中（1897—1898），曾举以语公，谓南海见二百年前天主教之盛，以为泰西富强，由于行教；遂欲尊我孔子敌之。不知宗教之说，久成糟粕。近日欧洲，如德如意如法，于教徒扰政之权，皆力加裁抑。居今日而袭人之唾余，以张我教，此实误矣。"② 此外，严复当时亦致书梁启超，"申言教不可保，而

---

① 叶德辉．明教//翼教丛编．上海：上海书店出版社，2002：69.

② 黄遵宪．致饮冰室主人书．参见丁文江，赵丰田编．梁启超年谱长编．上海：上海人民出版社，1983：279－280.

亦不必保”，教崇则学卑，教幽则学显，孔教的繁荣昌盛，绝非中国学术文化发展的福音。由神道设教到人道设教，乃文明进步的结果。由于科技文明的蓬勃发展，神道宗教在世界各地都受到冲击，呈现出理性化、世俗化的趋势。康有为倡导孔教，意欲将理性程度极高的孔教改造成神秘性较强的传统宗教，与世界局势反其道而行之，恰如逆水行舟。而叶德辉在此一问题上显示出的思维特点，也很有意思，即引西人自重，通过论证西方宗教发展趋势来为自己的观点辩护。可见即使是叶德辉这样的坚定的保守主义者，在思考对策时，亦要放眼世界。

到民国初年，康有为发动孔教运动之时，章太炎驳之甚力，云：“孔子于中国，为保民开化之宗，不为教主。世无孔子，则宪章不传，学术不起，国沦戎狄而不复，民居卑贱而不升，欲以名号列于宇内通达之国难矣。”① 他认为中国无国教并非缺点，恰恰相反，正是一优点。章太炎批驳孔教说的许多观点，我们都可以在戊戌变法时期叶德辉的言论中发现。如谓孔子的伟大与值得尊敬，在制历史、布文籍、振学术、平阶级而已，都是世俗之事，无关神祇鬼灵；孔子在中国受到尊敬，不是因为他是教主，而是因为他是一位保民开化的宗师。当然，章太炎不一定直接受到叶德辉的启发，但从思想发展的逻辑看，叶德辉是较早对儒学宗教化进行批判的人。章太炎的驳孔教早为学者所关注，而叶德辉的反孔教及其内在逻辑却尚无人注意到。

在有关孔教问题上，叶德辉可谓真知与谬见并存。从原则上讲，某一宗教能否发达，取决于它是否合乎人情，叶德辉提出的这一说法本身不无合理性。然而，什么才叫合乎人情？在有关人

---

① 章太炎．驳建立孔教议．参见汤志钧编．章太炎年谱长编．北京：中华书局，1979：457．

情的具体界定上，叶德辉充分暴露了他卫道、守旧的一面。如前所说，他认为中西之教均讲伦理。所谓均有伦理者，无论中西，都讲敬天、孝亲、爱人之理。五常是贯穿天地万物、世界全球的人伦准则。中国本之于仁信而以礼实之，西国本之于义智而以礼贯之，都强调“礼”。礼正是孔教的核心，也是人心的反应。然而，“忠君为孔教特立之义，西教不及知也”。孔教讲忠君爱国，而西教于此没有明确规定。这样，叶德辉对孔教的崇奉就归结到对忠君的信仰，由文化保守走向了政治保守，构成了他对近代民主思想抵制的文化基础。

叶德辉以孔教有西教不及知之忠君之义作为孔教优于西教的依据，而维新派则通过发掘孔教中的现代意义来证明孔教优于西教。如“南学会问答”中就曾这样对比孔教与耶教的广狭之别：“孔教讲爱人，耶稣亦讲爱人。孔教讲至诚，耶稣亦讲至诚，盖至诚爱人，是天地之公理，各教之公性情，然至诚爱人，俱出于天，耶稣只讲到天止，而我孔教则天字上更有一层，《春秋》之所谓‘以元统天也’。”[①] 又说：“孔教之超于诸教者，正在条理精密，其进有序。《春秋》之义，以元统天，以天统君。佛教似得元统，耶教似希天统。”然而，维新派阐发孔教的义理之优，是通过附会的方式，将西方的民主观念说成是孔教中应有之义，以服务于变法宣传。如将《春秋》比拟公法，“《春秋》大例，曰大同小康；公法大例曰文明野蛮。环球诸教，本原略同”。《春秋》先有小康之法，而后步步进化。这种精意长期不为人所解。“自汉以来，诸儒讲明《春秋》大义，而未及微言，故未能尽服泰西各国之习。”但将来环球钦佩我《春秋》之公法，事在意中。“世界之运，必由

① 南学会问答．湘报，第9号．

半文明半野蛮以进于文明，法亦如之。今以公法治《春秋》为大同之轨所发轫耳。”① 而徐仁铸的《輶轩今语》中直接说：“盖《春秋》一书，实孔子所定之万历公法也，特当时有所褒讥贬损，不能不避时难，故因行事以加王心，传口说以告来者。故公羊氏所传大义，最为博深切明。西人政治家必事事推原于公理、公法之学，以为行政之本。今《春秋》者乃公理、公法之折中也，学者必先通《春秋》，则可语之致用矣。”引申西政以光大孔教，将孔教的昌明寄希望于孔教真义理的挖掘，也即孔教的创造性诠释。而这种表面上回归原旨、实质上托古改制的创造性诠释，所依据的又是西方的政教。

台湾学者王尔敏在谈到儒家传统与近代中西思潮之会通的问题时，曾指出：近代文化思潮中，“保守派以反变法改革而尊儒，改革派以求变求新而尊儒”②。叶德辉与康梁等维新派，同样尊孔，而所尊不同。按照叶德辉的思想逻辑，孔教优于西教，不在于它具备西政的因子，而在于它代表了中国文化的一种特性，即人伦道德，它体现了人情之正、天理之公。而从中西之教皆讲伦理的角度看，讲西教者最终会会通孔教。而维新派在“教”的问题上，一方面强调西政与西教无关，坚持孔教优越论，另一方面又按西政的标准，赋予了孔教很多西政的色彩，后者也正是孔教优越论的立论基础。因此，新旧两派看似相同的态度，实际上包含了不同的内在理路。维新派更多的是从“术”的角度来看待儒学，崇尚的是儒学的经世致用，讲《公羊》倡变法，借《孟子》申民权，在对待儒学的两大传统上，也是黜荀尊孟，以孟子为大同传统，荀子为小康传统。而叶德辉则更多的是从“道”与“学”的角度

① 南学会问答．湘报，第 34 号．

② 王尔敏．中国近代思想史论续集．北京：社会科学文献出版社，2005：18．

来看待儒学。从经学传承上看，荀子功不可没。没有荀子，也就没有两汉经学，也就没有汉以后对儒家经典的研究传衍。因此，对于维新派的黜荀尊孟，叶德辉不能接受。梁启超《读西学书法》提出："当知秦汉以后皆荀卿之学，为孔教之孽派。"此是着眼于义理层面，孟子重仁，荀子重礼；孟子道性善，荀子张性恶。叶德辉针锋相对："秦汉以后，荀、孟并称，初皆有志于用世。及其不遇，退而著书，六经皆荀卿所传，为圣门之宗子。"[①] 从维护孔教的经典系统而言，尊孔必然尊经，尊经必然重荀。而从维护儒学"道统"的角度看，将孔教与西教相比附，将西政思想说成是孔教应有之义，无异于变乱旧宗、援儒入墨。故而，叶德辉要愤起翼教。

此外，就叶德辉个人而言，与其说为了反对变法而尊孔，不如说是为了尊孔而反对变法。儒学是叶德辉最主要的关怀所在。叶德辉屡言："人之攻康梁者，大都攻其民权、平等、改制耳，鄙人以为，康梁之谬，尤在于合种、通教诸说。"[②] 故其在揭批康梁等人的变法言论时，每每试图找出变法背后更深层的动机。在叶德辉看来，这个动机是便是改教，"其始倡言变法以乱政，其继阴乘变法以行教"[③]。究其实，这与康梁本身的动机不甚相符。伪经说也好，孔教说也好，都是为了变法，以儒变法，康有为在与朱一新论争时正是如此表白的。因此，叶德辉对康梁的判断，与其说是揭示了维新派的关怀所在，不如说是显示了他本人的关怀所在。

---

① 叶德辉．读西学书法书后//翼教丛编．上海：上海书店出版社，2002：123.
② 叶德辉．与俞恪士观察书//翼教丛编．上海：上海书店出版社，2002：177.
③ 叶德辉．长兴学记驳义//翼教丛编．上海：上海书店出版社，2002：96.

第四节　“名动天下”

一、戊戌政变后叶德辉思想的传播

叶德辉对康梁学说的批驳，使其在湘学界声名鹊起。湘中另一老宿王闿运在光绪二十四年四月五日（1898 年 5 月 24 日）的日记中记道：“彬何生自长沙来，云叶焕彬声名甚盛，以能折梁启超也。梁之来此，乃为叶增价耳，人事倚伏可玩。”① 王闿运乃湘中耆老，晚清著名公羊学家，文坛盟主，无论在行事还是学术思想上都与叶德辉有分歧。此前，王闿运曾在日记中发泄对叶德辉率性而为的不满，喻之为“村野童生派”，不愿接纳叶德辉为湘潭派一员。② 对于叶德辉能批驳梁启超，他并不以为然。不过，叶德辉的确也得到了其他一些人如王先谦的青睐。

作为湘中另一宿老，王先谦本来早就赏识叶德辉，曾与之定名山之约，以振兴湖湘经学之重任相嘱托。与叶德辉相比，归田之后的王先谦蜷伏里闬，与外界少通声气，故不了解外界的动态。听康党言论，相与骇怪而已。听吏部言，乃悟其别有宗主也。“微焕彬，谁与摧陷廓清之?”故有赠叶焕彬诗：“自古当仁不让师，一任摧烧不愿馀。鲁国闻人真再世，孔门今见四盈虚。”而叶德辉对于自己力挽狂澜之举也非常得意，在和作中写道：“葵园当代老经师，我亦传经共疑疑。受业子思子门下，固应墨者距夷之。”③

① 王闿运．湘绮楼日记卷四．长沙：岳麓书社，1997：2144.
② 王闿运．湘绮楼日记卷四．长沙：岳麓书社，1997：1984.
③ 王先谦．葵园诗集//葵园四种．长沙：岳麓书社，1986：626－627.

将自己塑造成尊经卫道的英雄。

在戊戌新旧之争的过程中，叶德辉既扮演了湖湘文化忠义传统的代言人的角色，又扮演了湖湘汉学代言人的角色。如本书第一章所述，卫道意识是晚清湖湘文化的特色，维护儒学伦理纲常是晚清以来湘人的文化使命，由此构成了叶德辉思想的基础之一。在戊戌新旧之争中，叶德辉屡屡重申湘学的特点，他参与起草的《湘绅公呈》及《湘省学约》也以维护湘学正统、屏黜异端为诉求点，显示出一种正本清源的色彩。叶德辉声称：如果自己不挺身而出，大声疾呼，“则鄙人将见外于乡人而终身不能言学矣”。① 表明自己所作都正是为了维护湘学的忠义传统。然而，在戊戌变法以前，湖南人的卫道意识主要是一种情绪化的反应，以为纲常名教无往而不胜，集中体现在耻闻洋务、仇夷排外上，针对的是西方文化的侵略。那时的卫道意识是建立在过分自信、昧于时事的基础之上的，呈现为一种攻击性态势。而戊戌变法时期王先谦、叶德辉的卫道，是在趋新成为时尚、浮议欣动之际，是一种保守性态势，针对的是儒学内部的毁经乱教之行为。关注的焦点，已不是要不要引进西学的问题，而是如何对待中国传统学术文化和如何处理西学与中学的关系问题。戊戌变法以前，湘人的卫道主要是基于对理学的信仰，而非学理分析的结果。而王先谦尤其是叶德辉等人的卫道，是建立在尊经信古的汉学话语基础上，是以经学为思想资源的。由于康有为的变法理论是借助了经学这样一种权威的学术形式来表述，通过明六经—正学术—端人心—强中国的逻辑，将种种不符合西政的传统学术文化打入伪经伪学之列。而要洞察康学与西学的歧异，以及康学对于儒学的潜在威胁，必

① 叶德辉．与俞恪士观察书//翼教丛编．上海：上海古籍出版社，2002：177.

须了解经学流派的出入分合、家法短长、经典真伪的辨析等。正是在此情况下，叶德辉以知者兼敢言者的姿态，“挺身而出”，分析辩难。叶德辉最终能达到攻散学会、攻乱学堂的目的，不仅仅在于其强悍的个性，还在于其于《春秋》三传皆曾研习、又博览古书、辩难确有击中要害之处。从这个角度上说，叶德辉折服梁启超显示的是晚清湖湘汉学发展的实力。

在戊戌新旧之争中，叶德辉既以维护湘学忠义传统为使命，又不以湘学代言人自限，文化关怀的视野扩大到全国，关注的是整个儒家文化的命运。他表示：“中原士夫人人知学，则可以不攻康梁；湘中子弟人人能学，则可以不作《评语》。”① 攻康梁是为了唤醒中原士夫，扭转中原士夫喜新厌旧之习气；作《〈輶轩今语〉评》是因湘中子弟本不知考据，容易被康有为蛊惑。可见，在叶德辉的意识中，新旧之争具有超地域的意义。

这种超地域的意义又借助于出版物的传播而得以实现。叶德辉不仅在思想层面对康有为学说提出了批驳，并且诉诸传统的传播方式——刊刻、散发材料，扩大其思想的传播范围。这也是他被新派视为旧党魁首的原因之一。由于史料的缺乏，我们无法确切地统计在戊戌时期叶德辉究竟刻了多少材料，或多少种书，但可以肯定的有：

其一，针对徐仁铸的《輶轩今语》所作的《〈輶轩今语〉评》。该稿完成于戊戌年闰三月（1898 年 5 月），并曾送给皮锡瑞阅读，引发了皮、叶之间的第二次论争。至八月初四（1898 年 9 月 19 日），徐仁铸在致王先谦的信中，对叶德辉的这一举动还耿耿于怀：“奂（焕）彬亦一学人，向来深佩其淹贯，且拟时与商榷异

---

① 叶德辉．与俞恪士观察书//翼教丛编．上海：上海古籍出版社，2002：179.

同，乃遽率意刊扬，颇所不解。”徐仁铸事后辩解：自己从未附和康学，亦深恶痛绝其民权、平等说，而叶著的刊行误导士子，使他们误以为宗师信康说，故于考卷中赞南海圣人。“推原其故，则奂彬实鼓动其机。宝、永等外，并无此风。自叶书出，而萌芽于郴，渐盛于衡，至本棚，则不可究矣。初无开罪奂彬之处，即欲有所辩论，何难进而一商?”① 将湘中士子言康学归结为叶德辉《〈輶轩今语〉评》一书的影响。从徐仁铸的抱怨中可以看出，叶德辉《〈輶轩今语〉评》一书刊刻流播，并产生了较大的影响。由于该书在写作上采取了先摘录原著、再加以批驳的方法，故在批驳徐仁铸（其实是梁启超）的学说的同时，客观上也传播了徐仁铸的学说。至于徐仁铸所言，恰恰是因为《〈輶轩今语〉评》一书的刊刻，才使湘中士子误以为宗师倡导公羊说、民主平权说等，则是徐事后的一种辩解和开脱。徐仁铸作为学政按临各府县观风试士，考试题目均刊载在《湘报》上，是否主张康说，观其拟题即可一目了然。

其二，戊戌闰三月（1898 年 5 月）间，叶德辉将《与南学会皮鹿门孝廉书》、《与南学会某君书》、《附南学会某君书》、《与戴宣翘校官书》、《与刘先端、黄郁文两生书》、《与邵阳石醉六书》、《答友人书》、《明教》、《西医》等内容汇编成《明辨录》一书，并刻印传播。该书托名吴县罗绍元、山阴汪祖翼所辑，但幕后主谋当为叶德辉。②

其三，1898 年夏间，叶德辉又编选朱一新致康有为的五封书信，名为《朱氏书札》，命梓人重刊。此后这五封书信又被收入《翼教丛编》之中。

---

① 徐仁铸．复王先谦书//王先谦．葵园四种．长沙：岳麓书社，1986：882.

② 关于这一问题的考证，参见邝兆江《湖南新旧党争浅论并简介〈明辨录〉》一文，《历史档案》1997 年第 2 期。

其四，1898年冬，叶德辉又将为攻康梁而作的10封书信及附录二篇汇集成《郎园书札》，其中《与邵阳石醉六书》、《与刘先端、黄郁文两生书》、《与南学会皮鹿门孝廉书》、《答南学会皮孝廉书》、《与戴宣翘校官书》、《答友人书》、《与段伯猷茂才书》、《与俞恪士观察书》均为《翼教丛编》所收；另增添有《答罗敬则大令书》、《与罗敬则大令书》两书，及《明教》与《西医》两篇文章。叶氏弟子刘肇隅称：叶德辉的这些书札、文章，“于近儒学术分合异同、康梁始终本末，言之凿凿，使读者如拨云雾而见青天。盖与朱蓉生侍御各书，一原其始，一要其终，而同为有功名教之作也”。又说：“原书吾师刻入《明辨录》。”① 此亦反证《明辨录》正是叶德辉所编。

这些出版物无疑扩大了叶德辉思想的传播范围，而真正使叶德辉声名远扬的则是《翼教丛编》的出版。戊戌政变发生之后，王先谦的弟子、平江苏舆将戊戌前后旧派批驳康有为新学的书信、奏折、论著等汇集起来，以“翼教”为名，刊行流布。该书共六卷：一卷收朱一新答康有为五书；二卷收安维峻、许应骙、文悌、孙家鼐等人有关康有为《新学伪经考》的奏折；三卷收张之洞的《劝学篇》部分章节，以及王仁俊的《实学平议》、屠仁守的《致时务报辩〈辟韩〉》书、叶德辉的《明教》；卷四则收入叶德辉《〈辅轩今语〉评》、《正界篇》、《〈长兴学记〉驳义》、《〈读西学书法〉书后》、《非〈幼学通议〉》以及署名为汨罗乡人的《〈学约〉纠误》；卷五收入《湖南邵阳县公逐乱民樊锥告白》、《岳麓书院宾凤阳等上益吾院长书》、《湘绅公呈》、《湘省学约》；卷六则主要是王先谦、叶德辉的有关书札。该书将王先谦、叶德辉的

① 刘肇隅．郎园书札序//叶德辉．郎园书札．长沙：光绪戊戌仲冬（1898）刊：1.

翼教言论放在晚清保守派批驳康有为的思潮演变背景下展开，按照时间顺序描述了康有为《新学伪经考》、《孔子改制考》等著作引发的风波的来龙去脉，并集中了晚清批驳康有为的代表性人物与其思想，因而成为晚清保守派的集体宣言。正是该书的编排，使原本互不相关的反康人士被集结成晚清一个派别——翼教派。而叶德辉的言论占据了相当的比重，计有署名著作 6 种、书信 8 封，另外还有与叶德辉密切相关的文件两种（《湘绅公呈》、《湘省学约》）。在这样的编排下，叶德辉的地位得以凸显，其影响也不局限于湘中一隅，而成为晚清翼教派最重要的代表人物。

《翼教丛编》代表了编者对于晚清保守思潮的认识。而随着《翼教丛编》的传播，这一认识又为更多的人所接受。在戊戌政变的背景下，《翼教丛编》被视为遏制康有为学说流传之作而得以被各省同时翻刻，广为传播，叶德辉乃名动天下，老成倚为干城，新进疾为顽梗。叶德辉后来回忆说："书至云南，时曹师（曹鸿勋——引者注）为藩司，阅之大喜，语僚属曰：'叶某余在湘特拔士。今此编出，功不在孟子下矣。'"① 此语虽不无自夸的成分，但亦可见叶德辉作为维护儒学正统的卫道士的形象是随着《翼教丛编》的流传而在世人心目中建构起来的。当时一位名叫罗敬则的士子也表示："昨承手谕暨《翼教丛编》，穷一昼夜读之，粗得崖略，大旨以黜康学、翼孔教为主。方康逆未败时，上有奥援，下结死党，气焰薰灼，举国若狂，公等不为势怵，不为祸动，独抒正论，力扫卮言，真可谓铁中铮铮者矣。"②

另外，《翼教丛编》在传播过程中的变化也改塑了叶德辉的形象。该书在各地翻刻的过程中时有增删，形成了不同的版本，主

① 叶德辉．郎园六十自叙．长沙：叶氏观古堂，1923：5.
② 附罗大令来书// 叶德辉．郎园书札．长沙：光绪戊戌仲冬（1898）：35.

要有：清光绪二十四年（1898 年）年初刻本；清光绪二十四年（1898 年）上海点石斋石印局刊本；清光绪二十四年（1898 年）八月武昌重刻本，清光绪二十五年仲春上海书局石印本等四种版本。与初刊本相比，再版本“揭逆”的特色不断得到强化。如清光绪二十四年（1898 年）上海点石斋石印本由黄协勋再版，首刊惩治康有为等人谕旨，删去原本附录，另附黄氏论说四篇。黄氏在《石印〈翼教丛编〉序》中称赞它“首驳伪学，次揭邪谋，由是而正学臣邪遁之词，息谬士嚣张之气”①。事实上，在戊戌新旧之争中，叶德辉攻击康有为“其貌虽孔，其心则夷也”，虽然也攻击了康有为动机不纯，但主要还是基于康有为学说行将产生的后果而言的，局限于学理分析。这从收入《翼教丛编》中的叶氏著述可以看出。然而，戊戌政变的发生似乎证明了叶德辉的先见之明，再版者传播该书时通过增加序言、增补附录，刻意将叶德辉等人对康有为“谋逆”之心的揭露加以凸显，从而淡化了新旧之争原本所涉及到的众多文化学术问题，突出了该书政治论争的色彩，从反面加强了叶德辉作为保守派的形象。

1899 年，已由维新转向革命的章太炎读到《翼教丛编》之后，有这样的评价：“是书驳康氏经说，未尝不中窾要，而必牵涉政变以为言，则自成其瘢宥而已。”② 一方面承认叶德辉对于康有为经学的批驳有中肯之处，另一方面又指责叶德辉对康有为的人身攻击以及牵涉政事。章太炎说：“苟曰生心害政邪？以去岁变法诸条，使湘人平心处之，其果以为变乱旧章冒天下之不韪乎？抑不过盱衡厉色而诋之乎？且说经之是非，与其行事，固不必同。

① 曹立前．苏舆与翼教丛编．历史教学，1996（2）：56.

② 章太炎．书翼教丛编后//汤志钧编．章太炎政论文选集．北京：中华书局，1977：96.

……诋其说经而并及其行事，此一孔之儒之迂论，犹可说也。乃必大书垂帘逐捕之诏以泄私愤，则吾所不解也。”（同上）章太炎也承认，康有为行事言论有不相符处，然而却是为了自己的理想。“夫康氏平日之言民权与男女平等，汲汲焉如鸣建鼓，以求亡子。至行事则惟崇乾断，肃宫闱，虽不能自持其义，犹不失为忠于所事。彼与康氏反辱者，其处心果何如耶?”质疑叶德辉等人攻击康有为到底出于何用心。

同时，正如叶德辉攻击康有为不遗余力一样，新派也在叶德辉的人品、行事上大做文章，塑造出一个行为乖张、只认钱财、毫无心肠的叶德辉形象。

曾经与黄遵宪、梁启超合办《时务报》的维新派成员汪康年曾在《汪穰卿笔记》载一事：

“光绪乙亥冬，余忽见《同文沪报》载湘人叶某一事。谓叶守旧，于行谊必端，不意竟大荒谬，给其妹嫁浙盐商朱某为妾。逮妹返而哭诉，伊乃戏言曰：‘为妾何害，今人皆宠妾，得子捐诰封，与妻何异。’余见报大骇，乃袖报往见报馆主人井手君，曰：‘叶君为人如何，吾不置一辞，若此事则绝与事实相反。’盖朱余戚，此事余知之极详。朱为余再从妹婿。妹死，或为媒叶之妹。朱年少佻薄，知叶富，且女颇有才名，亟许之。既订姻，朱有事至杭，馆其母舅赵氏家，又艳其表妹之美，则匿订姻叶氏事而媒娶之，置于扬，遂至湘娶叶氏。已而迎赵至，叶女知而诟，遂常家居。是时余适以事至湘，诣余弟家，颇知其事颠末。余谓此事极难办，盖于叶则先订而后娶，于赵则后订而先娶，假令朱返至湘时，有人知其事而告诸叶，使退婚，尚可及，今则难矣。顾无论如何，此事咎在朱，何关叶也。井手君曰：‘是浏阳唐某属登者，其所属多矣，他事关系尤巨，余择其事至小至无关系者乃登此。’余曰：‘此事颠倒太甚。’乃作更正数十字，请井手君登之。越数日则报忽又载一段，仍伸前说，谓叶为此者，实以欠朱三千金，故暗以妹为抵。余走谓井手君曰：‘此说更谬。朱虽盐商，中实枵，安能有三千金借叶。’井手君乃劝余不必更与若辈辨，此固小事也。余因思彼等方盛有组织，而乃为此无谓之播弄，足知吾国人意度止此而已，可叹也。”①

此处所言“叶某”即叶德辉。叶德辉的妹妹德芳嫁给了浙江朱光照耀庭，关于此事的具体经过，作为维新派成员的汪康年所言当有一定的可信度。《同文沪报》可谓开此后报刊媒体重塑叶德辉作为“劣绅”形象之先河，而追宗溯源，则在于叶德辉的保守思想。由叶德辉的思想保守，进而追究叶德辉的私德，大约也是非常合乎国人的思维习惯。只不过，作为一种历史的还原，我们还是要对这类记载保持相当警惕，尽管叶德辉在个性方面的确有“村野童生派”的特点，较易为人诟病。

二、《觉迷要录》的编纂

戊戌年八月二十三日（1898 年 10 月 8 日），慈禧太后颁布懿旨，科举考试“悉照旧制”，仍以四书文、试帖、经文、策问等项分别考试；至于经济特科则因易滋流弊，即行停罢。之后，又以书院与学堂名异实同，学堂所学与书院所学皆为天文、舆地、兵法、算学等经世之务，均为儒生分内之事，停止了书院改学堂之举。在此背景下，新任湖南巡抚俞廉三奏将时务学堂改设求实书院，兼讲中西学，严立课程，分科分班，朝夕讲贯，定期考核。

---

① 汪康年．汪穰卿笔记//章伯峰，顾亚主编．近代稗海：第 11 辑．成都：四川人民出版社，1985：398.

作为对时务学堂经验教训的总结，俞廉三表示：求实书院“延教习要以品行为主，选生徒则以沉静为先；中文所授，不外经史大义、贤哲格言，俾正本源而端心术；算学西文，均系华人之兼通者，亦必求名教中人，不许稍参异端之说，庶不致贻误生徒，有妨正学”①。一切似乎都回到了叶德辉所希望的旧轨上。然而，这似乎并不全然合乎叶德辉等旧党的心愿。王先谦作《科举论下》，反复申论制艺之非。尽管朝廷有旨，科举复旧，“天下之士以废为乐”，王先谦仍觉得，科举之法应相时而宜，制艺非能造就人才选拔人才。“今天下所当究图者甚众，徒各执其偲闻隅见，胶固于心胸，而莫能相发，此人才所以日乏而世运所以不振也。”② 叶德辉则担心一切复旧之后，各项新政停办，制造不兴，图强无望。因此，怎样才能既坚持新政的方向，又与康梁的新党区别开来，成为叶德辉的思考对象之一。

戊戌政变后，湖南作为维新思想的“重灾区”，成为朝廷重点整顿的对象。徐仁铸被革职永不叙用，户部左侍郎吴树梅提督湖南学政。吴树梅表示：“湘省人文最盛。近以步趋失正，遂令学术多歧。立教兴贤，在在宜崇实际。”自己要“以纯正为归，冀挽嚣陵之习，植品以纲常为重，俾知名教之尊，期风化之克端”③。下车伊始，即以敦崇正学张示庠序，按临所至，亦集诸生童讲明大义，“使知圣道光明，日星炳耀，但当循序渐进，遵正轨而造精深，慎勿见异思迁，致滋流弊”。④ 希望通过自己的努力，“以愚诚感动各能，激发天良，共怀康济之思，同奋臣民之义”。吴树梅

---

① 俞廉三．湘抚俞奏设立求实书院折//叶德辉．觉迷要录，1905.
② 王先谦．科举论下//葵园四种．长沙：岳麓书社，1986：7.
③ 吴树梅．简放湖南学政谢恩折//湘輶丛刻：卷一．光绪刻版．
④ 吴树梅．奏恭报岁试一律完竣折//湘輶丛刻：卷二．光绪刻版．

的整顿，得到湘中旧学者的欢迎。而叶德辉亦以为，在自己的翼教努力之下，“学堂渐次廓清，人心亦已安靖，戚友子弟为康、梁邪说所惑者，从此可以觉悟”①。湖湘文化的忠义传统被保住了，人心回到正轨上。

然而，由维新运动所点燃的思想火花并没有因政变而熄灭。康有为、梁启超等人流亡海外后，创立《清议报》与《新民丛报》。梁启超著《戊戌政变记》，继续鼓吹君主立宪。康有为在加拿大成立保皇会，成员号称有百万之众。保皇会顾名思义是要保护光绪皇帝，矛头指向慈禧、荣禄、刚毅等掌权派。而湖南士子唐才常、林圭等人在上海组织正气会，建立自立军，更联合各会党开富有山堂，举康有为、梁启超为正副首领，印“富有”票三十万为会员凭证。庚子年（1900 年）义和团运动兴起，八国联军入侵，两宫西幸西安。这给康有为等人提供了发难的机会。国内的各种势力联合一起，发动勤王运动。唐才常等人密谋在武汉发动自立军起义。虽然最终为张之洞所镇压，却给守旧的人们敲响了警钟。尤其是在富有票案中，素以忠义著称、以名教自任的湖南，官宦子弟牵涉尤众。就被镇压的数十人来看，“以士林厕名其间者，湘人为尤多”。这似乎表明戊戌政变后湖南思想的整顿并未达到激发天良的效果。

富有案发生后，湘抚俞廉三进行追查惩治。文干之在《大劣绅叶德辉》一文中说：“唐才常领导自立军起义失败，湖南巡抚俞廉三秉张之洞意旨，大索党人，王、叶等即乘机告密，致湖南维

① 叶德辉．叶吏部与段伯猷茂才书//翼教丛编．上海：上海古籍出版社，2002：179.

新派人士先后被害者达百余人。”① 但当时还流传着另一说法，谓：“叶恐湘中文人学士因此牵连，将有人人自危之势，于时著有《觉微录》一书，故意将革党中人互易姓名，移换事实，使之淆乱是非，令人不易得其真际，盖欲以保护其余党。其用意未可厚非。或者不察，谓其不应将革党之事一一表暴，编辑成书。此陷害革党之说所由来也。”② 叶氏弟子也说：当俞廉三迫于张之洞压力大索党人之时，“吾师每为进言，以为此辈书生无非受人诱惑，文襄貌似风厉，实欲嫁祸邻抚，自居解网之仁。须知此辈乃文襄养成，彼方追悔之不暇，何忍出于穷搜！俞公憬然，遂渐宽放。当时牵连被逮者，经吾师一言一牍申论，无不立予保释。是案全活之人无数，至今犹有存者。”一说叶氏告密，一说叶氏有意保护，可能都有一定的依据。能够确定的事实是，叶德辉因此又编撰了一部书——《觉迷要录》。

从思想立场上看，叶德辉无疑反对自立军的“谋逆”之举。在他看来，士子造反当是士风已坏的结果；而士风之坏非靠诛戮所可以挽回；最根本的还是要修明政教，纳民于轨物之中，庶已可收一道同风之效。简言之，最重要的还是端正人心，这才是固本清源之举。

到底该如何端正人心？当时的湖南官方曾拟将《学政全书》中训饬士子一门与规范士子行为的卧碑并刻，颁发各学宫，并就此举向叶德辉征询意见。叶德辉认为：此类文献，士子们未必没有寓目；问题是受康梁思想蛊惑之后，难以自拔。“当其煽乱朝野之时，廷臣疆臣，缙绅士林，无不受其蛊惑，而后生小子儇薄少

① 文干之．大劣绅叶德辉．湖南文史资料选辑：第四辑．长沙：湖南人民出版社，1982.

② 补记叶德辉被拿之真相．申报，1913－06－16，A6.

年，其被毒为尤甚。”何以如此？因康梁行其邪逆，是托名于维新与自强，而二者对于中国人来说最有吸收力。“中国为西人轻侮久矣。忠义之士，无所措手。于是一二寡学无识之枢臣，好名立异之疆吏，奉为大师，以酿成今日之祸。彼之赴市曹蹈水火者，方且自命为日本意大利之义侠，不自知其为谋逆也。”在叶德辉看来，康有为等人是借维新、自强之名，行其谋乱之实；而被迷惑者，只知其名，不究其实。因此，要挽救人心，唯有揭露康有为的阴谋，将其与维新、自强等宗旨剥离开来，要将新旧、顺逆四字剖析明白，“使士林咸晓然于逆党之所为，无所谓义，亦无所谓侠，则病根可以刬除，而后士习可返乎纯朴也”①。为此，他建议将戊戌上谕，及各报记载康梁逆迹编纂成书，附录湖南宪署公牍，刊布各州各县各学，于月课奖赏之外，加奖此书，使人人都知道康有为等人所作所为，并非维新，并非保皇，并非保国。

叶德辉此议得到湖南巡抚俞廉三的赞成。后者期待此书成为“迷津之宝筏，遒人之木铎”，足以挽回士人风气，并以“公事冗繁，无暇详检”，将编纂此书的任务交给叶德辉。于是叶德辉又编纂了《觉迷要录》一书。该书共分四卷：卷一载戊戌八月以后懿旨上谕，其因臣工奏请明发者，则以原折附后，“煌煌圣训，逆案昭然”。卷二分录奏折公牍，自奉谕禁阅逆报至查拿富有票，凡折片告示批札，依类编次。卷三公论，凡中人外人论康梁罪状者，按各报年月先后入载。卷四逆迹，包括保国保皇各会章程及师徒讲学信札、湖北起事逆函等，具体又分为京师、广东、湖南、海外、湖北等五个子目，以使读者“知逆党一切”。叶德辉沿用清代雍正皇帝“大义觉迷录”的用意，命名为《觉迷要录》，视其为

① 叶德辉. 上俞中丞书//觉迷要录. 长沙：思贤书局，乙巳（1905年）夏刊.

“康梁逆案之定谳”。该书于1901年编成，1905年刊行。

《觉迷要录》同《翼教丛编》一样，都是晚清保守派攻击新派的代表作。《翼教丛编》为苏舆所编，但突出了叶德辉在翼教方面的作用，因此在某种程度上即代表了叶德辉的思想；《觉迷要录》则直接由叶德辉编撰，直接反映了叶德辉对于时局的看法。从《翼教丛编》到《觉迷要录》，既是叶德辉思想的延续，又是叶德辉思想的一种倒退。《翼教丛编》批驳康有为的学说，诉诸学理分析，连革命家章太炎都承认它“未尝不中其窾要”。相比之下，《觉迷要录》则完全是一种“义愤”之作。顺逆代新旧，表明叶德辉是从政治伦理、道德人心的角度去推论康有为、梁启超、唐才常等人的行为动机，从而将政治思想问题道德化。以道德谴责代替了对康有为梁启超等人政治理念的分析，拘泥于外在形式的“逆”，而不能、不愿探及康梁内在的良苦用心。因此，叶德辉对时局的看法，就始终囿于传统的道德论，上升不到社会、政治改革的层面。为什么会有那么多秀才（士子）要造反？叶德辉追本溯源，认为是梁启超主讲时务学堂败坏士风的结果。而要警醒人心，必须使世人洞察康梁的用心，使世人懂得康梁等人假维新假保皇假保国；要激发天良，使人自觉地忠君爱国，维护清王朝的统治。这种对话的错位，使《觉迷要录》除了让人觉得迂腐愚忠以外，对新思想产生不了丝毫冲击。叶德辉自以为《觉迷要录》之作，可成为康梁逆迹的定谳，士子从此可以翻然醒悟、迷途知返；但该书的编撰及刊行除了加固叶德辉自身作为一个顽固派的形象之外，于历史发展趋势毫无影响。

第三章　传经之伏生：叶德辉与清末新政

尽管叶德辉在戊戌新旧之争中以攻讦康有为新学而“名动天下”，并由此成为卫道之干城，然而，清末新政的展开使叶德辉的理想遭遇到更大的挫折。在尊西趋新日益风行的历史背景下，叶德辉逆时而动，抵制新学新政，由旧中有新走向了全面守旧。而在叶德辉的守旧活动中，经学又是其最为关注的内容。叶德辉以传经之伏生自我期许，除自身致力于经学外，还注重经学人才的培养、经学知识的传承，以此来维系其文化理想。

第一节　叶德辉与清末湖南政局

戊戌政变之后，叶德辉作为洞察康有为等人的“谋逆”动机、遏制康有为“邪说”流传的功臣，得到了湖南政、学等界重视，地位进一步提高。叶德辉与湖南官绅的雅集，成为湘省重要的社交活动。1899年左右，叶德辉与易顺鼎、朱益濬、李祥霖等人的游宴成为湘中文坛的盛事。易顺鼎（1858—1920），字实甫，又字中实，自署忏绮斋，又自号眉伽，晚号哭庵，湖南汉寿龙阳人，易佩绅之子。幼有神童之名，五岁能文，八岁能诗，有“龙阳才子”之誉。曾师从张之洞。与宁乡程颂万、湘乡曾广钧称“湖南三诗人”。光绪元年（1875 年）举人。自负才气，中日战起，走台湾，欲赞刘永福军，见其不可为而归。官至广西右江道，为岑春煊劾罢。入民国，袁氏称帝，命代理印铸局长。袁氏败，放荡于歌场舞榭以终。顺鼎自负聪明，自称为张梦晋后身。于学无所不窥，为考据，为经济，为骈体文，为诗词，生平诗作万首，与樊增祥称两雄。朱益濬，江西莲花厅（今莲花）人，字莼卿。光绪进士。宣统三年（1911 年）任湖南提法使。武昌起义爆发，革命党人焦达峰起义响应，湖南光复。清廷仍命其署湖南巡抚。清帝退位后，归隐故里以终。当 1899 年前后，易顺鼎正督鹾湘中；而朱益濬正任湖南提调。叶德辉与他们之间，“文宴之胜，同于卢见曾之在扬州。篇什相酬，靡间旬日”。他们以“昆仑”为韵，“而唱和至百首之多”。除四人之外，更有湘中名家如王先谦、陈庆森、释敬安等人的唱和之作。这也是当时湖南文坛的一件大事。“他日庚续相成，溢于捆载，以视元白长庆、皮陆松陵，积时既久，仅得诗数百篇，其神勇为何如耶？”① 1899 年夏，叶德辉将诸家唱和之作汇集成《昆仑集》刊刻出版。“昆仑”之咏后来又有续集，至 1904 年叶德辉又将其全部收入《昆仑百咏集》中。

观剧也是叶德辉田居生活的重要组成部分。叶德辉自青年时代即热衷于戏剧，每次入都应考时都要去观戏捧角，对于京班剧目、名角非常熟悉。曾作《曲中九友诗》，“以录过眼之云烟，寄浮踪于萍水”，该诗“仿杜少陵酒仙之作，而以乐府标题；变吴梅村画友之歌，而与群芳叙谱”。并由此感慨：“人非太上，岂同木石之忘情；境过中年，始觉沧桑之多变。慨自渔阳鼙鼓，惊破霓

---

① 叶德辉．昆仑集叙//昆仑集．长沙：叶氏观古堂，1929．

裳；江左衣冠，沦胥马粪。”因感觉京班名伶在声艺方面新不如旧，而各地京班又都不如旧时京班之声望，故自出都后，叶德辉即不复逐京班之名。叶德辉认为：“此曲只应天下有，人间能得几回闻。”不如乐操土音、歌我南风，遂转而热衷于湘剧。① 回乡之后，他与王先谦集资，组建湘剧春台班。叶德辉主其事，名角云集，行头富丽，日渐起色。之后又在织机巷一带开办了近代长沙第一家新戏园“同春园”，将春台班迁入其中，将同春园作为春台班固定的演出场所。叶德辉对湘剧的爱好，几达到“每日开锣必到”的程度。②

正如文宴酬唱是晚清湘省文人雅集的一种方式，观剧不仅是叶德辉个人的娱乐方式，也是湖南官绅雅集的一种形式。当时叶德辉曾与诸友人观剧作诗，是以有《桧门观剧绝句》之刊刻。《桧门观剧绝句》本为清代诗人金德瑛所作，为其裔孙金蓉镜所藏。金蓉镜（1855—1929），字学范，号殿臣，又作甸丞，晚号香严居士，浙江秀水人，光绪十五年（1889 年）进士。历官湖南郴州、靖州、直隶州知州，永州府知县等。诗文皆渊雅；喜画山水，其画被吴湖帆列为近代四大文人画之一（其他三人则是陈曾寿、夏敬观、宣古愚）。晚年客海上周氏“晨风庐”，归则作画于鸳鸯湖高士祠，不入城市。藏书甚富，日以丹黄为事。金蓉镜在湖南时，亦是与叶德辉等人往来密切之人。金蓉镜时常拿出先祖金桧门的《观剧绝句》，以征题咏，叶德辉、王先谦、皮锡瑞、朱益濬、易顺鼎等人都有和作，叶德辉三和绝句，多达 90 余首，直驾原作之上。德辉和作更兼自注考证剧目原委，诚为博洽多闻，以至于王先谦在刻集时连叶德辉的注释也一并刻上，不敢删易。

① 叶德辉．曲中九友诗后序//曲中九友诗．长沙：叶氏观古堂，1908.

② 杜迈之，张承宗．叶德辉评传．长沙：岳麓书社，1985：47.

文宴酬唱、观剧作诗，嬉笑谐谑，游戏文字，这些文人习性，谈不上是多么高尚的爱好。《曲中九友》是为京班名角作群芳谱，几近艳词；《桧门观剧绝句》与《昆仑百咏》中也有一部分是“美人香草”、观剧赏角之作。叶德辉甚至说：“名花无不谢之理，美人无不老之时。故赏花须及少年，好色则慕少艾。此人性中自然之情欲，无所引而动者也。余性耽音乐，而不甚悦丝竹，不讳好色，而不甚重女色。究之笙歌拂耳，久坐则神疲，玉体横陈，视之若囊秽。年来家国多故，托此而逃。古乐府有月节折杨柳歌，戏仿其例，缀以花名，比之诗品。云烟过眼，鸿爪留泥，此后花谢人老，余不得知，尤愿余不得见。但就一时之事言之，则不可无所讽咏。”① 然而，“忧时感事”、抒发抑郁不平之气更是诗词吟唱的主题。叶德辉尝言：“昔杨孟载李义山无题诗，以谓音调清婉，虽极其秾丽，皆托于臣不忘君之义。斯言洵义山知己也。余生平不喜为诗。今岁夏秋间，与同社诸君更唱迭和，竟逾百首。适实甫又以六诗见投，深有合于义山之旨。因依意和之，腐木渔鼓，不足供大雅一噱，然于孟载之论义山，则固未有背也。”② 在和作之中，共抒“思君爱国”之情感。试举例如下：

《奉和朱莼卿同年太守即席原韵》：“酒酣渴饮赤昆仑，三峡词源信中吞。哀怨只余忧国泪，治安空抱救世论。眼前春色浑无赖，鬓底秋霜渐有痕。几树甘棠余荫在，绿衣隔坐见公言。”

《叠前韵和莼卿太守即席二首兼呈易实甫观察》：“嵬嵬天柱郁昆仑，倒泻黄河被海吞。虎豹九关真是戏，莺花三月不须论。偶

---

① 叶德辉．月节折花词序//昆仑百咏集：卷下．长沙：叶氏观古堂．光绪甲辰（1904）初夏：13.

② 叶德辉．再和实甫即事之作//昆仑百咏集：卷上．长沙：叶氏观古堂．光绪甲辰（1904）初夏：10.

凭歌扇通眉语，却检征袍看血痕。海上妖氛何日净，和戎至竟误奸言。”“祁连音转即昆仑，识字须将丹篆吞。忧患男儿今日始，文章初祖几家论。黄粱幻境原如梦，白璧闲情不着痕。著述无心官兴懒，谕秦空有贾山论。”

《感事叠前韵呈实甫》：“夜深酣饮拨昆仑，诗句焚灰和酒吞。朝士新成牛李党，书生犹抱鲁斋论。航头断竹无真迹，灶下焦桐有裂痕。收拾名心如槁木，沧桑时局复何言。”①

清季局势很快由表面的和平走向动荡，特别是1900年更是多事之秋，义和团运动、八国联军侵华、两宫西狩等事件的接连爆发，兆示着末世的来临，牵动着众人的心。“于斯时也，军声猿鹤，国事蜩螗。朝悬党禁之碑，名投白简；客犯帝星之座，祸起黄巾。西望长安，痛六飞之出狩；北戴斗极，问一柱其谁擎？宫中之镜新磨，几改同光之元号；局上之棋乱搅，遂成天宝之流离。”② 感慨时事，成为叶德辉诗集中的主题之一。

对于个人而言，多事之秋往往也意味着建功立业之机缘。然而，功名似乎不是叶德辉追求之所在，他因此放弃了再度出仕的机会。庚子事变过程中，善化瞿鸿禨（1850—1918，字子玖，号止庵，晚号西岩老人）因以处理外交、起草诏旨能称西太后之意受到拔擢，进入军机处。瞿鸿禨一度有心荐举叶德辉。他曾与王先谦语云：“公不出山，则劝叶某出山。当此破格用人之时，至卑可保放道府。以叶某之才力，何不为国家用事！”被深谙叶德辉习性的王先谦所阻止：“此非知叶某者。叶某是吾之行秘书，吾所著书，非经叶某参校不敢自信。叶去则吾书不成矣。公勿多事，断

① 叶德辉．昆仑百咏集：卷上．长沙：叶氏观古堂．光绪甲辰（1904）初夏：1，2，3.

② 叶德辉．昆仑百咏集叙．长沙：叶氏观古堂．光绪甲辰（1904）初夏：1.

我右臂!”① 此事遂作罢。叶德辉的诗友易顺鼎则因两江总督刘坤一的荐举，负责行在的粮台之事。叶德辉有《倒叠昆仑韵寄实甫行在》：“五千奏牍发狂言，客路风尘雪鬓痕。卜式输财为国计，萧何转饷负时论（时君以江督刘坤一疏荐，主行在粮台事），雍凉古镇三边固，泾渭分流二水吞。北望孤稜应痛哭，眼穿元夕夺昆仑。”“伏蒲草疏万千言，衣上哀时旧泪痕。末路依刘疑失计，频年荐信仅空论。好花无汝愁眉锁，良药何人苦口吞。悔读南华今已晚，不如归隐睡昆仑。”“三年犹记别时言，万事云消雨灭痕。到手明珠弹雀误，随身宝剑斩蛟论。计程牛马风相及，坐恨虾蟆月被吞。家国离骚无处托，接篱倒着倒昆仑。”“干时原不畏浮言，试看龙蛇落笔痕。旧学力探秦汉古，新词格并宋元论。心知丛桂招入隐，手种绥桃让我吞。足迹笑君天下半，西行何不到昆仑。”②

不过，沉溺文事、不问政治毕竟不是湘绅的作风。王先谦曾言：“先谦乞休，家居十数年矣。素性敛退，与世不竞。至官府之事，一无干预。独地方利害，闻见所及，必以上达，以为于分应尔也。”③ 湘绅视关心地方利害为自己分内之事，叶德辉更是以“造福桑梓”为己任，自然更不会“洁身自好”、袖手旁观。据叶德辉弟子回忆：“历任地方官初来，从不先谒；既经枉顾，或遇事咨访，则无不竭诚尽言。”④ 叶德辉同王先谦、张祖同、孔宪教、黄自元等人同为地方官倚重，而相比之下，叶德辉由于个性强悍、

---

① 杨树达等撰，崔建英整理．郋园学行记．近代史资料，1985（4）：138.

② 叶德辉．倒叠昆仑韵寄实甫行在//昆仑百咏集：卷下．长沙：叶氏观古堂．光绪甲辰（1904）初夏：18.

③ 王先谦．赠别廙轩中丞有序//葵园四种．长沙：岳麓书社，1986：636.

④ 杨树达等撰，崔建英整理．郋园学行记．近代史资料，1985（4）：129.

"足智多谋"对地方政治影响更大。"太守厚德，从不立言；阁学善于条陈而拙于言论，张、孔以外吏见巡抚，拘于礼节，不能尽言，凡有兴革及枢府咨询之事，巡抚集司道耆绅会议，多所依违"，唯有叶德辉"侃侃而谈，动中窾要，历任巡抚皆虚己以听，立饬施行"。① 当然，所谓"历任巡抚皆虚己以听，立饬施行"是叶氏弟子后来的回忆，不免有所夸张；但至少在俞廉三、庞鸿书先后任湖南巡抚期间，叶德辉的建言受到格外重视。"山阴俞廙轩中丞廉三有事咨商，辄枉书下问，余必邀请诸绅联名回答。中丞知余意后，函询诸绅，余附名而已。"俞廉三遇事需就商于地方豪绅时，往往先专函向叶德辉请教，征得叶德辉的意见之后，再函商诸绅，叶德辉再以众绅之一的身份附名而已。庞鸿书与叶德辉之间的交谊更深。"中丞雅契余，每赴课吏馆，道过余居，必遣人询余在家否。余恒诡以出门对。然连访三四次，不能不一见。有时询地方疾苦，则尽以告之。公纳余言，回署必有所兴革，多人所不知者。"② 叶德辉的自我表述亦可得到王先谦的佐证。有一次，王先谦在致庞鸿书的信中写道："我公前属焕彬主政，暗中助力，为釜底抽薪之策，早经转达。全恃大宪不稍松劲，庶伊得以行其计。"③ 由此可见，叶德辉的确在清末湖南省政中起到了"阴移暗转"之作用。

在庚子之乱中，叶德辉力主保护教堂、避免事态的扩大。当时，北方有义和团运动的兴起，南方亦有教案发生，捣毁教堂、驱逐教士成为潮流。而清廷也一度主张利用民意，向列强开战，并谕旨地方政府驱逐西方传教士。湖南巡抚俞廉三曾拟将朝旨张

① 杨树达等撰，崔建英整理．郋园学行记．近代史资料，1985（4）：136－137.

② 叶德辉．郋园六十自叙．长沙：叶氏观古堂，1923：5－6.

③ 王先谦．致庞中丞//葵园四种．长沙：岳麓书社，1986：914.

贴以告示民众。叶德辉即进见俞廉三，指出："此类謄黄告示必须鄂督、鄂抚、湘抚三署联衔，即令稍缓，湖南为鄂督兼辖省分，处分不过公罪；假使告示一出，捣毁教堂之案必纷纷而起。无论战事如何，终归于和。彼时赔偿之费何所取？"① 可见，叶德辉的这一主张是从地方实际情况出发而提出的。当时，俞廉三深恐违背朝廷旨意，不待鄂省通知会衔，就录行各府县。只有湘潭县李尚卿听从了叶德辉的意见，先查封教堂，保送教士出境。事后，湘潭县因此未派分文赔款。

《辛丑条约》签订后，各省都被摊派赔款，其中湖南一省每年摊派赔款七十万两银，数额之巨，致使地方官无可筹措。当时有的主张征加田赋，有的主张设置厘捐。叶德辉则以为，加田赋增加农民的负担，加厘税增加商人的负担，都不是筹款之良法，四民之中不应利害不平如此；不如征收口捐。口捐其实是盐捐的变通方式。"他事筹款，无不扰民之政，独取之盐务，较为不着迹象，可得多金。"但征盐税必须归盐政部门主持，特别是就淮盐筹捐涉及到外省。因此，"特创为报效口钱之法。湖南通省，无论川、粤、淮盐食户，按盐计口，就行收捐。各州县每购食盐一斤，由行户加收口钱数文，合计每岁可收数十万金。就每人日食盐三钱推算，终岁不过捐钱数十文，比户无惊，而偿款已足。较之他方搜括所得寥寥者，相去奚啻霄壤？"② 这个方法由叶德辉提出，得到湘绅王先谦、张祖同、孔宪教等人的支持，由王先谦向善后局总办蔡伯浩观察乃煌提出公呈，转请俞廉三批准实施。通过征收盐税，不但解决了湖南省分摊赔款的问题，还筹措到了一笔资金。王先谦因此申请从口捐中划拨一部分兴办工艺学堂，亦得到推准

① 杨树达等撰，崔建英整理．郎园学行记．近代史资料，1985（4）：131.

② 王先谦．与蔡伯浩观察//葵园四种．长沙：岳麓书社，1986：890.

实施。

叶德辉还是两湖米捐局的倡议者之一。湖南出境商品，以谷米为大宗。但此前，每年厘局收捐无一定额，出口亦无限制。湘绅每每主张禁止湘米出口，然而不但湖广总督对湘绅的主张不予以支持，商贩偷运亦无法杜绝。叶德辉因此在与蔡乃煌闲谈时提出：不如寓禁于征，这样每年可得巨款，积为备荒之用，可以起到调剂盈虚的作用，并议出口的谷每石抽捐二百文、米每石抽捐四百文。这个主张得到蔡乃煌的赞同，后者并向巡抚俞廉三提出条陈。俞廉三会诸绅议，得到众绅认可。于是委任蔡乃煌为总办。一年就收到银一百三十万。米捐所入分一半给湖北，湖南还可得六十余万。这就是两湖米捐局的由来。蔡乃煌后来去了四川，继办者不力，所收仅三四十万。光绪三十一年（1905 年）粤汉铁路赎回，湘人呈请移拨此款作两省购地用项，因此设立局委道员总办。叶德辉被张之洞任命为两湖米捐局总稽查。叶德辉上任后，采取核减司巡、增加委员薪水的办法，使米捐收入多至一百七十余万。人问其故，叶德辉答曰："水至清则无鱼，伯夷叔齐断不能当司巡。吾利用之正有故耳。"①

由于地方官吏对湘绅的倚重，叶德辉等人诚所谓"事事得心应手"，对湖南政治经济等领域产生了重大影响。在此过程中，叶德辉作为"足智多谋"的一员，发挥了尤为重要的作用。他的意见往往被转化成王先谦等人的主张，得到地方官的采纳。对此，谭延闿评价道："奂份（焕彬）自命多智计，其所言，葵园不能易也。"② 但在有些问题上，叶德辉的意见与众人相去甚远，而不为

① 杨树达等撰，崔建英整理．郎园学行记．近代史资料，1985（4）：132.

② 谭延闿．近代湘贤手札书后//湖南文献委员会编．湖南文献汇编：第二辑．长沙：湖南文献委员会，1948：250.

理解，如在清末湘绅争取收回铁路修筑权运动中，叶德辉就力主废约不如改约。

兴修铁路是清末新政中的一件大事，而且牵连甚广，影响到清末政局的走向。光绪二十二年九月（1896 年 10 月），清政府决定修筑芦汉铁路。鉴于粤汉一线为南北要道，必须与芦汉相连，遂又计划修筑粤汉铁路。原议由粤至鄂，道经江西。在湖南维新派的努力下，湖广总督张之洞及主持修筑粤汉铁路的盛宣怀交涉，改变原来的路线计划，不经江西而经过湖南。筑路需款甚巨。当时清政府库藏匮竭，决定借外债兴修。当时盛宣怀等人认为，德国已占据胶洲湾，并承办山东铁路；俄国已在东北修路，法国在广西修路，只有英国人窥伺最久，尚无所得，必有挟占铁路之谋。在这种情况下，向英、法、德等国借款，均有大害，唯美国距华最远，倘无利用我国土地之意。权衡利弊之轻重，自以筹借美款为妥帖。盛宣怀在得到清政府同意后，就委托驻美钦使伍廷芳代办借款事宜。光绪二十四年三月廿九日（1898 年 4 月 14 日），伍廷芳与美国合兴公司首董毕来期在华盛顿签订了粤汉铁路借款筑路合同，订定借款项英金四百万镑。后来合兴公司派技师柏顺来华进行实地勘测，提出原借款不敷，必须增加；于是光绪二十六年六月十七日（1900 年 7 月 13 日），伍廷芳又代表盛宣怀与合兴公司在华盛顿签订“粤铁路借款续约”，将借款增至 4000 万美元，同时规定全部铁路将在五年内竣工。

至 1904 年冬，合同期将满，合兴公司却只修了广州到三水段的 90 华里铁路，湘、鄂两省的工程根本未着手进行。同时，在续约签订不久，合兴公司就违约陆续将铁路大半底股转售给比利时的万国东方公司。1904 年夏，驻汉口的合兴公司办事人员纷纷返美。1904 年 5 月初，湖南绅商首先倡议废除美约，向湖广总督张之洞提出呈请，要求废约自办铁路。① 王先谦、龙湛霖等举行会议，力主废约，并派王之春为代表赴沪，督促督办铁路大臣盛宣怀与合兴公司进行废约交涉。盛宣怀口头上赞成废约，实则保约。因此受到三省绅民的一致反对。1904 年冬，清政府改派张之洞接管粤汉铁路废约交涉事宜，并命驻美公使梁诚协助。1905 年初，美国财阀摩根出面将比利时已购去的股票重价收回，同时与美国总统罗斯福商议对策，决定允许中国赎路。合兴公司正式向中国提出了赎路的条件，共计 675 万美元，并于 1905 年 8 月 29 日正式与中国驻美公使梁诚签订赎路合同。按照赎路合同，偿款必在 9 月 7 日前先交 200 万美元，其余须在 12 月 7 日前交清。1905 年 9 月，鄂、湘、粤督抚会同三省绅商与香港英殖民政府签订"粤汉铁路商借汇丰镑款合同"，共借 110 万英镑，以作为赎回粤汉铁路基金。②

废约在当时几乎是湖南著名绅士共同的主张，且得到两江总督张之洞的支持。王先谦、龙湛霖、梁焕奎等都是废约运动的主要骨干。王先谦认为："明明以路押债，以债造路，债且因息而逐增，路则勒期而必赎。又复各种种债，相逼而来，其不至于危险者几希。然则五十年后，路政一事，亡国有余矣，可胜浩叹！"③ 湘绅并因此对明为废约、实则保约的盛宣怀极为不满。但叶德辉与众绅大唱反调，力主与其争废约，不如争改约。一方面他怀疑张之洞力主废约的动机。废约之举本得到湖广总督张之洞的支持。

---

① 湘绅公呈张宫保请据约注销美合兴公司承办粤汉铁路北段铁路合同稿. 湖南官报，第 708 号.

② 湖南近百年大事纪述. 修订本. 长沙：湖南人民出版社，1962：156 – 157，206 – 211；田伏隆主编. 湖南近 150 年史事日志. 北京：中国文史出版社，1993：46 – 47.

③ 王先谦. 同冯莘垞给谏与陆中丞//葵园四种. 长沙：岳麓书社，1986：908.

叶德辉认为：张之洞因其所办汉阳铁厂亏空甚巨，欲盛宣怀承受，为盛宣怀所拒绝，故授意湘绅争约赎路，逼盛宣怀承认铁厂，弥补亏空。因此，当时湖南诸绅皆列名电争，唯独叶德辉没有参与。张之洞骇怪，问其原因，叶答："公真争铁路耶？抑别有他故耶？"另一方面，叶德辉赞成盛宣怀借美款修铁路的计划，认为盛宣怀借美款修铁路，乃是鉴于当时全国修铁路多借英款，将来英国之势力会横贯长江；借美款包修铁路原为牵制英国人。然而，盛宣怀所签订的条约中有三等以上之事中国不得过问等规定。若真如此，则此路永落美国人手中，中国无赎回之日。这种秘密条款只有盛宣怀及合兴公司知道，此时不便揭破。"今所争者，宜从大概入手，以包修年限将满，尚未兴工为词，庶几合兴公司无可抵赖耳。"公司承修中国铁路只是一种商贸信约，不能成为国际交涉。公司重股权，股既多，则此路名为美国，实则法、比。这不但为英人所忌，也为美国人大忌。叶德辉主张，"宜乘此时机改约，不改约继用盛某牵制英路之法。求中国有益，不在争废约虚名也。"结果，叶德辉此论一出，"舆论哗嚣，以为不可"①。

相对于王先谦等人的主张，叶德辉的看法亦不无道理。废约只是一方面，"当初铁路废约之议，湘人专求避害，并未有图利之见。香帅（张之洞）亦极意主持，谓必争至废约为止"②。作为废约之议的首倡者，王先谦坦言："吾辈但求废约，自办之有成，其他在所不顾。"③ 废约考虑得较多的是避害，至于赎回铁路修筑权之后究竟如何办理，王先谦等人显然缺乏深谋远虑。赎路赔款从何而来？铁路自修，湘粤两省财力不够。这些都是现实问题。因

① 杨树达等撰，崔建英整理．郎园学行记．近代史资料，1985（4）：134－135.

② 王先谦．同冯莘垞给谏与陆中丞//葵园四种．长沙：岳麓书社，1986：905.

③ 王先谦．与张雨珊//葵园四种．长沙：岳麓书社，1986：909.

此，叶德辉并不赞成废约自修，而是力主利用合兴公司违约的时机逼迫对方接受改约条款，使合约有利于中国方面。叶德辉与张之洞素有交往，这个主张可能也曾转达张之洞，但不为接受。张之洞最后采取借英款赎路的办法。叶德辉认为，与其转借英款赎路，不如维持借美款修路的合约。但事已至此，“遂陈续借英款由官督办之策”，要求在合约中应明文规定“包修”一项。当时英国驻汉口领事法磊斯急图揽修此路，趁此时机与英人订约，应当不至苛严。“文襄深以为然，商之粤湘诸绅，意见皆合。乃一干借路营利之人，鼓煽湘人，力主自办。……湘绅皤然和之，不辨事之难易，不究事之始终。”① 英款草约旋即废止。

在正式废约之前，1905 年 6 月，湘绅在长沙设立“粤汉铁路局”，由官方委派龙湛霖、王先谦为总理，张祖同、席汇湘为总办，龙绂瑞为会办，汪暨、谭延闿、孔宪教、叶德辉等为总议。同年 11 月，又更设为“粤汉铁路筹款购地公司”，为“官督绅办”性质。

路权赎回后，鄂、湘、粤三省官绅共同议决：三省铁路，各筹各款，各从本境起修。湖南应摊偿款 289 万美元，折合银元 580 万元。湘路公司筹款以盐捐、亩捐为大宗，而以招投为之辅。当时提出亩捐的做法，为叶德辉所极力反对，认为亩捐无异于加赋，富则田连阡陌，不觉有所损伤；贫者数亩之田，八口所需，重之以捐，不啻强夺其食。万一路之不成，全归中饱，而湘人因于捐款，永远不能蠲除。这一意见虽被张之洞认可，但后者不敢重违湘人之意，没有接受。

在清末粤汉铁路问题上，王先谦力争废约为他赢得了一定的

① 杨树达等撰，崔建英整理．郋园学行记．近代史资料．1985（4）：134－135.

声誉；而此后的经营不善又使他备受诟病。时人曾撰文分析湖南铁路经营数年而成效不大的原因，指出："湖南铁路经营数载，成效当显著乎？否。粤汉铁路自废约赎回后，湘省办法与鄂、粤不同，鄂督名之曰'官率绅办'，奏派龙湛霖、王先谦为总理，张祖同、席汇湘副之。龙即去世，张遂辞差，于是大权归王先谦一个。王之无行，素为湖南所共见闻。葵园行乐图，其所描绘者尚不及十分之一。其平生淫而好利，既揽路权，遂以公司为利薮，以公司之款为黄某代措中书，送土某奠仪千两，以公司之款为行乐之资。开办垂两载，于一切购地筑路等事，弗顾也。"① 将对王先谦的指责由经营不善进而上升到道德层面。连肯定王先谦在争路中出力甚多、有功于此路的张之洞也承认王先谦于商务未经研究。1906 年，长沙学、商两界发起召集特别股东大会，倡议铁路改归商办，设立商办湖南全省铁路公司。长沙总商会协理陈文玮等 36 人联名具呈商部，请代奏立案，将铁路奏归商办，并举袁树勋为总理，余肇康、张祖同为协理。② 清政府答以"铁路为国家要政，仍应官督商办"，并命张之洞处理该事。张之洞以长沙商力薄弱而绅权向来强大，遂仍由湘绅主持，将商会所招股份归入原公司，并奏派湘绅袁树勋为主持总理，王先谦为名誉总理，余肇康为坐办总理，对王先谦"但资于议论稽察之益，不责以用人理财之劳"③。1907 年 3 月，湘路公司启用"奏办湖南粤汉铁路总公司"。公司收效不大，且排斥商董与闻路政，招致商民不满。1907 年 12 月，长沙商、学两界再次呈请鄂督改官督商办为商办，未允。公司处境更窘。至 1909 年 8 月，湖南境内粤汉铁路工程正式开工，

---

① 纪客谈湖南铁路事．申报，1907－04－07.

② 田伏隆．湖南近 150 年史事日志．北京：中国文史出版社，1993：49.

③ 王先谦．葵园自订年谱//葵园四种．长沙：岳麓书社，1986：763.

历时一年五个月，长沙至株洲铁路全线贯通。① 总体上看，湘人自办铁路成效不大，资金缺乏成为最大的问题。铁路捐款不唯取之富户，且致扰及贫民。反对之声四起，清廷不得不下令禁止。至清末，清廷实施铁路国有政策，士绅自筑铁路的构想最终没有实现。民国建立后，赓续了前清铁路国有之政策，分别于 1912—1919 年完成了武昌至长沙段工程，系以四国借款资金完成；于 1928—1936 年完成了株洲至韶关段工程，系以退还庚款、公债等款完成。综观粤汉铁路的修筑史，可看出其中的曲折，原来反对借款筑路，最后仍不得不仰赖借款。②

叶德辉出身于商人家庭，对于湘路公司，较为强调实利而非虚名。因此，当 1908 年邮传部改派朱恩黻任总理时，叶德辉以一人之名，分别致电军机大臣、粤汉铁路大臣张之洞，两江总督端方，湖广总督陈夔龙，公开发表反对意见，大意谓："前年奉宪台委派湘路议绅，三载于兹，毫无建白，既惭乡议，尤负宪恩。今邮传部改派朱恩黻为总理，辉本有言责，未敢缄口不言。朱绅平日乡居垄断，不恤人言。近闻私亏尤巨。日后公司如因该绅盘踞亏空，贻误路事，辉断不分谤任过。"③

有意思的是，叶德辉在清末争路问题上的意见，后来才被部分湘绅所赞同。谭延闿就说："自铁路亡国论起，一时朝野应声，钜人长德，名士学子，群为争路废约之举，至投海断指，以警动世人。粤汉其一也，赎路费至千万两。至今二十年，未能完成。

① 李玉．长沙的近代化启动．长沙：湖南教育出版社，2000：113 – 114，125 – 126.

② 张朋园．湖南现代化的早期进展（1860—1916）．长沙：岳麓书社，2002：316 – 317.

③ 叶德辉反对湘路新总理电．申报，1908 – 06 – 06.

当时指目之京汉，久如约届期赎回矣，乌睹所谓亡国者乎？设当时无此举，则粤汉久成，久赎回矣。迂生不足谋国，类如此。昔刘锡鸿抗疏阻修铁路，一时推为名言，及后读之，无不喷饭。吾亦尔时努力之一人。思之真汗下也。葵园老人以争铁路事，与萸溪兄过从甚密。后之参差，则以明德学校，凡为胡子靖故也。实则经师暗于世故，为肤受之愬所蒙，迄今思之，为可惜者，即以争路事言，激于目论，好为过防，虽无私心，实误公事。吾亦当时备一卒之用者，不能不自忏也。”① 这当然亦是一家之言。不过，将争路这样一个问题政治化，正是清末思潮的一个特点。而叶德辉侧重于经营成效、力主改约而不废约，在当时无异于逆时而动。

在涉及到对外关系方面，阻止贝纳赐入城亦是清末湖南官绅共同参与的一件大事，叶德辉则是积极活动家之一。长沙于 1904 年 7 月正式开埠，允许外商进入。但长沙作为兼具约开性质的自开埠口岸，主动划定了外商居住、经商的地界，并享有在商埠工部、巡捕及管理权方面的自主性。然而，就在长沙正式开埠的同月，英商贝纳赐即在长沙市民舒象卿等人的协助下，在长沙市内西长街设立了豫亨泰洋行；且无视长沙通商章程，并未于海关监督及税务司处先行呈报，骤然竖牌开市，而且拒不完纳厘捐。此举引起了长沙官绅和新立长沙海关方面的极大震动。在官方与英人据理力争、请迁贝纳赐洋行的过程中，长沙士绅亦多方支持。官绅频频集会商议。主办此事的湖南按察使张鹤龄为此还专门向王先谦请教。“道员张鹤龄倡为华洋杂居之说，言于抚部云：‘不妨照日本办法，令贝纳赐在省开行。必不行，则与领事订约年限，以待外国正商之至。’” 此举引起了王先谦的强烈反对。他力言抚部，

① 谭延闿．近代湘贤手札书后∥湖南文献委员会．湖南文献汇编，第二辑．长沙：湖南文献委员会，1948：250－251.

以中国无治外法权，外人杂居，后患无穷；省城重要，尤非他处口岸可比。一省允行，各省援以为例。订约年限，万不可行。① 以至于与张鹤龄往复辩难至七八次。当时，贝纳赐不仅没有很快地迁出城去，反而运货入城。英国驻长沙领事方尔第则转告长沙官绅，他亦“深恨贝纳赐”，并代为出谋划策，“贝纳赐如运货入城，不必拦阻，惟禁约地方百姓不买货，伊自穷蹙”。王先谦认为这是反间之计，方尔第之言，“骤闻之，似觉动人；细思之，乃大不然。无论地方人众，无禁阻买卖之实在办法，即使真能禁阻，已在豫亨泰洋行开张之后。地方官任令运货入城，先自驰禁阻之权力”②。要求抵制贝纳赐运货入城。在此过程中，叶德辉受新任巡抚庞鸿书之托，策动众绅，抵制贝纳赐运货入城，以为“釜底抽薪之策”，最终通过以25000两的代价赎回贝纳赐在长沙城内的产业，将贝纳赐迁出城。虽然叶德辉等人的努力并未能最终抵挡华洋杂居、外商入城的局面，但在当时，此举却有一定的意义，因“长沙绅民反对洋商入城的思想主旨，已不再是盲目的仇夷排外，而主要是出于保护厘金、保护民族资本和保护地方治权等目的”③。不过，王先谦、叶德辉等人在抵制外商入城、反对华洋杂居运动中的积极作用，亦给外国人留下了湘绅排外的印象，为1910年长沙抢米风潮中遭到处理埋下了伏笔。

① 王先谦．葵园自订年谱//葵园四种．长沙：岳麓书社，1986：762．
② 王先谦．四与张廉访//葵园四种．长沙：岳麓书社，1986：914．
③ 李玉．长沙的近代化启动．长沙：湖南教育出版社，2000：189．

第二节　抵制新学新政

叶德辉以“造福桑梓”为己任，热心参与甚至策划了湖南省政的许多大事。然而，对于清末属于新政性质的许多举措，却颇为抵触，特别是对清末教育改革颇多非议，致使他在国内尊新趋西风气日盛的背景下，走上了全面守旧的道路。叶德辉抵制新学新政，固然有许多原因，而最深层的则是对传统学术文化命脉的关怀。

一、清末新政与经学的危机

“庚子国变”之后，在国内外的各种压力下，清政府不得不重新启动新政。1901 年 1 月 29 日，西太后发布了变法上谕：“世有万古不易之常经，无一成不变之治法。穷变通久，见于《大易》；损益可知，著于《论语》。盖不易者三纲五常，昭然如日星之照世，而可变者令甲令乙，不妨如琴瑟之改弦。……懿训以为，取外国之长，乃可补中国之短；惩前事之失，乃可作后事之师。”①要求各王公大臣、督抚等就朝章国故、吏治民生、学校科举、军政财政等因革省并，各举所知，条陈上奏。就清廷的本意而言，是想通过主动的改革来谋求自保。可变者令甲令乙，不易者三纲五常，通过具体的制度的变革，来维护儒家文化的纲常名教。

然而，改革所产生的实际影响，却不以清廷的意志为转移。

① 故宫博物院明清档案部．义和团档案史料：下册．北京：中华书局，1959：914－915.

清末“新政”尽管仍走“中体西用”的路数，但“西用”的范围远远溢出了洋务运动与戊戌维新时期，扩大到“朝章国故，吏治民生，学校科举，军政财政”等方面，这就将“中体”的阵地挤得只剩下“三纲五常”这些封建政治伦理的空壳了。“西用”淹压“中体”，孔子之“常经”以及“常经”所承载的“三纲五常”政伦思想无形中被消解。特别是学科科举制度的变化，使得崇儒的具体体现——尊孔读经失去了制度的支撑，尊孔成为无所附丽的游魂。学校科举，事关道德人心、风俗教化，其体制变革，牵一发而动全身，影响到整个社会对于经学的看法与经学的研究。

首先从学科制度的变化来看其对经学的冲击。就改革者的本意而言，尊孔崇经依然是其不可变更的指导思想。如 1901 年 9 月 14 日改书院为学堂的上谕中，规定学堂“其教法当以四书五经纲常大义为主，以历代史鉴及中外政治艺学为辅，务使心术纯正，文行修通，博通时务，讲求实学。庶几植基立本，成德达材”①。癸卯学制也以“中体西用”为指导思想。《学务纲要》强调“中国之经书，即中国之宗教。若学堂不读经书，则是尧舜禹汤文武周公孔子之道，所谓三纲五常尽行废绝，中国必不能立矣……故无论学生将来所执何业，在学堂时经书必宜诵读讲解……方足以定其心性，正其本源”②。1906 年，学部规定“忠君”、“尊孔”、“尚公”、“尚武”、“尚实”为教育方针，并强调“孔子之道大而能博，不但为中国万世不祧之宗，亦五洲生民共仰之圣……无论

① 朱寿朋编．光绪朝东华录．北京：中华书局，1958：4719.

② 朱有瓛．中国近代学制史料：第二辑上册．上海：华东师范大学出版社，1997：83.

大小学堂，宜以经学为必修课目”①。在制度安排上，也对儒学的传播作了详尽的规定，强调“中小学堂宜注重读经以存圣教”，要求小学堂以2/5的课程读经讲经，高等小学堂以1/3的课程读经讲经，中学堂以1/4的课程读经讲经，大学堂特设读经科，中小学堂另须每天温经半小时。这一经典传授体系十分完备，主要表现在：第一，读经贯穿于各个教育阶段和各类教育领域。第二，经典的传授由易到难，循序渐进。第三，规定经典的版本，统一了教科书。第四，严格规定了经典的教授方式，尽可能保证学生的学习质量。②

然而，与传统教育相比，新式学堂教育内容的多元化、现代化，都在实质上冲击了传统经学的独尊地位。在新式教育中，经学充其量只是众多应习科目中的一科而已。接受了新式教育的士子们价值观念发生了变化，开始质疑传统儒学教育，提出“所治者科举业；主讲者，唯以研求帖括为事，所督者记诵之功”。即使是不屑于追求科举功名者，也不过是从事辞章、考据，这些均是“能言而不能行，知古不知今”。所谓老师宿儒，“其学问之程度，曾外国童稚之不若，此可耻之甚者也”③。教育改革实质上走向了主政者意愿的反面。几千年来的封建教育，国家以培养代圣贤立言者为人才标准，士子以弋取仕宦为择业趋向。读经、应考、入仕联系在一起。尊孔读经是士子应尽的义务，属天经地义之事。而在清末教育改革后，却要由政府通过硬性规定以求得保证。对

① 舒新城．中国近代教育史资料：上册．北京：人民教育出版社，1981：217，219．

② 关于近代教育制度下的经学传授体系的特点，参见廖梅：《清末民初儒学传授途径的现代化及其中止》，《复旦学报》社会科学版2002年第6期，第81－88页。

③ 与同志书．游学译编，1903（6）．

于清廷来说，如此强调读经的重要性，恰恰反应了对于新学兴起后经学衰退的恐惧。然而，没有利禄之途为之导向，这些硬性规定，也就成为一纸具文。与清政府硬性规定学堂读经的愿望相反，在民间出现了小学废经的思潮。其理由，或者谓经典的主旨已经脱离现实社会，不合今日世界竞争之趋势，读经与部颁教育宗旨南辕北辙；或者谓国家目前最需要的，是实用的科学和技术，应该把时间放在学习应用课程上；或者谓某些经典的内容不符合德育教育的原理，小学生以其为教材，不但无益反而有害；或者谓经典文字内容艰深，儿童难于理解，小学教授经典，既违背古教育的本法，也不合儿童教育学原理。

其次，科举制度的最终废除，斩断了经与学、学与仕的联系，使尊孔读经失去了存在的社会基础。从 1901 年改革科举考试内容到 1903 年议行科举减额，到 1905 年取消科举。严复认为："此事乃吾国数千年中莫大之举动。言其重要直无异古者之废封建、开阡陌。"① 停科举对于儒学价值体系的维持、经学的传承而言，都是致命的一击。科举制度在中国历史上承负着整合传统社会生活并维系社会内部的文化生态平衡的功能。"一方面，只有按照统治阶级钦定的儒家经典所主导的价值规范来应试的人，才能获得功名地位，这就使得士人为应试而熟读儒家经典的过程，自然成为中国知识分子学习以儒学为立身行事的标准的社会化过程。另一方面，由于在士绅、官僚与地主这三大社会精英阶层之间存在着相对频繁的社会流动，这就使儒家价值规范在各精英阶层的对流中得到广泛的认同与普及，于是中国也就成为以儒家文化为主流文化的一统天下。"科举制度是尊儒崇经的制度保证，它使传统中

① 严复. 严复集：第 1 册. 北京：中华书局，1986：166.

国人重视儒家知识与重视以儒学为基础的教育与风俗成为天经地义。“由于科举制度是以儒家的政治标准和价值来选择人才、凝聚人心和构成获取地位、名望和权力的基本途径的，从长远来看，科举制度的废止使国家丧失了维系儒家意识形态和儒家价值体系的正统地位的根本手段。这就导致中国历史上传统文化资源与新时代的价值之间的最重大的一次文化断裂。”①

对于清廷以经学义理指导教育改革的做法，梁启超等人都表示出怀疑。他于1902年直言：“要之四书六经之义理，其非一一可以适于今日之用，则虽临我以刀锯鼎镬，吾犹敢断言而不惮也。”对于清朝以孔经指导“新政”，他表示：“古人自古人，我自我。”“使孔子而为尧舜之奴隶，则百世后必无复有孔子者存也。闻者骇吾言乎？盍思乎世运者进而愈上，人智者浚而愈莹，虽有大哲，亦不过说法以匡一时之弊，规当时之利，而决不足以范围千百万年以后之人也。”② 至于无政府主义思潮，更是表现出激烈排孔的倾向。③

凡此种种，都显示出作为传统学术的中心与传统教育的核心的经学，走到了山穷水尽的境地。这并非制度安排的缺失所导致的，而是社会变迁的必然结果。清末新政所开辟的近代实业建设运动，呼唤着有新思想、新观念、新技术、懂管理、会经营、懂法律、能竞争的新式人才群体出现。原来那种默守书斋、皓首穷经、靠做八股文博取功名的旧式科举人才不适应变化了的时代要

---

① 萧功秦．危机中的变革——清末现代化进程中的激进与保守．上海：上海三联书店，1999：228，230.

② 梁启超．饮冰室合集：专集之四．北京：中华书局，1989.

③ 田海林．辛亥革命前后儒家文化的命运 ———对清末民初“尊孔读经”问题的考察．山东师范大学学报：人文社会科学版，2003（2）：85－90.

求，从而促使了教育从科场场域向学校场域的转移。① 因此，尽管清末教育改革对经典传授作了种种制度安排，但在失去了科举制度这一支撑后，经学的衰退就成为一种必然趋势。

正是在此背景下，叶德辉对清末教育改革的抵制就不仅仅事关教育技术或者利益之争，而是涉及到对经学命运的关怀。

二、反对书院改学堂

1901 年 9 月 14 日，清廷发布上谕："著各省所有书院，于省城均改设大学堂，各府及直隶州均改设中学堂，各州县均改设小学堂，并多设蒙养学堂。"② 当时湖南省城长沙的书院主要有岳麓、城南、求忠、校经和求实等，按照清谕旨，本应全部改为大学堂。湖南巡抚俞廉三会同署布政使但湘良、署按察使继昌等往复筹商，一致认为省城长沙原有的岳麓、城南、求忠等书院，虽"生徒常数十百人，院长训饬认真，近亦商令分离设额"，但若"改设学堂，则须指定学年以为递升之地，其年岁稍长者，虽极意向学，亦不得与其选"。唯有由时务学堂改设的求实书院，"尚有定额，亦经兼课西文……即以改为省城大学堂"，并打算"开拓斋舍，增购图书，额数暂定为 120 名，均择年 20 岁内外，中学精通者，考选入学，使规模略具，再行推广"。③ 并商定由继昌总其事。因此，湖南省城大学堂最初是在求实书院的基础上建立的，于 1902 年 5 月正式开办。然而，因其规模过小，教室仅两间，学生也与原求实书院相同，1903 年 2 月便降格为高等学堂。俞廉三一度想将岳

① 参见应星．社会支配关系与科场场域的变迁//杨念群．空间·记忆·社会转型．上海：上海人民出版社，2001：212－245.

② 朱寿朋编．光绪朝东华录．北京：中华书局，1958：4719.

③ 俞廉三．俞廉三遗集：卷九十五．[出版者不详]．

麓书院改建成湖南高等学堂，遭到王先谦的反对，便以“困难很多，暂不宜改”为托词敷衍了事。

1903 年赵尔巽抚湘。赵尔巽标榜新政，兴学、办矿，采取强硬手段，改岳麓书院为高等学堂，并将原来由求实书院改成的高等学堂并入，增设教室、自修室、寝室、理化实验室和机械室等，延请俞诰庆主持校务。

在赵尔巽推行新政的过程中，与王先谦、叶德辉等人产生了重大矛盾。叶德辉指责赵尔巽“以办学务、兴学堂为辞，不实不尽”，将湘省藩库存银三百余万两一耗如洗。叶德辉与王先谦“颇进规讽”。鉴于王先谦、叶德辉等人在湖南省政中的重大影响力，赵尔巽一度试图打击湘绅，“时有与余及葵园相难意”。打击不成之后，又“转而联络”，罗致叶德辉入襄矿局事，为叶德辉所婉拒。① 至于与王先谦之间，则因兴学之事直接发生了冲突。本来，在俞廉三任湖南巡抚期间，曾请王先谦任新设立的湖南师范馆馆长。王先谦“强而后允之，亦恃中丞相知，言无不听也”。但不久，俞廉三解任、赵尔巽接替。王先谦抱怨：“新抚赵尔巽至，锐意兴举学堂，而于士子多所宽假。湖南自梁启超主讲后，人心不靖，至是邪说朋兴，排满革命之谈，充塞庠序，赵弗顾也。余与之议，不叶；屡辞，不听。革退劣生四名，赵送入高等学堂。余知其意，时已冬令，遂不复至馆，坐视地方风气，日益败坏，无术挽救，徒呼负负耳!”② 亦可见在湘绅眼里，赵尔巽的新政兴学不仅是耗费银两的扰民之举，更是败坏社会风气的根源。

正因为如此，赵尔巽去任、陆元鼎督湘后，湘绅曾采取了一些措施，试图抵制新学产生的影响。

---

① 叶德辉．郋园六十自叙．长沙：叶氏观古堂，1923：5.

② 王先谦．葵园自订年谱// 葵园四种．长沙：岳麓书社，1986：752－753.

第一，设立岳麓景贤堂。

岳麓书院于1903年被赵尔巽强行改造成高等学堂。1904年，20余名湘绅联合签名，要求设立岳麓景贤堂。湘绅首先追溯岳麓书院的历史，强调岳麓书院与湖南先贤的联系："岳麓书院为天下四大书院之一，自宋儒朱熹、张栻讲学以来，流传迄今，历千余载，理学名儒，后先相望。国朝中兴，如曾国藩、左宗棠、胡林翼、罗泽南诸名臣，皆曾肄业其中，学问事功，彪炳千古，实为湖湘人士景仰所归。"在肯定了书院改学堂的方向之后，又指出由此导致湖南先贤遗迹的沦灭："自去年改设岳麓书院为高等学堂，规制綦宏，学科完备，洵为前时所未及，惟历代先贤之遗迹，就此沦湮，士林惜之。"强调书院可改，但先贤遗迹不能沦湮。然后，笔锋一转，提到岳麓书院教育与学堂章程所定并无不合："伏读《钦定学堂章程》内载科学阶级首重人伦，道德为学生根本。岳麓乃先儒讲学之场，为今日德育家所奉为规范，以存精粹，以定指归，揆诸旧制新章，并无不合。"新学重科学、阶级，而以道德为根本，这与岳麓书院的教育传统若合符节。然后，笔锋再一转，指向学堂之缺失："况学堂之设，年限极严，必弱岁方能入格，按节递升造就，颇需时日。若硕学通才，年已及壮，经术文章，素有根柢，进而究当世之务，在在以实用为依；亦可研究声光化电之途，而推之实业。如此与学堂相辅而不相背，诚教育之宏旨，普及之全功也。"学堂可以造就那些未成年人成才，却无法安顿那些年纪较大、学有所成的人。如果为这些人提供研读场所，让他们究当世之务，或者研究声光化电之途，则与学堂可相辅相成。基于这些理由，湘绅要求在岳麓书院东北屈子祠旧址，在高等学堂之外，另建一岳麓景贤堂，"既以彰存古之义，复以宏乐育之规"。专收中年以上学有所成的人，普订学科，精研实业，分门肄习。意在参用通儒，酌遵新章，将来卒业后，亦可备师范之选，实于地方政教不无裨益。此举得到湖南巡抚陆元鼎的支持，后者表示此事关乎全省教育，“不得不俯顺士心”，当经札饬司道，筹拨开办经费一万两，常年经费五千两，以为之倡。① 岳麓景贤堂定额为300人，其规模差不多为当时长沙新式学堂名额的总和。湘绅意之所在，是借保存国粹以彰存古之义、景仰湖南先贤之名，行恢复旧有书院之实。

第二，设立专课经史的学堂。

当湖广总督张之洞设存古学堂后，湖南士绅受到启发，试图兴办几所专课经史的学堂。1906年，湖南巡抚庞鸿书、学政支恒荣会奏将湖南达材校士馆改为达材学堂、成德校士馆改为成德学堂、景贤堂改为景贤学堂、船山书院改为船山学堂。与前设岳麓景贤堂以延续湖南先贤精神为诉求点有所不同，奏设专课经史的学堂则着眼于保存中学，提出“学堂科目，赅括中西，其于经学史学、理学、词章学，皆未暇专精。窃恐将来中学日微，必至各学堂亦鲜教国文专门之教员，而中师渐绝”，于是援引张之洞改经心书院为存古学堂之意，为培养经史专材起见，改设经史学堂。这实质上想将本为普通教育层次的几个旧式教育机构升级为专门的经史学堂，避开了对教学内容的增改。学部以其“外标学堂之名，仍尚书院之实，揆之章程，不免歧异”为由，只允许达材学堂“如原奏所请，招考举贡生员，肄习经史理文各学，惟须先行补习普通课程”，而饬令岳麓景贤堂仍改为高等学堂，成德、船山两书院改为师范学堂。②

---

① 前署湖南巡抚陆奏湘绅建立岳麓景贤堂片．东方杂志，1905，2（4）：69－70.

② 学部奏湘省学堂不合定章拟令改正折．东方杂志，1906，3（6）：128－130.

奏请设立岳麓景贤堂，参与签名的湖南绅士达到20余人，有王先谦族弟王先慎，而无王先谦、叶德辉；奏请改达材校士馆、成德校士馆、岳麓景贤堂、船山书院为学堂的，是湖南巡抚庞鸿书与学政支恒荣，也非叶德辉与王先谦出面。然而，从思想观念上看，从人物交往上看，都与叶德辉、王先谦有关。

首先，戊戌变法之后的王先谦、叶德辉，乘战胜新派之余势，在湖南教育界、学术界拥有一定地位，同时也引振兴儒术、扶持世教为己任。作为湘绅领袖，他们既可以号召诸绅，又可以对地方官施加影响。湖南地方官上任，循例都要先拜诸绅，而对王先谦、叶德辉这样的地方巨绅，尤为看重。王先谦先后充任师范馆长、湖南学务公所议长，受到地方官员的尊重，尤其是俞廉三对他更是达到了“言无不听”的地步。除赵尔巽与王先谦、叶德辉等人时有难意之外，陆元鼎、庞鸿书等人都与王先谦、叶德辉来往密切。叶德辉写于1923年的《郎园六十自叙》中说：“（庞鸿书）中丞雅契余，每赴课吏馆，道过余居，必遣人询余在家否……有时询地方疾苦，则尽以告之。公纳余言，回署必有所兴革，多人所不知者。”那么，在所谓有关地方疾苦的事情中，就包括对兴新学等教育改革事项的抵制。事实上，叶德辉就坦言对新政的不满。“是时朝廷励行新政，部派调查新政、监理财政等官络绎来省会，有万不能应者，中丞则藉绅议抵之，而余以愤时疾俗之心见朝使，辄有风议。”由于叶德辉对朝使常发表对新政的批评意见，故庞鸿书还对司道解释：“余在省外，闻王、叶之名，以为如何跋扈，谤者至谓其无事不干预，今相处日久，乃知二人皆正士，人言大谬不然。且叶某刚而廉，余幸其居城，俾小人有所忌惮。”①

① 叶德辉．郎园六十自叙．长沙：叶氏观古堂，1923：5.

叶德辉指责赵尔巽、端方等人借办学搜括，民穷财尽，元气大伤，而表彰庞鸿书“竭力培养”，凡一切苛细捐款均采纳叶德辉的意见，“皆从蠲减”。① 从这些叙述中可以看出，王先谦、叶德辉等人对新学新政不满，这种不满是可以转化为实际的抵制行为的。作为对兴学堂的一种折中，湘绅奏设岳麓景贤堂，在绵延对湖南先贤景仰之心的名义下，恢复书院的功能；而奏设专课经史的学堂，更是在学堂的名义下延续书院教育，学部所言“外标学堂之名，仍尚书院之实”，诚为切中肯綮。

其次，无论是奏设景贤堂还是改设经史学堂，其中所体现出来的思想逻辑与王先谦、叶德辉的主张一致，可以说就是王先谦、叶德辉思想的具体体现。王先谦强调划清中西之学界线，中西学并行而不相通；叶德辉则对通过废书院改学堂来培养人才的有效性表示怀疑，担忧的是学堂之弊等同于书院。其共同的关怀所在，就是传统经学的失落及其对于世道人心的影响。

对于清末的教育改革，王先谦的认识停留在戊戌时期的兴西学的水平上，故而一方面积极参与，尤其是在兴办简易小学堂方面，捐款出力尤多；另一方面反对尽改书院为学堂。他认为，学堂乃西国教授工艺之地，书院讲求者在于中学，两者名相似，而实不相涉。“今乃混而一之，谓学堂即书院，讲工艺者，必为中学之人。此吾所大惑不解者也。”西人之学专在工艺，声光化电之学皆宜讲求，且非设专官、立专学不可。他主张多设工艺学校兴西学，却反对中西兼通，坚持划清中西学界线。“泰西各国，恃其船坚炮利，以相欺凌。尤恃其声、光、化、电之学，以相夸耀。然究其所学，皆工艺之学也。盖形而上者谓之学，形而下者谓之器。

---

① 杨树达等撰，崔建英整理．郎园学行记．近代史资料，1985（4）：133.

中国之学，期明道而习为空谈。西人之学，尚制器而事归实用。是故浮慕西法，建立学堂，苟不得其统宗，鲜不为所瞀惑。”主张学堂正名为“西艺学堂”。西人之学专在工艺，舍工艺而谈西学，犹断航而求至海、南辕而北其辙也。当朝廷谕旨振兴学校之时，王先谦向俞廉三建议：“各直省若不先将中西学界划清，虽延请教习，谆谆训诲，入学肄业者，忽而经史辞章，忽而洋文西语，不特课程纷繁，茫无头绪，而其间聪颖之士，终心涉两歧，无所专注。即号通西学，亦不过猎取西书，著为论说，以为仕进阶梯。……今特将西学划开，请专设工艺学堂，以宏教育。”① “西学工艺各科，以中国人才之多，果得在上者切实提倡，何患不能精求猛进、驾乎其上？而欲以士人兼通，此必不可得之数也。况奸宄窟穴其中，以致学非所学，更无一能通者乎？外洋诸邦，立国自有根本，不可轻视，亦有开物成务之圣人（却非摩西耶稣之谓），特无如中国所称数大圣人者，以故文字人伦，不如中国。”② 坚持“西学无论巨细，止当以工艺统之，特设工艺学堂以专科专官，登进尤异。然后人知趋向，风气大开，工精器良，拓利源而塞漏，于中国学校制科无涉，于中国名教纲常更无涉及”③。兴西学而不废能中学。而从教育原理、难易来说，中西混于一堂，势必造成西学既不精、而中学已尽废的局面。既然如此，西学尽可以兴，学堂尽可以立，却不必混中西学于一体，更不能以学堂取代书院。再从社会条件来说，学堂费用较书院为高，寒士力有不逮；款有限，学堂不能容多人。王先谦的这些主张，并非局限于旁观者的私下见解，而是一再表述于与地方大吏、士绅的信函中，多少影

---

① 王先谦．与俞中丞//葵园四种．长沙：岳麓书社，1986：894－895.
② 王先谦．复黄性田舍人//葵园四种．长沙：岳麓书社，1986：927－928.
③ 王先谦．复万伯任//葵园四种．长沙：岳麓书社，1986：900.

响到了当政者的决策。

将新式学堂局限为工艺学堂、而保留中学于书院，划清中西之学界线，中西学并存。这种主张虽为王氏大声疾呼，也一度影响到湖南的政策，然而书院改学堂终究是大势所趋，虽有反复，最终还是完成了。新式学堂出现的种种弊端，使王先谦依然要试图再作努力，将自己的主张传播于当道。直到1909年，他还在说："以学务之重大如此，虽有贤能大臣，创制尽美，亦当试办数年，以实验其离合通塞之故。"学堂兴起后，到底出现了哪些弊端而为王先谦所不能接受？其一，从组织形式上看，按时授课、起居作息、班级授课种种学堂制度，与传统的书院式讲学、从游相去甚远，远不能达到"深造自得"的目的。"今听讲日数科，上学日数次，闻铃而趋，执策而讽，不能深造，何由自得？"其二，从课程内容来看，以学堂全面代替书院，挤压了以经学为核心的中学地位，导致经学的衰退，并最终导致儒家义理的消亡。学堂章程数变，"小学堂不读经。诸学堂读经年限，非廿余年不能毕。群经义理之钥不开，灵明之府皆锢，而欲中学不绝，其道未由。"职此之故，王先谦再次提出"辍讲于堂，返士于家，以存中学"。[①] 这一主张由湖南巡抚岑春蓂改为公牍，上奏清廷，当然没有为学部所接受。[②] 王先谦的认识，也许符合清朝教育改革的初衷，但却不能把握近代教育转型的内涵，也无法扭转教育近代化的趋势。

作为新式教育的实际参与者，王先谦较多地从教育技术与教育目标本身来分析尽改书院为学堂的弊端。没有实际参与新式教育的叶德辉，则较多地从旁观的角度、同时也是更高的层面来看待这个问题，他质疑的是学堂培养人才方法的有效性被夸大。

---

① 王先谦．学堂论上//葵园四种．长沙：岳麓书社，1986：13.

② 王先谦．葵园自订年谱//葵园四种．长沙：岳麓书社，1986：769.

在近代教育改革中，学堂这种新式的教育体制在开发民智方面发挥了重大作用，得到了人们的肯定。时人将学堂视为培养人才的不二法门。学堂兴则人才盛，成为人们的共识。另一方面，作为一种传统教育机构，书院与经学教育、举业教育等相联系，逐渐成为落后的同义词，处于被挤压、被改造的境地。发展至清末新政，书院与学堂更成势不两立之局面，是以有书院改学堂之举。

叶德辉显然并不认同时人的这类共识。叶德辉认为，“人才与学堂截然两橛”，学堂是学堂，人才是人才，故对“人才只能由学堂出”这种集体潜意识进行反驳。学堂可以培养人才，而人才不必皆由学堂出。书院有弊，学堂亦有弊；学堂能造就人才，书院也能造就人才，关键在于能否务实，能否所得其人。“宋元以来书院之制，与汉人精舍学堂之立，名异实同。但使主者得文翁安定其人，何尝不可造就一世人才、转移当时之风化?”① 教育的关键在于内容，而不是书院或学堂这种外在的形式。“学在务实，无古今中外，其理相同。”历史上的书院，如宋代胡安定，以经史、时务课生徒，何尝不曾造就人才、转移风气？历史上也曾有废书院之举，然不能挽救世风士习。可见书院本身不能决定人才之有无。晚近书院之所以为人诟病，乃因书院流于形式，没有能真正像汉代生徒那样精研经学，而只是应举业、习帖括，流于空疏。新式学堂标榜新学、西学，然而，真正的西学是繁重的、实用的，是工艺之学，非得专心才能学会，而新式学堂所教不过是皮毛，适应的是人们喜易厌繁、追逐新奇的心理。在对中西之学的认识上，叶德辉显然认同王先谦的看法：西学是实学，是工艺之学。他们

① 叶德辉．岳麓书院图志//郎园读书志：卷四史部．上海：澹园，1929：14.

都强调西学乃实学，固然与他将西学局限于工艺之学的保守认识有关，也是对清末兴学中舍实图虚的不满，具有一定的合理性。“书院习于空文，学堂传以缪（谬）种。然书院与学堂不任其咎也。”① 从理论上讲，书院、学堂皆可以为益，也可以生弊；为利为弊，皆取决于主政者其人；图实事者，无论是书院还是学堂，都可以转移风气、引导社会潮流；图空谈者，即使是将书院改为学堂，也培养不出社会所需要的人才。相对于时人分辨书院与学堂的新旧之意义，叶德辉更着重的是书院与学堂的虚实之意义。

书院改学堂不仅适应了人们喜新厌旧的心理，更重要的是造成“官不知风宪”、“士不习正经”的严重后果，导致经术衰退、人心混乱；对于那些以传承学术为职志的书院而言，改学堂意味着经学学术传统的中断，如岳麓书院。岳麓书院是湖南教育、学术中心之一。“书院之设，在宋开宝九年朱洞为郡守时，祥符八年，周奭为教授，真宗赐额，遂与嵩阳、睢阳、白鹿并称天下四大书院。继以朱张二子讲学之故，流风远被，称小邹鲁者七百年。”② 正是由于岳麓书院的讲学活动，湖南才有“小邹鲁”之称，也才成为著名的忠义之邦。叶德辉认为，书院、学堂均有弊，书院之弊在于习于空谈；学堂之弊在于缪（谬）种流传。书院之弊充其量是学风的空疏、学术的不兴，而学堂之弊则导致人心的混乱与国基的动摇。

对于岳麓书院被废之事，叶德辉尤为痛心疾首，认为它斩断了湖南的学术命脉。“余自志学之岁，肆业于斯院者六年。今年始衰，不能守诸先生之道，以待后学，追怀旧事，有愧前修。……嗟乎！正学陵夷，名山榛莽，愤祠奄冢，近逼宫墙。以十数传名

① 叶德辉．岳麓书院图志//郋园读书志：卷四史部．上海：澹园，1929：14.
② 叶德辉．岳麓书院图志//郋园读书志：卷四史部．上海：澹园，1929：13.

贤聚讲之区，为二三寇盗京观高封。”既然学堂、书院各有弊，那么，“惟与其为今日学堂之亡国破家，毋宁为旧日书院之守文谈道。”① 叶德辉对书院改革的抵制由此可见一端。

因此，尽管没有直接证据证明奏设岳麓景贤堂、奏设专课经史学堂等抵制书院改革的活动系王先谦、叶德辉等人运动的结果，但从思想的角度上，其诉求符合王先谦、叶德辉等人的思想主张，王先谦、叶德辉对此至少是赞成的。

综观叶德辉对湖南历任官员的评价，大凡励行新政者都受到叶德辉的批评与抵制，如赵尔巽是“以办学务、兴学堂为辞”，大量挥霍湖南藩库银；端方为人“好体面，工酬应”，“借兴学搜括净尽”。不仅办理学务的官员遭到叶德辉的批评，而且参与新学堂的人也遭到叶德辉的讥笑。叶德辉为此向缪荃孙抱怨：“学堂讲席本极尊严，谋者乃以州县缺相当，与者亦以为人情物，大是可笑。总之，斯文遭厄而已。”② 叶德辉所论不无一定依据。一方面，学堂初兴，“形式具而精神少，空谈盛而实学衰，或以敷衍为具文，或以激烈为宗旨”③，其在培养人才方面的效果尚未显示出来。另一方面，新政无论哪一项，都需要经费，故办理新政的人均“亟亟以筹款为要义”，在此过程中出现了许多腐败现象，政府以“练兵”为名，官绅以“兴学”为名，“而其用意，则皆以急务之名，为中饱之实”④。是以当时有人曾列举出在兴办学堂名义下出现的种种不端行为。因此，抵制新政新学，不全然是一个思想认识问

---

① 叶德辉．岳麓书院图志//郋园读书志：卷四史部．上海：澹园，1929：14.

② 叶德辉．致缪荃孙：四//顾廷龙整理．艺风堂友朋书札：下．上海：上海古籍出版社，1981：536.

③ 湖南巡抚陆奏筹办湘省学堂情形折．东方杂志，1905，2（2）：8.

④ 论学堂之腐败．东方杂志，1904，1（1）：201.

题，也是基于新政新学过程中出现的种种弊端的一种反应。不但办理新学的官员借机钻营、中饱私囊，而且主持学堂的人也并非真心兴学，而只是把它当作一个谋利的工具。这在叶德辉看来，真是“斯文遭厄”。不过，正如当年叶德辉反对康有为变法一样，当他过分地从道德人心的角度来判断社会现象之时，往往也忽视了新事物的真正内涵。尽管叶德辉对新政新学的抵制属于“事出有因”，但显然，思想的保守使他较为容易地捕捉到新学堂的弊端，而无法真正把握兴学的正面意义。

三、“变法即失学，经亡国亦亡”——叶德辉的经学思想

叶德辉对新政的抵制不仅仅是基于新政所引发的诸如耗费藩库、加重百姓负担等表层因素，更是基于新政对中国传统学术文化的核心——经学的冲击。在叶德辉看来，变法（新政）即失学，以改书院、废科举为主要内容的清末教育改革，最为严重的后果是造成了经学的衰退，而经学之存废对于社会文化秩序、对于世道人心关系尤重。无论是从历史的经验出发，还是由现实的结果反推，叶德辉都坚信：变法即失学，经亡国亦亡。

首先，叶德辉从历史的经验出发，认为，教不可一日无学，学不可一日无经。

叶德辉的这一看法，其实早在戊戌变法时期就形成了，并成为他在清末抵制新政的一个思想基础。

戊戌变法时期，梁启超编了一本《幼学通议》，对传统教育内容、方法进行了非议，也对儿童读经表示了有限的质疑。在他看来，传统幼学不尊重儿童天性，导之不以道，抚之不以术，“但凭棒喝”，遂使视黉舍如豚笠之苦，对师长若狱吏之尊。在学习内容

上，不分深浅，不辨难易，“未尝识字，而即授之以经。未尝辨训，未尝造句，而即强为之文”。所学不过是天命谓性、破承起讲之类贴括之学，“舍天命谓性、无声无臭之外，无所谓读本也；舍破承起讲、对偶声病之外，无所谓文法也”。而为学的目的，并非求圣道救世人，不过是博取功名富贵、视为利禄的敲门砖。“父兄之相诏，师长之相督，朋友之相勉，语以求科第博青紫，则恬然固然，不以为怪；语以学圣人救天下，则色然惊窃然，笑以为此妄人也。”这些内容，对于贱儒来说，“虽云无用，然能藉此以窃甲第，武断乡曲，一生吃着不尽，彼固自以为受用莫大也。若夫为农、为工商、为兵者之学，此其于学非所用，用非所学，更显而易见也。而历数百千年，数万万人因沿蹈其覆辙，而不知变，迨至弱冠以后，始以不学无术自怨自艾，而此数年之功若有若无，如烟如梦，曾无秋毫能受其益。莫不自咎其向者之惰于学也。而不知皆蠢陋野悍迂谬猥贱之学究祸天下也”①。梁启超在此所针对的虽然主要是以科举为目标的应试教育，但也涉及到以诵读经史为内容、以道德教化为目的传统教育，暗示着传统的经学教育效用有限，除了应考之外，培养不出社会所需要的为农、为工、为商、为兵之人才。梁启超所论，实质上已开清末教育改革中主张小学堂废经之先河。

梁启超的批判是基于教育学原理、方法、培养目标等方面进行的，而叶德辉则感受到这种批判对于经学的威胁性，提出：“生民不可一日无教，教不可一日无学，学不可一日无经。”经学是尊孔的具体表现。孔子之道，为天地立心，为生民立命，乃乾坤所由以不敝者也。孔子之道，成为中国人的生活准则，大则社会兴

---

① 梁启超．幼学通议．湘学新报：第3册．台北：华文书局，1966．

替、革故鼎新，小则民生风俗、日常行事，都无不以孔子之道为指导。既然孔子之道保存在经典中，就不能不读经。孔道之行与否，与经学兴衰息息相关。几千年来，经学之所以绵延不绝，为世道人心提供准则，一方面由于读经成为士子教育的核心内容，另一方面则是经学家扶翼张大。经学成为中国学术文化教育的最核心的部分，有其内在的原因，并非如梁启超所说只是为了博取功名富贵。从历史上看："周秦以前，风气浑噩，而虞廷选举，犹且敷奏以言，明试以功，二者递相考核，何论三代以下乎？"经学以两汉最盛，两汉以五经立学，师儒传授，门户纷争。虽然被班固讥为"禄利之路使然"，但班氏之语是针对当时曲学之儒而言的，以此揭穿曲学阿世者的动机。但不为利禄所趋而真心向学者，所在皆是。宣帝年十八受《诗》、《论语》、《孝经》，疏广以经学授皇太子，其后如明德马后、孝和邓后，皆通晓经术，以佐内治。他们难道都是为了考试而学习吗？更有甚者，汉室诸儒之重儒学，都在群经未立博士之前。经他们转相授受，沿及后世，儒风大昌。倘若真如梁启超所言，传统经学教育都是为了应考求利，则如伏生窜老空山，文中子讲学河汾，明太祖欲废《孟子》、钱唐以死力争，又是为了什么？延及今日，穷乡僻壤中的愚民，海滨久旅之商人，甚至于日本士夫之崇汉学者，其儿童入塾，都要以《四书》、《五经》为先。他们都并非为了考试科目才去学习经学的。"六朝浮靡之习，南北犹有儒宗；唐人崇尚词赋，通经之儒亦且项背相望。甚至开元中以《老子》命题取士，卒不能夺尼山之席。"① 叶德辉认为，儿童读经，其意义绝非起于科考，而是植其根本，端正人心，所谓良苗滋以灌溉；经学的兴盛，也绝非因为

---

① 叶德辉．非幼学通议//翼教丛编．上海：上海书店出版社，2002：131.

利禄之途诱之，而是因经学本身至关重要。儿童不读经，即是废除根本。

其次，基于清末教育改革的实践，叶德辉指出：变法即失学，经亡国亦亡。

“变法”何以即是“失学”？乃因新式学堂里，“弦歌聚生徒，分年重阶级。不读孔孟书，谁铸黄金揖……儒风日式微，墨学九而十。”① 在学校教育中，经学的核心地位被打破。而在学术研究上，经学作为一门旧学遭到唾弃。“自辛壬变法以来，一切经学之书，其值不逮一国朝诗文集之半，背本逐末，专务浮华，纲常名教之大防一经溃决，不可收拾。驯至今日，兵戈水火之劫，遍于中原。”② 故直到民国年间，叶德辉还在谴责二张（张之洞与张百熙）的教育改革：“中朝变法何人倡？公与南皮称二张。有心兴学转废学，学堂如林士尽盲。”③

科举制的废除也造成了经学的衰退、人心的混乱。如前所述，在科举制度下，国家以培养代圣人立言者为目标，士子以尊孔习经为天经地义之事。发展到后来，时文代替原经，代圣人立言之旨渺不可寻，“獭祭书名篇目，挦扯子书僻文，所谓代圣贤立言之旨渺不相涉，士习诡遇，缪（谬）种流传”。外患既深，论者遂咎制科之无用，于是始改策论试士。清末袁世凯、刘坤一、张之洞合辞奏请废科举，截至己酉科，多选优拔贡止，以后即以学堂出身。“自时文之兴始元延祐取士，迄今六七百年。一旦废除，而邪

① 叶德辉．进制吴江三高祠祠祀越范蠡晋张翰唐陆龟蒙今废为学堂龛前作寝室矣//还吴集．长沙：叶氏观古堂，1935：16.

② 叶德辉．诗书古训//郎园读书志：卷二经部．上海：澹园，1929：31.

③ 叶德辉．县人敫同湘绮年丈饮张文达祠赋呈同席诸子//于京集．长沙：叶氏观古堂，1935：2.

说诐辞，日益滋蔓。取士无良法，又胡为专责时文之陋哉！"① 叶德辉承认，时文取士，有许多弊端，但时文"代圣人立言"的这一取向不应否定。代圣人立言之旨一旦废除，各种异端邪说都会出现。

虽然历史大势无法扭转，叶德辉以一己之力坚守传统的经史教育，直到20世纪20年代，还抵制新学堂。叶德辉在为其母马太夫人所作的一则寿启中说："儿子从子辈至今不令入学堂。或有问者，吾母曰：'而父恒言，科第为吾家所固有，自宋至今，青紫不绝。学堂所以图进取。近日士风佻达，子弟一被煽诱，终身不能涤除，仕宦胡足贵？有田可耕，有书可读，守吾家风已耳。'故吾家自变法失学以来，家延塾师，未尝废经。此皆秉承先大夫与家母之教也。"② 所谓"吾母吾父"曰者，实际上表达的是叶德辉的思想。变法即失学，所失者在于经学。

这里，叶德辉所强调的"经学"，实质上有两重意思：

一是作为学术的经学。

经学是儒学的知识系统，又是中国传统学术之本。经学繁杂，有其自身的整体性，需要专人研究、阐释、传承。古人习经，常有皓首穷经之说，通一经尚且不易，遍通群经就更难了。在尚汉学的叶德辉看来，学问应崇实黜虚，才能真正登堂入室、窥其阃奥。传统书院承担着培养经学人才的功能，有着新式学堂所无法取代的作用。书院往往被看成是习科举之所，但清代书院的实际情形却很复杂。清代的书院，按类型来看，有四种：第一是以讲求理学为主的书院；第二，以学习制艺为主的书院，即以应科举为目的的书院；第三，以学习经世致用之学为主、反对学习理学和贴括的书院；第四，以博习经史词章为主的书院。就全国情形

① 叶德辉．钦定四书文//郎园读书志：卷十五集部．上海：澹园，1928：37.

② 叶德辉．诰封太夫人叶母马太夫人寿启．［出版者不详］．

而言，讲理学、应科举的书院最为普遍，这也是人们常将书院教育与科举考试联系在一起的原因所在。第三类即讲经世之学的书院不多，社会影响并不很大。而第四类书院，虽然数量也不多，但在学术传承上，起了积极的作用，学术影响较大。这类书院既是教育机构，同时也是学术研究机构。清代中叶杭州的诂经精舍与广州的学海堂就是其中的翘楚，在培养经学人才、引领学术风尚上起到了模范作用。海外学者罗兹曼曾说："对清代学术事业作出了最大贡献的是那些以汉学（指考据学派）为中心的书院，以及那些对汉学和宋学并重的书院。……书院鼓励学生们以批判的眼光，广泛地阅读中国经典和历史。尽管作为一种体制已经寿终正寝，但是，只要列举出梁启超、章炳麟、吴稚晖等这样一些在维新和缔造共和中叱咤风云的人物，都曾在一段时间内就读于书院，那就可想而知。几家大的书院，在本世纪早期的中国学术和政治生活中，确曾作出过间接的贡献。……他们年轻时接受过书院那种学术自由和崇高理想的洗礼，后来才能够融会贯通中西学问而敢想敢为。"① 就湖南而言，岳麓书院、校经书院，都不是单纯地为应科举而设置的，兼有学术传承、讲求经世致用之学的目的，教育与研究紧密结合。校经书院在江标出任湖南学政时就创办了校经学会，创办了《湘学报》这类学术刊物。

癸卯学制虽然规定大学堂设有经学科，但毕竟与传统的书院不同。在书院改学堂之后，意味着传统经学的分解。中国固有的学问，被按照西方的知识系统重新加以改装，不仅中国本位的主体性丧失，而且还会造成对原有学问的难以理解。此种认识也非叶德辉一人专有。王先谦就抱怨，被教科书重新改装的知识系统

① 罗兹曼．中国的现代化．上海：上海人民出版社，1989：253－254．

便于教师文饰，却不便于学人涉猎。就此而言，传统的书院培养的是学人，学术人才，而学堂培养的是学生。对此，民国年间一些著名学者如蔡元培也有同感，曾说："我们从前本来有一种专研国学的机关，就是书院。书院，不但每个省城总有几所，而且每府每县城，也至少必有一所。它的大多数，固然以扬摩举业为范围，但是最著名的，如直隶的莲池、四川的尊经、江苏的南菁、浙江的诂经精舍、广东的广雅等，都以考古学、文学为练习与研究的对象。看院长长于何门，就有若干高材生，在他的指导之下，自由研练。那时候所印的课艺，也间有不朽的作品，收入现代的杂志而无愧色的。清季，输入欧洲新教育制度，竞设学校，全国的书院，几乎没有不改为学校的。于是教授的机关增多而研究的机关就没有了。"①

二是作为教化的经学。经学不仅是中国传统学术之本，还是教育的核心内容，承担着道德教化的社会功能。如前所述，虽然新学制对于经典传授作了详细的规定，但是，在分科教学、引进新式教科书的情况下，经典丧失了原来的那种"植其根本"的作用，无法继续维持其作为价值取向的功能。作为一种新式的教育机构，学堂与传统书院、义塾相比，在教学形式上是分科授课，班级授课，而在教学内容上，则是以各门学科取代了传统的经史词章，其具体体现是各式教科书。从表面上看，这只是学科分类的不同，实质上却包含了思想观念、价值体系的潜移暗转，更何况其他教科书所传递出来的价值与经典义理会发生冲突。

风俗人心乃社会兴衰之所系，学术文化又是风俗人心之所系。正学兴则人心淳；人伦之废，则源于学术之衰；人心之乱，以学

---

① 蔡元培．蔡元培全集：第5卷．杭州：浙江教育出版社，1997：341.

术之诡异导夫先路。正学者，经学也。经学之存废，直接关乎人心。在叶德辉看来，经学之盛衰与国家之盛衰息息相关。清朝之兴盛，缘于经学之兴盛。“我朝经学之盛，超轶汉唐，上以稽古右文提倡天下之朴学，下以穷经服古、研求先圣之遗言。康雍乾嘉以来，六艺昌明，儒臣辈出。文章黼黻，歌咏太平。道咸之间，粤逆倡乱，湘军特起，成戡定之功。其间柄兵大臣，如胡文忠、曾文正、左文襄以及罗忠节、王壮武诸公，皆以理学名儒出膺艰巨。文正兼有汉宋学，遂为近代儒宗。文襄博览群书，务为有用之学。其功业皆本原学术，如高宗所谕‘儒术正而人才昌’者，屡经列圣之栽培，而卒收其效用。”清朝兴盛，都是“圣圣相传、表彰六经、尊崇孔孟之所感应也”①。清朝之覆亡，亦由于经学之衰落；而经学之亡，则源于罢科举兴学堂。“自罢科举兴学堂以来，人无进身之阶，士无专门之业，声光电化，仍然纸上空谈。平等、自由，奉为案头语录，人心既死，国社亦因之覆亡。追原祸始，诸人十余年来之新贵枢府疆臣，不得辞其咎。至于逊位诏下，举国若狂，不独无文、陆、谢三公之振纲常，即求如王应麟之高尚其志不复二庭，亦为数睹。”②士不读正经、官不知风宪的结果，是传统伦理纲常的衰落，是以才有清朝的覆亡与民国的混乱。

叶德辉将对儒学义理的信仰与对儒学知识体系的护惜紧密结合在一起，又将儒学义理与君主专制政体紧密结合在一起，因而体现出学术保守与政治保守并重的特色。从学术的角度看，经学

① 叶德辉．十三经注疏又一部∥郋园读书志：卷一经部．上海：澹园，1928：17．

② 叶德辉．宋宝祐四年登科录一卷同年录一卷∥郋园读书志：卷三史部．上海：澹园，1928：37．

关乎世道人心，关乎伦理纲常。然而，在世道已变、纲常已松的情况下，经学该如何进行调整、寻找新的立足点？也即，经学该如何实现自己的转型？此类问题显然没有进入叶德辉的思考之中，他只是"应然"的层面诉求。

正如台湾学者王汎森所指出的："受旧文化熏陶较深的读书人，有一整套价值观。对于自己所属这个文明的'理想的自我形象'有一套看法，对于种种长期积累的'文化理想'也有其坚持，故对于旧派人物而言所谓进步的东西，在他们看来，是一种堕落与破灭。所以常常是社会文化已经变得面目全非，但是旧读书人持在口头上的始终是'理想上应如何如何'。只要这理想上应如何如何的心理不曾变化，则不管现实的变化有多大，他们心目中仍将以这些'文化理想'衡量、评判现实，想尽力回到那个'文化理想'。"① 由历史来推，士与学、学与经的确是合为一体的，而由现实推，正是教与学、学与经的分离才造成了清朝的覆亡。这使叶德辉更加坚定了"教不可一日无学，学不可一日无经"的信仰。他所能做的，就是利用时机，为回到他的那个文化理想去努力。

第三节　独具特色的经学教科书——《经学通诰》

在近代社会文化变迁过程中，经学受到了来自学术内外的冲击，日益走向衰退。怎样才能维系经学的命脉以使斯文不坠？这是叶德辉自戊戌变法以来就一直在思考的问题。在戊戌变法时期，

---

① 王汎森．中国近代思想文化史研究的若干思考//康乐，彭明辉主编．史学方法与历史解释．北京：中国大百科全书出版社，2005：83.

康有为的“伪经说”、“改制说”等观点颠覆了传统儒学的知识系统，使叶德辉深深感受到儒学的危机，因此摇唇鼓舌，奋力反驳，阻遏康说的流行。在清末实施新政、经学遭受到前所未有的冲击背景下，叶德辉对这一问题有了更为集中而深刻的认识，并将这一认识反映在他所编写的一部经学教科书——《经学通诰》上面。

作为一个以扶世翼教为使命的文化传统主义者，叶德辉主张：“崇圣不可以徒致，必首事于通经。”① 故一生都重视经学的研究与思考，先后著有《周礼郑注改字考》六卷、《仪礼郑注改字考》十七卷、《礼记郑注改字考》二十卷、《春秋三传地名异文考》六卷、《春秋三传人名异文考》六卷、《经学通诰》附《经学绪言》六卷、《孝经述义》三卷、《天文本论语校勘记》一卷、《孟子刘熙注》一卷等书，又辑有《蔡邕月令章句》四卷、《大戴礼记疏证》三十卷等著作，可谓著述繁富，造诣极深。叶德辉的经学研究遵循着清代汉学家的路径，侧重于经典文本的考证、注疏的辑佚等，而《经学通诰》则是一本带有通论性质的经学著作，代表了叶德辉的经学思想。

说到这部经学教科书，与张之洞有关。张之洞（1837—1909），字孝达，号香涛、香岩，又号壹公、无竞居士，晚自号抱冰，直隶南皮（今河北宁津）人。曾长期担任湖广总督，晚年任体仁阁大学士、军机大臣等。张之洞早年属于清流党一员，后致力于洋务运动，成为后期洋务派代表人物。在戊戌维新运动中，张之洞一方面积极主张变法，主张学习西方文化，一方面坚持保守中国传统文化，著作《劝学篇》，明确地提出了“中体西用”的主张。在清末新政时期，张之洞是新政蓝图的策划者之一。他主

① 李肖聃．郎园学略//湘学略．长沙：岳麓书社，1985：217.

张改革科举、兴办学堂，为新学的发展开辟道路，但同时又强调“仍必崇尚《五经》、《四书》和永远不废经书”。在张之洞看来，经书即中国之宗教，是维系中国文化生命的纽带；如果新式学堂废弃读经，那将会给中国文化带来灭顶之灾。作为一种补救措施，张之洞制订全国学堂章程时，在《学务纲要》中特列“中小学堂宜注重读经以存圣教”一条，通过在新式学堂提倡经学的方式加以补救教育改革所带来的对经学的冲击。然而，科举制度废除后，新学得以迅猛发展，对传统文化提出更为严重的挑战。张之洞发现：“近来学堂新进之士，蔑先正而喜新奇，急功利而忘道谊，种种怪风恶俗，令人不忍睹闻。”进而感觉“实有经籍道息之忧”。[①]他担心：“若中国之经史废，则中国之道法废；中国之词章废，则中国之经史废，国文既绝，而欲国势之强、种类之盛，不其难乎！”[②] 是以在新政开展的过程中，张之洞又试图通过开办专课经史的存古学堂来为各级新学堂培养经史师资。而存古学堂本身亦需要师资，叶德辉正是因被张之洞聘为湖北存古学堂经学教习而撰《经学通诂》，拟作教科书之用。

叶德辉与张之洞之间至晚在戊戌变法时期就已相识。戊戌变法时期，因不满于康有为变法理论的流衍，特别是不满于受康梁学说影响的湘中子弟的过激言论，张之洞亲自撰写《劝学篇》，发表在《湘报》上。而叶德辉则直接攻讦康梁师徒的著作，黜《公羊》尊《左传》，驳“伪经说”、“改制说”，与张之洞形成了思想上的呼应。之后，叶德辉编《翼教丛编》，收录《劝学篇》的部分内容，引张之洞为扶世翼教之同道。《翼教丛编》在湖南初版后，传入湖北，“文襄立命书局翻雕，咨送各省”，自此以后，与叶德

① 张之洞．奏设存古学堂折．东方杂志，1907，4（11）：262.

② 张之洞．两湖总督张札设存古学堂文．东方杂志，1905，2（1）：12.

辉之间“信使往来无虚闲”。[①] 1907年，叶德辉在写给缪荃孙的信中云：“南皮相思相望，彼此十余年；前岁匆匆寓鄂，数接光仪。然谈文论史，多经济家言，此伟人有用之学，非吾辈占毕之儒所能窥其蕴抱。”[②] 可见两人交往之密切。

张之洞奏设存古学堂后，聘请叶德辉充任协理总教，叶德辉初以病推辞；在张之洞坚邀、并托梁鼎芬劝促的情况下，才应允就任。叶德辉于1907年7月入鄂，就任经学总教习，并撰《经学通诰》拟作教科书。[③] 但不久张之洞即入京履新，而叶德辉在存古学堂总教习任上也没有呆多久，这部教科书当时未能刊刻使用。直到1915年叶德辉任湖南教育会长之时，为了配合袁世凯政府尊孔读经的政策，才以湖南教育会的名义正式刊行。不过，1915年刊行时，对原稿多有删减，只保留了前三卷，包括三大内容，即列古今汉宋经学派别、论治经方法、列治经各书目；而后二卷历代经师事传与经学绪言则被删掉。

事实上，在清末新政时期，编撰经学教科书是一个较为广泛的现象。除叶德辉的《经学通诰》之外，著名的还有皮锡瑞的《经学历史》、刘师培的《经学教科书》。《经学历史》成书于光绪乙巳（1905年）年，刊行于丙午（1906年）年，是作者晚年应教

---

① 杨树达等撰，崔建英整理．郋园学行记．近代史资料，1985（4）：137.

② 叶德辉致缪荃孙二//顾廷龙整理．艺风堂友朋书札：下．上海：上海古籍出版社，1981：535.

③ 叶启勋曾说：“是书一卷列今古汉宋经学家派别，始西汉今文经终东塾。二卷论治经师说，曰四知、曰五通、曰六证、曰十戒。三卷治经各书目……四卷历代经师事传，始伏生终陈澧；五卷经学绪言。曰经注疏解总刻类、曰汉晋宋元五经注总刻类、曰汉唐经注单刻本类、曰唐宋经疏单刻本类。盖光绪丁未应张之洞两湖存古学堂总教习之聘，将以此书为教授也。”可见此书最早的稿本始于1907年，系为湖北存古学堂经学教授而作。叶启勋又说：“民国四年湖南省教育会铅印本多有删减，不分卷。”见中国科学院图书馆整理：《续修四库全书总目提要》，中华书局1993年版，第1423－1424页。

学之需而编撰的经学著作。该书共分十章（节），分别讲述经学开辟时代、经学流传时代、经学昌明时代、经学极盛时代、经学中衰时代、经学分立时代、经学统一时代、经学变古代时代、经学积衰时代、经学复盛时代等等。刘师培的《经学教科书》约成书于1905年，并于同年由上海国学保存会刊行，此后又有再版。刘师培（1884—1920），字申叔，号左庵，江苏仪征人，是近代著名的古文经学家，兼晚清国粹学派的代表人物之一。可以说，《经学教科书》代表了晚清国粹派对经学教育的主张。全书共两册，第一册总论经学的产生、发展及其流变过程，第二册为《易》学专论。因为是作为教材而编撰的，在写作形式上采取了以“课”为单位来编排内容，每册三十六课，每课约在四五百字。

那么，在众多的经学教科书中，叶德辉的这本《经学通诰》有哪些特色？特别是与作为今文经学家的皮锡瑞、国粹学派的刘师培相比，叶德辉在经学教育及经学研究上有哪些优劣短长？下面试以1915年的刊行本为依据，分析该书的特色，并兼与皮锡瑞的《经学历史》、刘师培的《经学教科书》稍作比较，以探讨叶德辉对经学教育、经学研究的独特见解。

一、追溯经学历史，勾画经学流派

《经学通诰》的一大内容是论经学流派，体现了叶德辉对经学发展史的独特的思考。

对经学流派的划分与总结是清代经学研究中的一大主题。《四库全书总目·经部总叙》指出，从汉代至清代，经学虽在学风上有六次变化，而“要其归宿，则不过汉学、宋学两家，互为胜负”①。

---

① 纪昀．钦定四库全书总目．北京：中华书局，1996：1.

这一观点得到广泛流传，江藩著《国朝汉学师承记》、阮元著《国史·儒林传》都持此说。嘉道之际，龚自珍提出异议，以为清代经学非“汉学”所能囊括，只当以“清学”视之，故有汉学、宋学、清学三派之说。晚清康有为力诋古文经，视为王莽新朝伪经，故又有汉学、新学、宋学三派之说。此后，刘师培著《经学教科书》，按时代先后将经学划分为两汉、三国隋唐、宋元明、近儒四派。叶德辉的观点亦是众多观点中值得关注的一家，他先提出了四派说，后又提出了六派说。

1898 年 12 月，叶德辉在为湖南经学家皮锡瑞《六艺论疏证》一书作序时，首次提出：“自汉以来，传孔子之道者有四学。四学者，今文学、古文学、郑氏学、朱子学也。”① 将经学分为今文、古文、郑氏学、朱子学四派，并大致勾勒出四派的演变轨迹。四派说是对《四库全书总目》汉、宋两分说的进一步完善。从经学史的发展来看，两汉时期经今古文之分歧绝不亚于后来的汉宋之别，因此，笼统地将今、古文划为“汉学”一派不尽妥当。叶德辉个人虽然尚汉学、尊古文，但并不讳言古文经学烦琐考证的弊端，也反对今古文之争，故有“终汉之世，师说愈盛而学愈衰”之言②。这恰好反映了叶德辉的实事求是精神。郑玄学通今古、遍注群经，开经学一统时代，因而将郑玄之学另列一派，亦有一定的合理性。

四派说是综论经学学派，虽然也考虑了经学风气的历史变迁，但时间界限不甚明显。《经学通诰》在四派说的基础上，又综合时代分期与派别划分，将经学史上的重要派别分为西汉经学派、东汉经学派、北宋经学派、南宋经学派、清经学北派、清经学南派

① 叶德辉．六艺疏证序//皮名振．皮鹿门年谱．上海：商务印书馆，1939：66.
② 叶德辉．六艺疏证序//皮名振．皮鹿门年谱．上海：商务印书馆，1939：66.

六种类型。其中前四派同时也是经学发展的四个重要阶段，后两种则是对清代经学的横向划分。每种类型内，又再细分，列举代表人物，分析其源流趋向，辨别其得失。

西汉经学派有两种，今文有伏生、董仲舒，古文有河间献王。

东汉经学派有三种，今文有何休，古文有许慎，通学有郑玄。“两汉经师，皆分门户。至郑氏而集大成。”①

北宋经学派，有周敦颐、程颐。“北宋经义以精研性理、阐明人事为宗。观此二家之书，可知其时经学大概。虽以王安石之别创新义、苏轼之偶涉玄理，不过见深见浅，识解不同。要于性理人事二者不甚相出入。苏氏之学具《两苏经解全书》，王氏之学有《三经新义》。今仅存《周官新义》，为其学者有龚原《周易新讲义》、陆佃《尔雅新义》、《埤雅》等书，是亦可备参考也。”肯定周、程之学精研性理、阐明人事，为北宋经学之正宗。

南宋经学派，则以朱子为大宗。“朱子《五经》，《易》复古本，《尚书》辟伪孔，《诗》采三家，《礼》通古今，《春秋》虽无成书，所撰《通鉴纲目》，意在上续获麟。《尚书》又有蔡沈集传，《乐》有蔡元定《律吕新书》。是六经通学，郑氏以后，惟朱子一人。”朱子时代，虽有不同的其他学派与之论争，如金溪陆九渊、永嘉之叶适、陈亮，但朱学得到吕祖谦、张栻等人的支持，羽翼既张，流派益远。故自元明，迄于有清，即以其一家之书，列之学官，令以取士。“盖一学派之成立，必其人有绝大精力，贯彻始终，后人立异与之为难，虽暂晦而复明，如寒暑之相嬗，诚以学问为天下之公器，固非一二人之力所能推倒。”②

清代经学则可分为北派与南派。其中，北派有博野派即颜李

---

① 叶德辉．经学通诰．长沙：湖南教育会，1915：2.

② 叶德辉．经学通诰．长沙：湖南教育会，1915：3.

学派、曲阜派即孔广森、孔广林派。叶德辉认为，颜元之学本为北派，而颜学传于李塨，李塨又受学于毛奇龄，此为南学合北学之始。再传而为程廷祚，则又以南人而为北学。叶德辉极推重李塨之学，“喜其学虽出于习斋，而实事求是，有冰寒之誉”。博野之学，本不行于南方。二百余年后，江宁戴望本其先世家学，著《颜氏学记》一书，表扬颜学。戴望晚年又从陈奂受《毛诗》，从宋翔风受《公羊》，所注《论语》即发明公羊之义。是又转入南学今文派矣。曲阜之学则为孔广森、孔广林。“广森受学于戴东原震，震为江慎修永高弟，是当列于婺源派之再传。然北方为汉学者，纪文达昀无传书，独孔氏一家为之。至马国翰而极盛。”①

清经学南派，则包罗众多，有昆山、元和、婺源、常州、仪征、南雷、四明、桐城、东塾等派。昆山派以顾炎武、徐乾学、潘耒为代表。“炎武之学出于朱子，而实事求是，遂于东南汉学之先。论有清一代儒宗，当以炎武与元和惠周惕为不祧之祖。”② 元和派主要是惠氏家学，惠氏一家三世治经，从惠周惕到惠士奇，再到惠栋，乃创吴学。“惠氏三世治经，至栋而益盛。吴中汉学，实惠氏一家开之。故周惕与顾炎武，不独化被三吴、泽及桑梓，即天下后世，亦当推为有清两巨师。栋之弟子一为江藩，著《周易述补》，一为余萧客，著《古经解钩沉》，皆于汉学一派有功后学者。”婺源一派，即江永、戴震诸人。“江氏之学，出于朱子；戴震乃操入室之戈。再传而为段玉裁，犹是古文学一派。三传而为龚自珍，又转入今文学一派。此无他。师承之严重，不如汉京。故学者但随风气为转移，遂不惜背师而驰，自乱统系。”常州学派有庄存与、庄述祖、刘逢禄、龚自珍、魏源、孙星衍、张惠言等

---

① 叶德辉．经学通诰．长沙：湖南教育会，1915：4．
② 叶德辉．经学通诰．长沙：湖南教育会，1915：5．

人，具体又可分为两派，一为庄氏所开创的今文学派，一为以孙星衍为代表的古文学派。叶德辉虽然一向不满于龚自珍、魏源的今文经学，但于庄存与，则肯定他“学通天人之故，接西京之传，盖得董、贾之精微，而非如龚、魏之流于狂易”；而于以孙星衍为代表的古文学派，则揄扬凸显，不但肯定孙星衍“卓然名师，为古学之劲旅”，张惠言“精研《易》、《礼》，实惠氏之旁支”，而且视阳湖派为清代经学南派中除昆山、元和以外的第三大派。仪征为阮元。高邮则是王念孙、王引之。南雷黄宗羲为浙中经学之鼻祖；四明则万氏兄弟为浙中汉学之先声。万氏兄弟少时曾“师事南雷，得闻蕺山之绪论，平日持论，以为‘非通诸经不能通一经，非悟传注之失则不能通经，非以经释经，则亦无由悟传注之失’。”叶德辉称此为“至理名言”，诚实事求是之义。[①] 当时并无汉学名帜，而治经之法，遂为一代宗风，可谓豪杰之士。桐城派方苞、刘大櫆等人说经之书，本出于北宋，传至姚鼐，则参合义理考据词章为宗，桐城之学至此一变。陈澧本为阮元再传弟子，但陈澧的做法与阮元又有所不同，是所谓汉宋兼采的倡导者，所以叶德辉将他别为一派殿于后。

叶德辉划分经学流派的一个特色，就是注重各个流派之间的渊源关系，较具通贯的眼光。论两汉、两宋经学流派，往往涉及清代各家。如论东汉经学派之郑玄时，接着写道：“有清一代，为许郑之学者，以江浙为最盛。刘逢禄、龚自珍、魏源、宋翔风倡为今文之学，摭拾西汉残缺之文，欲与许郑争席。”[②] 在论朱子之学时，注重对朱子学术影响的考察，认为朱子之学“三传而为王应麟，四传而为黄震，遂开有清顾惠二氏之学，流衍至于乾嘉，

---

① 叶德辉．经学通诰．长沙：湖南教育会，1915：6－8.
② 叶德辉．经学通诰．长沙：湖南教育会，1915：2.

号为汉学”。并因此将视野延伸到清代学者，抨击清代一些学者攻驳朱学是数典忘祖，曰:“毛奇龄逞其雄辩，时值开辟，名为宗汉，实以攻朱；风气初开，无足深较。乃纪文达（昀）、戴震之徒，于其学所从出，而反唇以相讥，则亦数典忘祖之甚矣。”① 而在论清代各派之时，同样追溯其家法由来。对各家各派风格的出入变化也加以揭示，尤其是指出清代南北学派及其师承的多重转向，如北学南传、南学北传。因而，《经学通诰》论经学流派，实质是对经学演变的考察，具有经学史的特点。此外，叶德辉论经学流派强调文献传承，所列各派各人，都附有其经学著作，且均流传下来。如西汉经师无数，而仅举伏生、董仲舒与河间献王三人，因其有书流传下来。这样做的目的，是便于后学者按图索骥，进行经传文献的考证。

经学流派的划分既是个史学问题，又是个经学问题，与立论者本身的经学取向有关。叶德辉划分经学流派，主要依据对经典文本的态度以及治经的方法、特点，显示出其重视文本考证的古文经学特色。就对经学史的考察而言，《经学通诰》与皮锡瑞的《经学历史》、刘师培的《经学教科书》相比，存在着明显的不同。皮锡瑞的《经学历史》将经学历史分为开辟、流传、昌明、极盛、中衰、分立、统一、变古、积衰、复盛等 10 个阶段，对经学史的描述完整、精到、系统，故流传甚广，成为经学史研究的必备参考书。刘师培的《经学教科书》虽然简略，但按照两汉、三国至隋唐、宋元明、清代等四个时期，结合专经的传授、特点、研究成果来进行叙述，如“两汉《易》学之传授”、“两汉《尚书》学之传授”等，大体上囊括了从经学产生以来直至近代的全部历史。

---

① 叶德辉．经学通诰．长沙：湖南教育会，1915：3.

与皮、刘二人相比，叶德辉的最大不同是跳跃性，所列经学流派没有囊括经学的全部历史，两汉之后，紧接着两宋经学，整个三国、魏晋、南北朝、隋唐无一家无一派；宋代以后，省掉元明，直接清代。受清代朴学家否定六朝至明代的经学观点的影响，叶氏认为，魏晋隋唐时期，儒不成林，经不成派，故于此段历史时期的经学不甚措意。这显然与历史事实有一定的距离。不过，叶德辉所论又的确是经学史上最重要的几个阶段，做到了举其大者；特别是从划分经学流派的角度看，叶德辉的确抓住了经学发展史上最重要的流派，较之刘师培的"强以时代分派"，显然更为贴切。

皮锡瑞的《经学历史》着重的是"历史"，以整个经学发展演变全过程为考察对象，故重分期不重派别。刘师培的《经学教科书》将历史分期与学派划分组合在一起，在每个历史时期（也即是学派）内，又以专经为中心来叙述，较为整齐划一。叶德辉的六派说虽然抓住了经学史上关键的几个派别，但在六派也即六个历史时期内的细分则没有一定的标准，或以人划分，或以地域划分；同一师承、学风相同者，亦可分为几派。至于清代南北派之别，更是缺乏足够的理由。叶德辉侄子叶启勋指出："书中增入博野颜元、李塨，曲阜孔广森、孔广林两派，以之洞为北人，不欲显分畛域；实则颜李，于宋学犹旁门，何足于经学；二孔受学于戴震，为南学入北之先，不足云一派。故后来定本删去之也。"①但笔者所见湖南教育会发行之定本，并未删去。总之，叶德辉在六大派（也即六个时期）内的经学流派划分杂乱而随意，近乎流水账。不过，叶德辉对学派风格出入分合的分析、学术传播路线

① 中国科学院图书馆整理．续修四库全书总目提要经部．北京：中华书局，1993：1423－1424.

的描述，既能避免皮著从整体上描述经学兴衰轨迹之粗疏，又能弥补刘著以经书为中心的叙述模式之不足。

对经学史的描绘，其实也就是对经学知识谱系的建构。叶德辉构建的经学流传谱系，有几个特色值得注意：

一是以朱子为清代汉学之初祖，对汉宋关系提出了独到的解释。

众所周知，汉宋之争是清代学术史上的一大现象。《四库全书总目》将两汉以来的经学分为两类，即崇考据的汉学与讲义理的宋学。此后，江藩著《国朝汉学师承记》，将汉学看成是清代学术的正宗，并以纯宗汉儒作为选编的依据；方东樹则针锋相对，作《汉学商兑》，历数汉学家之误。于是汉宋对峙，势如水火。由于各种因素的作用，道咸以降，学术思潮渐由汉宋之争走向汉宋调和，其代表人物既有理学名臣曾国藩，更有广东学者陈澧。陈澧在学术上力图沟通汉宋，早年的著作如《汉儒通义》就主张“汉儒善言义理，无异于宋儒；宋儒讥汉儒讲训诂而不及义理，非也；近儒尊崇汉儒，发明训诂而不讲义理，亦非也”①。而其代表作《东塾读书记》的中心思想就是论证汉学家亦讲义理、宋学家亦讲考据，从而达到消除汉宋矛盾的目的。陈澧的观点在晚清学术界产生很大影响，为很多学者所接受，汉宋调和成为晚清学术的一股思潮。

作为两种经学学派，汉宋之学贯穿整个经学史；而作为历史现象，宋学与清代汉学又是前后相续的两种学术类型或学术现象。那么，两者之间究竟有何关系？陈澧通过静态地论证汉学亦讲义理、宋学亦讲考据的方式来调和汉宋，旨在消除晚清时期的汉宋

① 陈澧．汉儒通义自序．转自钱穆．中国近三百年学术史．北京：商务印书馆，1997：662.

之争，而不是对历史上的汉宋关系的客观分析。对于这种调停之说，早在戊戌变法时期，叶德辉就力驳其非。叶德辉指出：汉学所长在训诂，宋学所长在义理，不应抹杀汉宋区别、混淆是非；主张学可兼通不可强合，用汉学的方法治汉学，用宋学的方法治宋学。但构建经学知识谱系，尤其是要描述出各家各派的源流趋向之时，必然要涉及到对汉宋关系的解释。故在《经学通诰》中，虽然依然对陈澧的汉宋调和论持批评态度，但表明自己“平生颇尚汉学，而独崇朱子”①，不但肯定朱子的敦行践履，而且通过学术传承演变的动态分析，提出朱子开有清顾、惠二氏之学的观点，肯定朱子是清代汉学的初祖，从而在陈澧的汉宋调和论之外，对汉宋关系提出了新的见解。这在学术思想史上是个独特的见解。此后，在有关汉宋关系问题上，比较著名的观点有梁启超的“反动说”，即汉学的兴起是对宋学的反动；钱穆的“延续说”（此说后为余英时所发展，即清代汉学的兴起是宋学由尊德性发展到道问学的结果），一者强调断裂（创新），一者强调延续（继承）。而与之相抗衡的观点有湘籍学者张舜徽的“朴学源于宋学说”，可谓是对前两者的折中。从学术思想的演进看，叶德辉的“朱子开清代汉学之先”的观点实开“朴学源于宋学说”之先河。

二是将高邮以文字训诂学著称的王氏父子另列一派，强调文字训诂之于经学的意义。

“高邮自创一派，专以形声训诂校勘古书，于是千古沉晦不可解之文词，循其例无不涣然冰释。”此后俞樾又沿用其法，著《群经平议》、《诸子平议》、《古书疑义举例》等，以文字训诂解经。叶德辉誉高邮王氏父子及晚清俞樾为“周孔之扫夫、刘班之嫡

---

① 叶德辉．经学通诰．长沙：湖南教育会，1915：3.

子”；以至于曾国藩在《圣哲画像记》中推崇王氏为“集小学大成”，叶德辉还认为“盖犹等夷之见矣”，评价过低。[1] 这与叶德辉对于经学的见解有关。清代经学研究中，文字、校勘等附庸渐渐蔚为大观，成为独立的学问；而叶德辉则强调文字训诂校勘正是两汉经师解经之法，王氏、俞氏都是经学家而不仅仅是小学家。

二、传承研究方法，导经学以正途

经学教育到底要达到一个什么样的目的？通过组织哪些教育内容才能达到这个目的？这是经学教科书的编撰者必然要思考的问题。这个问题其实也就是经学教育的价值取向与经学教育的具体内涵问题。与今文经学家皮锡瑞、古文经学家刘师培相比，叶德辉显示了他与众不同的思考。

大体上说来，皮锡瑞的《经学历史》以传承儒学义理为价值取向，其最终目的是要在普通学生中树立“尊孔崇经”的信念。为此，《经学历史》以挖掘经学的简明有用为具体内涵。他通过对经学历史的考察，证明无论治国、兴学还是立身，都要尊奉孔教、崇重儒经。同时，强调经学研究要“本汉人治经之法，求汉人致用之方”[2]，以消除新式学堂学生荒经蔑古的现象。对2000年间纷繁复杂的经学进行精挑细剔，列举寥寥数家，让学生对经学产生简明、有用、易学的好感；同时也为喜新厌旧的学生指出一些简便易行的治经要点，使其“获从入之途”。刘师培认为：“夫《六经》浩博，虽不合于教科，然观于嘉言懿行，有助于修身。考究政治典章，有资于读史。治文学者，可以审文体之变迁。治地理

① 叶德辉．经学通诰．长沙：湖南教育会，1915：6－8.
② 皮锡瑞．经学历史．北京：中华书局，2004：250.

者，可以识方舆之沿革。是经学所该甚广，岂可废乎？然汉儒去古未远，说有本源，故汉学明则经诂亦明。欲明汉学，当治近儒说经之书。盖汉学者,《六经》之译也；近儒者，又汉儒之译也。"① 将经学教育的价值定位于有助于修身、读史、审文体、识方舆等方面，而以传授经学知识为具体内涵。《经学教科书》的最大特色是试图借鉴西方社会学理论来指导经学研究，如探讨《易》学与哲学的关系时说："斯宾塞耳《群学肄言》曰：'一群之中，有一事之效实，即一事之储能方其效实。储能以消，而是效实者又为后日之储能。'其理甚精。"② 刘师培讲授《易》经，除了按照传统路径讲解之外，又另辟《易》与文字之关系、与数学之关系、与科学之关系、与史学之关系、与政治学之关系、与社会学之关系、与伦理学之关系、与哲学之关系等专节（课），表明他将经学研究纳入分科之学中的努力，以及诠释儒家经典当代价值的尝试。

叶德辉认为：经学的衰退外缘于罢科举、兴学堂等制度的变更，内缘于晚清公羊学的疑经惑传破坏了儒学的知识系统，由此导致了儒学信仰的危机。为了匡救经学，必须将经学研究导入正途。正如其弟子刘肇隅所言："同光以来，今文公羊之学大倡，怪诞虚诬，流为人心风俗之害。是书谊主匡救，不仅经学入门所必读也。"③《经学通诰》以维护儒学知识系统为宗旨，而以传授经学研究方法为主要内涵，提出了经学研究中的"六证""四知""五通""十戒"等若干规范。这也是《经学通诰》一书最大的特色。

第一，六证。

① 刘师培．经学教科书．上海：上海古籍出版社，2006：3.

② 刘师培．经学教科书．上海：上海古籍出版社，2006：241.

③ 刘肇隅．经学通诰//郋园四部书叙录．长沙：叶氏观古堂，1927：5.

“六证”是具体从事经学考证的六种途径，包括以经证经、以史证经、以子证经、以汉人文赋证经、以《说文解字》证经、以汉碑证经。

叶德辉认为，经典是一整体，各经之间可以互相印证，非通诸经不能通一经。注疏是后人把握圣人之义的一座桥梁。但是，传注毕竟是后人所作，亦会有其缺失。这种缺失只能通过以经释经的方式来纠正。这种诠注方法强调的是经典的会通，以整体的考察来指导局部的考察。具体说来，如《礼》证《易》，以《春秋》证《易》；以《春秋》证《礼》，以《公羊》证《易》；以《谷梁》证《礼》；以《礼》证诗，以《公羊》证《论语》等，前人在这些方面都有成功的案例可查。由此可知，“不通群经不能治一经”，乃解经第一要义。

以史证经，有两种情况。如以《史记》一书，《五帝本纪》、《夏本纪》、《殷本纪》、《周本纪》可以证《尚书》、《春秋》，《列国世家》可以证《尚书》，亦可以证《左传》；《孔子世家》、《仲尼弟子列传》可以证《论语》；《孟荀列传》可以证《孟子》。这些都是涉及到史实的部分。此外，史书所记前人事迹，引用经文，多与今本殊异，也可借资参考；史书中还记载了一些经师的遗说。这对于考察经学家法源流、经师说法，都极为有益。至于《国语》、《战国策》、《逸周书》本属经类，或与《春秋》相表里，或与《尚书》相贯通，虽然纯驳不同，却是考证经义的必备书。

叶德辉沿袭了清代汉学诸家的说法，认为诸子皆六艺之支流，其学多出于七十子。因此，子书可以为经义考证提供依据。这里，叶德辉与国粹派等其他学派的差距立现。国粹派虽倡保存国粹，以国粹激动种族，激动爱国心肠，但由于破除了尊经卫道的束缚，故在整理古学之时，能不受儒学学统所囿，揭橥诸子学的真谛，将儒学还原为子学。而叶德辉的做法恰恰相反。他向上追溯的结果，是视子学为经学的附庸，其作用仅在于为经义考古提供佐证，对子学义理本身没有予以注意。直到1921年，叶德辉在《北游文存》中，还是对《墨子》表示了不满。

汉人文赋，或释经有异义，或引经有异文，因此亦可以成为证经的又一途径。这一点已为清儒所注意。"有清诸儒，各治一经，无不贯彻源流"，将汉人文赋中有关经文搜采遗佚，足为后人治经之助。

对于许慎《说文解字》一书的重视，是清代汉学家的一大特点。清代汉学家坚信通过字、句的解释，必能最终接近圣人之义，所谓读书必先识字。在此话语下，人人许郑，家家贾马。叶德辉之以《说文解字》证经，并非从此角度立论。他认为，许慎为古文学，而兼采众家之言，故其书同引一经，往往先后异字；解义亦不相同。《说文》一书引用了经书，其今古文有文字之异；其解释经义，亦采用了众家之说，有助于考证经书之文本原貌以及汉代经师遗说。《说文解字》不仅是一部文字工具书，还是一种资料汇编，具有旁证的价值。

以汉碑证经。汉儒治经，最重师说。凡流传碑本，其引经与他本异者，皆家法之各殊。皮锡瑞的《汉碑引经考》一书，疏证详明，真伟作也。

"六证"不是叶氏本人的发明创造，而是对历代经学家治经方法的一种总结。"六证"的共同特点，一是试图回到经文本身，通过各种材料的比勘，把握经书的文字面貌；二是试图找回经师遗说，看看前人到底是如何解释的。回归原典的考证色彩很浓。

第二，四知。

"四知"为知源流、知存亡、知体例、知真伪。"四知"为治经者必须具备的常识，也是治经的前提条件。

经书在长期的流传过程，几经曲折，或亡而复得，或得而复亡；经传亦是圣圣相传，语有依据。故而治经学者，首先当知经书之源流。叶德辉认为，《六经》亡于秦，唯《易》以其为占筮之书独存。至汉代经学兴，其文书或出于经师口授，或出于壁藏。治经者应弄清它“传自何人，授之谁氏”。这些通过翻检《史记·儒林传》或《汉书·艺文志》及《经典释文》，不难得其真相。清人毕沅作《通经表》、《传经表》，更可省却后人翻检之劳。此外，如《三国志·列传》，《南北史·儒林传》，亦对其间师承家法有记录，取而读之，则诸经之源流了然于心。

自两汉以后，诸经传注或存或亡。要知其详，当以《四库全书总目》、《四库未收书目》为依据，再上溯到《汉书·艺文志》、《隋书·经籍志》、《新旧唐书志》、《宋史·艺文志》、晁公武《郡斋读书志》等，按部目考求其书之存亡。存者择其精以供研求，亡者搜其佚文以存古谊。经学讲究学有本原。不知经之存亡，则不能脚踏实地辨别是非。叶德辉此语，当是有针对性。如前所述，晚清时期，对于传统经学的最大威胁，来自于康有为的伪经说。故叶德辉在此特别提出：“毋逞毛奇龄之口辩，毋蹈王夫之之冥思，毋染龚自珍、魏源之猖狂，无效王某之杜撰，至廖平、康有为虚诞陋儒，托经术以祸天下，此乃亡国之妖孽，更不必与之言学矣。”①

经学有注有疏，历代经学著作无非注和疏两类。注为对经的解释，疏为对注的疏通。大抵说来，“注不破经，疏不破注，注或迂曲，疏必繁称博引”。注又有多种，如传、记、笺、故训、解诂、章指等；疏亦有多种，如义疏、正义、义赞、疏等。义疏是

---

① 叶德辉．经学通诰．长沙：湖南教育会，1915：14．

指引取众说，以示广闻，如皇侃《论语义疏》之属；正义是正前之疏义，奉诏更裁定名曰“正”，如孔颖达之《易》、《诗》、《书》、《左传》、《礼记》正义之属。

经学史上，出现过许多伪书，这是治学者应警惕的。如子夏《易传》，伪于唐张弧；关朗《易传》，伪于宋阮逸；子贡《诗传》、申公《诗说》，伪于明丰坊；古文《孝经孔安国传》，伪于日本。又如，晋梅赜所上《古文尚书》，经历代学者怀疑，到清代阎若璩考证，其伪已成定案。但对于伪书，亦不必一概否定。以《古文尚书》为例，因“梅赜虽工于作伪，犹见晋以前古书，故其精理名言，能使唐人为之屈服”。清光绪十二年（1873 年），王懿荣奏请复《古文尚书》，以孙星衍《今古文尚书注疏》附入《十三经注疏》。其议为礼部所驳。叶德辉认为，王懿荣此举，不过是庸人自扰。因为民间自有尊信伪古文者。“故知一书之真伪，而后不至误入歧途。此固治经者所当分晓者矣。”①

第三，五通。

“五通”则是论通经的具体内涵，及其步骤。

通章句。《诗》、《书》、《礼》、《乐》，定自孔子；发明章句，始于子夏。通章句是治经的一种形式，即分章析句。《礼记·学记》有“一年视离经辨志”之说，郑玄注释：“离经”即断句，“辨志”即“别其心意所趣向也”。离经即离析经理，使章句断绝也。后人以“章句之儒”为轻蔑之词。其实，通章句是治经第一要义。两汉经师，以章句名者众多，如西汉《易》有施、孟、梁邱《章句》，《尚书》有欧阳章句、大小夏侯章句；《春秋》有《公羊章句》、《谷梁章句》等。先儒之重视章句，乃因“章句不

① 叶德辉．经学通诰．长沙：湖南教育会，1915：17.

明，即无由通知大谊”①。

通校雠。一字之差，谬以千里。故治经，当通校雠。刘向校书，郑玄注《礼》，都注重文字校雠。唐代陆德明《经典释文》罗列群经之异字、宋代岳珂《九经三传》沿革例参稽各本之善长。发展到清代，诸儒兀兀穷年，人人同好。如顾炎武的《九经误字》、《齐召南注疏考证》、阮元的《十三经注疏校勘记》搜罗尽净；王引之的《经义述闻》，俞樾的《群经平议》，精于声音训诂之学，四通八达，几于推阐靡然。但在校雠方面，还有未尽者。日本唐宋旧本，倍于乾嘉之时，敦煌石室秘籍，胜于中外之口；其中关于经学，就有很多文句不同者。一字之讹，或几字之增、删，意思立变，甚至于千言万语难以解通者。这些都可借助新出现的材料、日本流传的古籍加以校对。叶德辉主张："校雠之学，尤治经者所当用心"；否则，"疑狱千秋，难期定谳，岂非治经之大厄"②！

通小学。即通文字之学。小学为治经之关键，其事为至难。

通大谊（义）。通经的目标是为了把握儒家义理、圣人之道。圣人之道有传诸口说的微言，有载诸经传的大义。班固《汉书·艺文志》云："仲尼没，而微言绝。七十子丧，而大义乖。"叶德辉认为，微言已绝，不可复续；大义虽乖，可以匡正。这里，叶德辉要表达的不仅是古文经的治学路径，强调通过考证来把握经典的客观义理；更主要的是针对晚清以来今文经学借微言倡改制、变法、民权、平等等新思想，认为它扰乱人心、祸害风俗。什么是大义？就是以三纲五常为核心的名教。什么叫大义乖？就是纲常名教被破坏。"君不君，父不父，子不子，是之谓乖。君君臣臣父父子子，是之谓不乖。"《易》有大义，《尚书》有大义，《诗》

① 叶德辉．经学通诰．长沙：湖南教育会，1915：18.
② 叶德辉．经学通诰．长沙：湖南教育会，1915：20.

有大义，《礼》有大义；《春秋》有大义。诸经中的大义，即是三纲。如《易·系辞》曰："天尊地卑，乾坤定矣。"《易·序卦》："有天地然后有万物，有万物然后有男女，有男女然后有夫妇，有夫妇然后有父子，有父子然后有君臣，有君臣然后有上下，有上下然后礼义有所错。"这就是《易》之大义。《尚书大传略》引孔子曰："《尧典》可以观美，《禹贡》可以观事，《咎繇》可以观治，《鸿范》可以观度，《六誓》可以观义，《五诰》可以观仁，《甫刑》可以观诫。通斯七观，《书》之大义举矣。"《论语》子曰："《诗》可以兴，可以观，可以群，可以怨，迩之事父，远之事君，多识于鸟兽草木之名。"此《诗》之大义也。《大戴礼记·哀公问》："孔子曰：'民之所由生，礼为大，非礼无以节事天地之神明也；非礼无以辨君臣上下长幼之位也；非礼无以别男女父子兄弟之亲。"这是《礼》之大义。孟子曰："世衰道微，邪说暴行有作。臣弑其君者有之，子弑其父者有之。孔子惧，作《春秋》。《春秋》，天子之事也。孔子曰：'知我者其惟《春秋》乎？罪我者其惟《春秋》乎？'"此《春秋》之大义。各经大义，要参合诸经来把握。叶德辉认为："大义明而后六经如日月之昭垂，治经之能事毕矣。"① 治经的目的就是为了明大义。

通政事。经学之用，不仅在于个人的人格铸成、道德完善，还在于可以治国，六经都能通政事。"六经而无实用，则圣人为空作矣。"《礼经解》引孔子曰："入其国，其教可知也。温柔敦厚，《诗》教也；疏通知远，《书》教也；广博易良，《乐》教也；洁静精微，《易》教也；恭俭庄敬，《礼》教也；属辞比事，《春秋》教也。此《六经》有用之效也。"汉代崇经，即在于以经学通政

① 叶德辉．经学通诰．长沙：湖南教育会，1915：24.

事。叔孙通采古礼、酌秦法、定朝仪；窦公献《周官》大宗伯大司乐章，汉世礼乐由之兴；董仲舒以《春秋》决狱事，王式以《诗》当谏书；平当以经明《禹贡》使行河，儿宽通《尚书》，以古法议决疑大狱。而另外的一些所谓通政事，则不值一驳。如何休以《春秋》驳汉事四百余条，即非见诸施行，不过逞其辩难；王莽、王安石托古礼改制，惑古殃民。此其于经术本无所知，仅拾其鳞爪皮毛，为饰奸文过之计。诸子学也能通政事。但其效在一时，不如经术之垂久。

第四，十戒。

十戒为戒僭妄、戒武断、戒杜撰、戒割判、戒空疏、戒破碎、戒穿凿、戒附会、戒攘窃、戒党伐。“十戒”是治经过程中应当避免的十种错误，实际上也是治经的规范。其中颇多家法门户之见，也不乏允当之论。试举其要者言之：

戒僭妄。经典具有至高无上的地位，圣人具有不可企及的地位。凡是将其他著作比拟经典、将凡人比拟圣人者，皆属僭妄。在叶德辉的眼里，扬雄以《太玄》拟《易》，以《法言》拟《论语》，王通以《中说》拟《论语》，以《元经》拟《春秋》，皆是僭妄的表现。非圣疑经也是僭妄。有在文献上冒充者，有补经传者，有在思想上质疑孔孟者，都是不可效法的僭妄之举。动矜秘本，妄改古籍，其后果无异秦火之祸。

戒空疏。这主要是针对理学而言的。“宋儒说经，明理切事，诚为有功于《六经》。惟其高语精微，空谈性理，为之者固以圣人之徒自命，学之者将以语录之作配天。不知性与天道，不可得闻；言语高贤，岂能阻人以不窥富美?”① 《论语》开宗教人，唯在

① 叶德辉．经学通诰．长沙：湖南教育会，1915：30.

“学而时习”一语；圣人一生自勉，唯以“学而不厌”为归。既然圣人所崇在“学”，则性理、空谈均非圣人之意。故叶德辉“于宋人说经之书，专取其切于人事者列之，所以救空疏之病也”。

戒穿凿。叶氏所谓的穿凿，包括对字的妄解，也包括以钟鼎彝器字解经。“以似真非真之文，据半信半疑之字，遽然推翻旧说，自诩为新知，较之兰台赇改漆书，其勇于自信，不恤人言，有其过之矣。”① 这与叶德辉的文字学观点有关。叶德辉反对以钟鼎彝器字来校对许慎书，其中一个原因，就是这些钟鼎彝器真伪难辨，杂有大量赝品。一直到20世纪20年代，叶德辉才改变了这一看法。

戒附会。附会者所发挥的是本人的见解，而不是经之本义，是强经就我，违背了治经的原则。叶德辉认为，汉人以灾异神输说《易》，以《参同契》说《易》，六朝人以老庄说《易》，宋陈抟以《图书》说《易》，邵雍以《皇极数理》说《易》；汉人以五行灾异说《洪范》，宋儒以《河洛》说《洪范》，汉人以四始五际说《诗》，汉儒以明堂阴阳说《礼》，以封禅群礼说《礼》，以“新周”“故宋”“王鲁”为汉制作说《春秋》，以年、月、日、时例说《春秋》，均为附会。这些都是治经者所应当避免的。“学无论汉宋，惟求其实。汉无论今古文，宋无论为朱为陆，惟求其是。执一偏之见，挟求胜之心，正理不足，乃不得已而以附会出之，此古今学者之大病也。”②

戒攘窃。为表明学有本原、语语有据，学者当注意对引文出处的标注。叶德辉称赞“有清一代考据之学，引书必注明出处，引旧人说必标举姓名”为“可师可法者也”，并指出：清代诸儒说

---

① 叶德辉．经学通诰．长沙：湖南教育会，1915：31.
② 叶德辉．经学通诰．长沙：湖南教育会，1915：32.

经以校勘与疏证二者为多，而很少注家；即便有之，大都采集前人旧注加以发明，“未有掩取群言据为己有者也”。然而，这种治学规范被后人破坏了，应当加以纠正。

其他如戒武断，反对的是疑经思想；戒杜撰，反对的是以臆想说经；戒割判，反对的是对经传的删补；戒破碎，针对的是汉学的烦琐；戒党伐，反对的是门户之争。博学原须明辨，而辨者须有从善服义之公心，如郑玄之箴膏盲、起废疾、发墨守，虽操伐何休之室，当之者将俯首而无异词。如怀私意，则争辩沦为门户。

“六证”、“四知”、“五通”、“十戒”，从证经的途径、考经的具体内涵、治经的前提条件，到治经者应注意的规范，无不囊括其中，代表了叶德辉所主张的治经之正途。

三、在知识与信仰之间徘徊

编撰经学教科书的出发点是因应清末新政局势下教育的需要，替日益陷入困境的经学找到出路，维系经学在教育中的地位，抑制非圣毁经思想的进一步流衍。由于叶德辉在湖北存古学堂总教习任上很短，未能及时刊刻该书，因此，《经学通诰》作为经学教科书并没有在培养经史师资方面实际发挥作用。不过，从思想史的角度看，《经学通诰》作为一部学术著作，为我们提供了分析叶德辉经学思想的一个样本，从中可以看出叶德辉在近代社会文化变迁的背景下调适经学的努力，以及内在的困境。

叶德辉将近代经学的衰退归结为制度的变更与公羊学的破坏，且视公羊学的破坏为更本质的原因，所谓“公羊肆流毒，经亡国亦亡”①。从学术思想的层面看，叶德辉所见不无道理。对于传统

① 叶德辉．日本三君咏·竹添光鸿//岁寒集．长沙：叶氏，1929：2.

经学而言，晚清公羊学实为离经叛道的颠覆性运动。在龚自珍、魏源，特别是康有为那里，今文经学的历史被他们滑转，内容也被抽离化为象征性符号，轻古经重时政，“实际上已超越了经学的范围，不只是从根本上抛弃了考据学，而且也暗暗地告别了整个经学系统”①。基于这种认识，叶德辉竭力在经学教育中灌输一种正确的治经方法，以抵制晚清公羊学说对儒学知识系统的破坏。如前所述，叶德辉在《经学通诰》中总结出了一套治经所必遵循的规范，作为“匡救”之策。从这些原则、方法的具体内涵来看，叶德辉传授给弟子者，不出乾嘉诸老之范围，无非是通过文字训诂、版本校勘，最大限度地弄清经典原貌，求契于古圣贤之心志；其经学表现出很浓厚的考据色彩。这在一定程度上将经典当成了研究而非信仰的对象。叶德辉反将经典神秘化，如论及《春秋》，则言：“郭公夏五，存鲁史之旧文，不知而作，信君子之盖阙。”②强调《春秋》阙者存阙，一仍其旧，后人不应妄加阐释。凡此种种，都体现了叶德辉在学术上实事求是、崇尚实证的理性精神。

另一方面，这种学术上的实事求是又与思想上的尊经卫道意识夹杂在一起。《经学通诰》一书随处隐含对晚清公羊学的批评，乃至于攻讦。这种批评主要从两个方面出发：一是基于公羊学在学术上的流弊，如指责“近人如王某、廖平、康有为，其人一味自欺欺人，而欲以臆造之空谈，求胜于往哲”③；又谓“自戴望注《论语》，模仿汉人；王某笺《礼》补《诗》，抹杀前人训诂，开

---

① 景海峰．儒学的现代转型与未来走向//新儒学与二十世纪中国思想．郑州：中州古籍出版社，2005：5.

② 叶德辉．经学通诰．长沙：湖南教育会，1915：28.

③ 叶德辉．经学通诰．长沙：湖南教育会，1915：28.

著书简易之路，成末流蔑古之风”①。这些批评洞中晚清公羊学之疏漏，不无合理之处。一是基于康有为等人借公羊学比附时政，如谓：“有清末造，康有为假托公羊，比附时政，以致新旧相轧，邪说朋兴，亡国咎征，至今为梗。”② 作为一种纠偏，叶德辉强调，微言已绝，不可复续；大义虽乖，可以匡正。他认为，经学研究当以“通大谊”为宗旨，而所谓“大谊”恰恰是近代以来已呈分崩离析之势的儒学伦理纲常。在叶德辉的思想中，经典虽不神秘，但是神圣不可侵犯；故治经必须是在尊经崇道的信仰指导下进行。这种卫道意识阻止了叶德辉学术上理性精神的进一步发展。

近代经学的演变是时势与学问竞争的结果，并不纯粹是经学内部学术理路的演绎。康有为公羊学说的出现，本身就是时势逼迫的产物。经学若想要挽回衰退的局面，必须对时势有所回应，也即必须在“发明义训，通知世用”方面有所作为。正如皮锡瑞所言：经学研究若能使“两汉人才之盛，必有复见于今日者”，学子“何至疑圣经为无用，而以孔教为可废哉”③！因此，叶德辉在“匡救”经学的同时，也试图为经学寻找新的意义，确立新的价值取向。然而，恰恰是在回应时势、挖掘经学的意义方面，叶德辉陷入一种困境。叶德辉提出：“六经而无实用，则圣人为空作矣。”④ 强调经术可通政事。

事实上，叶德辉的“通政事”之说，极为牵强附会，它无法解释经学在人们日常生活中实际用途，更无法挽回经术的衰退之势。如果说早期的经术的确具有实用的工具价值的话，则越到后

① 叶德辉．经学通诰．长沙：湖南教育会，1915：32.
② 叶德辉．经学通诰．长沙：湖南教育会，1915：34.
③ 皮锡瑞．经学历史．北京：中华书局，2004：250.
④ 叶德辉．经学通诰．长沙：湖南教育会，1915：26.

来，这种工具价值越被淡化。清代以前的经学，在中国社会上一直担当着双重角色，既有工具价值，又有道德价值，因而也才具有绵长的生命力。在社会分工比较单一、人类所面临的人文问题和自然问题比较简单的时代，经学所提供的社会等级秩序和统治理论，所传递的自然知识和生产经验，成为指导政治实践和生产实践的范式，同时也是个人身心修养的指南。尤其是两汉时期，经典不仅提供封建统治的合法性依据，而且直接指导当时的政治、经济活动。但这种“以经术缘饰吏事”在两汉以后已盛况不再，成为历代儒者心头挥之不去而又难以企及的一个乌托邦。不过，在经典对生产的指导价值逐渐弱化的同时，在政治层面的工具价值则历久弥新；特别是理学出现以后，儒学对辨人才、察民情、谨言行、正威仪都有直接的指导意义，可以用于政治操作。然而，近代以降，西学东渐，社会渐渐进入转型时期，生产活动多元化，职业分工细化，政府机构专门化，政治思想近代化，从技术层面到政治层面，朱子学所诠释的经典系统的单调内存已越来越难以支持日趋多元的晚清社会的各种实践。经学作为“术”的工具意义大为缩减。[①] 而叶德辉强调要读《左传》来掌握外交策略、读《尚书》来了解行政大纲、读《尔雅》来了解百科知识，显属窒碍难行。

在叶德辉的经学思想中，通政事是与通大谊（义）相联系的，也即，通政事必须是在遵信三纲五常的前提下进行的，否则就是阴谋行逆。而他所强调的大谊（义）恰恰是近代以来已呈动摇之势的儒家伦理体系。从戊戌维新湖南新旧之争开始，直到五四新文化运动，“三纲及其所代表的规范伦理，一直是转型时代对传统

---

① 关于这一点，可参见廖梅的《清末民初儒学传授途径的现代化及其中止》一文，载复旦学报（社会科学版）2002 年第 6 期。

价值批判的主要箭垛。儒家道德价值的这一面，可以说是彻底地动摇而逐渐解体”。德性伦理的核心是《大学》所表达的三纲领、八条目，它表明儒家的人格理想是成为圣贤君子，而社会理想是天下国家。然而，自清末以来，儒家传统理想也遭到质疑。梁启超的《新民说》所提出的理想人格，已经不是儒家圣贤君子的观念所能限定的，而包含了西方的价值观念，如自由权利、冒险进取、尚武、生利分利。同时，梁启超所描绘的社会理想，也由传统儒学所重视的天下国家变为民族国家。因此，“就整个转型时代而言，儒家德性伦理的核心思想的基本模式的影响尚在，但这模式的实质内容已经模糊而淡化”①。叶德辉对传统儒学伦理的坚守与历史发展局势相违背，无助于挽回经学的命运。

事实上，叶德辉的《经学通诰》本身侧重于文献考证，并未能“通政事”、“通大谊”。但是，传统的经学信仰使他相信，经学应当具有这样的价值与功能。当尊孔读经乃天经地义之事时，经学的功能与价值是不需要论证的。叶德辉对经学意义如此挖掘，恰恰是经学存在的合法性遭遇挑战之后的反应。

此外，从学术思想的演变来看，经学的衰退与史学的高涨是清末民初的一大趋势，经学最终以“经学史”化的形式完成了与现代学术的对接。皮锡瑞的《经学历史》由于形式上完成了对经学历史的系统、全面、精确的描述，被后世学者解读成中国第一部经学史著作而得到了重视，延续了它的学术生命；刘师培的《经学教科书》也由于综论经学的产生、发展与流变，被视为近代中国研究经学史的重要著作，而与皮著同享盛名。相比之下，《经学通诰》尽管也包含了经学史的内容，特别是具有皮著、刘著所

① 张灏．中国近代思想史的转型时代//陈弱水，王汎森．思想与学术．北京：中国大百科全书出版社，2005：308，311.

没有的对治经方法的全面总结与介绍，但由于作者强调经学研究当以尊经崇道为前提、以维护儒家规范伦理为目标，显示了浓厚的保守色彩，故与近代思想发展大势相违背。特别是《经学通诰》是在1915年为配合袁世凯政府尊孔读经的背景下正式刊行的，客观上有为袁世凯复辟帝制服务的嫌疑，故后世少有人问津。然而，当我们将《经学通诰》的学术思想与叶德辉保守的政治思想剥离开来之时，其学术价值理应得到重新评价。

第四章　无奈的退守：从参与省政到闭户弦歌

正如传统学者大都以经世致用为己任一样，叶德辉虽然钟情于著述等名山事业，日常生活中亦常与友人诗词唱和、抒发胸臆，但“其初不独不肯为诗人，并不欲囿于学人”①，而是热衷于“服务乡里”、积极参与省政。不过，叶德辉的热心诚有“遭际非时”之憾。在清末民初的社会变迁中，叶德辉逐渐由足以影响一省之政局的地方领袖变为“国人皆欲杀”的顽固党，只能退守学术一域。对此，叶德辉曾感慨：“余生平以造福桑梓为志愿，三十年前事事得心应手，乡人隐受其福。改革以后，举手凿枘，不能稍一发舒其初愿，是固湘人之劫运未尽，而余之晦气有以乘之也。”②抒发自己对丧失在湖南省政中的参预权的不满，并将之归结为命运的不好，以及湘人的劫数未尽。撇开其中所寓含的保守思想不论，叶德辉此番感慨，真实地反映出他对地方事务影响力的下降这一历史事实。

另一方面，尽管时势变迁使叶德辉逐渐丧失了政治上的话语权，但他始终保持了对学术文化活动的热爱。1923 年，叶德辉曾

① 许崇熙．观古堂诗集序//沧江文钞：卷一．沧江诗文钞．[出版者不详]．

② 叶德辉．郎园六十自叙．长沙：叶氏观古堂，1923：9.

作《郎园六十自叙》，对自己一生的志向、活动进行了总结。在历数自己家庭之困苦、人世之危险后，又述自己尚有三乐：一是八旬老母尚且饮食起居如少年；二是侄子们好学孜孜，为其校书刻书，各守师承，读书不失家法，楹书之托将在竹林；其三是自己平生酷好聚书，又龂龂于版本之鉴别，所藏几乎多达20万卷，异本重本插架累累，四库应读之书既已遍读，四库未见之书亦随见随读，诸从子继起，益事搜采，所获秘笈互相传抄，世业青箱，五经诒笥，书香济美，家泽延长。① 可见叶德辉平生兴趣爱好之所在。

从参与省政到闭户弦歌，可以说是叶德辉人生无奈的退守，然而却最终成就了叶德辉作为一个学者在中国近代学术史上的地位，为中国传统文化的保存做出了巨大的贡献。

第一节　沦为文化遗民

在清季社会变迁中，叶德辉逐渐由权绅变为“劣绅”，丧失了对湖南地方政事的发言权。清末政事的窳败，使叶德辉对清朝极度失望。尽管如此，清朝覆亡之后，出于对儒家伦理纲常的信仰，叶德辉还是以前朝人自居，从而做了文化意义上的前清遗民。

一、表扬忠节，兼明乡邦掌故

在清朝灭亡之前，叶德辉所做的最后一件有关湖南地方风化的事是发起重修南宋赵汝愚衣冠墓。赵汝愚是南宋时理学派的代

① 叶德辉．郎园六十自叙．长沙：叶氏观古堂，1923：9－10.

表人物之一，也是坚决主张抗金的抗战派代表人物之一，曾官至丞相。在位时，善用人之道，将以前贬谪在外的大臣一一重新启用。后因受韩侂胄党禁之害，被贬至永州，任宁远节度使。赴任途中，在衡阳暴卒。皇帝念其一生精忠报国，追封为福王，谥忠定；后又进封为周王；并令将他的棺柩运回原籍江西余干安葬。当他的灵柩经过长沙时，长沙人纷纷前往吊唁和祭奠，要求将他安葬在长沙。于是皇帝批准他的灵柩离开长沙时，留下遗物，在长沙妙高峰下修建一座“衣冠冢”，供人凭吊。又有一说法，是赵汝愚本埋在长沙，而原籍余干之墓则是“衣冠冢”。自宋以来，湖南士民钦其孤忠，庙祀不绝。然而历经千年，古墓遂湮，祠庙亦荒。

叶德辉之弟叶德耀性好佛老之事，曾有心修葺福王庙，又欲辑福王之事，但未成而卒。受此启发，叶德辉致力于辑佚赵汝愚事迹、刊刻赵汝愚遗书。他从史传、宋元人说部中将有关赵汝愚的事迹辑录出来，仿照宋代王尧叟所撰《忠献韩魏王别录》之例，编撰成《宋忠定赵周王别录》八卷：一世系本传及党禁诸人列传；二诏制御笔；三仕迹；四党禁；五党籍考证；六杂事；七诗文；八附录忠定父子孙曾事迹。该书“于忠定生前事迹考访甚详”，对其中疑似如墓事者尤辨别确凿，证明长沙妙高峰的赵汝愚之墓乃是当年停殡之处，地方为之封窆，以志哀思；该书之作，“不独忠定功业足以昭示来兹，而于乡邦掌故亦有裨于考索也”。①

考史不仅仅是为了保存掌故，更是为了探讨兴亡之理。在叶德辉看来，赵汝愚的际遇最能说明人心风俗与世道盛衰之关系；而人心风俗又系于君子小人之进退。“国家之治乱，系乎君子小人

---

① 刘肇隅．宋赵忠定别录//郋园四部书叙录．长沙：叶氏观古堂，1927：6－7.

之进退而已。当夫君子当国，盈廷皆正士，侍讲筵者以启沃君心为尽忠，列台谏者以纠弹邪佞为尽职。其时主德清明，上下安宴，熙熙然有治平之象。而二三小人所图不遂，日夜狙伏，以伺其傍。一俟有隙，则夤缘以进，因是潜布党羽，多方以惑主听，使昔之汲引众君子如不及者，一旦转而疏远之。且不独疏远之，将以摧陷之，惟恐其一朝之复进用。虽其间有主调停之说者维持保护，冀得消患于无难。卒之身且不保，同归于窜徙流亡而后已。观于南宋庆元党禁之祸，是固可为太息痛恨者也。"① 宋朝的兴亡均与人物之进退有关。"论者谓，有宋一代，前有元祐党碑之立，所以速成南渡之偏安；后有庆元伪学之禁，所以开边黩武致天水之绪不复再振。然则君子小人进退，其系乎一国之治乱，顾不重与?"（同上）宋朝的兴亡可以为现实提供可资借鉴的经验教训。叶德辉编撰此书，"俾读者知一君子之进退，其于治乱之机，显相维系如此。是在有国者所当引为前车之鉴，幸勿蹈此覆辙焉耳"②。

除了搜集、考证有关赵汝愚的事迹之外，叶德辉还从明代黄淮等人所编的《历代名臣奏议》中，将有关赵汝愚的奏议部分辑出，又借缪荃孙的藏书加以补充，按照《宋史》本传所载历官年月及奏议事实，略依先后，编次成《宋赵忠定奏议》四卷。叶德辉自认为此编一出，可大略记载赵汝愚一生之忠言谠论；表彰赵汝愚一生历官凡29年，"其间经国之宏模，惠民之实政，与晚年相业之彪炳，不必读其全书，犹将闻风而起。然则公虽屈抑于生前，而卒馨香于万古。终宋之世，前有岳武穆，后则文信国。公

---

① 叶德辉．宋忠定赵周王别录序//宋忠定赵周王别录．长沙：叶氏观古堂，1908．

② 叶德辉．宋忠定赵周王别录序//宋忠定赵周王别录．长沙：叶氏观古堂，1908．

殉国以身，若同一辙。读是编者，知无不肃然起敬矣”①。该书虽然不是赵汝愚全集，“而忠定匡扶社稷、尊崇理学诸儒，其功业之崇宏、学术之醇正，千载下如见其人矣”②。

为了进一步表彰赵汝愚的忠节之气，以敦化风俗，叶德辉还发起重修赵汝愚之墓，“所冀盼榆父老荐绅先生，发思古之幽情，表劝忠之令典”③。同时，叶德辉又发起公呈，恳请当道将庙祭赵汝愚由民间行为升格为官方祀典，“感怀明德，取镜时艰，以援古人祀社之文，彰盛世劝忠之典”④。

叶德辉如此亟亟表彰赵汝愚，乃因“惧党祸之将作，知国本之必摇”⑤，通过对前车覆辙的总结，以为现实提供借鉴。可以说，这一切是他作为一个传统主义者面对晚清以来儒家伦理纲常日益崩溃的历史变化的一种反应。

戊戌政变以后，叶德辉以顺逆之辨代替新旧之争，以泛道德化的眼光来看待政治问题。他将所有政治人物按照儒学的标准，分为君子与小人，将国家的兴盛、政治的清明寄希望于君子进小人退。君子进则淳风俗正人心，小人进则扰乱视听。叶德辉的思想继承了中国传统的道德论。在传统学者眼里，社会的败坏、政治的危机，最根本的原因是道德沦丧、风俗不淳。因此，敦风俗、整纲纪也成为中国传统社会面临衰乱与危机时最为常见的政治话

① 叶德辉．宋赵忠定奏议序//宋赵忠定奏议．长沙：叶氏观古堂，1910.

② 刘肇隅．辑宋赵忠定奏议四卷//郋园四部书叙录．长沙：叶氏观古堂，1927：6.

③ 叶德辉．募修宋谥忠定追封福王进封周王赵丞相汝愚墓启//宋忠定赵周王别录附刊．长沙：叶氏观古堂，1908.

④ 叶德辉．拟奏请以宋赵忠定汝愚加封列入祀典公呈// 宋忠定赵周王别录附刊．长沙：叶氏观古堂，1908.

⑤ 朱锡梁．郋园先生六十生朝宴集序//叶德辉．郋园六十自叙．长沙：叶氏观古堂，1923：4.

语。“致君尧舜上，再使风俗淳”，成为数千年来中国传统士人的崇高理想。人心风俗成为历代思想家关注的重点。如顾炎武曾经说过：“目击世趋，方知治乱之关，必在人心风俗。而所以转移人心，整顿风俗，则教化纲纪为不可缺矣。”沈子敦曾作有《风俗篇》，对此旨阐发尤详。其云：“天下之治乱，系乎风俗。天下不能皆君子，亦不能皆小人。风俗美，则小人勉慕于仁义，风俗恶，则君子亦宛转于世尚之中，而无以自异。是故治天下者，以整厉风俗为先务。”① 君子、小人之进退，彰显的是社会风俗之淳恶，而又影响于社会风气之转移。近代以来，儒家伦理纲常日益动摇，丧失其维持世道人心的功能；越来越多的具有资产阶级新思想的政治人物出现在中国的政坛上，越来越多的资产阶级革命团体活跃在中国社会中。以叶德辉的眼光来看，晚清以来纲纪毁坏的历史，正是一部小人进君子退的历史。故叶德辉以史为鉴，通过对历代特别是宋代一朝的兴亡与人物进退关系的探讨，来为现实提供借鉴，再三呼吁当国者“引以为鉴”，以免重蹈覆辙。

那么，君子、小人之进退又体现在什么地方呢？叶德辉认为，体现在党祸上面，党祸于国事影响甚重，而党祸的形成又往往是退君子进小人的结果。在中国传统观念中，党、朋党、植党、结党等概念往往与阴谋私利等联系在一起，为历代思想家、政治家、统治者所悬为厉禁。从语源学的角度看，“党”有“类”的含义，是指具有共同或相近志趣、利益、目标的一群人。“党”又往往与“朋”相连，“朋”亦是指类、群的含义。而在政治层面，“朋党”则是指封建朝臣和士大夫内部的少数人，为了个人进退而党同伐异的秘密宗派组织，或是一些对朝政不满的志士仁人结成的派别。

---

① 顾炎武．与人书．亭林文集：卷四；沈子敦．风俗篇，落帆楼文集：卷四．转自钱穆．中国近三百年学术史．北京：商务印书馆，1997：141，618．

从中国历史来看，三代以下，代有朋党，从汉代的钩党，唐代的牛党、李党，到宋代的元祐党、元符党、洛党、蜀党，明代的东林党、复社党，等等，不一而足。在封建社会里，朋党及其纷争，不仅造成吏治败坏，而且由于彼此倾轧，党同伐异，加剧了封建社会的矛盾，导致社会的动荡不安。正因为如此，党争受到政治家、思想家的批判和统治者的禁绝。孔子曰："君子矜而不争，群而不党。"（《论语·卫灵公》）君子能坚持自己的意见，而又无乖戾之心，故不争；君子能和以处众，故能群，但无阿比之意，故不党。又曰："君子周而不比，小人比而不周。"（《论语·为政》）即君子以忠信自持，直通而行，小人则结党营私，见利忘义。历代统治者也都以党争为国家的祸害，而严加防禁。无党无私，则是封建社会政治人物的道德准则，贤士大夫语及党之一字，则蹙额掩耳，如不欲闻。也正因为"结党"、"朋党"等行为在封建社会为人所诟病，加立党之罪名于人往往成为小人打击君子的手段，如宋代秦桧当权之时，凡无罪可述者，则曰"立党沽名"。历代党祸有属于朋党之争的，亦有小人巧立罪名陷害忠良者。后者正是叶德辉所反复剖析者，因为它反映的正是小人君子之进退。

考察历史，叶德辉"每慨古今党祸，皆以小人倾陷君子，清流网尽，国不旋踵而亡，如东汉之党锢传，元祐之党人碑，皆魏奄之前事也已"①。无论是东汉之党锢，还是宋之元祐党碑、庆元伪学，以及明之东林点将，所谓"党"，都是"小人指目君子而名，初非君子诸人自立党帜，以罹禁纲"②。叶德辉之所以强调历史上的"党"都是小人指目君子者，乃是因为他对近代以来的现

① 叶德辉．重刻诗坛点将录叙//舒位．诗坛点将录．长沙：叶氏观古堂，1911．

② 叶德辉．重刻足本诗坛点将录叙//舒位．足本诗坛点将录．长沙：叶氏观古堂，1911．

象不解：今人之党，乃“二三新进，标举名义，扰乱纪纲”，而当局者指其为党。以历史的经验来看，“近世”所言的党争诚有颠倒之处。叶德辉观察到：“近世盗贼横行，逋逃海外，当轴者徇私交之请，往往藉调党祸以开幸免之门。”他对此大为不满，“不知当事之持议者何所见而云”。[①] 他引用《逸周书》所载穆王作《史记》以自警的一段故事：“昔有果氏，好以新易故，新故不和，内争朋党，阴事外权，有果以亡”，由此警醒世人：“嗟乎！穆王去今远矣，而谆谆于党争之为诫。居今日而追原祸始，有国者其可轻言变易乎！”[②] 并强调“党”“有君子小人之分，有虚名实祸之异”，当局者应当加以分辨。

以今人的后见之明来看，叶德辉事实上是在用传统的党争观念来理解比附近代政治斗争，的确有凿枘不符之处。在他看来，那些不信守儒家伦常观念、逃亡海外从事反清斗争的团体正是一群小人。他反对清末当局者以“党”之名去指称他们，亦反对这些资产阶级政治派别以“党”自称，而将笃守儒家伦理纲常的忠义之士作为君子。这实际上是将近代政治上的不同见解、思想上的先进与落后，转化为道德上的优劣，从而遮蔽了历史的真相。而将希望寄托在进君子退小人上面，也充分暴露了他封建卫道的一面。

叶德辉反对党争，呼唤忠良，而赵汝愚无疑是忠良的化身。由于任用了赵汝愚这样的君子，才使得南宋一度转危为安。因此，叶德辉不但要辑其遗事，汇其奏议，且还重修其墓茔，奏请当道

---

① 叶德辉．重刻足本诗坛点将录叙//舒位．足本诗坛点将录．长沙：叶氏观古堂，1911.

② 叶德辉．重刻足本诗坛点将录叙//舒位．足本诗坛点将录．长沙：叶氏观古堂，1911.

将其列入祀典，并一再阐发赵汝愚的功迹："王学务有用，忠不虑身。本天潢贵胄之亲，居枢密要津之地。于时两宫多故，储位久虚，太上寝疾而垂危，群僚解体而乞罢，人心为之骚动，国本几于震摇。惟王国而忘家，才堪济变，奉御批而定策，请内禅而垂帘，黄袍拥立新君，素幄扶登大宝，卒使宗社得安如磐石，欑宫永奉乎山陵。"① 而最终正是党禁之祸使赵汝愚身受其害，使天水一绪不再重振。表彰赵汝愚，一方面可以起到彰善劝忠的作用，另一方面也可以起到警醒世人消弭党争之祸的作用。

那么，忠节之士是如何形成的呢？来源于正学的熏陶。故叶德辉又特别指出："人知王之功比伊周，不知王之学宗孔孟；人知王为救时良将，不知王为理学名臣。"② 学宗孔孟、理学名臣都是政治清明的条件。因此，崇正学是社会风俗淳厚、从而国泰民安的最根本的要素。

然而，就在叶德辉以表彰忠节为己任的同时，却因"有谷不售"而被视为"为富不仁"，遭到了清廷革职的处理，从而丧失了对地方大事的发言权。

二、有谷不售，竟遭革职处理

对于叶德辉而言，从地方政事中退隐并不是始自辛亥革命，而是始自辛亥革命前一年的长沙抢米风潮。

1910 年的长沙抢米风潮，是辛亥革命前夕的一次大事件。1909 年夏间，湖南岳阳、常德、澧州等主要产粮区发生百年不遇

---

① 叶德辉．拟奏请以宋赵忠定汝愚加封列入祀典公呈// 宋忠定赵周王别录附刊．长沙：叶氏观古堂，1908.

② 叶德辉．拟奏请以宋赵忠定汝愚加封列入祀典公呈// 宋忠定赵周王别录附刊．长沙：叶氏观古堂，1908.

的大水灾，一直延续到秋冬之间，由此导致粮食锐减，库存空虚。加之自长沙、岳州开埠以来，外国商人就开始从湖南购运大米出口，而当地豪绅富商又大多囤积居奇，不肯平价出售。种种因素，导致1910年春的省城米价飞涨。据当时的媒体报道："湘省粮价素廉，至贵不过每石三四串文。光绪三十三年，贵至六串馀文，已为前所未有，致有浏醴之变。今年正月，即已涨至此价。二月初，贵至七串以外。"① 米价的飞涨引起了湖南士绅的担忧。王先谦领衔发起30人向巡抚岑春蓂上《禁米出境公呈》，要求禁运谷米出境，以"保民食而杜后患"。但岑春蓂没有应允，反而要求士绅先办义粜，清查公私存粮，劝募绅捐，遭到湖南士绅的"梗议"。湖南咨议局根据1909年秋通过的"米歉时应全面禁止运米出境"的议案，对岑春蓂施加压力。迫于地方绅士的强大压力，岑春蓂遂于二月初七（1910年3月17日）奏准军机处与外务部，发出布告，禁运米谷出境。但1902年签订的中英《马凯条约》曾规定："对洋商宣布禁米令，要有21天的通知期。"二月初七发布的禁运令须到二月二十八（4月7日）才能生效。因此，洋商与奸商乘机加紧运湘米出境，导致本地之储积日空，米价上涨。由此进一步引发了湘绅的不满，"咸归咎岑抚阻禁之示，不应出于数礼拜前，是明明唤令各商赶先运出，不顾内地空虚"②。王先谦等人再次致书岑春蓂，对禁运令颁布后的华洋商人抢运米谷出境表示担忧，要求严速禁阻，并筹款办理善后事务。岑春蓂则要求湘绅行办义粜，加紧催促绅士募捐，以缓解危机。双方相持不下。

另一方面，由于禁米难禁，义粜难行，进一步加剧了长沙米荒的局面。米市一日数价，百姓无以为生，一黄姓担水工因此带

① 湖南省城乱事馀记．东方杂志，1910，7（5）：16.

② 湖南省城乱事馀记．东方杂志，1910，7（5）：16.

领一家四口投水自溺。此事在省城传播开后，激起民愤，引发了饥民捣毁米店、哄抢大米的风潮。官员前往弹压，枪杀闹事饥民，最终导致饥民焚烧抚署、学堂、教堂以及外国驻长机构与公司的事件。湖南巡抚岑春蓂情急之下，无力应对，引咎辞职，电请军机处以藩司庄赓良护理抚篆。而王先谦、黄自元、谭延闿、龙璋、刘国泰、孔宪教、刘巨等在籍绅士7人联名公电湖广总督瑞澂，称“抚臣枪毙良民，致激众愤，请电奏速易妥员”，要求由庄赓良署理湖南巡抚。湖广总督瑞澂急调鄂军协同镇压，命杨文鼎暂行代理湘抚。

事件平息后，鄂督瑞澂、湘抚杨文鼎派人对起事原委进行调查，除了联名上奏《会奏遵查湘省痞徒扰乱、地方文武办理不善情形分别参办折》对相关官员提出了处理意见外，瑞澂还单衔上《特奏在籍绅士挟私酿乱请分别惩儆折》，提出：“湘乱之始，固由地方官办理不善，而肇乱之源，实由于劣绅隐酿而成。”并特别指出王先谦、孔宪教、叶德辉、杨巩等“四大劣绅”应对湘乱发生负主要责任。瑞折声称：通过派员详加确查，始悉其中原委及湘绅挟私酿乱各情，乃因岑抚平时与湘绅不甚融洽，至生嫌隙；而与岑春蓂“尤为龃龉者”，则一为吏部主事叶德辉，一为分省补用道孔宪教，一为候选道杨巩，积怨甚深，衔之已久。瑞澂并认为倡言更换抚臣、推戴藩司，是“借故排陷抚臣”。又说，“查二年二月间，官绅会议平粜，初欲由官筹款，交绅经办。后知官款实在窘迫，始议劝募捐，先办义粜”。而王先谦首先梗议，事遂迁延。而初五日乱民焚署，军队开枪，该绅犹归咎于抚臣，指为激变，领衔公电请易抚臣，殊属不知大体。“该绅在籍，平日包揽词讼，好利忘义，声名狼藉，道路皆知。孔宪教素行不谨，乡评极劣，造言生事，颠倒是非，承办学务，玩视教育，素与王先谦、叶德辉、杨巩等，互相党援，力排异己。”至于叶德辉，则是“性情狂妄，武断乡曲，包庇倡优，行同无赖，当米贵时，家中积谷万石，不肯减价出售，致为乡里所侧目，实属为富不仁”；杨巩“本系被议人员，蒙捐候选道，品行卑下，为正绅所不齿，专营私利，广置房产，泥木两项工匠，类多听其指挥。此次扰乱工匠居多，虽无指使确据，然颇贻人口实”。① 清廷最终认可了瑞澂的报告，将王先谦、孔宪教降五级调用，而叶德辉、杨巩即行革职，交地方官严加管束。

清廷处罚湘绅的上谕发布后，舆论哗然。因不满于瑞澂一味地为岑春蓂开脱而将湘乱的责任全部推到湘绅身上的做法，湖南咨议局议长谭延闿、副议长胡璧等致电军机处，对瑞澂所奏之事、所立之说进行了批驳，指出：“湘乱由官酿成，久在洞鉴。事前湘绅屡请阻禁、备赈，有案可查，岑抚始则偏执成见，玩忽迁延；临事畏葸无能，但思卸责。巡抚为一省政权所出，贻误至引，咎何可辞？鄂督分罪士绅，为岑曲脱，殊失情理之平。业经奉旨，本不应冒昧渎陈，惟咨议局为代表舆论机关，事实昭然，不敢缄默。”要求清廷派员复查，“以服人心而昭公道之处”。② 清廷以湖南咨议局所请超出权限为由，寄字湘抚杨文鼎，对咨议局进行申斥。谭延闿接到廷寄后，意颇郁郁，又有电上军机处辩争，表明“谘议局为代表舆论机关，举凡乡曲公评，不得不据情上达，以符其代表舆论之本旨”，湘省乱事“经鄂督奏，奉谕旨，请将王、孔、叶、杨诸绅分别参处一案，一时舆论哗然，大有共抱不平之

① 瑞澂．特奏在籍绅士挟私酿乱请分别惩儆折//饶怀民．藤谷浩悦主编．长沙抢米风潮资料汇编．长沙：岳麓书社，2001：96－97.

② 湖南咨议局议长谭延闿等致枢电//饶怀民，藤谷浩悦主编．长沙抢米风潮资料汇编．长沙：岳麓书社，2001：83.

意”；谘议局见此情形，“遂即据情电请军机处代奏复查，以安人心而彰公道，并非为诸绅诉冤”；自己所作未越出权限。①

作为当事人的王先谦、叶德辉等人，更是愤愤不平。不过王、叶两人应对的态度不同。王先谦感到情难自甘，遂缕述详情，呈请都察院具奏陈明，表明瑞折指斥“情形全属子虚”，自己既不曾“梗议”义粜，相反是义粜的倡议者；至于电请易人，则是湘绅冒名，自己并不在场、并不知晓。② 此呈未递，湘籍京官胡祖荫等人又呈请都察院代奏一折，称：“王先谦归田二十余载，闭户著书，学说力主纯正，官事从不干预；此次之变，该员逆睹荒象，曾于正月间联名呈请抚臣筹办采买；乱后，复倡募公私捐款赈恤，适与原参梗议义粜相反。至初五日电请易人，该员于初八日始知，随即函电京、鄂申辩，皆有证据；至于孔宪教平日与叶德辉亦以讲明学术自任，惟赋性刚激，难免不因此招怨。”瑞督参劾王先谦、孔宪教、叶德辉等，实因该督病不理事，“误采报馆浮言，以致冤抑正绅，请旨另派重臣查办”③。

在抢米风潮中，叶德辉并无实质性的过错，不曾参与电请易抚之事，而因“有谷不售”获罪，因此深感乃千古奇冤。他在与缪荃孙的信中说：“湘祸之奇，千古未有。事乱之际，葵园老人与辉闭门不敢出，诸绅慌乱，以一省无主，窃名电请易抚（并未窃辉名），一概不知。孔、杨（孔乙酉同年，杨无聊人）随同庄心老方伯，步行解散乱民，有功不赏，乃遭此祸，犹有是非颠倒之迹。

① 湘谘议局议长不甘申斥. 申报，1910-06-28.

② 王先谦. 葵园自订年谱//葵园四种. 长沙：岳麓书社，1986：772-773.

③ 湘绅旧党余焰复炽. 申报，1910-06-30.

至于辉以租谷未售，而获咎被连，竟不可解。"① 叶德辉承认自己有谷不售，但表示"兄弟四房，租谷不能由辉主持出售；况即尽售，区区之谷，不足省城三日之粮，而必加以罪名，是殆气运所致"。由此亦可见叶家当时的确囤积有大量粮食。商人谋利的本性促使他（抑或他的兄弟）期待粮食卖一个好价钱，而不是平价出售以解湘抚饥民之围。

更让叶德辉感到不平的是瑞澂参折中指控他与岑春蓂"尤为龃龉"，以及指责他与杨巩"互相党援"，他认为"二者尤为不实"。② 在清末历任湖南巡抚中，叶德辉最不满的是推行新学新政的赵尔巽，其次对端方亦颇有微词，而与岑春蓂之间亦"颇相契"，将岑与自己最相契合的庞鸿书相提并论，尚言："庞公无愧循良，立身行政皆有诗书之泽。俞、岑二公为文法之吏，亦末世不可多见者。然一为识字之书吏，一为不识字之书吏。俞公识字，岑公不识字者也。然二公在湘，洁己奉公，整躬率属，倘使承平无事，亦足以澄清吏治，镇慑浮嚣。无如新政烦兴，财源枯竭，外侮内度，相逼而来，以二公拘守成例之才，诚无以应付左右，兼之胆力薄弱，事事听命鄂督，不敢自出主张。"③ 因此，叶德辉并不存在借故排陷抚臣之事。"岑抚之所忌，固自有人，而无恶于我辈。"④ 至于杨巩，在叶德辉眼里不过是一"无聊人"⑤，并不曾

---

① 叶德辉致缪荃孙：十三//顾廷龙整理．艺风堂友朋书札．上海：上海古籍出版社，1981：542.

② 叶德辉致缪荃孙：十五//顾廷龙整理．艺风堂友朋书札．上海：上海古籍出版社，1981：544.

③ 杨树达等撰，崔建英整理．郋园学行记．近代史资料，1985（4）：139.

④ 叶德辉致缪荃孙：十五//顾廷龙整理．艺风堂友朋书札．上海：上海古籍出版社，1981：544.

⑤ 叶德辉致缪荃孙：十三//顾廷龙整理．艺风堂友朋书札．上海：上海古籍出版社，1981：542.

与杨有所往来，更不用说“互相党援”了。

获悉王先谦、叶德辉等人遭处理后，朋辈多所关注。王先谦的门人、叶德辉的太老师缪荃孙从报上得知消息后，“不胜骇异”[1]，写信向王、叶等人询问。还有其他一些友人也探问消息。叶德辉没有像王先谦那样呈书都察院喊冤，而是采取叶氏一贯做法，将其事前后情形著录文字，“以活字排印，便于示本省人，寄远方朋友，得者一览而知事之架诬”。对于被参，叶德辉“但求无愧于我心，何必上书讼冤也”。[2]

当被参案发生之时，叶德辉正在编辑《宋赵忠定奏议》，此前还编过《宋忠定赵周王别录》，对宋代党祸之事考之极详。由今视古，叶德辉更深感到党争对于国事之影响；以古视今，则自己被参不过又是一桩党锢，故“于今日身历之境，处之泰然”，而非像王先谦、孔宪教等人那样“事前不免失之惶事，事后不免失之牢骚”[3]。叶德辉一方面不满家人对自己的牵连，因所谓“有谷不售”及“武断乡曲”等事实由四弟叶德煌引起，瑞折是将德煌之事归罪于叶德辉；另一方面又因此事而喜，以为此后家人或稍知敛迹，而那些干请叶父者也会因叶德辉遭受革职处理而减少。[4] 因此，此次党锢，“在人为拔去眼中钉，在我为割断是非，了却一重公案”；并由此感叹：“庄生毁孔子，孔子第一知己是庄生；黄祖

---

① 缪荃孙．艺风老人日记．北京：北京大学出版社，1986：2282.

② 叶德辉致缪荃孙：十五//顾廷龙整理．艺风堂友朋书札．上海：上海古籍出版社，1981：544.

③ 叶德辉致缪荃孙：十四//顾廷龙整理．艺风堂友朋书札．上海：上海古籍出版社，1981：543.

④ 叶德辉对于自己的家人颇有微词，在《郎园六十自叙》中明言叶父好以议事相干请，而四弟血气用事，所交多里巷游侠之人，给自己添累不少。

杀祢衡，祢衡第一知己是黄祖。”①

瑞澂参折所指控的事实，往往被后来的研究作为王、孔、叶、杨等四大“劣绅”的实际表现的史料依据，其实，颇多不实之词。② 具体到叶德辉，与抢米风潮较为有关的事就是“有谷不售”。当长沙米荒、米价飞涨之时，叶家存有能供应省城三日之需的粮食而出于商人谋利的目的不肯出售，诚属“为富不仁”之举动，自应遭到谴责，然而抢米风潮的发生，尤其是后来乱民焚烧抚署、焚烧教堂等事，毕竟不是叶德辉直接引发的。当湘抚岑春蓂因应对无策、召集诸绅在席少保祠聚议商量之时，叶德辉究竟是有事缺席还是借故不到，都因缺乏确凿的史料而难以定论，但至多说明叶德辉在事件发生的过程中不与官方积极配合。至于瑞折所指控的“叶德辉性情狂妄，武断乡曲，包庇倡优”则不过是虚辞。

那么，叶德辉为什么竟遭到处分？叶德辉自认为“平生语言诙谑”自是招祸之一由。后来才得知，瑞澂乃为新湘抚杨文鼎所蒙蔽。据说，杨文鼎乃以赈灾款贿赂两江总督端方，被端方密保升巡抚的，到任后，假平粜名贷洋款一百二十万两，“畏余与葵园持异义，阴嗾瑞澂单衔指参”。后来瑞澂察觉杨文鼎别有用心，亦为王先谦、叶德辉等人鸣冤。至1911年8月，余诚格调任湖南巡抚后，瑞澂授意余为开复；湖南布政使郑孝胥上京进谒，亦为叶

---

① 叶德辉致缪荃孙：十四//顾廷龙整理．艺风堂友朋书札．上海：上海古籍出版社，1981：543.

② 阳信生在《长沙抢米风潮中的官绅斗争新探》（《长沙理工大学学报》（社会科学版）2004年第4期）一文中通过排比史料，指出：长沙抢米风潮中，尽管有一些劣绅、正绅参加，但新绅、正绅无疑是与政权斗争的主要力量；后来被处理的“四大劣绅”中，除孔宪教、杨巩参与较多外，王先谦确有“冤情”，叶德辉基本上置身事外。尽管阳文是站在表彰新绅、正绅在抢米风潮中的作用的立场上来清理史实的，但亦可反证王先谦、叶德辉并非挟私酿乱的首领，遭到清廷处理确有冤抑之处。

德辉等人陈请。及郑归，余、郑二人同访叶德辉，转达瑞澂之意，以相慰藉。而叶德辉再一次显示了他口没遮拦的个性，笑曰："吾辈归田之人，家居无异于革职，是何足惜！窃恐不出三年，中原官吏皆革职矣。"① 笑言之中，已对清廷朝政昏暗极表失望。

叶德辉所见囿于个人纠葛，实质被参案显示的正是他作为旧式绅士退出政治舞台的命运，其源还在于戊戌时期成为守旧派，在于思想的保守。自戊戌变法以来，王先谦、叶德辉等人凭借战胜新派之余威，在湖南省政中拥有举足轻重的地位，成为湘绅中的代表。然而，随着清末新政的展开，他们与时势越来越不适应，抵制新学新政，与新崛起的思想开明的新派绅士渐生差距。叶德辉之行事固然有出于求实黜虚之处，但在旁人眼里，却无异于顽固守旧。因此，尽管在湘乱事件的发生中，谭延闿、龙璋等咨议局成员及其他新派绅士发挥的作用更大，王先谦、叶德辉等人却沦为替罪羊。

值得注意的是，在清廷处理湘省风潮的过程中，外国公使的意见产生了一定作用。据当时如《枢发署鄂督电》（四月初四日）："英使称：长沙之乱，本国及各国均望中国早将起事原因查明，并将首祸各人严行惩办，现闻湘绅意欲卸罪于湘抚，外人咸抱不平。湘抚及地方各官虽有应得之咎，然祸首实系湘绅。中政府应治该绅等以相当之罪，所损外产亦应责令绅等赔偿。倘只治岑抚一人之罪，听该绅等逍遥法外，一切赔偿只由中央政府或岑抚代偿，各国决不认可等语。适准冬电于反对龃龉之绅，亦经调查清楚，自系正当办法。"② 外国公使认为焚烧外国驻长机构及公司并非饥

---

① 叶德辉．郋园六十自叙．长沙：叶氏观古堂，1923：7.

② 枢发署鄂督电//饶怀民，藤谷浩悦主编．长沙抢米风潮资料汇编．长沙：岳麓书社，2001：73.

民的自发行为，乃系湘绅煽动的结果，故严词要求清廷处理湘绅。那么，外国公使为什么会有这样的先入之见？可能与清末湘绅争废约自办铁路以及反对英商贝纳赐入城有关。而在这些活动中，王先谦、叶德辉的作用已为外国领事所认识到。

此外，叶德辉等人由于思想保守，渐被新派人士异化为劣绅，也是导致被处分的原因之一。早在1905年，戊戌变法时期与王先谦、叶德辉等人势不两立的熊希龄刚一开复，就上《奏为湖南劣绅把持新政攻击恐酿事变请遴选老成正绅力出维持以专责成折》，指责王先谦"游戏征逐，娼优杂处，秽声载道。又干与地方一切公事及词讼案件，贪图重贿，则为之关说，颠倒是非，民冤莫白"，叶德辉"胆大妄为，把持公事，遇有讼词莫不包揽"等，并将王先谦、叶德辉把持学务视为导致湖南青年学生或投身革命、或投于教会的罪魁祸首。1906年，当得知湖南提学使吴庆坻委湖南巡抚咨呈学部委派王先谦出任湖南学务议长之时，熊希龄又代湖南留日学生拟《恳请撤换王先谦湖南学务议长禀稿》，攻击王先谦、叶德辉等人逾闲荡检、寡廉丧耻，不足以表率士林、师资后进；若任其为学务议长，"恐歌舞之风传于绛帐，淫靡之俗误及后生，实与世道人心大有关系"。此禀上后，清廷没有任命王先谦为学务议长，并于1906年9月颁发上谕，着张之洞随时详查湘省学务利弊，会商湖南巡抚切实整顿，认真办理，毋稍姑息。从此，王先谦、叶德辉丧失了对湘省学务的发言权。①

在湘省抢米风潮的处理中，熊希龄作为新派士绅也发挥了作用。在瑞澂拟折参湘绅之前，熊希龄曾致电瑞澂，提出：湘乱之

① 熊希龄参劾王先谦、叶德辉事，参见周秋光著《熊希龄传》，湖南师范大学出版社1996年版，第249－254页。正如周著所论，熊希龄此折乃因戊戌变法时期与王、叶结怨，寻机出气；故所言不无夸张与渲染之处，与事实有一定的出入。

祸，实由于“顽固官绅之盘踞要津，使庚子仇洋之毒蕴蓄至今，以至一发而不可遏”，要求严惩启祸官绅，以“除暴安良”。① 王先谦等人被惩治后，熊希龄又专门致电湘抚杨文鼎，称此前湖南绅权之重为人诟病，主要是官吏所用不得其人，王先谦、叶德辉等人“包揽词讼，贿赂公行，武断乡曲，煽惑愚民”，遂使湖南“小人道长而君子道消”，绅权尽归小人之掌握、把持、垄断，致使官民皆受其害，“今者幸逢明察，举一班猾吏劣绅廓而清之，其造福于吾湘者，曷其有极，凡属湘民，孰不感戴”。在谴责王先谦、叶德辉等劣绅的同时，熊希龄又强调要启用绅士以补吏治之不足，并推荐朱昌琳、蒋德钧、谭延闿、龙璋等“公正明达，众望素孚”的正绅。② 其言辞之激烈，不下于戊戌变法新旧之争时期。

正如戊戌政变后叶德辉以顺逆之辨代替新旧之分，在清末新政至抢米风潮发后，新派士绅渐渐以正、劣代替了新旧之分。叶德辉作为劣绅形象的形成，固然有其行事、个性方面的原因，如他自己所认为的“平生语言谐谑”自是招祸之一由，而外界亦有赋性刚激招致人怨的评价，而最主要的还是思想的守旧。

三、避乱山中，总结一生志向

被参案的发生，结束了王先谦、叶德辉等人与地方大吏密切往来、参与省政的时期。此后，王先谦闭门谢客，不与世事，把书度日，以著述度残年。叶德辉亦欲从此割断是非，退守学术领

---

① 熊希龄．为湘省饥民暴动善后事致鄂督瑞澂电//周秋光．熊希龄集．长沙：湖南出版社，1996：345.

② 熊希龄．指责前抚岑治理不力致新任湘抚杨文鼎函//周秋光．熊希龄集．长沙：湖南出版社，1996：351－352.

域。当时湘籍京官公呈为诸绅诉冤，叶德辉乃电京官，表示自己乃“半吴半楚之人”，不足为湘省之玷，请其不必公呈，同诸绅一例申办，自己久有意回归原籍。同时，叶德辉托缪荃孙打听，此事当如何办理。

1911年春天，叶德辉再度东游，前往上海。四月回苏州省墓，“适族人修谱，遂领其事”①。因领修谱之事，遂又搜集叶氏六世祖叶梦得的《石林家训》、《石林治生家训》、《石林词》、《石林遗事》等，并刊印出来。在叶德辉看来，修谱不仅是对先祖血缘关系的梳理与追认，更是对先祖名山事业的表彰。他很自豪地告诉他人：“先世自石林先生寓苏，其二子一讳桯、一讳栋者，卜居洞庭，子孙遂聚族于此，至今为八百年。明自文庄以下至文敏子孙，栋公后也。吴西先生（讳初春，《明史》有传），下至定湖横山先生（讳长扬，乾隆词科），下至元礼（名舒崇）、学山（名舒璐）、忠节公（讳映榴，王文简友），下至说学（名凤毛），分徙吴江，或占籍上海，皆桯公后也。辉则与藏书家之石君、林宗两先生同为一支，世居洞庭东西山，亦为桯公后也。族谱创修于石林公，明文庄公再修，至康熙三修，则文敏父子、横山、忠节皆倡议纂次者，故寒族之谱皆嫡派子孙之能文者（调笙先生为白沙支，亦桯公后，今为三十一世）赓续而修，真不愧家乘之目。”②

回吴期间，还与叶昌炽、陆子恢等老相识晤面。叶德辉将自己所刻叶氏先祖叶梦得诸书，如《石林燕语》、《岩下放言》、《玉涧杂书》、《避暑录话》等书赠给叶昌炽；又赠以新刻《宋赵忠定

---

① 叶德辉致缪荃孙：二十//顾廷龙整理．艺风堂友朋书札．上海：上海古籍出版社，1981：547．

② 叶德辉致缪荃孙：二十//顾廷龙整理．艺风堂友朋书札．上海：上海古籍出版社，1981：547．

奏议》、《宋忠定赵周王别录》等书，获叶昌炽“亦旷世之知也”之誉①。叶德辉与叶昌炽本有同宗之谊，故除赠书外，又以并谱系相商榷。“鞠裳古貌古心，议论风采更旧于湘中之王、孔，而得逃于睡猩之口”，使叶德辉深感“苏人福分大于湘人”，因而更坚定了请归原籍的决心。② 然而，辛亥革命的全面爆发，使得“天地易色”，相比之下，回归原籍又只能是不急之务，再一次地搁浅。

湖南是全国第一个响应武昌起义的省份。1911 年 10 月 10 日（八月十九日），武昌起义爆发。消息传到湖南后，湖南的新军、新党加紧了策划，于九月初一日（10 月 22 日）宣布反正，成立了湖南都督府。这在那些以忠于清廷为本分的老辈看来，是一场前所未有的“国变”。他们深感惊恐，纷纷逃亡以避难。叶德辉也只身逃往南岳。遭此世变，深感“士生斯时，进不能据鞍执麾以图宗社之安，退不能黄冠缁衣以逍遥于物外”③，于是一路上诵杜工部由潭州往衡州诸作，依原韵和之，抒发其遭乱离别骨肉之痛。初时，同行的有一从武昌归来的商人，为言武昌之事，叶德辉不禁悲从中来：“守风候江头，避乱辞家口。一身兼仆夫，四散悲亲友。……伤心南北军，血战玄黄久。百官弃城逃，三军拔郡取。赤壁固依然，黄楼今在否。朝廷失指挥，乡校识臧否。沿江草木兵，遍地旧蒲薮。戍卒夜囊沙，镇兵日耽酒。红旗虚报捷，白布私相授。闻警各散魂，观战人鼓手。练兵以自戕，兹事古罕有。果然虎贲强，却恐狮子吼。”④ 兵乱自古即有，但如武昌起义中新

① 叶昌炽．缘督庐日记．南京：江苏古籍出版社，2002：6682.

② 叶德辉致缪荃孙：十九//顾廷龙整理．艺风堂友朋书札．上海：上海古籍出版社，1981：546.

③ 盐谷时敏．书南游集后//南游集．长沙：叶氏观古堂，1929：5.

④ 叶德辉．上水遣怀//南游集．长沙：叶氏观古堂，1929：1.

军反叛，本来用于巩固清廷社稷的新兵适成乱兵，这在叶德辉看来是难以理解，是以有"练兵以自戕，兹事古罕有"之叹。而南游途中之见闻，亦使他深感清末苛政猛于虎："途穷国将暮，国敝民亦劳。舟车并榷税，膏脂入吏曹。猛虎比苛政，饥鸿时夜号。"①忧国忧民，却无匡时之计，只能慨叹："我生不幸逢国变，大老来归居海滨。心伤禾黍室家毁，手插茱萸门户新。往时题糕多窘客，今日落帽逢醉人。登高四望天地净，障面尚有元规尘。"②

南行途中，经过株洲朱亭古镇，"乐其山水清僻，遂尔居停"。在这里，叶德辉碰到了早已隐居在此的同治癸酉科举人谢家钰。谢氏早年曾与叶德辉一起入京应会试，后来音问疏阔，不通往来。此番相见，共同感时局之变迁，叹昔游之不再："喜见先生杖履春，白头交谊故如新。回思二十年前事，同是三千劫后人。乱世乡关成逆旅，侧身天地渺渺微。旧游落落晨星少，今日重逢信宿因。"③ 谢氏出示所为《砚遗山房诗稿》，叶德辉既为之序，又和集中《赠湘绮先生诗二首》。之后，又与谢氏唱和，是以有《朱亭集》之编。

诗词唱和不仅是模山范水，更是抒发对世事、时局的关注。他感慨道："传闻铜马黄巾寇，尽是金鱼紫带人。国势九朝棋局换，民艰十室釜生尘。旄头夜出干天象，豆剖瓜分定有因。"④ 对于叶德辉这样一个笃信儒家伦理纲常的人而言，戊戌变法以来出现的一些现象都是亘古未有、不可理喻的。早在 1900 年富有票案

---

① 叶德辉．遣遇//南游集．长沙：叶氏观古堂，1929：2.

② 叶德辉．九日一首用原体原韵记建国//南游集．长沙：叶氏观古堂，1929：2.

③ 叶德辉．和谢兰阶孝廉赠湘绮先生诗二首韵//朱亭集．长沙：叶氏观古堂，1929：1.

④ 叶德辉．闻两湖兵事未解感述二首四叠前韵//朱亭集．长沙：叶氏观古堂，1929：2.

发生后，“士子造反”就使叶德辉感到震惊。当时，他认为这是士子们受康有为学说蛊惑的结果，因此断断力辨新旧、顺逆的关系，希望通过揭露康有为“谋逆”的真相，使士子们翻然醒悟、迷途知返。然而，局势并没有朝着叶德辉所希望的方向发展，儒家伦理纲常已渐失维持世道人心的功能，越来越多的人产生了对清廷的离心倾向。积蓄至久，竟然使这些本该成为卫道之干城的“金鱼紫带人”都变成了“铜马黄巾寇”。从今人的角度看，叶德辉的观察诚为准确。辛亥革命不是一般意义上的改朝换代，而是资产阶级知识分子为了追求自己的政治理想、为了谋求富国强兵而进行的革命，是用暴力手段来推动社会制度的转型。它推翻了两千多年的封建君主专制制度，建立起资产阶级民主共和政体。士大夫造反正是清末以来的政治斗争的特色。尽管由于一己之遭遇，叶德辉此前就对清末政局不满，但依然无法接受清廷覆亡这一事实。在叶德辉看来，士大夫造反，以及以民主共和取代君主专制，都是人伦废极的体现；清朝的灭亡，不是一般意义上的改朝换代，更是儒家文化沦亡的象征。以叶德辉的思想立场，自然无法理解辛亥革命的积极意义，因而对这场“天地之变”充满了悲怆之感。

在避乱山中之时，叶德辉一直关注着局势的发展。每当历史剧变时期，也正是检验人们道德水平之时。宋、明之世，小人固多，而忠义之士亦不乏。相比之下，清季世风日下，廉耻道亡。“逊位诏下，举国若狂，不独无文、陆、谢三公之振起纲常，即求如王应麟之高尚其志、不复二庭，亦不数睹。”① 可见伦常观念荡然无存。相比之下，少数几个肯为清廷战死的人就尤其值得讴歌。他赞扬不肯反正、为起义兵所杀的湖南总兵黄忠浩“谗讥多口憎，

① 叶德辉．宋宝祐四年登科录一卷同年录一卷//郋园读书志：卷三史部．上海：澹园，1928：37.

忠孝此心明。公论无新旧，同时哭失声”，誉守城而死的知县沈瀛“今日汉循良”、“授命完臣节，归元惨国殇”；道台王毓江“守土逃亡尽，殉城性命轻。头颅轻许国，血肉痛捐生”、“英风万古清”；知县申锡绶“晚节励官箴”。① 为什么危急关头肯挺身而出保家卫国的人不多？叶德辉认为乃平等、自由等观念流衍已久、人心已死；而之所以导致人心的涣散，又在于公羊学的影响：“公羊肆流毒，经亡国亦亡。祸首两礼部，刘（逢禄）龚（自珍）扬沸汤。变法托改制，大义日晦盲。”② 人心之乱，每以学术诡异为之厉阶，正是晚清公羊学导致了儒学道统、政统的衰亡。

作为一个以读书为职志的传统学人，叶德辉“旅行尚挟三家册，吟苦难寻一字师”③，即使是在逃难途中，也是不废吟读。避乱山中，叶德辉惦记省城家中图史诸物，因作《十忆诗》，分别回忆自己的藏书、藏画、藏碑、藏帖、藏经、藏砚、藏印、藏泉、藏镜、藏版，其中论及藏书，则谓“别来似隔良朋面，乱后如同故国思”；忆及藏画，则谓“万轴都成身外物，只留题跋待知音”；忆藏版，则谓：“半生校刻颇辛勤，略代传钞续旧闻。唐末胶泥留韦集，蜀中铜范铸韩文。屡经扫叶疑存两，却恐煎茶买论斤。印本流传犹未遍，走能不胫重烦君。”叶德辉刻书，刻版皆贮省城武庙。当时叶德辉新刻的《元朝秘史》、《石林词》、严长明《归求草堂诗集》正待校错印行。湘省事变，叶德辉只身逃亡，当听说武庙已为兵占据时，深恐藏版会遭马槽爨薪之祸，“系念无已，徒唤奈何”④。

从对后世的影响而言，辛亥避乱这一特殊时期，恰恰是叶德

① 叶德辉．湖南四忠咏//岁寒集．长沙：叶氏观古堂，1929：1．
② 叶德辉．日本三君咏·竹添光鸿//岁寒集．长沙：叶氏观古堂，1929：2．
③ 叶德辉．叠韵一首//朱亭集．长沙：叶氏观古堂，1929：2．
④ 叶德辉．忆藏板//朱亭集．长沙：叶氏观古堂，1929：11．

辉学术成果最为丰富的时期。他一生中最为重要的几部著作都完成或初步完成于这一时期。主要有：

第一，《观古堂藏书目》。为了记录一生精力之所在，缕述先世家学及生平所历之境，叶德辉曾在光绪辛丑（1901 年）、壬寅（1902 年）年间为自己的藏书编《观古堂藏书目》。此次逃难，又随身携带该目，重为编定，“意谓兵燹之后，书必丧亡，书亡而目存，亦聊作前尘之梦影而已”①。此后，因续有收藏，该书目又陆续添加、修正，于 1916 年正式刊行。该书不但可以补正张之洞《书目答问》之缺误，而且也足以为《清史·艺文志》提供史材，是一部重要的目录著作。

第二，《藏书十约》。藏书编目既成，叶德辉又举历年之见闻，证以阅历之所得，编成《藏书十约》，以代家书。该书后来被誉为“藏书之指南，修古之汲绠”，成为一代名作。

第三，《书林清话》。叶德辉感叹：“当今天翻地覆之时，实有秦火胡灰之厄。”深以书种不存为忧。因此编《观古堂藏书目》，作《藏书十约》。因《藏书十约》乃是有关藏书的原则、方法的大纲性总结，其有未尽者，叶德辉又随笔记下，积久成帙，逾十二万言，编为十二卷。这就是叶德辉一生所作最为享誉学林的著作《书林清话》之初稿。该书后来几经修订，于 1920 年正式刊行。

四、劫后余生，欲存斯文于一线

时势变迁，前清的忠实拥护者叶德辉一变而为前清余孽，自然应在划除之列。不过，由于叶德辉文名在外，竟能获革命元勋

① 叶启倬，叶启慕．观古堂藏书目跋//叶德辉．观古堂藏书目．长沙：叶氏观古堂，1916.

章太炎相助。湖南光复之初，章太炎曾致电湖南革命军，曰："湖南不可杀叶德辉。杀之，则读书种子绝矣。"① 叶德辉因此将章太炎引为知己。不过，终其一生，叶德辉都没能读懂章太炎的思想。至辛亥年末（1911 年底至 1912 年初），局势渐渐稳定，叶德辉回到了长沙。所幸湖南新都督谭延闿乃叶德辉故人，新军将领、报馆主笔皆有知交间接相关，故无人侵犯。

乱后重回长沙，与众多故人重逢，相与唏嘘。"乱后都成隔世人，乾坤末造不须论。本无窃愤成私录，强为斯文重此身。十帙丛书追学海，百年都讲愧经神。中朝旧事烦君说，礼注犹存杜子春。""不成顾怪亦归奇，万古愁添万古悲。眼底曹馀真细物，口中宋玉有微词。鲸鳞跛浪能驯伏，鹏翼博云肯下垂。已缺金瓯期空补，莫教无当玉成卮。"②

避乱山中期间，因万念俱灰，叶德辉一度萌发薙发为僧之念。然而，"初心岂负黄冠约，高蹋独寻皂帽新。已作秃翁何所恨，萧条谁更惜余鬓。"就算是自己出家为僧，于世何补？"难将一发系千钧，国耻无因到小臣"，既然政局非人力所可挽回，那么，做一个新朝遗民，尚有更多值得去做的事，那就是"坐笑禾中人突出，老依柱下史为邻"③。自己既因读书种子而生，则亦因为读书种子而活。这是比出家抑或殉节更有意义的事。

综观叶德辉在辛亥革命前后的思想情感，充满了对"斯文之丧"的哀叹，这种情形一直持续到民国初年读经活动失败之后。"斯文"一词，出自《论语·子罕》："天之将丧斯文也，后死者不得与斯文也。"据《辞海》解释："斯，此；文，指礼乐制度。

① 叶德辉．两知己诗·章太炎//书空集．长沙：叶氏观古堂，1929：6.
② 叶德辉．和钱硕人枉赠二首同韵//书空集．长沙：叶氏观古堂，1929：7.
③ 叶德辉．戏柬谢憨叟朱亭//书空集．长沙：叶氏观古堂，1929：7.

后以‘斯文’指文人或儒者。”可以说，叶德辉对“斯文之丧”的焦虑集中反映了一个以传承儒家文化为职志的读书人在清末民初社会嬗变过程中的文化关怀，其意义远远超出了一个政治保守者对清朝这样一个具体事物的依恋。究其内涵，大体上包括以下几个方面：

首先，是对价值失范、道德沦丧的感慨。

作为一个文化保守者，叶德辉在考察历史兴衰时，尤为重视风俗人心的作用，而对现实生活中风俗人心的变化尤为敏感。清末以来，西方思潮汹涌而至，传统价值体系遭到冲击，纲纪伦常起不起规范人心、维系社会秩序的作用。从旧道德眼光来看，确有世风日下、人心不古的一面。这是引发叶德辉的“斯文之丧”之感的最主要的原因之一。“金鱼紫带人”纷纷变成“铜马黄巾寇”，使叶德辉深感震惊。不但新派人士抛弃了对儒家学说的信仰，而且即使是不仕新朝的所谓前清遗老，亦是绝无操守。如沈曾植，曾出任张勋复辟时期的尚书，张勋复辟失败后，沈隐居上海，而“尚书”之名保留下来。叶德辉以此事为遗老无耻之例子。在他看来，沈曾植的“尚书”头衔，乃张勋所封，应属“伪诏”，不应再拿出来用；若真是出自皇上，则主忧臣辱，沈应死难京城，岂有背负尚书官衔而逃命上海者。因此，叶德辉感叹：“今日遗老皆亡国大夫，断无再作中兴功臣之理。今之新人，动曰爱国，而日寻干戈。今之旧人，动曰复辟，而日谋金钱。中国之不亡亦天幸矣。”①

政治大节如此不守，个人的出处进退也全不受传统道德观念的检束，这在叶德辉的眼里，又是“斯文之丧”的表现。时有尹少农者，系张之洞两湖书院弟子，任湖北方言学堂堂长。门下多

① 叶德辉致缪荃孙：四十四//顾廷龙整理．艺风堂友朋书札：下．上海：上海古籍出版社，1981：563．

所成就，且有居显要者。尹君生活贫困，弟子们不但不施以援手，还将尹君在学堂里的讲席也攘夺而去。叶德辉因此感慨："士风浇溥，师生之谊远不如古人矣。"并为之作诗一首纪念："抱冰堂下立春风，使者方言绝代通。争怪江陵废书院，学堂今不识文翁。"①究其实，或许是尹君的旧学满足不了新知的需要。而在叶德辉看来，又是一则道德沦丧的事例。

其次，是对传统学术文化凌替衰退的衰叹。

风俗人心乃社会兴衰之所系；学术文化又风俗人心之所系，人伦之废源于正学之衰。所谓"正学"者，即中国传统的经史之学，其于中国传统文化关系尤重。正如张之洞所言：若中国经史废，则中国之道德废；若中国之义理词章废，则中国经史废。正学既衰，人伦亦废；"为国家计，则必有乱臣贼子之祸；为世道计，则不啻有洪水猛兽之忧"②。张之洞所言，还只是一种预防性的担忧，而叶德辉所见，则已然是事实。清末新政中改书院兴学堂、废科举，新气冲天，读书种子几绝。正如时人所观察到的："业新学者，略识西字，奴于西人，鄙夷国学为无可道者。"③

在清末民初的语境中，传统正学在很大程度上是"旧学"、"古学"的同义词。举世滔滔追慕欧风美雨，中国传统文化渐渐丧失其权威地位。经学既因其与封建道统血脉相连而受人抨击，而传统的词章等学亦因其不合时宜而遭人唾弃，呈广陵散之势。"光宣之间，新学大昌。士不知学，声律既废，钉铰成风。"④ 在新学

① 叶德辉．除夕怀人绝句四十七首·尹少农//还吴集（丙辰）．长沙：叶氏观古堂，1929：26.

② 张之洞．奏设存古学堂折．东方杂志，1907，4（11）：262.

③ 章士钊．国学讲习会序//章士钊全集．上海：文汇出版社，2000：176.

④ 叶德辉．天放楼诗钞序//郋园山居文录：卷上．长沙：叶氏观古堂，1922：11.

兴起之前，儿童读诗是必备功课。其时，“每当夕阳西下，八九村童，齐声高唱，如闻太平歌”，随着新学的兴起，“此情此景，恍如昨日。沧桑以后，四郊弦诵之寂焉无闻。无论唐宋人诗束之高阁，即往日人人能读之《千字文》、《百家姓》、《三字经》诸书，亦有不能举其名，如小山所云者”①。

最后，是对文物沦亡的痛惜。

旧学与古籍相为表里，新学即兴，旧学日衰，作为旧学载体的古籍文物等亦被视为故纸而遭到鄙弃。对此，叶德辉深引以为恨，故曾作《三恨诗》，以抒发其对文物沦亡的痛惜之情。

《三恨诗》作于1912年。其时正值民国初立，新旧政权交替之时。国势未定，生死未卜。叶德辉回顾生平遭际，记其遗憾之事，作《三恨诗》。一为《恨不读永乐大典》。《永乐大典》本为明代解缙所编一部大型类书，收录图书七八千种，辑成22877卷。全书按韵目分列单字，按单字依次辑入与此字相关的各项文字记载。“永乐修大典，右文古所希。鸿篇富乙览，治理实相资。四部浩烟海，搜采惧有遗。括以洪武韵，如纲张四维。”除正本外，《永乐大典》尚录有副本一份。正本约毁于明亡之际；副本则于清朝咸丰时逐渐散佚。至1900年八国联军入侵，副本或被焚，或被劫。《永乐大典》的命运，引发了后人的思考。清代乾隆时期修《四库全书》，曾从《永乐大典》整理编辑出若干佚书。“当时急于求成，遗采颇多，疏略可叹。其经后人补辑者，如宋辛弃疾《稼轩诗词》为其裔孙启泰辑刻；宋苏过《斜川集》为赵怀玉辑刻，《宋会要》一百五十卷，宋《中兴礼书》二百三十卷，《续礼书》六十四卷，为徐松辑，未刊行。”叶德辉为此深感遗憾。“皇

① 叶德辉．笺注唐贤绝句三体诗法//郎园读书志：卷十五集部：35－36.

清修《四库》，先圣后圣师。大兴朱夫子，硕学物望推。疏请发检校，潜德彰隐微。惜哉程限促，抉择无是非。煌煌《宋会要》，汉唐辙可追。金源撰法律，散佚徒增欷。”叶德辉由此感叹：“使余生其时为编检诸臣，何至留此一大恨事也。”倘若乾嘉诸老不急于求成，充分利用《永乐大典》的资源，将其中所收录的佚文史料全部整理出来，则《永乐大典》散亦不散，就不至于留此遗憾。叶德辉往年在京师，见翰林院尚存八百余册。庚子之乱，闻付劫灰。而日本、英国人咸知宝贵，故其为两国攫去，陈于图书馆、博物院者，人皆见之。萍乡文廷式家亦藏数十本，多入声韵。文廷式故后，其家人曾高价求售。叶德辉当时曾寓目，以家藏杨墨林所刻《永乐大典》目录，按韵检寻，其中兵书医书颇多。惜当时未能一一校录。故叶德辉引不读《永乐大典》为平生一大恨事；所恨者不仅在于一己未能读，更在于乱世文物凋零、国宝外流的命运，由此慨叹：“我生去古远，道微世正衰。中丁庚子乱，一炬寒劫灰。胡兵争攫取，残帙如雨飞。斯文天欲丧，当道谁见几。坐视两朝物，同深千载悲。虽有全书目，一脔难已饥。此恨永无极，掩卷重徘徊。”①

二为《恨不读道藏》。《道藏》成书，始于赵宋，有北藏本与南藏本之分。北藏本存于陕西华阴庙，南藏本是明初金陵道院重编刊行。《道藏》中包含了很多典籍，“大抵周宋诸子、宋元旧本，多具于目。”虽然明人刻子书时尚从中刻一部分流传于世，但未刻的更多。老、庄二子多有唐宋旧注、未经录刻传世，固属沧海遗珠；其余汉晋以来古籍，其书皆撰自名人，文章尔雅，足资典要。这些均不曾刊刻流传。乾嘉之时，孙星衍为毕沅校刻诸子书，曾

---

① 叶德辉．三恨诗·恨不读永乐大典//书空集．长沙：叶氏观古堂，1929：14.

取北藏本阅之，但未刊刻以传播。或许与《道藏》芜杂有关，乾隆朝开馆修《四库全书》，遍搜海内大典，竟然没有收入《道藏》，以至失去了将《道藏》流传开来的机会。叶德辉早年（1891 年）辑录《淮南万毕术》一书时，见《道藏》书目有《淮南服玉法》，又有《三十六水法》，亟欲抄刻，无从访求。后于旧书摊头获残本数种，其中有一本为宋彭耜所作《道德经集注》，搜辑了叶梦得《老子解》一书，叶德辉引以为快事，也更引未读《道藏》为恨事。“迄今数更兵乱，两《藏》俄空，不知所举各书，尚有二三在人间否？琅环福地，梦寐思之矣。是以有本诗之作。”“忆余始通籍，作宦淹京华。人言白云观，尚有巨册储。簿书日鞅掌，征逐困道途。老室在咫尺，不得供猎渔。归田忽廿载，时访隐士庐。又从云麓寺，偶见残废馀。所惜非全部，岁久饱蠹鱼。此生竟虚负，有梦追华胥。”[①] 叶德辉以不读《道藏》为恨，并非向往道教的玄虚之境，而是因未能一睹其中诸多典籍之面目。

三为《恨不读敦煌石室藏书》。敦煌石室文书的发现，是 20 世纪初的一大事件。1900 年，甘肃敦煌鸣沙山千佛洞的一位王姓道士与他雇请的一位写经人发现了敦煌莫高窟藏经洞。此事报告地方政府后，甘肃学台叶昌炽建议藩台衙门把文物运到省城。衙门惜金，令旧地封存，并未向清政府主管部门学部通报此事。之后，王道士偷偷取出部分经卷，分赠迪化长将军、酒泉安肃道道台等人，于是敦煌存有珍贵文物的消息不胫而走。1904—1906 年，英籍匈牙利人斯坦因奉英驻印度政府委派，到新疆探险，从土耳其商人那里得知敦煌发现古文物的消息之后，于 1907 年春从南疆抵达敦煌。他用重金诱惑王道士，精选经卷、绘画和织绣等物，

① 叶德辉．三恨诗·恨不读道藏//书空集．长沙：叶氏观古堂，1929：14－16.

捆载而去，运回大英伦敦博物馆。1908 年，法国博士伯希和也抵达敦煌，精选典籍，相当于全部收藏物的三分之一，并将这些写本和画卷分两次转道河内运回巴黎。1909 年，伯希和又受法国河内远东学院的委托到北京购买图书，并携带部分残破的写本进行修补，由此结识了罗振玉。罗振玉在伯氏住所抄录写本经卷目录，并先后著文《敦煌石室书目及发见之原始》、《莫高窟石室秘录》，在《东方学报》上发表，引起了国人的重视。罗振玉还影写十余种，编成《敦煌石室遗书》进行排印。此外，王仁俊也编刊了《敦煌石室真迹录》五卷。王仁俊书出版后，从北京寄给叶德辉。叶德辉初步了解到敦煌石室收藏之富后，深以不获晤伯希和为憾，并因此慨叹中国文物之凋敝。"敦煌古安乐，鸣沙峙其东。上有千佛洞，古物藏壁缝。书则唐卷轴，经擅绒绣工。千年始发见，而我不相逢。冥顽地方吏，目聩耳复聋。坐失此珍秘，散落去海东。碧眼识异宝，何况文物通。伯希和者谁？席卷一室空。王罗拾賸馥，问官郯子同。"叶德辉为此非常羡慕罗振玉的机缘，同时对伯希和的汉学功夫表示钦佩："不假舌人语，面质殊从容。"又幻想着已经失去的宝物何时能重返故国："焉得返赵璧，列架先栋充。往事成梦想，结愿无始终。作诗告来哲，无耻傭书傭。"①直到 1914 年，叶德辉北上京师作《买书行》，还在谴责"疆吏诚聩聋，坐令环宝失"②。叶德辉将故书的散佚归结为新学的兴起："新学仇故书，假途干禄位，哀哉文物邦，化为傀儡戏。坐观九鼎沉，人亡邦国瘁。"③

---

① 叶德辉．三恨诗·恨不读敦煌石室藏书//书空集．长沙：叶氏观古堂，1929：16－18.

② 叶德辉．买书//于京集．长沙：叶氏观古堂，1929：3.

③ 叶德辉．后买书行//于京集．长沙：叶氏观古堂，1929：12.

《永乐大典》的散佚、《道藏》的散佚以及敦煌石室藏书的外流，除了图书史上常见的原因外，更与清末民初新旧交替这一特殊背景相关。鸦片战争以降，国门洞开，外侵内乱绵延不绝，许多珍版秘籍在战火中化为灰烬。此诚所谓“神州多故，旧籍沦亡”。接踵而至的西方侵略者以及后起的日本在攫取中国特权的同时，又攫取中国的文物。或抢掠，或欺骗，或偷盗，或收购，无所不用其极。从敦煌石窟所藏经卷、壁画，到新疆沙丘中挖出的文物，以及皇家宫苑的珍贵秘籍，无不成为他们觊觎的对象。大量古籍文物外流，成为一种新的“书厄”。而国人对此并没有予以高度的重视。相反，由于对于西学之崇拜近乎宗教，反过来自然“诟旧学如寇仇，斥古书为陈腐”①。于是，中国古籍在人取我弃的双重冲击下，几有禁绝之虞。当时，号称清末四大藏书家之一的归安陆氏皕宋楼，在其主人陆心源殁后 13 年子孙不守，为日本人购去。皕宋楼据说以拥有 200 种宋版珍籍名重书苑，属稀世珍宝。中国宝贵文献舶载而东，归入岩崎氏静嘉堂文库，这一事件使中国藏书家深为痛心，并由此引发了对民族文化衰落的悲伤与忧虑。

痛惜古籍之沦亡，成为叶德辉“斯文之丧”的重要内容。“二十年来，蓝皮书出，佉卢横行，东邻西邦乘我之不虞，图画书籍古物，尽徙而入于海外人之手。上海飞凫客，群翔集于茶坊酒市之中，而吴门玄妙观前，无一旧书摊，无一书船友。俯仰古今，不胜沧桑之感矣！”②

“世变日新，古书日少，远西各国，方且求吾国古书法器载舶而归，吾国当轴诸人，乃悻悻然裁书局兴学堂，号为更新之治。

① 马叙伦．古政通志．国粹学报，第 1 年 7 期．

② 叶德辉．书林清话．长沙：岳麓书社，1999：213－214．

此吾所不解者也。噫，此书在昔时为琅宝，在今日为土苴。然在吾国视为土苴，在他族反视此为琅宝。天旋地转，一日求此旧书，岂易得耶。"①

"方今日月失明，夏夷互变。神州数千年古物图籍，外人不惜巨值，连车接舳，捆载而西。而中国二三老成，亦复丧其生平，拾远人之唾余，转相稗贩。此诚病入膏肓而不可施以缄砭者。"②

在古籍问题上，叶德辉关注的是两个方面，一方面是国内的喜新厌旧，蔑弃先正，视古籍为土苴；一方面为国外的搜讨无遗，捆载而归。一弃一取之间，斯文丧绝。叶氏所叹，不在于对西学之吸收或新学之兴起，而在于西学、新学兴起后对中学、旧学所造成的根本动摇，在于国人的除旧布新、用夷变夏所造成的文化断裂。

显然，叶德辉对"斯文之丧"的担忧与他的保守立场有关。今不如昔、世风日下，是他对所处时代的一种总体判断。叶德辉基于守旧的政治立场，将所有不合乎儒家伦理标准的人都划入小人之列，将政治问题道德化，因而无法理解晚清以来中国政治思想的进步。当然，叶德辉的道德论中，也多少触及清末民初道德规范的缺失问题。在新知识未生、旧道德已亡之时，身心无所约束，于是逾闲荡检之事常作。这也是当时客观存在一种历史现象。然而，从总体上看，叶德辉着重的不是新道德的建立，而是旧道德的维系。作为一个文化保守者，儒家文化是叶德辉赖以安身立命之所在，而纲常名教又是维系儒家文化数千年存续未绝的精神理念，是文化中国的活的灵魂。因此，一切不合乎纲常名教的新思

① 叶德辉．元诗选//郎园读书志：卷十六集部．上海：澹园，1928：6.

② 叶德辉．常熟顾氏小石山房佚存书目序//郎园山居文录：卷上．长沙：叶氏观古堂，1922：6.

想，诸如自由、平等、民权等，在叶德辉看来，都属于日月失明、乾坤颠倒，是“天之欲丧斯文”的表现。叶德辉只见到旧之逝去，无视新的正在产生，而且也是有生命力的，不免自我遮蔽的成分。此种文化关怀，自然与历史发展大势相违，只能证明叶德辉缺乏识时务之眼光。

然而，在自我遮蔽、囿于成见的同时，叶德辉表现的是对传统学术文化所处困境的一种焦虑，他的文化关怀中揭示的实际上是一个时代性的难题：在新旧递嬗之际，传统如何延续？在引入西学之时，中学如何生存？这实际上也是清末民初相当一部分人的关注焦点。清末新政以来，西学汹汹东来，中学岌岌可危，诚有“亡天下”之势。中国首先是作为文化集合体的“天下”而存在，文化存亡是民族兴衰的首要因素。因此，亡天下是比亡国更可怕，是最根本的灭亡。为此，保存文化中国之命脉，成为朝野上下共同关注的问题，因而在清季出现了国粹运动。尽管在文化关怀背后存在着不同的政治动机与思想诉求，但最直接的关怀还是在西学汹涌而至的局势下中国学术文化的存亡。保存国学首先必须保存国学之载体——古籍。因此，叶德辉致力于古籍的收藏、整理与刊刻就超越了一己之爱好，而承载了保存中国文化命脉的历史使命。这大约正是叶德辉“强为斯文存此身”的意义之所在。

第二节　以攻为守惹是非

辛亥革命以后，尽管对清王朝无限眷恋、对新成立的中华民国充满抵触心理，叶德辉还是选择了“强为斯文留此身”，做了文化意义上的前清遗民。然而，在从政治领域退隐的同时，由于叶家乃长沙巨商，叶德辉在其父殁后接任了街团团总的职务，以后又担任了长沙商团团长，因此依然参与了长沙地方公共事务尤其是商务活动。叶氏弟子曾言："改革以来，湘中耆绅大半物故，吾师出生入死保障乡里之志未之或忘。"① 所谓"保障乡里之志"或许有所夸张，但叶德辉由于街团事务频频卷入与地方当局的纠葛之中诚为事实，加上叶德辉素以思想守旧著称，这些纠葛也往往被赋予了反对革命的政治色彩，以致叶德辉几度有"出生入死"之危险。短暂地出任湖南教育会长，可谓是叶德辉在湖南省政中的最后亮相，也是叶德辉恢复自己文化理想的最后尝试。然而，当这种文化活动与袁世凯复辟帝制的政治活动纠缠在一起之时，除了强化叶德辉作为"帝制余孽"的顽固形象外，无济于事。随着袁世凯复辟帝制的破产，叶德辉彻底从湖南省政中退出，真正完成了从参与省政到闭户弦歌的蜕变。从此，对儒学的信仰沦为叶德辉个人的坚守。

一、坡子街上的抗争

长沙抢米风潮中遭到革职处理、辛亥革命后沦为前清遗民，这一连串的变故，使叶德辉丧失了对湖南省政"阴移显操"的权力，也使叶德辉心灰意冷。他以"前朝未死人"自居，一意寄情于对旧学文物的抢救与保存，从而变成了文化意义上的"前清遗民"。然而，与富强女校的争执，特别是反对坡子街改名，使叶德辉再度成为风云人物，无法置身事外。而这两件事，都与叶德辉作为街团团总的身份有关，与叶家作为长沙巨商大户有关。

如本书第一章所述，叶德辉祖父迁居长沙后，在坡子街、小

---

① 杨树达等撰，崔建英整理．郎园学行记．近代史资料，1985（4）：140.

西门一带开设店铺。由于经营得法，很快成为长沙著名的富商。至叶德辉父亲叶浚兰手上，凭借着雄厚的商业实力，还参与到长沙地方事务的管理活动中，特别是长沙商业中心坡子街的管理之中。

这里，必须说到长沙著名的街道坡子街。长沙在湖南省的东北部，在省内主要干流湘江的下游东岸。长沙城外西部为湘江沿岸，遍布码头，轮船与帆船云集，是往来货物起卸的场所。而在长沙城内，北部地区为政治中心，南部则是商业中心。从湘江上岸的旅客、货物、官员要进入长沙城内，大都要经过一个坡度较大的交通要道，即坡子街。由于优越的地理位置，坡子街也就成为商贾辐辏、贸易繁荣的商业中心地带，吸引了省内外重要的商户，成为外省客商的聚居地。据清同治年间的《长沙县志》记载："北客西陕，其货毡毛之属，南客苏杭，其货绫罗古玩之属，繁华垄断，由南关至臬署前，及上下坡子街为盛。"自清末起，坡子街成为长沙的金融业、药材业集中的地带。一些著名的店号如劳九芝堂药号即设于坡子街，叶德辉的父亲叶浚兰营业之处也在坡子街。

坡子街上有两大重要的建筑，一是火宫殿，一是福禄宫。火宫殿为火神庙，又叫乾元宫，建于清乾隆年间（1747 年），重建于清道光年间（1826 年），是由绅商捐资兴建的一所公众祀神和娱乐场所。火宫殿有丰富的庙产，除在河西有田之外，坡子街上的许多店铺都是火宫殿的物业。福禄宫则是一座财神庙，由钱业同业组织财神会所建立。财神会最初于光绪十年（1884 年）设立于坡子街护国寺财神殿。当时，各钱庄须向财神会捐牌费银 50 两才能入会，从事钱业交易活动。光绪二十二年（1896 年），财神庙建立，改称福禄宫。坡子街事实上成为了长沙的金融中心。

在这两大建筑中，以火宫殿与叶氏家族关系最为密切。火宫殿既为绅商捐资兴建，其主持者不是僧尼，而是坡子街上的巨商大贾。他们以火宫殿为大本营，设立保安团。保安团全称是“长沙保安息争公所”，管辖坡子街、新坡子街、双井巷、保安巷一带。团是由保甲制度遗留下来的自治组织，几条街组成一团，三团组成一铺（后改名为都）。各团设团总 1 名，负责管理团内事务；各街则设有几名值年，担当同样的管理工作。清末，长沙、善化府县共划为 254 个团，每团设团总 1 人，值年若干。团总大多由富商大贾出任。由于火宫殿与保安街团结为一体，火宫殿的值年也即是保安团的值年。清朝末年，火宫殿的值年通常由老八家充任，其中叶公和即是重要的一家。① 叶公和虽不是八家中财力最强的，但叶德辉的父亲叶浚兰曾充任街团团总，在火宫殿的事务中拥有较大的发言权。叶德辉自己也说过：“鄙人自幼生长坡子街，祖遗商号叶公和，生聚于此者四世。前清光、宣两朝，即为本街之总理，遇有街团公事，经众议定，向由叶公和偕同新旧值年，领衔对付。”② 可见叶氏家族在坡子街的影响力。叶德辉由于父亲的关系，较早地参与保安团、火宫殿事务，并于 1912 年 8 月在火宫殿后坪创办了丽泽小学，亲任校长。不过，真正使叶德辉在坡子街上声名大振，还是在民国初年叶浚兰去世、叶德辉接任街团团总以后。

1912 年八月十九日（公历 1912 年 9 月 29 日），叶浚兰去世，享年 76 岁。叶德辉继任坡子街团总，继而出任长沙、善化两县总

---

① 参见杜迈之，张承宗．叶德辉评传．长沙：岳麓书社，1985：42－43. 黄永豪．坡子街上的对抗——二十世纪初年城市与国家建构初探．历史人类学学刊，2005，3(2).

② 叶德辉启事．长沙日报，1913－03－18.

团总，并兼火宫殿值年。上任伊始，就因护国寺与富强女校发生了冲突。

护国寺在坡子街上。关于该寺的由来，有两种说法：一是该寺为曾国荃于道光三十年（1850年）在两江总督任内捐资独建；一为该寺为道光二十三年（1843年）保安团重修。不过，该寺向来由街团管理，由街团拨给住持香火灯油各费。因此，它也被看成是街团公产。此外，在长沙城内还有一曾国藩祠，同治十三年（1874年）奉敕修建，祭祀大学士两江总督、一等毅勇侯曾国藩。护国寺与曾国藩祠在辛亥革命后都经历了一番改造。众所周知，湘军曾是平定太平天国运动的主要力量，曾国藩亦是清朝中兴名臣，并成为湖湘文化的形象资源。然而，对于以推翻清朝统治为宗旨的革命人士而言，湘军是清朝统治的支持者，曾国藩更是忠于清朝统治的象征，势必加以摧毁与改造。故辛亥革命后，在革命党人的建议下，长沙城内许多清朝专祠被充军用，曾国藩祠也被改为祭祀为推翻清朝统治而牺牲的革命先烈的烈士祠，护国寺也被改成烈士祠。①

民国初年，庙宇除了象征着封建迷信被改造之外，庙产往往又成为新式学堂利用的资源，毁庙兴学成为风气。在此背景下，护国寺也成为争夺的对象。1913年春，湖南妇女运动领袖唐群英

① 护国寺与曾国藩祠到底是什么关系，笔者遍查资料而不得其解。叶德辉在致缪荃孙的信中云："省城有一护国寺，在坡子街，此街是舍间店号开设处，为烈士祠，即夺曾文正祠以祀死鬼者。"（《艺风堂友朋书札》，上海古籍出版社，1981年版，第556页）似乎护国寺即是曾国藩祠，革命后被改为烈士祠。曾国藩祠建于1874年，是晚清湘省文化的象征之一。郭嵩焘曾在曾国藩祠内辟船山祠，祭祀清初大儒王夫之；又设思贤讲舍，通过讲学来维持世道人心。可以说，曾国藩祠在一定程度上是晚清湖湘文化的精神象征。从思想情感上看，叶德辉对于改曾国藩祠为烈士祠自然不满，借机抵制亦属情理之中。不过，后街团公所呈文又明言：护国寺建设数百年，历来为街团公产。则护国寺又并非曾国藩祠。

倡议借坡子街护国寺创建富强女校，得到了曾国荃之孙曾霖生的赞同，后者以曾国藩祠之捐资兴建人曾国荃之孙的身份具禀湖南都督谭延闿，将该寺捐给女校。女校负责人之一郑曾传芬持都督批示，前往该寺与住持接洽。同时，郑曾传芬等人也曾向坡子街保安团值年余太华、劳九芝、东协盛、詹彦文等报告：护国寺为该族人曾国荃道光三十年（1850年）在两江总督任内捐资独建，今由曾霖生捐充指归该校，已呈准都督在案等情。坡子街保安团值年要求郑曾传芬出示契约证据，郑曾传芬拿不出来。于是坡子街保安团一方面阻止唐群英等人接管该寺，一方面以叶德辉领衔联名具呈都督谭延闿，称：护国寺乃街团公产，非曾国荃捐资独建，曾霖生无权捐入富强女校；街团本身正在办铁路学校，一切准备就绪，只因学生尚未到齐，故未能开学。若捐入女校，则铁路学校在何处办学？要求谭延闿取消前批示。最终迫使谭延闿取消批示。此外，当郑曾传芬等人前往理论之时，正在乾元宫议事的叶德辉以“来者语言无理”为由，以街团团总的身份，对郑曾传芬等人“当面加以教训”。事后，唐群英等散发传单，将女校办学不成归咎于叶德辉，声称该寺为曾所独建、女校负责人当日赴团报告余太华等均表同情，突然被叶德辉嗾使积诚中学校长刘肇隅统率数百人毁坏什物，洗掠要重服物；大骂叶德辉把持地方、阻挠兴学，是“惯痞”。

对此，叶德辉则在《长沙日报》上刊登启事，进行回应，表明反对曾霖生将街团公产护国寺捐给富强女校乃街团叠次集议的结果，并最终得到谭延闿的批准，并非叶德辉个人的意见。而富强女校“乃独集矢于鄙人，目为惯痞”，叶德辉认为：“似此市井口诅，不应出之于女学校，尤不应出之该主笔人。”并借“惯痞”二字，大做文章：

“鄙人惯痞，惯自前清。少年薄德，终日花天酒地，自命为护花司令，亦长为檀越主。自经中国国民全体不认之满奴瑞澂牵挂弹章，翻然改悔，清心寡欲，不履红尘。革命以后，自问无横草之功，既未尝钻充为临时革命之人，亦未尝入党为倚势欺人之事。惯已消灭，痞于何生？平生文章事业，百不如人。香奁艳体之诗，少年习染。今则无闻再过，槁木死灰。幸告该校司文笔者，此事自来乾元宫理论。即兴诉讼，曾霖生、贝允昕乃此讼主人。否则，不成诉讼。前清民间恶习，凡油伙坐拼之事，必使妇女当先。既为学校中人，不必为缩头之事。鄙人有言，土匪则逃，土司则骂。以其不足言文明也。兴学为地方要务，鄙人惟知送子侄读书，代街团理事，无暇强为识字之人，日日与诸君斗口舌也。箴告箴告，听者听者。”①

叶德辉的答词尖酸刻薄，俨然暗示唐群英及背后主笔之人为“钻充为临时革命之人”、“入党为倚势欺人之事”，并且含沙射影，似有攻击主政谭延闿等人之意。因为辛亥革命后，在湖南地方政权中，前清咨议局的成员占据了重要位置。不仅都督谭延闿为前清咨议局议长，而且，财政司长陈炳焕、外交司长粟戡时、交通司长龙璋及龙绂瑞、盐政处长黄瑛皆为谘议局议员；司法司长洪荣圻、筹饷局周震鳞以及会计检查院长易宗羲则为革命党人。概而言之，革命后，相当一部分前清立宪派成员摇身一变，成为国民政府的成员，其变化最大者非谭延闿莫属。谭延闿本为前清进士、谘议局议长，在湖南政权易手之时，并无任何功劳，却摇身一变而成湖南都督和国民党湖南支部的骨干，其身份转变可谓迅速。谭延闿自属“识时务”之“俊杰”，具有“与时俱进”特质。

① 叶德辉启事．长沙日报，1913-03-18.

不过，从叶德辉保守的思想立场来看，这无异是政治上的骑墙派、见风使舵派。故叶氏在表明自己“自问无横草之功，既未尝钻充为临时革命之人，亦未尝入党为倚势欺人之事”的同时，实际上也间接讥刺了在新政权中得势的人。这类言辞自然叫人不舒服。

不过，诚如叶德辉本人所表明，此事本为女校与街团之间的诉讼纠纷，并非他个人所为。当时，坡子街保安团全体也刊登了一则公启，阐明事情的由来：“坡子街旧有公庙二所。一为乾元宫，现办积诚中学及丽泽高、初两等小学；一为护国寺，正在开办铁路建筑职工养成所。”当接到郑曾传芬要求将该寺捐给女校办学之柬请时，保安团回以正自开办学校；如果郑曾传芬所言庙产本属曾霖生属实，也应等团众大会共同讨论后，再予以回答（而不是余太华、劳九芝、东协盛、詹彦文几位值年表示“同情”即可）。次日邀集街团开会，均称古护国寺乃街团公产，曾霖生无权捐给女校。于是街团公呈都督，要求取消前曾霖生捐令。“本月六号奉都督批示，护国寺即向为该团公庙，曾姓何得据为已有，准将富强女校示谕取消。”并对女校传单内容进行驳斥：“查寺为团众公庙，大众皆知。……余太华等已声明团众公庙自行开学，何谓‘均表同情’。团众三次开会公决联名呈控都督，何谓叶德辉一人嗾使？刘校长系团众公推办理学校，且其时因积诚学务不暇，并未同行，何谓校长统众拥入？各代表送学生入校，请凭巡警同往。巡警处监察地位，有保卫治安之责，岂能任人自由打毁自由洗掠？况各代表均系殷实商家，岂有野蛮打毁洗掠之事？”①

可见，反对富强女校占用护国寺办学，本系街团公众之意见，非叶德辉一人之主张。那么，女校为什么将原因归咎于叶德辉一

---

① 坡子街保安团全体公启．长沙日报，1913－03－18.

人？一者自清末以来，叶德辉已有“劣绅”之名，加之清朝覆亡、民国建立，叶德辉作为前清的忠实拥护者，成为被打击的对象；二者，在与女校争夺庙产的过程中，叶德辉作为街团团总实际上起了主导作用。

与富强女校争夺庙产，虽然被女校散发传单攻击为“惯痞”，到底有惊无险，无损于叶德辉对坡子街地方事务的管理。然而，当叶德辉与国民党地方政府直接争夺对坡子街的命名权之时，却几乎给他带来了“杀身之祸”。

事情的起因要追溯到1912年10月。1912年10月31日，革命元勋黄兴由上海抵返故乡湖南省会长沙，受到湖南人民的热烈欢迎。当时长沙万人空巷，争睹革命元勋的风采。船只抵岸，湖南都督谭延闿亲率各界代表到湘江江岸迎接，鸣礼炮21响，欢迎者脱帽三呼万岁。黄兴等人从西门上岸，乘马经过坡子街进入长沙城，抵达教育总会。沿途观众无不脱帽敬礼，而先生“在马上脱帽答礼”。[①] 最后，湖南各界在教育会坪召开了隆重的欢迎大会。当时，为了表达对黄兴的崇敬，湖南各界特将长沙城的德润门（即坡子街口的小西门）改为黄兴门，城内坡子街改名为黄兴街。不过，对于这一礼遇，黄兴随后就加以婉辞。

当时叶德辉正因父丧在湘潭乡下。黄兴离开长沙后，叶德辉由湘潭回到长沙，命令扫街夫撤去黄兴街牌，恢复了坡子街的街牌。不但如此，叶德辉还乘机在1913年5月写了一篇题为《光复坡子街地名记》的文章，公开调侃、讥刺当道阿谀献媚黄兴事，沿街散发。程千帆先生保留有当时叶德辉沿街散发的传单的原件，使我们在今天能够了解这篇几乎引起杀身之祸的文章的内容。

① 黄克强回湘纪．申报，1912－11－09.

文章从坡子街与商号店铺的关系说起，谓：湖南省城坡子街乃繁富之区，商贾店号四五百户。其间牌记最久者如西协盛、东协盛、鲁彦文等，远者二百余年，近者也有百数十年，至于其他有几十上百年历史的店号就更多了。与外省往来，无不称坡子街某号某商。“此商场地名断不容以一时一人之名义轻相改署者也。”若从维护商号利益的角度出发，叶德辉所言不无道理。

之后，叶德辉笔锋一转，说到坡子街改名事：“去年秋间，上将黄兴回湘，一二无知鄙夫，狐媚贡谀，突然改德润门为黄兴门，改坡子街为黄兴街。”认为当时提议、主张改名者乃“一二无知鄙夫”，目的是“狐媚贡谀”。[①] 叶德辉又提到：“当时各商号抗不允从，虑者咸以军士退伍之时，恐其别引乱机，迁就寝议。”商号出于自身的利益，曾经“抗不允从”，只不过唯恐引起乱机，就不敢再议论了。于是当事者得以遂意，“以白布为地，以棉花染绿，撮成‘黄兴街’三字”。叶德辉又特意提出：“世俗讳绿而忌白，不知其义何居？黄兴招摇过市时，目若无睹，然则黄兴不以街名有无为荣辱，断可知矣。”[②] 这无异于说，当事者以世俗忌讳的绿色、白色来制作街牌，是欲尊黄兴而适以辱黄兴。而黄兴本人经过坡子街时，对所谓“黄兴街”熟视无睹，说明他本人并不以街名有无为荣辱。综观这一段话，矛头所向，不是黄兴本人，而是那些“狐媚贡谀”者。

接着，叶德辉又引证中外历史，说明改名的情况。“考西洋各

---

① 由于史料的稀缺，至今我们无法考证究竟是“谁”提议改坡子街名的。当时媒体报道，大都用“各界”的说法。但从情理来推测，无论是首议者还是附和者，出于尊崇黄兴者固然有之，亦不能完全排除有人出于献媚革命元勋而获取政治资本的情况。因此，叶德辉所论不完全是捕风捉影。

② 程千帆，杨翊强．叶德辉光复坡子街地名记补注．中国文化，1996（1）：191．

国，惟美国以总统华盛顿名号称其都城。”那是因为纪念开国总统，况且新立之国，本无旧名可凭，因此以人名为地名。黄兴非开国总统或开国皇帝，故无以人名地之义。即令改名，也应是以人适物、以地名人，而不是人名地、以物适人。“昔清世祖入关定鼎，师至顺治门，喜其语之吉谶，后遂建号曰‘顺治’。维多利亚，西洋美大之名花也，英主取以为名，是皆一代尊严之君主，犹且以人合物，不闻以物合人。”① 若要改名，也应援引顺治帝与维多利亚女皇之例，将黄兴改为“坡子街”，不当改坡子街为“黄兴”。

接着，叶德辉又仿古赋论难的方式，设立四个“或曰”，从多个方面来论证改名之不可。一则以明妃村、莫愁湖、薛涛井为例，说明古代亦有以人名为地名者。但那是后人为纪念绝代之佳人，表达致慕致爱之意，故以当时之产地，慰万古之相思。黄兴乃须眉丈夫，岂可以妇人女子拟之？一则以俗地名中的鸡公坡、鸭婆桥等为例，说明动物亦可以为地名。“然考鸡公鸭婆之名所由起，乃当时祝鸡放鸭者相聚而居，故相沿以物名之。”黄兴是人，怎能以毛羽虫介之族相拟乎？一则曰长沙有朱张渡、宗伯师臣等地名，一因朱张讲学城南而得名，一则以明庄天合故居而立名，但那是“其人已死，后人追思其迹而称之”。黄兴发名于明德学堂，生长于善化金坑，要改名，也应当改“明德学堂”为“黄兴学堂”，称“金坑”为“黄兴坑”，“不当扰及坡子街也”。在说明黄兴不可名街之后，叶德辉又言苏州有“胥门”，乃因伍子胥被吴王赐死之地，“后人哀之而名其城门，然则不祥甚矣”！暗示改德润门为“黄兴门”无异于诅咒黄兴。“黄兴年方强壮，富贵薰蒸，善颂善

① 程千帆，杨翊强．叶德辉光复坡子街地名记补注．中国文化，1996（1）：192．

祷者，固当急去之以祝其长年，而乃不谙典故如此，余何问焉!”①

黄兴在当时被视为革命英雄、开国元勋，虽然没有任何公职，却受到鸣礼炮21响的礼遇；而叶德辉当时被视为品德恶劣、行为不检、思想守旧的反革命分子。因此，叶德辉此举，历来被视为对革命元勋的攻讦，是叶德辉仇视辛亥革命的表现。② 这个看法不无道理。从思想感情的角度来看，黄兴自然属于叶德辉眼中的所谓“铜马黄巾寇”之属，不满乃至于敌视黄兴当属叶德辉的真实思想。因此，在《光复坡子街地名记》一文中，叶德辉对黄兴极尽讽刺之能事，尤其是用设问的方式，证明黄兴非妇人女子、非毛羽虫介之族等，不可以黄兴名地名，要改名也只能呼黄兴为“坡子街”等。凡此种种，无不显示出叶德辉对黄兴的敌意。

不过，据笔者浅见，在这篇文章中，黄兴只是叶德辉借以议论的由头。改名本非黄兴自己主张，而且也被黄兴所拒绝。叶德辉真正要讽刺的是那些借改名阿谀献媚的“当道者”，暗示他们此举乃“不谙典故”、不识大体，将黄兴等同于妇人女子、毛羽虫介、陈人死者等。正如叶德辉自己后来所坦言：“去年四月，作文戏侮谭延闿、唐蟒，本出有心，亦事事先有防备。”③ 矛头所指，乃谭延闿、唐蟒等人。而叶德辉之所以要攻击当道，除了不满于

---

① 程千帆，杨翊强．叶德辉光复坡子街地名记补注．中国文化，1996（1）：194.

② 杜迈之、张承宗的《叶德辉评传》（长沙：岳麓书社，1985年版）认为叶德辉对黄兴“肆意诽谤”，借以打击革命党人的威信，发泄其对辛亥革命的不满。程千帆、杨翊强的《叶德辉〈光复街子坡地名记〉补注》（《中国文化》，1996年第1期）一文虽然在一定程度上纠正了张、杜著的说法，指出张杜著所云“对黄兴肆意诽谤”是想当然之辞，然而依然是从叶德辉仇视黄兴、仇视革命的角度来解读这篇文章，认为该文开头“以白布为地”影射改名是办丧事，结尾以胥门乃伍子胥赐死之地，改德润门为黄兴门“不祥”，文章以死起以死结，淋漓尽致地发泄了叶德辉对革命元勋黄兴的仇恨。

③ 叶德辉致缪荃孙：三十六∥顾廷龙整理．艺风堂友朋书札．上海：上海古籍出版社，1981：557.

他们“钻充为临时革命”、投机取巧之外，还在于维护商号利益的需要；更为重要是，是维持自身对街道事务的控制。正如有的学者所指出的，它是“地方领袖与地方政府长期对立的其中一段插曲”，“事件不仅关系到街道命名，背后更涉及到争夺城市街道、控制社会资源和建构国家权力等问题。事件主线是地方领袖与地方政府围绕城市和社会资源的角力；旁线是地方商人与国家政权的疏离，以及地方权力架构的转变”①。在近代社会变迁过程中，当国家权力通过地方政府向原本属于民间自治领域的地方事务渗透之时，叶德辉作为旧式绅士，成为被政权疏离的对象。叶德辉抵制坡子街改名，正是抵制地方政权对街道事务的控制。然而，当叶德辉将其不满诉诸笔墨、而又将革命元勋黄兴作为戏弄嘲笑之对象时，恰恰为地方政府、革命人士打击他提供了一个政治正确的理由。

尽管叶德辉在辛亥革命后回到长沙，一时平安无事，但他在前清时期的表现使他与新政权之间关系紧张。叶德辉在前清时期先有《翼教丛编》之作，反对戊戌变法，后有《觉迷要录》，揭露康有为、唐才常等自立军“逆迹”，无异于清廷的帮凶。加上辛亥革命后，叶德辉又与有着新政府都督背景的富强女校发生冲突、抵制新政权中的一些措施，将自己置于被革命的位置。而《光复坡子街地名记》的散发，则直接引发了唐蟒对叶德辉的拘捕。

事实上，此前，唐才常之子、炮兵团团长唐蟒就因叶德辉在前清有《觉迷要录》之作，怀疑其父被害与叶德辉有关，遂将叶德辉从前陷害革命党、近复把持粪捐、蹂躏女学等情形具呈都督谭延闿，请求都督下令军事厅拿办正法。当唐蟒具呈时，“曾面谒

① 黄永豪．坡子街上的对抗——二十世纪初年城市与国家建构初探．历史人类学学刊，2005，3（2）．

都督，情词激烈，必欲得叶而甘心焉”①。据称，谭都督因与叶德辉系属旧交，遂亲书信函密递叶处，令其暂避。各当道闻知其事者，如长沙府知府姜济寰等，亦皆向叶处告密，劝叶暂行他往。但叶以呈控各款无关紧要，且多误会，又有都督及当道告密，必得共予维持，故不甚措意。

1913 年 5 月 26 日上午，正当叶德辉在火宫殿召集省城 254 团开会、提议整顿团规之时，突有机关枪营兵等一拥而入，将叶拘拿，声称带回本营重办。② 在叶德辉被押送的途中，“所过街市，街众无不骇异”。街团紧急聚议，一面由各铺户盖用图记具保状，一面聚众尾追。“适过巡警南署，叶即大声呼救，奔入署中。兵士亦随之入署。街众数百人亦先后拥入，齐向署长声明，谓叶某为全城商团团长，火宫殿为全城商团公庙。今叶某无论犯有何罪，请由街团担保，暂行接至火宫殿。如都督定要到案，再由街团交出云云。署长见人数众多，亦不敢负此责任，遂督同长警将叶送至火宫殿，有街团先后拥护。兵士等亦随后追赶，至则该庙已有数千百人，纷纷聚议，有谓须全体罢市者，有谓须与之械斗者，颇有暴动之势。时有某某急至长沙府行政厅报告此事关系全城商民，恐致激成巨变，不可稍缓须臾。姜知府正在患病，一闻此信，力疾至都督，据实禀报。谭都督探悉该庙尚有兵士百余人持有枪械，恐登时酿祸，遂令行军事厅赶将兵士撤退，以冀和平解决。是时旅湘苏人以叶系苏籍，纷纷至该庙解围。因与街团酌商，暂

---

① 补记叶德辉被拿之真相．申报，1913－06－16，A6.

② 另一说法是叶德辉在看戏回家途中被士兵所捉。当时，叶德辉甫出戏园门，即有士兵多人向其询问姓氏。“叶见来势甚汹，答以姓王。兵士谓尔未必姓王，恐是姓叶。叶谓我本姓叶，却欲如何？兵士谓都督传尔到案。叶谓都督何事传我？我非犯罪，何用尔等来传？兵士不用分说，扭之使行。”参见《申报》1913 年 6 月 16 日第六版要闻二《补记叶德辉被拿之真相》一文。

将叶引出该庙后门，用肩舆送出城外，乘某公司轮船赴汉，并由外人保护出险。各街团见叶已逃出，又见撤退兵士，遂先后散去。”①

叶德辉被士兵捉拿一事在当时引起了不小的骚动。不但团绅及各街店主均表示“大不服”，要求士兵宣布罪状，甚至后来聚议之时更有谓须罢市者，有谓须械斗者。就是在叶德辉已经逃脱之后，街团还就此事质问都督。据报载：“次日，各街团用城厢内外二百数十团名义具一公呈，质问都督，要求宣布叶某罪状；旅湘苏人亦在苏州会馆开会聚议，用同乡全体名义公呈都督，与街团呈文大致相同。都督均未批示。现街团不肯罢休，未知此事如何了结。”从中亦可出叶德辉尽管被当局视为“劣绅”，还是受到了商人与街团的保护。

在叶德辉被捉的过程中，据报道，曾有张姓营长当众宣布唐才质所控告的叶德辉的三大罪状：“（一）前清时不应署《觉世要录》，助清廷惨杀同胞。（二）光复来不自匿迹，竟敢摧残富强女子实业学校抗争公地，辱殴女士郑曾传芬。（三）今复以二百五十四团名义，刁难肥料捐款，使贫民工艺厂捐款无着，有碍该厂种种之进行。该营系受军事厅指挥提拿交案云云。”②值得注意的是代表公众舆论的报纸对此事的看法。一方面称：“叶德辉者，湘绅王先谦高足，前清著名顽固党也。”③ 说明叶德辉作为“前清顽固党”的形象已成为外界的共识。另一方面，对唐蟒所指控的叶德辉三项罪名，报纸也另有解释：“叶恐湘中文人学士因此牵连，将有人人自危之势，于时著有《觉微录》一书，故意将革党中人互

① 补记叶德辉被拿之真相．申报，1913-06-16，A6.
② 叶德辉之旧怨新潮．申报，1913-06-02，A6
③ 叶德辉之旧怨新潮．申报，1913-06-02，A6

易姓名，移换事实，使之淆乱是非，令人不易得其真际，盖欲以保护其余党。其用意未可厚非。或者不察，谓其不应将革党之事一一表暴，编辑成书。此陷害革党之说所由来也。去岁湘省举办肥料捐。叶闻其事，大不谓然。一日与该捐局局长左学谦相遇于某机关，叶多方讽刺，并直叱其吃粪。左深衔之。此把持粪捐之说所由来也。省城坡子街为叶父营业之旧地。叶父充本街团总。父殁，公举德辉接替，并举充全城商团团长。坡子街有护国寺古刹，为街团公产。众拟就该寺兴办铁路学校。适有某某等亦欲占该寺兴办女学，经街众联名起诉而以叶名署首。叶亦自出公启，登载报章，故女学校未能占据。此蹂躏女学之说所由来也。”①《觉世要录》、《觉微录》即《觉迷要录》的讹称，本书已在第二章第三节对它的来龙去脉有所交代。谓其有意陷害革命党恐言过其实，谓其有意保护革命党亦是牵强附会，均与叶德辉的真实立场有一定的差距。叶德辉与富强女校的冲突已见前述，其中涉及到对庙产的争夺，叶德辉因此借机表达对新政府的不满。按照唐蟒（及其所代表的新政权）的意见，叶德辉作为前清顽固党，本应在光复后自觉地匿迹，却公然与女校抗争公地，自属罪状。

三大罪状属事出有因。而叶德辉被捉的直接诱因则是写作与散发《光复坡子街地名记》一文。报纸透露：“闻此事起因系叶近日又有游戏文章，讥讽某当道。唐恨之次（刺）骨，遂摭指此三事而运动军队前往拘拿。”② 经事后调查，“叶某取祸之道，实由黄克强君回湘时，迎合黄君者将小西门改为黄兴门，坡子街改名黄兴街，众不以为然。叶乃撰著成文，大肆讥讽，谓外国多以人名地，中国多以物名地，即如湘省，有鸡公坡、鸭婆桥、虾蟆洞、

① 补记叶德辉被拿之真相．申报，1913－06－16，A6
② 叶德辉之旧怨新潮．申报，1913－6－02，A6.

螃蟹井、猴子石、豹子岭、泥鳅滩、蜈蚣岭、蚂蚁巷等名目。今以黄兴名地，殆欲与鸡公、鸭婆、蝦蟆、螃蟹、猴子、豹子、泥鳅、蜈蚣、蚂蚁等类并垂不朽云云。以故一般献媚黄兴之政界人物因此恨之刺骨，故有此次之报复云云。”①

作为当事人的叶德辉，虽因此事“全家受惊不小”，但最终安全脱险，不免有所得意。他在与缪荃孙的信中说：“乱党与辉为难，近已平复。此本又是一班革命人革其命，彼享其成。省城有一护国寺，在坡子街（此街是舍间店号开设处），为烈士祠（即夺曾文正祠以祀死鬼者），首士伙通女国民强占开学，被辉驱逐之。其间多浏阳、醴陵人，皆此次军事厅暴动之同乡，屡次嗾使他人藉端控诉辉不法事，辉动以一纸诅之而了。盖天下强固无如辉者，故彼乃出此下劣手段以尝试之。辉正利其尝试，有张吾威也。得此一举而后，辉乡居之德望，人心之诚服，外交之敏速，一一饱领之而去。”② 而在与叶昌炽论及此事时，“自言与民党为敌，前刊《翼教丛编》，鸣鼓而攻，无可规免。此时只能以战为守，日与党人阋于里门。”以至于鞠裳老人都怀疑他所言的真实性：“此言殆夸。若果然者，何以免于今之世邪?”③

不过，叶德辉固然得到了街团公众以及地方商人的保护与支持，显示出他作为地方领袖余威仍在，而所谓“乡居之德望，人心之诚服”则不免自我夸大。经此一闹，在长沙已难立足。故被众人救出脱险后，叶德辉先是逃到武汉，再由武汉逃至上海。

以叶德辉“读书种子”的个性，即使是在逃亡途中，念念不

---

① 补记叶德辉被拿之真相．申报，1913-6-16，A6.

② 叶德辉致缪荃孙：三十五//顾廷龙整理．艺风堂友朋书札．上海：上海古籍出版社，1981：556.

③ 叶昌炽．缘督庐日记．南京：江苏古籍出版社，2002：7145.

忘的还是校书刻书。他在1913年5月31日写信给缪荃孙，托其代抄叶梦得《建康集》中的缺篇："前年托抄先少保石林公《建康集》中阙篇七篇，尚有《书李氏告》两篇未抄，以彼时托抄，未将题目开出，故尔脱漏，此集如为公物，仍求代抄此二篇见寄。久欲付刻，迟迟至今。湘中刻匠，乱后无一人存。今日刻书亦大难事。盖虽有力，无人承揽也。"① 至上海后，更是日日与寓居上海的缪荃孙等人借抄校书，又参与当时流寓上海的前清遗老们的超社活动，常与东南名宿沈曾植、樊增祥、瞿鸿禨、郑孝胥、沈瑜庆、夏孙桐等人聚会。对于叶德辉而言，此番客居上海，得与东南故人重见，商量旧学，诚为快事。

二、讥评时政遭追捕

叶德辉在上海客居半年之久，于1913年下半年回到长沙。然而，由于讥评时政，又卷入了与湖南新都督汤芗铭之间的冲突中，再次命悬一线。

如前所述，辛亥革命后，湖南政权本由前清谘议局议员与革命党人共同主持，并且前清谘议局议员略占优势，导致革命党人的不满。革命元勋黄兴回湘考察之后，国民党人在湖南的影响扩大了，而谭延闿等人也逐渐向国民党靠拢——隆重欢迎黄兴本身即是一种政治表态。1913年3月，国民党人宋教仁被刺，引发了国民党反对袁世凯的"二次革命"。1913年5月，江西都督李烈钧、安徽都督柏文蔚发出声讨袁世凯的通电，而以谭延闿领衔。1913年7月17日，谭延闿宣布湖南独立。但这是黎元洪所授的"权宜

---

① 叶德辉致缪荃孙：二十一//顾廷龙整理．艺风堂友朋书札．上海：上海古籍出版社，1981：549.

之计”，阳为附和，阴图敉平。故湖南宣布独立后，并无行动。至1913年8月13日，湖南取消独立。但谭延闿自此失去了袁世凯的信任。1913年10月，袁世凯派汤芗铭以“湖南查办使”的名义领兵进入湖南，接着又任命汤芗铭为湖南督军兼民政长，驱逐谭延闿地方势力。谭延闿出走上海。在此背景下，叶德辉回到了湖南。

叶德辉回乡之初，汤芗铭本有意罗致，叶德辉以“迹涉嫌疑，远而避之”①，彼此之间已有成见。汤芗铭性情残暴，“专务杀人媚政府”，不但谭延闿都督任内财政司长杨德邻、警察局长文经纬、会计检查院院长易宗羲、筹饷局长伍仁钧等国民党员被一律枪决，而且殃及无辜，仅在长沙一地就先后杀戮无辜群众达17000余人，有“汤屠夫”之称。汤芗铭又“严限民间收回纸币，以致出票各店因挤兑而倒闭者数十家，小民遍受其害。”眼见汤督所为“无异于土匪时代”，一向以出生入死保障乡里为己任的叶德辉深不以为然。于是“腾书京师友人，力诋其谬”。② 书落《亚细亚报》报馆，编者喜其文笔峭厉，遂公开刊载出来。

汤芗铭在《亚细亚报》上读到叶文后，大恨，遂起杀心。于农历癸丑年除夕（1914年1月23日）晚11时，派军警多人将叶宅围住，捉拿叶德辉。叶德辉见势不妙，登楼避匿。“军警遍搜不得，遂将其子捉去。经汤督面讯，问尔父现在何处，答以外国人请其教书，今尚未归。又问深夜何以不归，答以不知其故。汤督

---

① 叶德辉致缪荃孙：三十四//顾廷龙整理．艺风堂友朋书札．上海：上海古籍出版社，1981：555.

② 关于此事有两个说法。叶德辉自身在与缪荃孙的信中以及后来的《郎园六十自叙》中都只言在与友人的信函中力诋汤督所为，类似于在私人信函中议论时政；杨树达等人所撰《郎园学行记》则称叶至信杨度，请其上总统，为湘人申诉。又，据李肖聃《星庐随笔》（岳麓书社1985年版）记载，此信乃是寄于李肖聃，为李交于报馆。

即令归去，并谓我不要汝，但要汝父来此，有话吩咐。”① 叶则微服匿居洋行，次日乘日舶赴武汉，入京控诉，而汤芗铭则悬赏三千金追捕。与此同时，汤芗铭向袁世凯呈文弹劾，指控“叶德辉对黄兴等以骄为谄，数其祖逆”②，要求政府从严惩治。

到达北京后，当得知汤芗铭捉人并没有呈请袁世凯，而是自作主张，叶德辉立即上书总统，呈明湘督无故捉拿、累及家属等。旋奉总统派员与叶德辉面晤，谓汤督当系误会，不必介意云云。

事情至此，叶德辉以为已经结案，加上得到了总统的保证，于是心胆益豪。在与众多友人相聚交流、逛遍京师书肆、了解书市行情后，遂于3月束装出京南返，拟往上海完成前年所领的叶氏族谱之事。不料行至汉口，又为汤芗铭之密探所缉拿。原来，叶德辉前有致友书，诋毁湘省政府，汤芗铭本已大恨；后又具呈总统，控告湘政府用人行政不当至二百余款。总统虽以其不应干涉政府用人行政，全不批准，但汤芗铭益愤恨，一意要将叶德辉捉拿正法。故闻其到鄂，即电请段督（湖北督军）派探缉获。③

据报载，叶德辉之被捕颇具戏剧性。适值湘中宿儒王闿运进京履任国史馆馆长之职，亦道经汉口，在此盘桓数日。而湖南内务司长胡瑞麟由京返湘，亦抵汉口。1914 年 4 月 7 日，三人同为某君召饮。入座未久，叶德辉故态复作，痛诋湘省近政之恶劣，颇归咎于民政长及内务司。胡瑞麟闻之，大为愤恨，虽极意含忍，而神色已觉难堪。同座的有位名叫方表的客人，亦是叶德辉的朋友，见势不妙，赶忙转移话题，从中排解。迨席终散去，方表即诣叶，嘱其速登程，以防危险。叶德辉以寓居租界，当亦无妨。

---

① 叶德辉文字贾祸．申报，1914－02－12.

② 专电．申报，1914－04－19.

③ 叶德辉被捕续闻．申报，1914－04－24.

方表再三催促，叶乃遣人购买船票，一面收拾行箧。因为时尚早，拟将闲步街头，购买书籍。出门未远，竟被胡瑞麟派人将其逮捕。胡瑞麟电告汤督，问以如何处置，得复电令其押解到湘。于是胡先行回湘，并派人将叶看管，嘱令别附他轮押解来湘。①

当叶德辉被捕消息传出后，友人方表、杨惠周等在汉口急电北京营救。而旅京湘人亦奔走总统府、总理府陈请营救者也为数众多，如杨度、易培基、王闿运等人都居中说项。叶德辉在戊戌变法时的论敌梁启超也致书汤芗铭之兄汤化龙，恳切责问。于是政府公电“叶素有文名，不宜草率，可交法庭办理”②。传闻袁世凯也曾电知汤督，谓“叶德辉虽属语文狂妄，究无罪状之可言，尽可无庸拿办”。汤奉此电后，即命令胡瑞麟转电至汉口，令勿将叶解湘。而叶氏则称既欲拘捕而来，安能挥之使去，坚坐不肯出门。故汤督对于此事，颇觉为难。尝对人言，谓此系出于胡瑞麟之私意，鄙人并未与闻云云。③

大约汤芗铭也骑虎难下，故叶德辉被押在都督府内时，对其也是“供膳颇丰”，优礼有加。最后，由叶德辉的朋友程颂万、胡棣华、沈克刚等人居中斡旋，一方面联名呈请汤芗铭请求释放，一方面规劝叶德辉出具悔结。叶德辉乃书“蒙政府察冤释放”字一行交颂万，④ 最后获释。

如果说坡子街风波至少在形式上是顽固保守人物攻击革命元勋因而带有政治色彩的话，那么，此番与汤芗铭之间的冲突则反映了北洋军阀高压下一个旧绅士的生存困境。当时舆论称：“湘绅

---

① 叶德辉被捕记．申报，1914－04－20.

② 专电．申报，1914－04－19.

③ 叶德辉案之湘中消息．申报，1914－04－27.

④ 叶德辉．郎园六十自叙．长沙：叶氏观古堂，1923：7－8.

叶德辉，原籍江苏，学问文章，均尚优美，惟好为言论，以道人短长，故往往以文字贾祸。"① 友朋也"咎辉以文贾祸"②，不过叶德辉自己并不认同这个说法。鉴于前有《光复坡子街地名记》邀祸（再往前追溯，1910年长沙抢米风潮中被处理，叶德辉自认为"语言诙谐，自是招祸一由"），友朋也一再以"危言逊行"相劝诫。为此，叶德辉亦有所收敛。1913年下半年逃亡归来后，刻意与汤芗铭保持距离，以免与之交涉。当汤芗铭杀人媚政府、挤压商人之时，叶德辉虽然心有不平，也尚未公开挑战，只是在友朋信函中议论时政。在叶德辉看来，私人信函不同于公开散发传单，即有不满，何至招杀身之祸？故对此番经历，犹为不解。"盖去年之于湘督，本有意破其蒙蔽政府盘踞湘省之机谋，故时时挑战，使发露其野心。辉亦时有以防之，决不至为所捕获。至于湘督，本无关涉，偶然函论时政，乃今日之所谓言论自由，初不料其动杀人之心，亦不知其有弹劾之举，年终发难，骤不及防。"③ 多年后论及此事，叶德辉犹愤愤不平。乱世之下，安有言论自由！若无众多友朋，甚至以前的论敌如梁启超等人奔走营救，则叶德辉已成为汤芗铭刀下之鬼。

不过，在此过程中也有一小段插曲，从中可见出叶德辉个性刚硬与待人苛刻的一面。当众多朋友南北奔走积极营救之时，政府已电令汤芗铭放人，不为汤芗铭所接受。程颂万、胡棣华、沈克刚等人联名呈请汤芗铭放人，但汤芗铭要求须叶德辉出具"悔

① 叶德辉文字贾祸．申报，1914-02-12.

② 叶德辉致缪荃孙：三十六//顾廷龙整理．艺风堂友朋书札．上海：上海古籍出版社，1981：557.

③ 叶德辉致缪荃孙：三十四//顾廷龙整理．艺风堂友朋书札．上海：上海古籍出版社，1981：555.

结”。为此，与叶素有交情的程颂万人署转达汤芗铭之意见，遭到叶德辉的断然拒绝。后者宣称：“我无所犯，更何悔。头可断，结不具也。”身为阶下囚，尚且如此豪情万丈，诚所谓“赋性刚激”。不但如此，叶德辉还因此怨及居中说项的友人，视其为汤芗铭的说客。当时“颂万再三恕劝，谓公事如此，不得不尔。且有德色，含居功之意。而不知政府已有严电释余也。颂万匿不以告。方辩论间，胡棣华、沈克刚相继入，亦劝余略书数字备案。盖芗铭本授意三人骗余具悔结。胡、沈知余必不允，故令颂万先言之。相持至半夜，余因书‘蒙政府察冤释放’字一行交颂万。颂万窜为具结。余知之，立电政府更正。”① 从史实的层面看，叶德辉所言或许不差。但他对程颂万等人行事的解释确有失厚道。第一，当叶德辉尚未被释放之时，程颂万等人确有联名呈具汤芗铭请求释放叶德辉之举。② 因此，就算程颂万略有表功之意，亦属人之常情。第二，当时汤芗铭在湖南实施高压政策，且目中无人，甚至连副总统黎元洪电令汤芗铭开释叶德辉，尚且不理。③ 故程颂万等人应汤芗铭之要求，要叶德辉出具悔结，略略低头，亦不过分。而叶德辉将友人循于人情世故进行调停之举上升到道德的高度进行批判，直至1923年忆及此事时，犹有怨恨：“颂万与胡、沈皆三十年故交，徒以受芗铭一二百元豢养之恩，遂不惜以余一人声名性命供芗铭之割烹，人情之险诈有出人意外者，是亦可以觇世变矣。”④ 以为程颂万等人收人钱财，遂不惜牺牲他人之名节。这

① 叶德辉．郎园六十自叙．长沙叶氏，1923：8.

② 叶德辉已经保释．申报，1914－04－30.

③ 叶德辉在《郎园六十自叙》中记载：“易吟村在京师，诣黎元洪，电令开释。是时芗铭目中安得有黎元洪？不理也。”

④ 叶德辉．郎园六十自叙．长沙：叶氏观古堂，1923：8.

固然反映了叶德辉不知趋时、不知避谤、视名节为性命的个性，也反映了他待人苛刻、好道人短的一面。

获释之后，叶德辉再度北上京师。一方面是避开汤芗铭，“恐其再有无赖之举”，一方面是拜访答谢曾经通电营救自己的众多友人。又结识了董康、吴印臣、陈士可、傅增湘、江瀚等人。诸人或精于目录版本，或富于藏书，均是邃于旧学者。此外，还时常与易培基、李肖聃、杨芗诒等人游玩，与柯劭忞、夏孙桐、章士钊等聚饮唱酬。闲暇时则日日至琉璃厂，搜访旧籍。值得一提的是，叶德辉还去拜访了救命恩人章太炎，被后者誉为“可与道古之人”①。

从 1913 年至 1914 年，叶德辉两度为当局追捕。一者因有意挑战，借坡子街改名之事发泄对趋时者的不满；一者因偶议时政，不为当局所容。为逃命，叶德辉奔走于京师、上海之间。在叶德辉看来，国变家难，天刑人祸，遘于一时，诚不为幸。不过，以叶德辉“不怕死”的个性，即使是逃亡，也从容不迫，并且将逃亡变成了拯救斯文之壮举。他对友人言：“廿年不到京城，乘此一闹，两次北上，既获晤久不见之朋友，又得买久欲买之旧书，且作诗百余篇，居然又成一卷。桓魋匡人，固大有功于孔子者也！”②此番表白或许不无自我解嘲之意味，却也合乎实情。在奔走京师、上海之时，道出汉口。“初以居忧废读，言不成文，搁笔两周，未亲几砚。今大祥已近，致毁非时，忧从中来，靡所寄托。客居日本旅馆，日友以同文之雅，恒以诗简相酬。积诗若干，遂成小

① 汤志钧编．章太炎年谱长编：卷四．北京：中华书局，1979：478.

② 叶德辉致缪荃孙：三十六//顾廷龙整理．艺风堂友朋书札．上海：上海古籍出版社，1981：557.

集。"[1] 是为《汉上集》。当时叶德辉尚处于为父守丧之期，故又言："文文山小祥有作，顾亭林庐墓题诗，谓为名教罪人。幸有古人分谤。"[2] 北上京师，观光晤友，谈古论今，感慨时局，遂有《于京集》。他虽然是以街团团总、商团团长的身份两次招祸，但在自我意识中，无疑还是以文化人自居；对于自身的遭遇往往做出文化意义上的解释。换言之，即使是在逃亡途中，叶德辉所关心的依然是文化的赓续（而非一己之生死），并且将这种文化关怀托诸吟哦。透过《汉上集》、《于京集》，我们不但可以了解到叶德辉逃亡时的更多细节，而且也能把握叶德辉这一时期的思想情感。

叶德辉本于除夕之夜为汤芗铭发兵捉拿，甲寅元旦逃至武汉，心中自有无限感慨，却道："异乡佳节寻常见，莫引羁怀负此长。"[3] 当被日本高桥领事招饮于府署，并与日本喜收藏中国画的池部政次同席时，叶德辉又感慨："仙山麟脯各行厨，欢宴相忘在客途。仰视明星回斗柄，新从元日饮屠苏。论交最喜同文轨，张乐相邀展画池（池部政次收藏中国字画甚多，皆有名真迹）。"[4] 与日本友人诗词唱和，叶德辉称誉"东邻旧学新又昌"[5]，古风犹存，俨然蓬莱仙境；而最羡慕的则是日本"天皇一统千岁，不识人间鼎革名"[6]。思及己身之际遇，则着眼古今兴亡，感叹："古有太史氏，辅轩采国风。下以达民隐，上以启帝聪。顺美复匡恶，

---

① 叶德辉．汉上集序//汉上集．长沙：叶氏观古堂，1929：1.

② 叶德辉．汉上集序//汉上集．长沙：叶氏观古堂，1929：1.

③ 叶德辉．又和甲寅元旦七律二首同韵//汉上集．长沙：叶氏观古堂，1929：1.

④ 叶德辉．高桥领事招饮府署即席口占兼呈池部政次君//汉上集．长沙：叶氏观古堂，1929：2.

⑤ 叶德辉．挽永井久一郎//汉上集．长沙：叶氏观古堂，1929：2.

⑥ 叶德辉．客居日本松乃旅舍喜其礼俗有中土古风诗以纪之//汉上集．长沙：叶氏观古堂，1929：6.

微言各效忠。所以三代治，差比唐虞隆。秦皇愚黔首，偶语弃市中。自兹天子贵，闾阖不得通。汉下求言诏，采纳罄虚衷。宋有登闻院，击鼓耳亦聋。民气日幽辖，治始而乱终。大秦制近古，立政秉大公。凡百准舆论，建造多恢洪。郑人议乡校，直道殊可崇。东邻善步趋，维新气益雄。同心在朝野，互市连西东。"① 自己因偶论时政，竟被汤督追杀，无异于秦时暴政中的"偶语弃市中"；相比之下，那些允许舆论上达、允许百姓议于乡校的做法都叫人向往。不过，在叶德辉看来，大秦"立政秉大公"并非因为西方政治制度先进于中国，而是因为"制近古"，保持了中国三代之治的遗风；中国则将这些圣人遗制丧失殆尽，而"善步趋"的日本（东邻）维新则真正做到了朝野同心、东西互市。因此，叶德辉由一己之言论不能自由激发的不是对西方民主制度的向往，而是对中国三代之治的追念，对世风日下、今不如昔的深切忧思。他与冈西门纵论古今兴亡，表示："中朝故事吾能说，夷夏兴亡亦偶然。左氏正辞非族辨，公羊微旨进中传。四方有圣同归化，一姓无王罔卜年。孤竹微箕难比例，求仁原不论亲贤。"慨叹："乘殷行夏成虚愿，日月江河自古今。"②而重游武汉，忆及自己当年在此充任经学教习之事，今昔对比，更是感到旧学日衰、儒风式微："旧地重经一黯然，昔时都讲重经筵。泮林桑椹供鸮食，黉舍兰膏被鼠涎。净洗甲兵才几日，嬉陈俎豆是何年。八州又见新都督，晋代衣冠在眼前。"③ 沧桑世变，由人而起。在武汉风度亭，他追念故人张之洞——这位主宰了前清政局的大臣，犹有遗憾："相业人言比曲江，纵横才气本无双。文章运薄随澜倒，经济途穷算月

① 叶德辉．赠冈西门一首//汉上集．长沙：叶氏观古堂，1929：2.
② 过冈西门斋中夜话//汉上集．长沙：叶氏观古堂，1929：2.
③ 叶德辉．武汉//汉上集．长沙：叶氏观古堂，1929：4.

椿。变法竟诒亡国祸，谈经难使老夫降。”[①] 正是“变法”导致了清廷的覆亡。

覆巢之下，安有完卵！叶德辉二次入都，再经武汉之时，曾去鹦鹉洲凭吊祢衡，对这位东汉末名士尤有感触。据《后汉书·祢衡传》记载：祢衡少有才辩，而尚气刚傲，好矫时慢物。孔融深爱其才，在曹操面前称赞他。祢衡因拒绝曹操召见，为操怀愤。曹操因其有才名，不欲杀之，罚作鼓吏。祢衡则当众裸身击鼓，反辱曹操。曹操怒，欲借人手杀之，因遣送与荆州牧刘表。刘表又不能容，转送与江夏太守黄祖。黄祖的长子黄射在洲上大会宾客，有人献鹦鹉，黄射命祢衡写赋以娱嘉宾。祢衡揽笔而作，文不加点，辞采甚丽，以鹦鹉自况，抒发自己生逢乱世、才智不得舒展之愤闷之情。后来，黄祖终因祢衡言不逊顺，把他杀了，葬于洲上。古往今来，文人墨客在此凭吊祢衡，留下无数诗篇。而叶德辉凭吊祢衡，更是别有一番滋味在心头。“萋萋芳草断碑横，荒冢临江夜气清。身死仅传《鹦鹉赋》，魂归同听鹧鸪声。孔融有恨亡知己，黄祖何因幸得名。乱世人才刀俎物，不缘挝鼓误平生。”[②] 显然，祢衡以鹦鹉自况，而叶德辉则以祢衡自况。当时，友朋均咎德辉“以文贾祸”，叶德辉以“乱世人才刀俎物，不缘挝鼓误平生”来解释自身的际遇，实质上也表达了一种无奈。不幸此诗一语成谶，预示了叶德辉将来的结局。

北上京师，目睹“故宫禾黍连芳草”之象，体会“九庙无惊神器改”的时局变迁，叶德辉感慨：“一梦春明感逝川，坐观沧海变桑田。客来燕赵多慷慨，人到邯郸半熟眠。桥上鹃啼非蜀帝，

---

① 叶德辉．风度亭吊张文襄//汉上集．长沙：叶氏观古堂，1929：7.

② 叶德辉．晚过鹦鹉洲吊祢衡//于京集．长沙：叶氏观古堂，1929：1.

山中鹤语尚尧年。"① 在感伤之时，更多的是困惑。民国建立后，前清一些皇室花园向游人开放，叶德辉在京期间，得以游圆明园故址、三贝子花园故址、北海等地。在游玩的同时，也在思考有清一代兴亡之事："回思五十年前事，武功大定修文治。东夷南越尚来朝，词臣珥笔供清秘。谁知人海有沧桑，甲先庚后逢元二。一夫亡国无揭竿，讴歌舜禹真天意。"有道是，惯阅前古观兴亡。熟谙历史的叶德辉，对于清朝之亡犹有不解。一方面，"新朝多是旧朝臣"，一方面"国亡不见帝从亡"；既无多少大臣殉国，亦无帝王从死。留下些许故国遗老，"南居黄浦东青岛"，还有部分遗老逃亡海外。"热河宫殿人鼾睡，汤沐新丰非故乡。吁嗟北海一瓯脱，与民同乐日正长。九朝恩泽付流水，钧天一梦犹黄粱。"②凡此种种，都非传统伦理道德观念所能理解。

在京期间，叶德辉曾与王闿运同被县人招饮于张百熙祠，更是大发思古之幽情。张百熙（1847—1907），字冶秋，号潜斋，湖南长沙人，同治十三年（1874 年）进士，历任工部尚书、吏部尚书、邮传部尚书、京师大学堂管学大臣等职，是清末著名教育家。张百熙为官 38 年，积极主张变法自强，直言进谏；任管学大臣后，主持制定了一套中国的学堂章程，经清政府批准，称为《钦定学堂章程》。这是我国第一次以政府名义规定的完整学制。同时，张百熙鉴于教习人才的缺乏，选派 40 余人赴欧美日本留学，各省派官费留学生由此开始。在近代史上，张百熙以致力兴学而著称，于清末教育改革影响尤大。不过，张百熙大概料想不到，自己的改革之举最终为清王朝培养了掘墓人。留学生以及国内新式学堂的学生在接触了外国先进的文化之后，普遍感到腐朽的清王朝不

---

① 叶德辉．甲寅仲春重来都门感赋//于京集．长沙：叶氏观古堂，1929：1.

② 叶德辉．北海行//于京集．长沙：叶氏观古堂，1929：9.

值得热爱，因而成为反清排满的主力军。然而，这毕竟不是张百熙的本意。从民国政权的角度看，张百熙自然是前清的大臣。当时，湘省中与前清有关的一些祠庙已被摧毁，改造成纪念革命志士的烈士祠；其他一些省份的前清祠庙或毁或改；而地处京师的张百熙祠尚在。叶德辉因此感慨系之，诗曰："长沙尚书吾同官，廿年不见骨已寒。生存华屋今庙食，乡人醵饮新衣冠。……中朝变法何人倡？公与南皮称'二张'。有心兴学转废学，学堂如林士尽盲。九原相见应太息，爱国终比卖国强。"更为重要的是，辛亥革命后，道德标准变化，忠臣逆子乾坤颠倒，像曾国藩这样曾经让湘人引以为豪的道德楷模一变而成人民公敌，让叶德辉这样固守传统文化观念的人难以适应。他将这一切困惑向张百熙诉说着："宣统三年革军起，二公不见真可喜。两年南北各称兵，蛮触蛙争今未已。长江遍地是虫沙，生为国殇死无家。中兴功臣庙易主，公之斯祠始萌芽。湘乡反是一国敌，南皮杂伍牛与蛇。传闻西湖黜蒋彭，魔母出世陈牺牲。"又由时势变化说到个人际遇："吾年半百公望七，往日论交心似密。却与难兄知更深，宿草于今非一日。王、张、叶、孔半仅存，葵园潦倒遭人叱。岿然湘绮鲁灵光，蒲轮日下征遗逸。身遭亡国何足衰，新旧相哄谁作媒？康梁返国同疾首。"① 在叶德辉看来，新旧之争本由康、梁等人挑起，而时势之变化，却使"康梁返国同疾首"，可惜自己的先见之明当初不为人所接受。

尽管北上京师使叶德辉对清朝覆亡体会更真切、感受更深刻，但他的关怀并不局限于一朝之兴亡，而是传统文化的衰退。在京期间，先后作《买书行》与《后买书行》，在摹刻一己书痴面目的

---

① 叶德辉．县人邀同湘绮年丈饮张文达祠赋呈同席诸子//于京集．长沙：叶氏观古堂，1929：2－3.

同时，也尽情地诉说着对晚清以来当局不珍惜文物的不满，致有“哀哉文物邦，化为傀儡戏”之叹①。随着两诗的不胫而走，叶德辉的书痴形象也传播开来。

三、帝制余孽终去湘

在两上京师、东游上海之后，叶德辉于1914年底回到了长沙。其时连遭国事、湘事及家事之变化，家族商业遭到摧残，不动之产已破损六七成，仅有房租可供日用。买书、刻书已不能如从前那样有充裕的经费，须临时筹划。然而，时局的变化似乎又为叶德辉提供了一线生机。1915年，湖南教育会派系斗争激烈。是时，“教育会长符定一为胡元倓所攻。元倓欲举汪诒书为会长。是时，将选省议会。符于会长期尚有四月未满，元倓必欲攻之去者，教长占议长资。又畏符党众，恐其因教长而得议长。符探其隐，力抗之，托余门生数人述其意，请余为会长。余心颇不慊胡、汪所为，遂允之。及投票，余果得会长。”② 这样，叶德辉被选为湖南教育会长。恰逢袁世凯出于复辟帝制的需要，在教育领域里推行尊孔读经政策。叶德辉便利用这一机会，在湖南成立经学会，试图全面振兴湖湘经学，恢复其尊儒崇经的文化理想。

如前所述，叶德辉每每引清朝覆亡为恨事，所恨者不唯在一朝之兴亡，更在于随着清王朝一起被摧毁的儒家伦理纲常。辛亥革命推翻了封建君主专制制度，建立了资产阶级民主共和国。制度的变更，使得经学所赖以成立的外部基础遭到瓦解。在“忠君与共同政体不符，尊孔与信仰自由相违”的认识下，尊孔读经被

① 叶德辉．后买书行//于京集．长沙：叶氏观古堂，1929：12.

② 叶德辉．郎园六十自叙．长沙：叶氏观古堂，1923：8.

从民国的教育体制中驱逐出去。1912年9月，教育部公布了民国第一个《学校系统令》，是为《壬子学制》，取消了大学以下各级各类学校的读经讲经课程。“从此，儒家经学由仅供皈依奉拜的封建官方哲学转化成了国民人人可以切磋研究的学术文化科目之一，孔子因此而回到先秦诸子之林，经书因此蜕化出古代历史文献的本来面目。”① 以叶德辉的眼光来看，民国后的新式学堂分年重阶级，不读孔孟书，致使墨学九而十，儒风日式微，人心无所约束，导致社会乱象丛生，因而渴望恢复原来的文化理想。而尊孔读经思潮的出现，为叶德辉实现其文化理想提供了契机。

民国建立后，致力于对以三纲五常为核心的封建意识形态的清除和以平等、博爱、自由为核心的新伦理的建设，然而这种转换工作并不成功，自由民主等学说并没有能够取代儒学，成为一种新的、普遍认可的价值体系。一方面，虽然西方的自由民主等思潮大量输入，并逐步在中国知识分子层赢得了相当多的信仰者，但对中国绝大多数人特别是下层民众来说，自由民主尚是一个十分陌生的东西，国人不仅没有这方面的经验，甚至没有这方面的常识。“因为即使在此后的若干年里，连《新青年》一班人和晚年的孙中山都一再抱怨中国人民智力低下，期望以改造国民性作为解决中国问题的突破口，孙中山甚至为此专门写了《民权初步》小册子，教中国人如何集会、如何选举等常识，‘而以教国民行民权之第一步’。民国初年的情况就更可想而知。”② 民权自由说尚未成为社会道德的主流。另一方面，民国初年的政治混乱，又加

① 田海林．辛亥革命前后儒家文化的命运——对清末民初“尊孔读经”问题的考察．山东师范大学学报，2003（2）：88.

② 马勇．辛亥后尊孔读经思潮平议：以严复为中心．福建师范大学学报，2004（2）：19－27.

剧了人们的信仰危机。时人描绘当时的情景："强邻侵侮，无力抵抗。国库空虚，专恃外债，军饷无着，乱兵肆劫。"① 社会败象环生，使人感到"专制弊政也，共和成立，而政弊反甚于专制"，"在此将成立未成立之顷，行政之统系紊乱而无序，法律之效力荡然而无存"，甚至"一千元领饷之支票，可滥给于妓佣之手，新发行军用之钞币，恒先见于花柳之场"②。严重的社会危机与普遍的社会败象，使人们怀疑民主共和是否一种理想的选择。同时，排斥尊孔读经后，个体信仰的意义世界也发生了严重缺失。种种因素的综合作用，使得利用传统儒学资源，重建价值体系成为一种可能的选择。在此背景下，朝野双方相互呼应，尊孔读经思潮应运而生。

早在 1912 年，当获悉中华民国废除小学读经与跪拜孔子之礼后，身在日本的康有为"若坠重渊"，认为这是中国文化史上亘古未有之奇变，因此写信给在国内的弟子陈焕章等，指示他们立孔教会以振之。1912 年 10 月，由陈焕章、麦孟华、梁鼎芬等人发起，在上海成立了孔教会。该会以"昌明孔教，救济社会"为宗旨，推康有为为会长，陈焕章任总干事，并于 1913 年先后创办《孔教会杂志》与《不忍杂志》进行舆论宣传。此外，全国还出现了类似的组织，如济南的"孔道会"，太原的"宗圣会"，北京的"孔社"等。这些组织虽然名称各异，大抵都是鉴于民德之堕落、提示华夏宗风，均以"尊孔"为其主旨。与此同时，袁世凯政府也改变了民国临时政府的教育体制，重新将尊孔读经纳入了教育系统。1913 年，袁世凯政府出台《天坛宪法》草案，规定"国民教育以孔子之道"为修身之本，以法律的形式规定孔学在国民教

① 忧时涕泪．申报，1913－01－03．
② 论民国之政弊．申报，1912－07－03．

育中占有特殊地位。1915 年 1 月，袁世凯政府颁布《特定教育纲要》，重新确定儒学作为学校教育的基本课程，并拟定了各级学校实施儒学教育的基本方案。

孔教运动也波及湖南。1913 年，湖南成立了以舒礼鉴为会长的孔道会。1913 年四月，湖南长沙府学宫为兵所占，湘人看到其他省份纷纷设立孔教会，于是亦设立孔教会，士类飙从，缙绅云集，在长沙府学宫成立孔教会支会，并推举王闿运为会长。① 此后孔道会与孔教会合并，成为康有为孔教会的湖南支会。此外，民国初年湖南还出现了另一以弘扬传统道德为宗旨的组织——船山学社。该社由刘人熙于 1914 年创办。刘人熙（1844—1919），字艮生，号蔚庐，浏阳人。早年就读长沙城南书院，服膺船山学说，推誉王夫之是孔孟儒学的正宗传人。先后任江西大学堂总教习、湖南中路师范学堂监督，法政学堂总办。1907 年秋，湖南教育会成立，被推为会长。辛亥革命后，又一度担任都督府民政司长，因为社会政事日非而辞职。1914 年创办船山学社，以船山学说为救时之良方，编辑《船山学报》。刘人熙认为，民初社会动荡，其根本原因即在于固有道德的沦丧，所谓“国体既更，未堪多难，深思其故，唯在人人陷溺，道德堕落”。故以拯救社会的精神道德为己任。创立船山学社，“一面为抚怀先哲，表彰船山之绝学；一面为拯溺救焚，亟于维持人心风俗”。主张“对于讨论学说，须以阐发义理为主旨；对于指导社会一切之事，必以提倡道德为要素”。强调重新弘扬与广大孔子学说、通过温故知新达到新民德的作用。②

① 王代功．湘绮府君年谱．台湾：文海出版社，1970：312，317．

② 关于船山学社之情形，参见郑焱：《近代湖湘文化概论》，长沙：湖南师范大学出版社 1996 年版，第 228 – 230 页。

叶德辉出任湖南教育会长之后，一方面援引《特定教育纲要》“提倡各省各处设立经学会，以收年长宿学经生、并冀养成中小学校经学教员及升入经学院之预备”等规定，由其弟子刘肇隅发起，在长沙成立经学会，借坡子街乾元宫丽泽旧学校办公；一方面在湖南中小学教育中全面恢复读经活动，并试图加重经学的比例，以达到经学重振的目的。

湖南经学会以“研究经义、发扬国学”为宗旨，宣称“经学以发明义训、通知世用为本，不分汉宋门户，亦不拘守乡里私学小派，惟遵《纲要》按经分科，编辑要义以广切磋之益”。本会为讲学之所，除推叶德辉为都讲外，无会长、干事、评议等类。湖南经学会对会友资格亦有规定。入会者须取得本会二人以上之介绍书，其必品端学正及素有经学门径者，余概不得轻率介绍。会讲常期每月四次，以各学校休沐日为率，其特开大会则由都讲临时决定。《简章》还特别声明：入会者可向叶德辉借阅汉宋经学之书；经费则由同人筹备，不收入会费，以“略表高洁之意”；会友应守礼法，保持全会声誉，如有动违礼则及臆造新说、渎乱经义者，公同纠察，以后来会即不接洽。① 湖南经学会的主要活动是叶德辉的定期讲学。叶德辉将他在 1907 年为湖北存古学堂所撰的经学教科书《经学通诰》加以删改，以湖南教育会的名义正式刊行，以将经学研究导入正途。

叶德辉还以湖南教育会长的名义，同副会长蔡湘、陈建中一起，经由湖南巡按使沈金鉴代奏《明定读经程序、妥订教授系统、恳予饬部采用折》②，申请全面恢复经学在中小学教育中的核心地

① 经学会简章//叶德辉. 经学通诰. 长沙：湖南教育会，1915，卷首.

② 湖南巡按使沈金鉴奏据情代奏明定读经程序妥订教授系统恳予饬部采用折并批令. 政府公报，1915－12－21：35－36.

位，试图从教育体系着手以扭转经学衰退的局面。

袁世凯的《特定教育纲要》规定：初等小学读《孟子》；高等小学读《论语》，均要求读全书；中学选读《礼记》、《左氏春秋》，规定《礼记》中的《曲礼》、《少仪》、《大学》、《中庸》、《儒行》、《礼运》、《檀弓》诸篇“必读”；国文教学中应多读《国语》、《战国策》，选读《尚书》。叶德辉在赞成、推行这一政策的同时，又对读经的范围与次第提出变通意见，主张：初等小学，读《论语》、《孝经》，取其易于记诵；高等小学，读《大学》、《孟子》，引其近于文章；中学变选读《尚书》为必读《尚书》，使知行政大纲，渐充其自治之能力；变节读《左传》为全读《左传》，使知外交专对，兼畅其作文之笔机；《五经》去《周易》，《四书》去《中庸》，以其精深，非毕生不能探讨；《三礼》略《官仪》，《三传》略《公》、《谷》，以其典奥，非初学所能潜研。此外，他还建议将《教育纲要》中所没有提到的《毛诗》列于自修，《尔雅》附之博物。

对比叶德辉的建议与《教育纲要》的规定，可看出有两大变化：一是大大增加了读经的门类。《五经》去《周易》，《四书》去《中庸》，《三礼》略《官仪》，《三传》略《公》、《谷》，此外全部列入中小学教育计划中。二是变节读为专门讲授，如《左传》、《尚书》等。叶德辉认为，这样调整之后，“科举可废，典籍常新；保存国家固有之精神，主张人民中心所诚服，以孝悌忠信，树百世之仪型，以《礼》、《乐》、《诗》、《书》，备四时之弦诵”。显然，相对于袁世凯政府的尊孔读经之本意，叶德辉走得更远了，试图全面恢复经典传授在教育中的核心地位。

那么，叶德辉读经与袁世凯政府的读经有何不同？对于袁世凯政府来说，恢复中小学校读经、重新确立经典传授系统，为的是以儒家学说规范人心，着重的是儒学的实践意义。所谓六经大义，不在记诵章句，而在实践躬行。小学修身一科，实为蒙养作圣之本。故除了小学全读《孟子》、《论语》，中学选读《礼记》、《左传》外，其他经典被分解到各种具体的学科如国文、修身中。与诸多的新学科相比，经学只是其中的一部分。而叶德辉则几乎将所有经典都纳入到教育体系中来，并且都是全读，实际上是要部分地以经学取代其他科目，回到传统教育的老路上。叶德辉在考虑中小学读经问题时，着眼点并不在于以经学陶铸人心，而是从适应经学研究的需要出发，强调的是对经典的系统掌握，关怀所系，在于儒学知识系统的传承。至于儿童心理、教材排列、课时分配等等这些教育因素，均不在考虑之列。因此，叶德辉的建议被教育部批驳为“强人所难”，“致蹈欲速则不达之弊”、所请变通各节“窒碍难通”，要求“毋庸置议”。① 叶德辉全面恢复经学在中小学教育的核心地位的努力宣告失败。

叶德辉振兴经学是在民国初年尊孔读经思潮涌动的背景下进行的。袁世凯政府倡导尊孔读经，不仅是利用传统文化资源完成意识形态的重构，也是要借儒家学说为其复辟帝制张目。湖南经学会主动配合了袁世凯的复辟帝制活动，宣传重整伦理纲常。1915 年 12 月，叶德辉在所上《明定读经程序、妥订教授系统、恳予饬部采用折》中称：“人皆非圣，何有于经？君不知忠，何爱于国？非圣必至于无教化，不忠则极于废伦常。……今幸国体更新，圣人首出。我大皇帝钦明睿哲，为天下之一人。……倡明经术，即在此时；楷模人伦，期之元首。”说明“倡明经术”与“楷模人伦”之间存在着内在的关联。

① 教育部奏遵核叶德辉等请变通读经办法拟请毋庸置议折，政治公报，1916 - 01 - 13，奏折：18.

不但如此，叶德辉还直接参与了拥袁复辟的活动。1915 年 8 月，杨度、孙毓筠、胡瑛、刘师培、严复等人在北京成立筹安会，以“发挥学理，商榷政论”为旗号，掀起了讨论国体、改立君宪的逆流，为袁世凯复辟帝制鸣锣开道。善于趋时的汤芗铭送两千元给叶德辉，要叶德辉成立分会，并假讲武堂为会址。叶氏弟子闻风而起，遂往会址分派干事，推叶德辉为会长，符定一为副会长，左学谦、杨树谷、黄瑛等均为会员。叶德辉后来否任自己曾出任此职，说：“余始终未到会。”① 但同时也表示，“于袁氏帝制，曾无异词”，赞成袁世凯复辟。他说：“清祚既倾，中原无主，唐高宋艺，果能救民水火，则逆取顺守，天下后世终得而谅之。特视其人如何耳。”②

1915 年 10 月 20 日，汤芗铭在都督公署大堂召开国民代表大会，选举所谓“国民代表”。叶德辉以“硕学通儒”的资格被指定为“代表”。关于此事，叶德辉后来表示是被“窃名”。当他得知自己以“硕学通儒”的资格被指定为“代表候选人”时，两次致书代理湖南巡抚严家炽加以拒绝，不为接受。投票之时，“余属戚友初选人弗往。开匭，余仅三票。沈克刚为监选，窃他人票补之。”③ 1915 年 10 月 26 日，湖南国民代表大会进行国体投票，叶德辉参与其中，成为赞成国体变更的成员之一。随即汤芗铭举行“拥戴大会”，上劝进表。此后，汤芗铭又多次上劝进文，胁迫各公法团体上表赍京者更是多达百余起。叶德辉对这些劝进活动，即使不是主要的鼓吹者，也是赞成者。1915 年 12 月，蔡锷在云南宣布独立，组织护国军，兴兵讨袁。1916 年 1 月 13 日，叶德辉以

① 叶德辉．郋园六十自叙．长沙：叶氏观古堂，1923：8.
② 叶德辉．郋园六十自叙．长沙：叶氏观古堂，1923：8 –9.
③ 叶德辉．郋园六十自叙．长沙：叶氏观古堂，1923：9.

教育会长的名义领衔，与蔡湘、陈建中、符定一等一起联名电请袁世凯讨伐云南蔡锷、唐继尧，立颁登极诏书。他表示："中国非帝制不能立国，帝制非今上不能立宪。立宪，所以为一国图永安，即为兆民谋乐利。此德辉参与筹安会主张君主立宪之本意也。"①并说：君主立宪本为全国各省一致主张；蔡锷、唐继尧、任可澄扰已定之国基，树人民公敌，凡我全国人民无不痛心切齿，义愤难伸。要求皇帝"大张天讨，拯滇民于水火之中"，"伸民愤而振国基"；"立颁登极诏书，以慰四海云霓之望"。②

然而，复辟帝制乃历史逆流。在护国军强大的攻势面前，袁世凯于1916年3月22日下令撤销"帝制"，废止"洪宪"年号，复任大总统，已不为天下所容。云南、贵州、广西、湖北、浙江、四川、陕西等省宣布独立。在这种局势下，汤芗铭为自保计，亦于1916年5月29日宣布湖南独立，并致电袁世凯以促引退；又致电尚未独立各省，敦促各省谋求大局之解决、共遂护国之夙愿。袁世凯在众叛亲离中，惶惶不可终日，于1916年6月6日在绝望中死去。而汤芗铭尽管已宣布独立，已为人民所不容。1916年7月5日，汤芗铭出逃；8月，谭延闿二度掌湘。

当袁世凯复辟帝制的活动失败之时，叶德辉正回苏州扫墓。其时，湘绅政治立场多有变化，原来赞成帝制者纷纷改弦更张，举起护国旗帜。据称，有人劝叶德辉也站出来申明自己充任支持国体变更的国民代表乃系窃名，被叶德辉所拒绝。他说："余窃名必涉严、沈，是不可。且帝制余所主张者。昔魏忠贤建生祠，各省巡抚以下皆列名，岂皆本人意乎？毋多事。有祸余不惧也。"③

---

① 长沙教育会叶德辉等来电．政府公报，1916－01－17：38－39.
② 长沙教育会叶德辉等来电．政府公报，1916－01－17：38－39.
③ 叶德辉．郎园六十自叙．长沙：叶氏观古堂，1923：9.

叶德辉虽然对充任国民代表之事有所保留，却不讳言赞成君主立宪制。汤芗铭败走后，叶德辉作为“帝制党”再度成为打击对象，甚至有人要没收叶家财产。但最终有人申明叶为汤芗铭、严家炽所借名，没收财产之祸得以避免。叶德辉不得不避兵还吴，回苏州长住，直至1919年冬才回到长沙。

在拥护袁世凯复辟问题上，叶德辉始终如一，而对趋时反复者颇有不屑。他曾对人言：“滇桂告警，湘绅沈克刚、汪诒书愤起景从，卒召湘乱。沈为湘督汤芗铭召集国民代表劝进之首领，汪则壬癸以来叠为张鸣歧、汤芗铭四次密保而中央见弃者也。桂兵未至，闻风先逃。余亦避乱还吴，日闻噩耗。”① 二人本为袁世凯复辟帝制的拥护者，却最终反戈一击。在叶德辉看来，这无异于没有操守。

“叹凤伤麟吾道非，建元祀孔与时违。斯文欲坠千钧发，没字犹飘五色旌。”② 对于叶德辉而言，破产的不仅是恢复帝制这一政治主张，更是重振经学维系世道人心这一文化理想。叶德辉无法看清“吾道非”之非在何处，转而认为这是斯文之丧的体现。“方今海内犹乱离，比之秦火祸更奇。六经扫地斯文丧，太牢祀孔将信疑。”③ “旧学商量同辈少，中原离乱故乡亲”。④ 为避兵乱，叶德辉彻底退出了湖南政界，回到故乡苏州长住。“频年粤湘搆兵

---

① 叶德辉赠曹赓笙《观古堂藏书目》一书题跋。转引自杜迈之、张承宗：《叶德辉评传》，长沙：岳麓书社1985年版，第39页。

② 叶德辉．赠曹赓笙太守允源时主江苏图书馆事//还吴集（丙辰）．长沙：叶氏观古堂，1929：16.

③ 叶德辉．惠耕渔茂才属题先德四世传经图象册//还吴集（丙辰）．长沙：叶氏观古堂，1929：22.

④ 叶德辉．赠曹赓笙太守允源时主江苏图书馆事//还吴集（丙辰）．长沙：叶氏观古堂，1929：15.

畔，翻喜桃源在吴郡。学子依然诵汉唐，居民不知有魏晋。”① 在叶德辉眼里，苏州不仅是避兵之地，更是文化意义上的世外桃源。在那里，叶德辉著书论文，怡然自得。世事既无可挽回，则对儒学的信仰只能沦为个人的坚守。更为重要的是，在东吴沪上，叶德辉又遇到了众多同志，共同参与了20世纪初挽救中国古籍文献的重大工程——《四部丛刊》的出版活动。

① 叶德辉．印濂丈招饮城西园即席作兼呈同坐金松岑孙伯南两茂才家咏霓丈//还吴集（丙辰）．长沙：叶氏观古堂，1929：15.

第五章 绵斯文之绪：叶德辉的藏书理念与出版理念

对于叶德辉而言，参与省政、关注公共事务固然是他作为一个绅士应尽的职责，而关注世道人心、绵延正学更是他作为一个传统读书人的使命。叶德辉以辟佛之韩愈、传经之伏生自我期待，这种角色意识发端于戊戌变法时期的新旧之争，强化于清末新政时期，并且贯穿了叶德辉的后半生。它是新旧递嬗、学术文化转型之际，一个以文化传承为职志、以学问为依归的读书人面临传统文化危机时的一种自然反应。

叶德辉认为："崇圣不可以徒致，必首事于通经。而通经亦不能陵节，必循涂于识字；而诏后学以所从入，必先于簿录考溯其远流，开示其阃奥。"① 故将翼教思想落实到通经上面，又将通经落实到文字训诂、目录版本学等为学路径上面。叶德辉主要以目录版本学家的成就为当世与后世所重视。而这种学术成就的取得又是与他的藏书、刻书活动分不开的。可以说，收藏古籍、传播古籍是叶德辉日常生活的主题。这既是叶德辉个人的兴趣爱好，又是叶德辉文化思想的实践，承载了叶德辉绵斯文之绪的理想。

---

① 李肖聃．郎园学略：第二十二// 湘学略．长沙：岳麓书社，1985：217.

第一节　不欲居藏书之名，惟锐以传古自任——叶德辉的藏书活动与藏书理念

无论是作为湘中巨绅、对湘政操有“显移暗转”之权时，还是渐渐失势、沦为新政权打击对象之时，对于叶德辉个人而言，藏书、著书、刻书始终都是日常生活的主题。叶德辉之所以闻名，一方面因为在戊戌变法时期的“翼教”活动，另一方面则在很大程度上是因为他的藏书。他在长沙洪家井寓宅内所筑藏书楼观古堂，与道州何绍基的东洲草堂、湘潭袁芳瑛的卧雪庐及岳阳方功惠的碧琳琅馆为湖湘四大藏书楼。在全国范围内，叶德辉与近代另一藏书家傅增湘齐名，有“北傅南叶”之并称。清季末世，迭更丧乱，江浙文物之会，图籍荡佚，板刻多毁，印本渐稀。而叶德辉“竭四十年心力，凡四部要籍无不搜罗宏富，充栋连橱”①。辛亥时，插架已达16万卷有奇，以重刻计之，在20万卷之外，后10余年又有扩张。据估计，其藏书至1927年被杀时止可能已超过30万卷。在近代藏书史上，叶德辉可谓别具一格的藏书家。他不仅以藏书丰富闻名于世，更以其藏书理念和对藏书实践经验的总结而为世人所推重。正是在丰富藏书的基础上，叶德辉写出了他的名著《藏书十约》、《书林清话》、《书林余话》、《郋园读书志》等，成为近代著名的目录版本学家。

① 刘肇隅．郋园读书志序//叶德辉．郋园读书志．上海：澹园，戊辰（1928年）：1-2.

一、远绍叶氏先祖之遗意，近接湖南先辈之精神——叶德辉藏书之形成

叶德辉之藏书，近接湖南先辈之精神，远绍叶氏先祖之遗意，将之发扬光大，终于跨越地域，成为闻名全国的藏书家。

藏书作为一项文化事业，受到时代政治、经济、科技、学术等众多因素的影响。经济发达往往带来文化人才聚集；文化人的聚集又带来图书著述的繁荣，著述的繁荣又会促进图书的收藏。故历代藏书家的地理分布往往与经济水平、文化水平相适应。从历史上看，与江浙等具有人文渊薮之称的地区相比，湖南文化并不发达，因而文化人不多，公、私藏书均默默无闻，因而不为藏书家所重视。正如傅增湘所言："尝观古来藏书者，咸争推吴越故家，而楚蜀之地乃寂寂无闻。"① 但亦不是乏善可陈。元代曾有管军总管张梦卿酷好搜罗图书、寻访碑帖，并在长沙建万卷楼贮藏。刘将孙为之撰《长沙万卷楼记》，称："湘江之下，岳麓之外，翚飞照郭，冯栏落日，端非丝竹之娱。牙签插架，胪列山集，清风佳客，考古订今。"作者因此表示"恨不得身至其间，征异书，读所未见，即寄声内交，不啻足迹，矧以笔墨，附托其间者乎！"②可见，"自宋元以来，衡湘之交炳炳麟麟，已蔚成图书之府矣"③。

不过，湖南真正作为藏书重镇之一引起世人关注，则是清中

① 傅增湘．拾经楼细书录序∥叶启勋．拾经楼细书录．长沙：叶氏观古堂，1937.

② 刘将孙．长沙万卷楼记∥王余光主编．藏书四记．武汉：湖北辞书出版社，1998：43.

③ 傅增湘．拾经楼细书录序∥叶启勋．拾经楼细书录．长沙：叶氏观古堂，1937.

叶以后。当时涌现了一批藏书家，其中突出者如安化陶文毅、宁乡刘春禧、道州何子贞、湘潭袁漱六、巴陵方柳桥诸公，“皆家富万签，名流四域”①。

陶澍（1779—1839），字子霖，号云汀，湖南安化人，嘉庆七年（1802 年）中进士，任翰林院编修后升御史。曾先后调任山西、四川、福建、安徽等省布政使和巡抚，后官至两江总督加太子少保。陶澍一生倡导“有实学斯有实行”，是嘉道之际经世学派的代表人物，对于湖湘学派在全国的崛起具有重要的影响。陶澍于学术亦颇有造诣，爱读书富藏书，铭其读书之处为“印心石屋”，道光皇帝曾亲自手书“印心石屋”匾赐之。

宁乡刘春禧在道光初主持风雅，藏书甚富，编有《红豆山房藏书目》，一时名流皆有题咏。何绍基有《阅宁乡刘春禧康红豆山房藏书目，喜而有赠》：“藏书不解读，如儿嬉戏得珠玉；读书不能藏，如千里行无糗粮。刘侯生是湖湘秀，要与俗儒饰寒陋。善本莹莹金壁光，古人堂堂天地寿。深山楼屋可百楹，新篇蠹册皆有情。山中日月圣贤宇，山外风烟蝉蚓鸣。贱子藏书无最目，读书贪多不贪熟。正流歧港各有会，要与壑源同一族。示君此语然未然，何时铅椠相周旋？期君来蹑蓬山路，共校金绳册府篇。”②其他如王闿运、杨恩增、易顺鼎等都有诗咏红豆山房，可见其藏书概况。红豆山房聚书万卷，惜于同治元年（1860 年）为山洪所毁。

比起刘春禧，何绍基的藏书气势更为恢弘。何绍基是著名的书法家、经学家，其博学多才与他酷爱读书和藏书有关。由于何

---

① 傅增湘．拾经楼细书录序∥叶启勋．拾经楼细书录．长沙：叶氏观古堂，1937.

② 何绍基．何绍基诗文集．长沙：岳麓书社，1992：135.

绍基的父亲何凌汉已藏有一定数量的图书，加上何绍基本人特别重视购买和收集图书，对好书不惜重金求购，对一些能借到的好书雇人或亲自抄写，使其藏书迅速增加，达十余万卷之多，成为近代湖南四大藏书家之一。

而使湖南藏书闻名全国的则是袁芳瑛的“卧雪庐”。袁芳瑛，字漱六，湖南湘潭人，清道光二十二年（1843 年）成举人，清道光二十五年（1845 年）中进士，授翰林院编修。袁芳瑛工文能翰墨，一生注重藏书，号为近代第一。他利用职务的便利，孜孜不倦地阅读和抄写内府藏书，并经常去北京琉璃厂、隆福寺等书肆大量搜访、购买精本图书，其中最具价值的是获得一批由内阁大库佚出的四库馆底本、稿本和善本。通过 10 多年的积累，他的藏书已很丰富。咸丰六年（1856 年），袁芳瑛被外任松江知府，他将所抄写和购置的书籍全部运至任地府上。当时，正值“江南遭洪扬之役，公私赤立，文献扫地。常州、苏州诸故家藏书以次流布于外，漱六锐意收罗，有见必设法得之，莫能与之竞。江南北旧家典册，以及卷施阁、问字堂之片纸只卷，皆揽而有之，以故所藏书，甲于一世”①。袁芳瑛藏书中，包括了清代乾嘉时期著名学者、藏书家孙星衍的珍贵藏书。袁芳瑛得知孙氏祠堂藏书正由其后人预备出售，于是倾尽一切财力大量收购。据记载，袁芳瑛这次收购，使他的藏书增加了十分之三，并得到不少宋元珍本。另外他还从杭州的一些藏书故家中收购到一大批珍贵图书，又增加了他藏书的五分之一。袁氏藏书之富，至有人称“其盛为二百年所未有，则其真价可想也”②。袁芳瑛所藏究竟有多少种、多少卷

---

① 黄浚．袁漱六藏书散佚无存//花随人圣庵摭忆．上海：上海古籍书店，1983：329.

② 李盛铎．木犀轩藏书题记及书录．北京：北京大学出版社，1985：12.

图书，史料上没有明确的记载，但其中不少罕世珍本，重本、别本繁多。据说所藏《史记》拥有从宋至明30余种版本，《汉书》亦有很多种版本。袁芳瑛学识不凡，尤其精通版本学，所得之书常精心校注，因此又被称为版本校勘大家。他的藏书处名“卧雪庐”（又名卧雪楼）。每得一书，即加盖“古潭州卧雪庐收藏”之章，经其鉴定、校勘之精品则盖有“雪庐精鉴”等印章。由于他识货，所收藏图书大多为精品，以至于“卧雪庐藏书”成为“精品图书”的代称。

方功惠亦为清末著名藏书家。方功惠（1829—1897），字庆龄，别号柳桥，湖南巴陵（今岳阳）人。方功惠在光绪间以通判仕粤东，历官至道员。方功惠自幼起酷爱藏书与读书。由于祖辈几代为官，经济条件优越，亦有些图书遗留，加之他本人在广东做官40年，所得俸禄，除日常开支外，尽以购书。他不惜重金收购古今图书精品，其中以历代孤本、秘本和明人文集为多。光绪初年，他曾派人到日本去购买图书，因而获得了一些日本珍贵的版本。藏书逾20万卷，所藏以明贤集最富。其藏书印中有“好书到手不论钱”、“拥书万卷何假南面百城”，可以反映其藏书之壮观。傅增湘在评其藏书时说：“方氏久官岭南，多得伍、潘诸家箧藏。其中虽少古本珍籍，然僻书杂记，明人遗著，多世所稀觏。光绪季年，辇入燕肆者尚数十万卷。”①

刘、何、袁、方诸人的崛起，改变了以往湖南藏书家在全国默默无闻的局面。尤其是其藏书之富、之精，使世人刮目相看，“若持此以与吴越诸家比长挈大，宁容多让”②。

---

① 傅增湘．藏园群书题记．北京：中华书局，1983：9.

② 傅增湘．拾经楼紬书录序//叶启勋．拾经楼紬书录．长沙：叶氏观古堂，1937.

由于湖南藏书家群体的出现，带动了湖南士人普遍爱好藏书的风气。以与叶德辉交往密切的人而论，就有王礼培。伦明《辛亥以来藏书纪事诗》有云："京曹得暇访书丛，王、郭同年志亦同。三百二编无力问，最难忘是宋雕龙。"① 郭宗熙（1878—1934），字侗伯，湖南长沙人，曾任京师图书馆馆长等职。退职后隐居天津，日以访书读书为事，所收以明刻为多，每书必手自题签。10年搜访，至10余万卷。王礼培（1864—1943），字佩初，晚年自号潜虚老人，湖南湘乡人，光绪十九年（1893年）举人。清廷废科举后，王礼培出任湘乡县学堂首任学监，与湘乡革命党人禹之谟交往密切，参与领导学生运动。后禹之谟被逮捕入狱；他逃亡日本，入东京帝国大学学习法政，在此期间加入同盟会。辛亥革命胜利后回国，因不满于政局的混乱，遂从仕途退隐，转而从事教育，曾任长沙船山学社董事长。此后的十几年内，他来往于平、津、沪、宁等地，访求古籍，用他自己的话来说是："异书一时获，外物更何求。"王礼培后来也成为著名的藏书家。叶德辉尚有诗记其事："僵卧残丛两蠹鱼，不成脉望为贪书。买痴日见将田鬻，负债时常逼岁除。架有三唐百家集，椽无皕宋一楼居，玉泉街似慈仁寺，要访渔洋望敝车。（长沙售旧书者多在玉泉街）"又云："年少清才赋两丝（君少年工绮语，有《两丝集》行世），诗人未老变书痴。青衫末路谁知己，白袷当风似昔时。……中原丧乱藏家少，南北瞿杨幸可师。偕计当初恋国门，夕阳时过海王村。一场春梦流光换，四海妖氛杀气屯。已作殷顽不死那堪秦劫烬，犹温相逢乱后真多幸。日夕论文共酒樽。"②

---

① 伦明．辛亥以来藏书纪事诗．上海：上海古籍出版社，1999：118.

② 叶德辉．岁暮长沙重晤湘乡王佩初孝廉礼培有赠//岁寒集．长沙：叶氏观古堂，1929：8.

可以说，叶德辉酷好藏书，是晚清湖南藏书成风的具体体现。他继承湖南先辈之精神，而又超越其上。尽管何、袁、方等名家之藏书都曾足为世人瞩目，但遗憾的是，百数十年间，各名家藏书聚而复散，流传于不知谁何之手。或求其簿录而亦渺不可得，斯亦使人望古而遥集，令人抚卷而兴叹。而叶德辉“奋起于诸公之后，其闳识旷才，欲整齐四部，网罗百家，与当代瞿、陆、丁、杨齐驱并驾”。将湖南前辈的藏书精神发扬光大，跻身于全国著名的藏书家，“其流风余韵，犹能沾溉后学于无穷”①。

叶德辉对古籍文物的搜集收藏，也是对叶氏先祖之遗意的继承。尝有诗曰：“先代藏书三十世，孙枝分秀到湖湘。纳楹敢诩同金匮，列架居然拟石仓。秘阁画图摹汲古，故国尘劫剩灵光。”②叶德辉自注：“吾祖由北南徙，六世祖宋少保石林先生以藏书名，其后子孙世世相仍，中如明之文庄公盛、盛子晨、五世孙恭焕、七世孙国华、八世孙文敏公方蔼、鸿博公奕苞及二十五世石君公树廉、林宗公奕，至今残篇断册，得之者宝若球图。”③

据此，叶德辉祖上藏书之精神可追溯到六世祖叶梦得。叶梦得（1077—1148），字少蕴，号石林居士，南宋文学家、藏书家。叶梦得于北宋绍圣四年（1097 年）登进士第，累迁翰林学士，龙图阁直学士。南渡初，曾两任江东安抚制置大使兼知建康府，行宫留守，除户部尚书，拜崇信军节度使，晚年上章请老，退居湖州卞山石林谷，自号石林居士，以读书吟咏自遣。叶梦得饱学早

---

① 傅增湘．拾经楼细书录序//叶启勋．拾经楼细书录．长沙：叶氏观古堂，1937.

② 叶德辉．日人兼山春篁先生俊兴画丽楼藏书图见赠赋诗志谢//还吴集（丙辰）．长沙：叶氏观古堂，1929：20.

③ 叶德辉．日人兼山春篁先生俊兴画丽楼藏书图见赠赋诗志谢//还吴集（丙辰）．长沙：叶氏观古堂，1929：20.

成，学识渊博，熟知掌故；尤工诗词，笔力雄迈，犹有苏门遗风。他一生嗜书成性，尝藏书十万余卷，于霅川弁山（浙江长兴县东南，退官居此）建楼以庋之，极为华焕；又尝建细书阁以藏公家之书。

叶盛是叶德辉祖上又一位值得一提的藏书家。叶盛（1420—1474），字与中，号蜕庵，江苏昆山人，明正统十年（1445 年）进士。历官给事中、都察院右佥都御史、两广巡抚，最后官至吏部左侍郎。叶盛性尤俭约，自两广归时，行李简单，只有碑刻三大篋，题为“五岭奇观”。生平无他嗜好，独笃于书，手自抄雠至数万卷，是明代中期著名藏书家，藏书甚丰。编有《菉竹堂书目》6 卷，《两广奏草》16 卷、《菉竹堂稿》8 卷，著有《水东日记》38 卷、《水东诗文稿》4 卷、《文庄奏疏》40 卷、《秋台诗话》、《卫族考》1 卷、《经史言天录》、《宣镇诸序》1 卷等。

叶盛的子孙也能谨守叶盛的遗训，爱书聚书。叶盛去世后，其五世孙叶恭焕完成了叶盛之遗志，终于建成了菉竹堂。书楼落成后，叶恭焕把祖上遗书移存堂内，又把以前亲友们从祖父处借走的书收归菉竹堂，有上万卷之多，并置弟子看守。叶盛六世孙叶国华将叶盛散失在外的书籍、手稿、抄本等购而复之。叶盛裔孙叶奕苞构筑“半茧园”，喜鉴藏金石文物。所居“下学斋”，收藏图籍颇富。著有《金石小笺》、《经锄堂诗集》等十多部。辑《金石补录》。

叶树廉的朴学斋与叶奕的宝稼轩，也以收藏美富著名。叶树廉（一作树莲），名万，字石君，清时诸生，世居吴县洞庭山；曾往常熟虞山镇经商，遂迁居虞山。叶树廉性喜藏书，所到之处，无不设法访求，常捐衣食之需以购书，藏书多至近万卷。时值明亡兵荒马乱，货财与藏书尽失，叶树廉只身返回洞庭故居。后复居虞山，更加拼命购书，这样又使藏书倍增。尤其每遇宋元抄本，虽零缺单卷，必重金购之。建“朴学斋”、“归来草堂”为藏书楼。其所得书，条别部居，精辨真赝，随记其所由来，识者皆以为当。因其校勘精严，至为珍贵。孙从添《藏书纪要》云：“余见叶石君抄本，校对精严，钱遵王书籍装饰虽华，不及也。”又云：“石君所藏书，皆手笔校正，博左好学，称为第一。”可见叶树廉藏书在当时的影响。叶奕，字林宗，江苏吴县洞庭山人。好学，多藏书，名与树廉相上下。他对书籍搜访甚力，历时30余年，遍访海内藏书家。每见案头一帙，必假归躬自缮写，篝灯命笔夜分不休。他与当时另一藏书家钱遵王相友善，一得秘册，即与互相传录，可见其聚书之勤。去世后，书籍星散。其宋元刻本，多被后代典卖。叶德辉由此感叹：“吾家二十五世从祖石君公树廉朴学斋、林宗公奕宝稼轩，不幸无书目存留，然于钱曾《读书敏求记》求之，知当日二公好书，其收藏固甚富也。”①

由于祖上遗风，叶氏家族都酷爱藏书，并直接影响到了叶德辉，构成了叶德辉的家学渊源。叶德辉曾祖父与祖父两代因好藏书而和当时的社会名流结识，往来颇为频密。曾祖、祖父藏书包括江苏先贤顾炎武、钱大昕诸书，毛晋汲古阁所刊经史残册，唐宋诗文集，及叶氏先祖著述。据叶启勋记载：“先高祖豪侠好义，又喜藏书，山居峻宇雕墙，极宫室之美，所交多名流，轩斋题额，皆沈文悫德潜、王西沚光禄鸣盛、钱竹汀宫詹大昕手书居多。虽经兵燹摧毁，其残砖断匾，固历历可考也。先曾祖来湘，除衣箱外，皆书簏，大抵均江浙乾嘉诸儒先之书。逮先世父略有知识，开橱编检，则丛残无一部全者。犹幸缺损只十之二三。先世父幼

---

① 叶德辉．吴门书坊之盛衰//书林清话．长沙：岳麓书社，1999：211．

无师承，所得庭训者，实赖此楹书之力耳。”① 先祖遗书构成了叶德辉藏书的基础。然而，这批家传藏书在观古堂藏书中所占比重不宜估计过高。其侄子叶启发在《郎园读书志》跋中说：“吾家自宋少保石林公以来，代有闻人，或以科名显贵，或以著述流传。先祖于咸丰之间避赤寇之乱，徙居长沙。先世本略有楹书，至大伯父益扩而化之，遂日益富。”所谓“略有楹书”，更接近事实。因此，叶德辉在藏书方面的家学渊源，主要是一种藏书精神的绍续，而非具体藏书的直接继承。

观古堂的藏书，主要来源于叶德辉个人的搜集。较大规模地收购图书有几次：

一是 1886—1887 之际，在省会长沙收购袁芳瑛“卧雪庐藏书”。当时，湘潭袁芳瑛的藏书散出，“其中宋元旧椠，拆阅售之德化李木斋编修”②。袁氏藏书一部分来源于孙星衍祠堂旧藏，有南宋本《两汉书》，叶德辉很是垂涎，但终究为李盛铎所有。此时叶德辉因资力有限与李氏竞争不过，只能望书兴叹。不过，他还是收拾了不少残本，或抄或配，得到一些零散的袁氏藏书。袁书散出之时，除李盛铎是最大的买主之外，同叶德辉一道收藏袁书者还有王启原。王氏经常到叶家辨别真伪。

二是 1889—1990，在京城收购河南商丘宋莹的纬萧草堂藏书和山东曲阜孔继涵的红榈书屋藏书。当时，叶德辉系第二次入京，正赶上散出两家藏书运到北京书肆出卖。叶德辉虽限于财力，不能将宋、孔两家藏书全数收购，但也选择了不少珍贵版本，如明活字本《太平御览》与万历甲辰重刻《太平御览》、前后七子诗文集部，及清康乾诸学者名流所校、所藏之书，共得 12 箱运回湖南。

---

① 叶启勋．叶郎园先生年谱．南强旬刊，1938，1（11）：5.

② 叶德辉．观古堂藏书目序//观古堂藏书目．长沙：叶氏观古堂，1916：1.

在北京时他住在郡馆中，每天翻阅《玉函山房丛书》，发现其中引据资料有不少讹漏，遂下决心找来原书一一校对补充，故特别留心广搜书籍。

三是归田10余年间，得善化张姓书数橱。张氏曾长期在山东做官，收藏不少王士祯池北书库、诸城刘喜海味经书屋和历城马国瀚玉函山房等的藏书。张氏将这些藏书运回湖南。张氏藏书陆续为叶德辉所购买得，叶德辉因此又部分地拥有池北书库、味经书屋、玉函山房等所藏。叶德辉将之与袁芳瑛售而未尽之残编配合，扩大了藏书规模。

除此之外，叶德辉的藏书更多是靠平时辛勤搜访。他第一次进京应试期间，每天都到琉璃厂、隆福寺等书肆访书，得到不少初印佳本。后任京官之时，更是如此。叶德辉后来回忆："吾官京曹时，士大夫犹有乾嘉余韵。每于退值或休务日，群集于厂肆，至日斜，各挟数破帙驱车而归。"① 叶德辉归田后，经常东游吴会、北上京师，每到一处，都随时留意，随时搜罗。叶德辉曾作《后买书行》诗云："齐鲁吴越间，辙迹我频至。获书捆载归，充栋无余地。计偕入京师，欲探西山邃。日从厂甸游，琳琅启金匮。……时有漏网珠，拾之出无意。"② 这是叶氏的真实写照。叶德辉的儿子也称："家君每岁归来，必有新刻旧本书多橱，充斥廊庑间，检之弥月不能罄。平生好书之癖，虽流离颠沛固不易其常度也。"③ 可见叶德辉搜书之勤。

除了购买之外，叶德辉还经常用自己所刻之书同他人交换，

---

① 叶德辉．书林清话．长沙：岳麓书社，1999：217.

② 叶德辉．后买书行∥于京集．长沙：叶氏观古堂，1929：12.

③ 叶启倬，叶启慕．观古堂藏书目跋∥观古堂藏书目．长沙：叶氏观古堂，1916.

获得众多好的图书。1900年以后，叶德辉结识了一些日本学者，通过日本来华留学生、日本驻华官员，叶德辉又同日本国内的一些藏书家、学者建立了联系，“时以已刻书易彼国影刻宋元本医书及卷子诸本”①，由此收藏了不少日本影印宋元本古籍与卷子。叶德辉与海内朋友也时常“以家刻新书交易”，扩大了藏书的范围。

经过叶德辉三四十年的经营，观古堂四部之储较为完备，别本、重本数倍于四库，其中不乏珍异之本。观古堂所藏中，以北宋胶泥活字本《韦苏州集》、金刻《埤雅》、宋刻《南岳总胜集》、南宋刻陈玉父本《玉台新咏》为冠；元刻以敖继公《仪礼集说》、婺州本《荀子》、大德本《绘图列女传》、张伯颜本《文选》为冠。明刻则很多，有涂祯刻九行本桓宽《盐铁论》，可论顾千里为张敦仁重刻十行本目为涂刻之误；袁褧刻陆游本《世说新语》，可证周氏欣纷阁、李氏惜阴轩两本重刻袁本肊改之误，顾元庆刻《四十家文房小说》全部。乾嘉时藏书家如孙星衍平津馆、黄丕烈士礼居所收《四十家文房小说》皆只有零星数种；晚清海内四大藏书家如杨氏海源阁、陆氏皕宋楼、瞿氏铁剑铜琴楼、丁氏善本书室所收亦不全。叶德辉因此感到很骄傲：“余有其全，又经明金孝章先生鉴定，手书签题，尤为希世之秘。”其他明刻善本未检校者，不可枚举。叶德辉所藏除刻本外，还有一大批抄本，如元抄明补曾慥《类说》、谢在杭春草斋抄《猗觉寮杂记》、杭世骏自著《订讹类编》稿本、戴震《诗经类考》等。这些抄本，“或可补传刻之缺略，或可考近本之异同”。名人手抄者，则有宋白玉蟾手书《道德经》、明杨慎手书自撰《六书索隐》、钱大昕手抄黄丕烈校宋《南宋馆阁录》、厉鹗手抄《辛稼轩词》、阮文达《三家诗补遗稿》

① 叶德辉．观古堂藏书目序//观古堂藏书目．长沙：叶氏观古堂，1916：1.

等。除收藏国内刻本、抄本外，叶德辉还收藏有日本图书，日本刻本则有天文癸巳刻白文《论语》、皇侃《论语义疏》、山井鼎《七经孟文考文》、魏征《群书治要》，上官国材本王肃注《孔子家语》、嘉禾仿宋刻唐孙思邈《千金要方》、文政仿刻元大德本《千金翼方》、安政刻影抄本康赖《医心方》、安政刻活字本《太平御览》等。这些藏珍，叶德辉"皆朝夕抚玩，铭心镂骨，一日不忘者"。除叶德辉自己所列举的这些珍本外，"旧刻孤本名校集部，更不暇详举矣"。①

如前所述，叶德辉为了"志一生精力之所在、缕述先世家学及生平所历之境"，曾几度为观古堂藏书编目，是为《观古堂藏书目》。该目初编于1901—1902年间；辛亥革命期间，叶德辉避乱朱亭之时，予以重编；尔后因续有收藏，因而陆续修正，于1916年正式付刊。全书凡四卷，卷一经部13类、卷二史部12类、卷三子部14类、卷四集部6类，为四部45类，共计著录藏书5148种。此目"于一切宋元刻本、名校旧抄，大半载而未尽，然明以来精刻善本则详录靡遗"；"可以补正张文襄《书目答问》之缺误，亦足备《清史·艺文志》之史材"。② 可见，《观古堂藏书目》并没有将全部藏书收录其中。

此外，叶德辉平时每得一书，必缀一跋，"或校其文字之异同，或述其版刻原委，无不纤细毕详"③。叶德辉为避免兵燹之后藏书不保，敦促子侄将平日收藏之题跋依序抄出，汇集成《郎园

---

① 叶德辉．忆藏书//朱亭集．长沙：叶氏观古堂，1929：7－8.

② 叶启倬，叶启慕．观古堂藏书目跋//观古堂藏书目．长沙：叶氏观古堂，1916.

③ 叶启发．郎园读书志跋//叶德辉．郎园读书志．上海：澹园，戊辰（1928年）刊.

读书志》。子侄从1916年开始编撰，至1926年编定，1928年于上海刊印。全书十六卷，依四部分类排列。卷一、二为经部，凡96种；卷三、四为史部，凡97种；卷五、六为子部，凡126种；卷七至十六是集部，凡389种，总共708种。

综合《观古堂藏书目》与《郎园读书志》，可见出观古堂藏书之概况，其美富足可以超越湖南先贤，而与当代藏书名家瞿镛之铁琴铜剑楼、陆心源之皕宋楼、丁丙之善本书室、杨绍和之海源阁等齐驱并驾。

叶德辉重视藏书，酷好藏书，曾戏作《买书》一诗中，道尽对买书的感受，中谓："买书如买妾，美色看不厌。妾衰爱渐弛，书旧方益烈。二者不可兼，得失心交接。有时妾专房，不如书满箧。买书如买田，连床抵陌阡。田荒逢恶岁，书足多丰年。二者相比较，同在子孙贤。他日田立券，不如买书钱。吾生好坟籍，终日为书役。大而经史子，小者名家集。二十万卷书，宋元相参积。明刻又次之，嗜古久成癖。《道藏》及佛经，儒者偶乞灵。藏本多古字，佛说如座铭。百川汇巨海，不别渭与泾。"① 该诗一度流传甚广。近代词人况周颐曾记载："癸丑、甲寅间，余客沪上，始识长沙叶奂彬（德辉），素心晨夕，一见如故，穷不见疑，狂不为牾，是在气类，弗可强为谋也。奂彬有书癖，书在长沙，其收藏如何美富，余未得见也，所著《藏书十约》，无一语不当行。又《书林清话》，尤澹博精审，稿将及寸，余曾暇观。当时尚未卒业，刻未审锲行否矣。阅近人某笔记，载有《奂彬买书行》一首，书痴面目，刻书妙肖。余喜诵之，移录如左……"② 一代词人因喜《买书行》之对书痴面目的刻画惟妙惟肖，在自己的著作中全文照

---

① 叶德辉．买书//于京集．长沙：叶氏观古堂，1929：3-4.
② 况周颐．眉庐丛话．太原：山西古籍出版社，1996：338.

录。可见该诗影响之大。然而，对于叶德辉而言，藏书本身不是目的，借藏书以传古才是藏书之宗旨。正是这种与众不同的藏书理念，使叶德辉与近代众多的藏书家区别开来，为斯文之续做出了贡献。

二、为读而藏，藏而能读——叶德辉的藏书理念

私家藏书是我国藏书文化的重要组成部分，自周代始，历代皆有，而宋代以后渐趋发达。到明清之时，私家藏书发展到极盛，相应地，出现了很多藏书家。从总体上看，藏书是保存与传播民族文化的重要手段，又是文化人生活的一个重要组成部分，注重藏书是历代读书人共同的精神。然而，由于收藏图书的出发点不同，藏书家的宗旨不同，境界亦有差别，是以产生了不同类型的藏书家。

明代学者胡应麟曾依据书画收藏分为赏鉴、好事两类的做法，将典籍图书的收藏者分为赏鉴家、好事家和雅尚家三类，从而奠定了藏书家分类说的基础。清代学者洪亮吉在《北江诗话》中，依据藏书主人的旨趣和成就特征，将藏书家分为考订家、校雠家、收藏家、赏鉴家、掠贩家五类："得一书必推求本原，是正缺失，是谓考订家，如钱少詹大昕、戴吉士震是也；次则辨正其版本，注其错讹，是谓校雠家，如卢学士文弨、翁阁学方纲是也；次则搜采异本，上则补石室金匮遗亡，下则备通人博士之浏览，是谓收藏家，如鄞县范氏天一阁、钱塘吴氏瓶花斋、昆山徐氏传是楼是也；次则第求精本，独嗜宋刻，是谓赏鉴家，如吴门黄主事丕烈、邬镇鲍处士廷博是也；又次则于旧家中落者贱售其所藏，富室嗜书者要求其善价，眼别真赝，心知古今，闽本蜀本，一不得

欤，宋椠元椠见而即识，是谓掠贩家，如吴门钱景开、陶五柳、湖州施汉英是也。”

叶德辉在洪亮吉的分类基础上又有所调整。他认为：“考订校雠，是一是二，而可统名之著述家。若专以刻书为事，则当云校勘家。”① 将藏书家分为著述家、校勘家、收藏家、赏鉴家与掠贩家五类。具体来说，顺康朝钱谦益绛云楼、王文简士祯池北书库、朱彝尊曝书亭是著述家；毛晋汲古阁兼校勘家与收藏家；钱尊述古堂、也是园、季沧苇振宜是赏鉴家；孙星衍平津馆、岱南阁、五松园，马征君璐丛书楼、玲珑山馆等，是考订、校雠、收藏、赏鉴兼而有之；卢见曾雅雨堂、秦恩复石研斋以及张敦仁、顾广圻等，则是纯粹的校勘家。叶德辉所论不仅涉及到藏书家分类的标准，而且涉及到应标举的藏书家数。

那么，何以判断藏书家之不同？必须见到诸家所藏之书及其他著述，才能定其家数。在洪亮吉列举诸家中，只有钱大昕有日记、卢文弨有《群书拾补》、黄丕烈有《藏书题跋》，其余各家则仅凭书目流传，后人难以尽窥所学也。但在诸家之前，钱尊述古堂之《读书敏求记》，《四库全书存目提要》将其列为“赏鉴家”；在诸家之后，钱泰吉《甘泉乡人稿》中之《曝书杂记》，张之洞的《书目答问》列之为“儒家考订”之属。《读书敏求记》专载宋元旧刻秘笈精抄，《曝书杂记》多载时刻有用之书，二书宗旨不同，皆为近日藏书家所推崇。同样，叶德辉究竟属于哪一类藏书家，有何特色？当综合《观古堂藏书目》、《郎园读书志》以及叶德辉其他的有关论述而论之。叶德辉的弟子刘肇隅在论及叶德辉的《郎园读书志》时曾说：该志“大抵体近述古《敏求记》，较多考

① 叶德辉．书林清话．长沙：岳麓书社，1999：208．

证之资；例本甘泉《杂记》，兼寓抉择之意；远追晁、陈二家志录之流别，近补纪、阮二公提要之阙书，是固合考订、校雠、收藏、鉴赏为一家言，而不同于何无锡终日为达官搜采旧书、顾广圻毕生为人校刊善本，迹同掠贩，徒耗精神也”①。《郎园读书志》本为题跋之作，然由于叶德辉于“目录版本之学寝馈数十寒暑，储藏既富，闻见尤多”，“随笔所书，动中窾窍”，“沾溉无穷，其津逮来学之功巨矣。岂仅于藏书家分据一席已哉!”② 刘肇隅视叶德辉为集考订、校雠、收藏、鉴赏于一家，所言不无溢美之嫌疑，但叶德辉的确不以于藏书家分据一席自满，而是将藏书与研究融合到了一起。为读而藏、藏而能读是叶德辉藏书理念的重要特色。

为读而藏本是藏书最基本的宗旨，然而，在藏书文化发展的过程中，却时有偏离这一宗旨的现象。如前所述，晚清以来，国内尊西趋新风气日盛，传统古籍作为旧学的载体而遭到冷遇，使传统人士有“古籍沦亡”之忧。另一方面，当古籍所承载的学术思想被淡化之时，古籍作为古玩的收藏价值却依然存在。在官藏古籍沦亡的同时，私家收藏之风却蔚然兴起。著名藏书家傅增湘曾指出：“自桑海以还，新旧递嬗，而癖古嗜书，一时乃成风尚。十余年间，南北藏书家崛起，有名于世者，以数十计。余尝与君（指董康——引者注）静观而默察之，未尝不相顾而兴叹也。大腹之贾，乳臭之儿，依附雅流，托为韵致，万金挥手，百城自尊。然《四部》不知，《三史》挂壁，徒以锦帙牙签之富侈紫标黄榜之雄，其人固无足论矣。其或豪门贵胄，雅好芸香，收异罗珍，辇

① 刘肇隅．郎园读书志序//叶德辉．郎园读书志．上海：澹园，戊辰（1928年）夏刊：2.

② 刘肇隅．郎园读书志序//叶德辉．郎园读书志．上海：澹园，戊辰（1928年）夏刊：2.

金四出。诸子百家，循目以求富；金源天水，按谱以索真。观其书簿流传，非不灿然美富，而衡鉴多爽，兰艾杂陈。徒自诩其胜情，终见訾于世论。”① 正是在这种背景下，所谓藏书家恰恰成为古玩家，藏、读分离，古籍收藏变成了一种商业牟利行为，或者附庸风雅之举，而背离了藏书的基本宗旨。

叶德辉对这种嗜古风气进行了深刻的批判。他指出：“近日南中多田翁，海上巨腹贾，京师贵游子弟，大都藉收藏宋元本书之名，以为结纳文士之芳饵。以余所知，其目能识一丁者盖尠，又焉知书本之善不善耶?”②这类以古董视图书的藏书家无异于洪亮吉所言的“掠贩家”。他多次抱怨，现在买书人日多，而读书人日少，致使古书价高，读者不能买，买者不能读。“宋椠贵至千金，插架等于古玩；廖板齿侪十客，牟利甚于榷场。以故鬻书者日见其多，读书者日见其少。”③ 当古籍变成了古玩、藏书变成了投资之后，最终会损害古学的保存。

叶德辉又记一事：

“往时京师书估，一言及经厂本书籍，则攒眉摇首，若视坊刻书为尤贱者。然其书无不字大如钱，且兼白棉纸精印，而列之插架尘封，漏湿等于废纸残篇。乃闻近二三十年声价顿增，厂甸列肆中几无一册之存在。询之书友，则云：迩来一干部员，相与争购明版白纸印本书，不问有用无用，但求装潢精好，列层壮观。故昔年极不行明人书，今皆有俄空之势。缪筱珊学丞尝与余戏言：

① 傅增湘．董康东游日记序∥董康．董康东游日记．[出版者不详]：庚辰（1940年）重印本：卷首．

② 叶德辉．别本结一庐书目序∥朱学勤．结一庐书目．长沙：叶氏观古堂，光绪壬寅（1902年）刊．

③ 叶德辉．书林清话．长沙：岳麓书社，1999：218．

'今日买书人多读书人少，真咄咄怪事！'"①

正因为晚清民初的收藏之风，已与学术传承相分离，走向了赏鉴与牟利，叶德辉一方面痛惜古籍之沦亡，一方面批评藏书者，甚至有"今日藏书之人，即昔日焚书之人"② 之论。当藏书与读书相分离之时，其文化传承功能退隐，而商业谋利性质凸显，叶德辉是以有"藏书之人即焚书之人"之叹。

因此，叶德辉虽然重视藏书，但不以藏书家自居，而是为读而藏，将藏书作为学术研究、国学保存的一个组成部分，故其收藏不以矜奇炫贵为尚，并因此招致他人的批评。近代藏书家伦明在《辛亥以来藏书纪事诗》中对叶氏观古堂就颇不以为然，认为叶氏"素精小学，辑录各书，具有条理，但版本目录，非所长耳"；"君所见古书不多，所著《书林清话》、《余话》，大率撮自诸家藏书志。自编《观古堂书目》，亦无甚佳本。据云尚有《续目》，未编成。君殁后，见其《郋园读书志》，不过如是，勿刊可也"③。伦明是以藏书家的标准看待叶德辉，故有此论。这也正反映出叶德辉藏书重实用的精神。《书林清话》之所以只引诸家目录题跋，不采用自己秘藏之书，有叶德辉自己的考虑："盖一人独赏之物，不如千人共见之物之足征信，非秘藏亦非稗贩，固不欲贻人口实焉。"④《书林清话》是一部学术著作，而不是叶氏藏书之目，故取材于"千人共见之物"更能令人信服。至于《郋园读书志》作为叶氏藏书题跋的一部分，也并非自矜收藏之美富，而是

---

① 叶德辉．通典又一部//郋园读书志：卷四史部．上海：澹园，戊辰（1928）夏刊：4.

② 叶德辉．书林清话．长沙：岳麓书社，1999：218.

③ 伦明．辛亥以来藏书纪事诗．上海：上海古籍出版社，1990：117.

④ 叶德辉．书林清话序//书林清话．长沙：岳麓书社，1999：2.

自述心得、津逮来学。凡此种种，都可见出叶德辉为读而藏的思想理念。

在为读而藏的理念指导下，叶德辉的藏书显示出以下特色：

在藏书内容上，重视经部、史部等有用之书。

经学是传统学术的核心，而要考察经典原义、总结历代诸儒的经学成就，都离不开经学著述这一学术载体。故经学图书历来发达，对经学图书的收藏也是历来官私藏书首要的任务。《四库全书总目提要》著录的经学著作多达 1773 部。叶德辉在搜集古籍之时，也列经部著作为首位，以个人之财力，所收经部著作多达 1460 部，多于史部、子部。单是《十三经注疏》，就有明代嘉靖中福建巡抚李元阳校刻本、明万历二十一年（1593 年）北京国子监刊本、明崇祯戊寅毛晋汲古阁刻本、清乾隆十二年（1747 年）武英殿刻本、嘉庆二十一年（1816 年）江西南昌府学刻本等，版本多达五六种。叶氏收藏的经部书籍中，于正续《经解》之外，还注意搜集单行原刻本，及诸家全集原书，对于清代诸儒经学著作尤为措意，为此付出了长期的努力。叶德辉曾欲遍购清代前续两《经解》中之单行本，“远如新安江永之经学各种，近如遵义郑珍所著遗书，求之二十余年，至今尚有缺者。”① 由于郑书板在贵州，为购得郑书，叶德辉光绪年间一托同年友杜翘生太史本崇主考贵州之便访求，不得；再托由湘抚调任贵州巡抚之庞鸿书访求，亦未得。可见叶德辉对经解单行本的重视。

除经部著作外，史部又是一有用之书。史学是中国传统学术的重要组成部分，其地位仅次于经。由于史学具有为统治者提供治乱兴衰、得失成败的经验教训等实用价值，故历来受到重视，

---

① 叶德辉．书林清话．长沙：岳麓书社，1999：207.

非常发达，因此也积累了为数庞大的史学著作。叶德辉藏书注重对史部的购置。据笔者粗略估计，观古堂藏书共收史部十二类1117种（以《观古堂藏书目》为依据），重本、别本不计。在史部之中，又将正史放在重要位置。观古堂藏有多种版本的正史类图书，如《汉书》120卷，就分别有明德藩最乐轩刻白文本、明嘉靖南监本、明崇祯十五年汲古阁本、清武英殿本数种；《后汉书》有明嘉靖南监本、明崇祯十六年汲古阁本、清武英殿本数种，正史的其他各类如《三国志》、《晋书》、《宋书》、《南齐书》、《梁书》、《陈书》、《魏书》、《北齐书》、《周书》、《隋书》、《南史》、《北史》、《唐书》、《新唐书》、《五代史》、《新五代史》、《宋史》、《辽史》、《金史》、《元史》等都同时具有明南监本和清武英殿本两种以上版本。

从实用的角度出发，叶德辉还注重对“丛书”的收藏。所谓丛书，是指汇辑各种单独著作而冠以总名的一种书籍，一部可括群籍，便于学者学习。叶德辉藏丛书，重视那些种类多、校刻精者，如明华珵重印宋左圭《百川学海》、程荣《汉魏丛书》、毛晋《津逮秘书》、清《武英殿聚珍丛书》、鲍廷博《知不足斋丛书》、潘仕诚《海山仙馆丛书》、阮元《文选楼丛书》、伍崇耀《粤雅堂丛书》等。不过，叶德辉所收多为丛书中的单行本，如经部易类：《子夏易传》，康熙丙辰纳兰成（性）德刻《通志堂经解》本；《京氏易传》，为明毛晋《津逮秘书》本；《郑氏易注》为乾隆卢见曾《雅雨堂丛书》本；《陆氏周易述》，为马国翰的《玉函山房丛书》本；龚原《周易新讲义》，为《日本佚存丛书》活字本；史微《周易口决义》为嘉庆孙星衍刻《小巾箱丛书》本，等等，与他家藏书比，丛书单行本之多，又是叶德辉藏书的特色。

在藏书版本上，叶德辉重视明清近刻，反对佞宋。

自明清以来，凡藏书大家无不偏好宋、元刻本。这一方面是因为宋版图书质量好，另一方面也是物以稀为贵和国人尊古薄今的观念使然。清绛云楼主人钱谦益所收必宋元版，不取近人所刻及抄本；叶树廉每遇宋、元抄本，虽零缺单卷，必重金购之，世所常行者，勿贵也；孙星衍闻人家有宋元善书，借抄无虚日。“自钱牧斋、毛子晋先后提倡宋元旧刻，季沧苇、钱述古、徐传是继之，流于乾嘉，古刻愈稀。嗜书者众，零篇残叶，宝若球琳。盖已成为一种汉石柴窑，虽残碑破器，有不惜重资以购者矣。”① 随着古籍收藏在近代日益走向古董收藏，这种佞宋之风有增无减，借收藏宋元本书之名，以为结纳文士之芳饵。

叶德辉认为，宋元本之可贵，在于它有资于校勘；而以古玩视宋元本，则背离了藏书的本意。宋刻书固然质量好，但亦多讹舛，“古今藏书家奉宋椠如金科班律，亦惑溺之甚矣”②。“藏书家贵宋元本，于近刻则奴仆之，此大惑也。”③ 又说：“佞宋者必欲抑近刻而崇宋元，不得宋元，宁取传抄之本以相矜尚。此甚无谓事也。”④ 在叶德辉看来，藏书家侈列宋元，摈弃近刻书，以为近刻书不足与载籍之列者，“此乃骨（古）董家之所为”⑤，无异于掠贩家。

在批判佞宋之风的同时，叶德辉也注意挖掘真正的藏书精神。王士祯《居易录》二云：“今人但贵宋椠本，顾宋板亦多讹舛，但从善本可耳。”陆敕在为《管子》作跋时云：“古今书籍，宋板不必尽是，时板不必尽非。然较是非以为常，宋刻之非者居二三，

---

① 叶德辉．书林清话．长沙：岳麓书社，1999：242.

② 叶德辉．书林清话．长沙：岳麓书社，1999：132.

③ 叶德辉．书林清话．长沙：岳麓书社，1999：189.

④ 叶德辉．校刻石林词序//叶梦得．石林词．长沙：叶氏观古堂，1908.

⑤ 叶德辉．别本结一庐书目序//朱学勤．结一庐书目．长沙：叶氏观古堂，1902.

时刻之是者无六七，则宁从其旧也。余校此书，一遵宋本，再勘一过，复多改正。后之览者，其毋以刻舟目之。”叶德辉因此感叹：“前辈校书，并不偏重于宋刻，是又吾人所当取法矣。”① 不但校勘家不尽依宋版书，真正的藏书家也并不是非宋不藏。叶德辉回忆：“余自丙戌偕计，至壬辰通籍，服官辇下，所见北方旧家之藏，如商邱宋氏纬萧草堂、历城王氏池北书库、曲阜孔氏红榈书屋以及诸城刘氏、河间纪氏，虽习见之本，皆有藏书印记，钤于卷端。想其插架纵横，何尝尽属秘笈？南人如孙星衍《孙忠愍祠堂书目》、倪模《江上云林阁书目》，所载亦通常刻本为多。孙目犹有宋元旧钞，倪则纯取备数。且两目内于《通志堂经解》、武英殿《聚珍版丛书》，并皆不全。是则近刻之书，当时且不能尽睹，况后于二家逾百年者乎？夫自宋氏以下，皆当代所谓达官贵人，骏骨千金，何求不得？乃余见其所藏，大半塾刻坊梓，了不异人。可知读书者之藏书，原不在百宋千元之争胜。”②

从学者之藏书的角度出发，叶德辉搜集图书时，“于宋元明抄外，尤好收国朝诸儒家塾精校精刊之本”③。据研究者统计，综观叶德辉之藏书，清刻本约占藏书总数的77%，明刻本则占15%，可见明、清刻本为观古堂藏书的主要内容；宋元刻本不多，若不包括仿刻本的话，仅42部，不到藏书总数的1%。④ 可见其藏书的重点是明清近刻。清代是我国传统学术文化的总结时期，特别是经学著述及其刊印，至善至精，与宋元相比无逊色，叶德辉收藏

① 叶德辉．书林清话．长沙：岳麓书社，1999：133.

② 叶德辉．别本结一庐书目序//朱学勤．结一庐书目．长沙：叶氏观古堂，1902.

③ 叶启崟．郋园读书志后序//叶德辉．郋园读书志．上海：澹园，1928.

④ 沈俊平．观古堂藏书述略．中国典籍与文化，2000（3）：63－68.

尤其用心。其中如张惠言论学深于《易》、《礼》，著有《仪礼图》六卷。张歿后，阮元从其女婿董士锡处得其稿本，于嘉庆十年刊行；而道光年间，阮元刻《皇清经解》却未能将其收入其中。此后湖北官局将其进行缩刊，而颇多讹误；王先谦刊《续皇清经解》时据湖北官书局本重刊，并未纠正错误。为了搜集到嘉庆版张惠言《仪礼图》，叶德辉费力颇久；获得之后，深感欣慰，为之作跋，云："余喜国朝以来诸儒经义之书，于《经解》正、续两编外，多搜得单行原刻本，及诸家全集原书。惟金榜《礼笺》及此书未得原刻，物色久之，前年始获《礼笺》原刻初印，今又获此，可谓从心所欲矣。"① 并进而提出："康、雍、乾、嘉累叶承平，民物丰阜，士大夫优游岁月，其著书甚勇，其刻书至精，不独奴视朱明，直可上追天水，当时精刻、精印，一时流播士林，迄今百余年，承洪扬兵劫之摧残，又为鸡林贾人之转售，海内图籍，势将荡然靡存，如此佳刻，安得不什袭藏之书。此以告后人，幸勿薄今爱古，以为其书可易获也。"② 又如，经学大家王引之的《经义述闻》，嘉庆二年初刻本，"久为经神学海，然不知其竭一生之心力，凡数易而始写定刊行"。该书首先著录于孙星衍《祠堂书目内编》，是为初刻本；后来又有阮元刻本、王氏家刻本两种。叶德辉得该书初刊本后，亦如获至宝，在其跋中说："余喜藏国朝儒先之书，而经学尤为笃好。此书在冷摊破书堆中，人不措意，唯余知其为《孙目》所著录，乃此书第一次刻"。③ 叶德辉认为，将

① 叶德辉．仪礼图六卷∥郎园读书志：卷一经部．上海：澹园，1928：58.

② 叶德辉．仪礼图六卷∥郎园读书志：卷一经部．上海：澹园，戊辰（1928）夏刊：58.

③ 叶德辉．经义述闻∥郎园读书志：卷二经部．上海：澹园，戊辰（1928）夏刊：30.

该书初刊与后来两次重刊本对照，则可见出王引之学问“与年俱进”。亦可见叶德辉重视收藏清版经学书籍，不纯粹是从版本学的角度出发，而是出于研究的目的，诚所谓学者之藏书是也。

在观古堂所藏图书中，明清诗文集占据了较大比重。有清乾嘉之际，人文号称极盛。当其时海宇承平，公卿缙绅各以坛坫主盟，迭执牛耳。大兴舒位、钱塘陈文述曾撰有《乾嘉诗坛点将录》一书，将百余诗家配以《水浒传》108将的外号，或肖其性情，或拟其行止，或举其诗文经济，进行点评。阅时既久，名登《点将录》的诸位诗人，其专集世鲜流传。叶德辉十分欣赏《点将录》一书，有意继起汇编《乾嘉诗坛点将录诗征》，故留心清人各类著述，穷年搜访，所缺不过十之一二，清人诗文集构成观古堂藏书的一大特色。收藏未全，叶德辉“乃先将已得之集，考诸人履贯事实，作为小传，复征引诸家《诗话》，详其出处交际，不独昔人孤诣可免沉沦，而一朝诗派儒风皆得有所考镜”。① 这一部分后来附在《郋园读书志》中，成为其中的重要组成部分。有人统计，叶德辉撰写的368种诗文集的题跋中，清代即占60%；而在观古堂所藏历代别集865种中，清代的就有485种，三倍于汉魏隋唐，二倍于宋金元，三点三倍于明。②

注重明清近刻外，重别本、重本是叶德辉藏书的又一特色，尝言：“版本之学，为考据之先河，一字千金，何可藐视。昔贤读书，尝以一字聚讼纷纷。故予每得一书，必广求众本，考其异同。

---

① 叶启勋．郋园读书志跋//叶德辉．郋园读书志．上海：澹园，戊辰（1928）夏刊.

② 王晋卿．叶德辉的藏书思想与方法．湘潭大学学报，1996（3）：115.

盖不如是不足以言考据也。”① 可见其藏书是为了研究之用。因考据乃是校勘厘正文字，须借助于本文之外的其他版本加以比勘，才能获得真相。观古堂藏书中，同一种书，往往收藏有众多别本、异本，“别本重本之多，往往为此前藏书家所未有”②，多者达四五种以上，如前述《十三经注疏》即达六种。

此外，叶德辉藏书中，还收录有丰富的书目著作。约略估计，观古堂所藏目录学书籍共有 122 部，较《四库全书总目》所著录的 20 余部为多。③ 对目录学著作的重视，与叶德辉治学方法有关，也与叶德辉保存文物的用心有关。叶德辉治学从目录版本、文字训诂入手，教授弟子，也以此二项为门径，故目录学乃通经之前提。此外，目录是一代典籍之记载，是文化遗产的账簿。“簿录之学，所以考一代典籍之存亡；私家之藏，所以补一朝馆阁之阙略，譬如入五侯之厨，虽不得遍尝其鲭膳，而览其食谱，不犹愈于过屠门而大嚼乎？此余于目录之书，所以终身好之而未有已也。”④ 目录之学，不独扩大见闻，而且亦是为了表彰前贤，阐扬幽潜。“余尝以为，异书秘籍，为人家藏，无由与世人共同。苟得见其书目，俾人人知此书之在人间，抑或有好事者搜求重刊之一日。故目录之学，不独扩增闻见，亦且阐扬幽潜。”⑤ 为此，叶德辉注意对目录学图书的搜集，收有不少乾隆以来的目录学著作，为我们展示出当时目录学发展的鼎盛状况。此外还收有不少日本学者研

---

① 叶启发．郋园读书志跋//叶德辉．郋园读书志．上海：澹园，戊辰（1928 年）夏刊．

② 刘肇隅．郋园读书志序//叶德辉．郋园读书志．上海：澹园，戊辰（1928 年）夏刊．

③ 沈俊平．观古堂藏书述略．中国典籍与文化，2000（3）：65．

④ 叶德辉．校刻百川书志序//高儒．百川书志．长沙：叶氏观古堂，1915．

⑤ 叶德辉．重刊征刻唐宋秘本书目序//征刻唐宋秘本书目．长沙：叶氏郋园．

究中国目录学的著作，如《日本唐时现在书目》一卷、《古文旧书考》四卷、《皕宋楼藏书源流》。“这些著作一方面反映了日本学术界对中国版本目录学研究的状况，另一方面反映了中国书籍在日本流传的状况，这对学者研究书籍版本源流有很大的裨益。”①

总之，“为读而藏”是叶德辉藏书的指导思想。这种指导思想，使叶德辉的藏书不追求千元百宋，而以“有用”为标准，重视经史这些基本图书的收藏，重视明清近刻图书的搜集；重视目录著作的保存。这种藏书结构为叶德辉的学术研究提供了资料条件。

为读而藏是叶德辉藏书的指导思想，“藏而能读”则是叶德辉作为一个学者超越于纯粹藏书家的地方。叶德辉平时每得一书，“必竭数日之力，逐卷校读而后释手，即一书有无数刻本，亦必复读重校，辨其行字异同是非，或某本有脱误、某本有增窜，一寓目即终身不忘”，每获一书，“即有题记，于作者宗旨、刻板源流，言之详尽”。② 必缀一跋，记其读书心得。尝教诲弟子云：“凡读一书，必知作者意旨之所在。既知其意旨矣，如日久未之温习，则必依稀惝况，日知而月忘，故余于所读之书，必于余幅笔记数语，或论本书之得失，或辨两刻之异同，故能刻骨铭心，对客澜翻不竭。”③ 题跋成为叶德辉著述的一种形式，《郎园读书志》一书即是叶德辉为所读之书题跋的汇集，是一部独具特色的目录学著作。

我国目录之作由来已久。早在西汉时期，刘向校书，每一部书成，必冠以序录，敷陈作者宗旨、一己校勘之意见，开后世官

---

① 沈俊平．观古堂藏书述略．中国典籍与文化，2000（3）：65.

② 杨树达等撰，崔建英整理．郎园学行记．近代史资料，1985（4）：114.

③ 刘肇隅．郎园读书志序∥叶德辉．郎园读书志．上海：澹园，戊辰（1928年）夏刊.

私书目解题题要之先河。宋代王尧臣等修《崇文总目》，每书之下，都有论说，评叙一书之得失。但《崇文总目》之题跋，因郑樵作《通志》时议其“文繁无用”，绍兴中遂从其议删除。宋代私人书目则以晁公武《郡斋读书志》、陈振孙《直斋书录解题》为著名。解题是一种介绍书籍作者、卷次、版刻、旨意、内容正误等情况的文体，各详其卷帙多少、撰人名氏而品题其得失，故曰解题。题跋之作与此又有不同，它专为藏书而作。“自宋元旧椠日见其稀，于是读者辄有题记以识心藏”，由此形成了藏书题跋这种独特的体裁。题跋的作者大多为藏书家，反之，明清藏书家大多有题跋之作。自从钱尊的《读书敏求记》被《四库全书总目提要》称为“述授受之源流，究缮刻之同异，见闻既博，辨别尤精”，题跋遂成为一种独特的目录学著作。钱尊之后，孙星衍有《平津馆鉴藏书记》，黄丕烈有《士礼居藏书题跋记》。其中黄丕烈尤为著名。黄丕烈（1763—1825），字绍武，号荛圃、复翁，江苏吴县人，清乾隆举人，官六部主事，喜藏书，搜求得百余种宋本图书藏于一室，名曰“百宋一廛”。黄丕烈每得一书，便为系一跋，跋一书而其书之形状如在目前，非如《读书敏求记》空发议论可比，故“黄跋”著名于世。① 正如藏书家分成不同流派一样，题跋之作也形成了不同风格。与黄丕烈同时的张金吾《爱日精庐藏书志》专载宋元旧抄旧本，“每书详录前人序跋及收藏家印记”，瞿中溶《古泉山馆题跋记》专载仿宋元精刻诸书。钱仪吉《曝书杂记》每得一书，不论刻本新旧，必有记述，论其得失源流，得到藏书家的重视。

叶德辉的《郋园读书志》则与众不同，兼有题跋与解题之性

---

① 徐雁．中国历史藏书常识录//余光中编．藏书四记．武汉：湖北辞书出版社，1998：345.

质。它在体例上继承了晁公武《郡斋读书志》、陈振孙《直斋书录解题》等传统书目解题的做法，又吸收了清代藏书家题跋之作的优点，不只著录书名、卷数、著者，而且对书的版本形式如行款、边栏、书口、字体、印纸以及藏书的渊源授受如藏书印记、牌记、序跋都详加述录，“若夫辨版之时代，订钞校之精粗，考卷数之多寡，别新旧之异同，以及藏书印记、先辈佚闻，莫不精审确凿。”①由此大大扩充了传统书目解题与题跋的内涵。此外，题跋之作大多带有鉴赏性质，故历来藏书家侧重于详述宋元佳处，而叶德辉则详人所略，略人所详，虽有宋元旧椠，毋庸置论，唯于他人所不措意之明刊近刻，“亟亟为之表彰”，以备“他日修《四库全书》之蓝本也”②。叶德辉“直欲接踌晁陈，驾王尧臣《崇文总目》、马贵与《经籍考》而上之，以视钱遵王之收贩骨（古）董，黄荛圃之专重宋元，更自有别也”，乃因其题跋之作“将以为承学之士导其先河”③，是他保存旧学的一种途径。

三、藏书之指南，修古之汲绠
——叶德辉的《藏书十约》

在藏书文化方面，叶德辉不但以其独特的藏书理念指导藏书实践，使观古堂藏书服务于他的学术研究，融藏书与学术研究于一体，而且还撰写了《藏书十约》，对藏书活动进行了理论概括与

---

① 叶启勋．郎园读书志跋//叶德辉．郎园读书志．上海：澹园，戊辰（1928年）夏刊．

② 叶启崟．郎园读书志后序//叶德辉．郎园读书志．上海：澹园，戊辰（1928年）夏刊．

③ 叶启勋．郎园读书志跋//叶德辉．郎园读书志．上海：澹园，戊辰（1928年）夏刊．

总结，提出了许多有价值的思想，推进了前人对有关藏书的理论思考。

对藏书活动进行理论总结，并非叶德辉的创举。早在明代，藏书家祁承㸁就撰写过《澹生堂藏书约》。该书是我国第一部全面系统地记录藏书家关于读书、藏书、聚书体会和经验的专著。除了序言缕述自己一生嗜书之笃、藏书之难外，正文由“读书训”、“聚书训”、“藏书训”三个部分构成。其中，“读书训”与“聚书训”“杂取古人聚书、读书足为规训者”而成，从古代文献中辑出了许多古人刻苦读书、艰难藏书的故事，富有教育意义。而“藏书训”则分“购书”与“鉴书”两个节目来总结自己一生聚书、鉴书的经验。祁承㸁提出的许多做法，如鉴书五原则（审轻重、辨真伪、核名实、权缓急、别品类），对后世藏书活动产生过深刻影响。又如，他在郑樵的“求书八道”之外，提出“求书三说”，一为辑佚著于三代而亡于汉时之书，对于清代学者辑佚古书有重要的启发作用。不过，祁承㸁的求书之道亦有不足为法者，如通过杜撰书名、析一书为二书等方法来增广图籍的做法就为人诟病。

与《澹生堂藏书约》相比，清代藏书家孙从添的《藏书记要》对藏书活动的总结更为精密与系统。它将有关藏书的活动归纳为八个环节，即购求、鉴别、抄录、校雠、装订、编目、收藏、曝书，实为清初私家藏书一般特点及其个人藏书经验的总结，足以使人初窥清初私家藏书之堂奥。

叶德辉的《藏书十约》则继承与发展了孙从添的藏书思想。如前所述，本书的写作缘起，乃因1911年冬叶德辉避乱山中，念及“半生心力，累万巨资，所得如此，则其甘苦不可以不示人”，因此“举历年之见闻，证以阅历之所得”，总结自己的藏书心得与经验，代为家书，希望子孙能够遵守。该书的写作直接受到孙从添《藏书记要》的启发。在序言中，叶德辉肯定孙从添的《藏书记要》“详论购书之法与藏书之宜，以及宋刻名抄何者为精，何者为劣，指陈得失，语重心长，洵收藏之指南，而汲古之修绠也”①。然而，由于世易时移，今日言收藏，其情形不但不同于清初孙从添之时，而且异于乾嘉时期，收藏的内容、方法等都相应地发生了变化。故叶德辉在孙从添藏书八法基础上，将有关藏书活动归纳为购置、鉴别、装潢、陈列、抄补、传录、校勘、题跋、收藏、印记等十个问题，全面而系统地探讨了藏书的原则与方法，提出了自己的独到见解。

购置是藏书的起点，故历代藏书家如祁承㸁、孙从添都专门探讨过。孙从添在“购求”这一目中，述及了购求书籍有六难，或难于心有余力不足，或难于力有余而无心购，或难于无处购求，或难于不知鉴别，等等，以购求一善本书为美事，涉及到购书的具体技术问题；然而，对购书的指导思想即为什么购、购哪些书，却缺乏必要的交代。不过，孙从添在“鉴别”这一目中，又涉及到对图书内容的价值判断，提出：“藏书之道，先分经、史、子、集四种，取其精华，去其糟秕，经为上，史次之，子集又次之。”②叶德辉则首先确立了购置图书的指导思想，关注图书购置的先后问题，也即藏书的内容选择，以及版本选择问题，提出：“置书先经部，次史部，次丛书。经先《十三经》，史先《二十四史》，丛书先其种类多、校刻精者。”③ 这既是对孙从添“经上、史次、子集又次之”思想的继承，更是基于学术研究的需要而制订的购书先后顺序。传统学术本有经、史、子、集四部分类，四部齐备是

---

① 叶德辉．藏书十约．长沙：叶氏观古堂，［出版年不详］：1.
② 孙从添．藏书记要．北京：中华书局，1991：2－3.
③ 叶德辉．藏书十约．长沙：叶氏观古堂，［出版年不详］：2.

藏书家所追求的目标。然而，购置图书不可能一开始就四部齐备，故应分出先后次序。经学是我国传统学术的核心，也是士子为学的首要之事。从为读而藏的思想出发，购置图书自然首先应当重视经部。经学图书浩如烟海，《十三经》乃是最基本的经典，故经部之书先购《十三经》乃基本原则。史学亦是我国传统学术的重要组成部分，习史亦素为士子所重视，故亦应重视；史部又应以《二十四史》为首。除经、史之外，叶德辉没有按照孙从添所言“子、集又次之”的思想去购置子、集部书籍，而是提出要重视丛书的购置。这是因为，清末民初之时，各种丛书风行于世；丛书涵盖百家，包括子、集，故购置丛书是收藏经、史、子、集各部书的一条便捷之径。叶德辉认为，“于此入手，方不至误入歧途”①。图书在刊行流传过程中，由于刊刻的时间、地点、人员等条件的不同，产生了不同的版本。版本的不同不仅关系到图书外在形式如行款、字体、用纸、装帧等的优劣不同，而且还关系到内容的正误，故除安排图书购置的先后顺序之后，还须注意对图书版本的选择。叶德辉在选择版本之时，一方面考虑版本本身的质量，一方面考虑购求的难易程度，指出：经部旧版之本，有明南监本较好，因它系凑宋监、元学诸刻而成，其书亦较易找到；其次则有北监本、毛晋汲古阁本。这些均为乾嘉以前学者通用之书。而精校精刻本如清嘉庆年间阮元在南昌府学所刻的《十三经注疏》，系以家藏宋元本注疏及单注单疏合校而成，“凡诸刻文字之异同，各为校勘记附后，而于书中文字异同之处，旁刻墨圈识之，依圈以检校勘，读一本而众本皆具”②，值得重视。史部之书亦以明南监本《二十一史》为善；其板亦杂凑宋监、元路诸本而

---

① 叶德辉．藏书十约．长沙：叶氏观古堂，［出版年不详］：2.
② 叶德辉．藏书十约．长沙：叶氏观古堂，［出版年不详］：2.

成；南监本外，则以武英殿刻本为完全。我国丛书众多，号称千余种，为防滥收，应选购那些“种类多、校刻精者”。那么，哪些丛书可以称得上是“种类多、校刻精者”？叶德辉认为：明弘治间华珵重印宋左圭《百川学海》、程荣《汉魏丛书》、毛晋《津逮秘书》、武英《殿聚珍板丛书》、鲍廷博《知不足斋丛书》、潘仕诚《海山仙馆丛书》、伍崇曜《粤雅堂丛书》诸书“多而且精，足资博览”，宜为购置丛书之首选。俟有余力，再寻找其他刻丛书、单行善本或旧刻名抄，这样，次第收藏，古今四部之书皆为我有。可见，叶德辉的图书购置是以学术研究为目的、以备古今四部之书为目标而又区分轻重缓急、先后顺序的一套有效的操作程序。

鉴别是文献整理的第一要务。正如孙从添所言：“夫藏书而不知鉴别，犹瞽之辨色、聋之听音，虽其心未尝不好，而才不足以济之，徒为有识者所笑，甚无谓也。”① 鉴别得当，可以储精藏善，鉴别不当，则使宝珠失绳。因此，鉴别是藏书家必备的能力，也是藏书活动中必不可少的环节。叶德辉同样强调鉴别的重要性。孙从添的“鉴别”主要辨版本之优劣以及对图书内容的价值评判。叶德辉则首先辨书之真伪，并强调：“鉴别之道，必先自通目录始”，“不通目录，不知古书之存亡；不知古书之存亡，一切伪撰钞撮、张冠李戴之书，杂然滥收，淆乱耳目。此目录之学所以必时时勤考也”。② 指出，究目录之学，当以钦定《四库全书总目提要》、阮元《研经室外集》（即《四库未收书目》）为途径。而欲知板刻之良否，亦须借助于目录之学。为此，叶德辉推荐了张金吾的《爱日精庐藏书志》、黄丕烈的《士礼居题跋记》、海内四大藏书家聊城杨绍和海源阁《楹书隅录》、常熟瞿镛《铁琴铜剑楼书

---

① 孙从添．藏书记要．北京：中华书局，1991：2.

② 叶德辉．藏书十约．长沙：叶氏观古堂，[出版年不详]：3.

目》、仁和丁丙《善本书室藏书志》、归安陆心源《皕宋楼藏书志》、丁日昌的《持静斋书目》、日本森立之的《经籍访古志》以及孙星衍《祠堂书目》、张之洞《书目答问》等目录书，这些目录或录古书之存亡，或将宋椠名抄一网打尽，或专载国朝诸儒校刻善本，或专载时刻，可以为藏书家提供参考作用。至于具体的版本优劣，叶德辉认为："无论经史子集，但系仿宋元旧刻，必为古雅之书，或其书有国朝考据诸儒序跋题词，其书亦必精善。"① 明刻仿宋元者为上，重刻宋元者次之，有评阅者陋，有圈点者尤陋。至于抄本，叶德辉认为："有经名人手校者，贵重尤过于宋元，有名人收藏印记者，非当时孤本，即希见之书。"② 叶德辉的这些意见，对于今天的古书鉴别依然具有重要的参考价值。

"装潢"与"陈列"则系对图书的保管。叶德辉认为："书不装潢，则破叶断线，触手可厌。"故"每得一书，即付匠人装饰。今日得之，今日装之，则不至积久意懒，听其丛乱"。③ 装潢不是为了华美饰观，而是为了保护古书，故"装钉（订）不在华丽，但取坚致整齐"。在具体的装潢方式上，孙从添认为装订要"款式古雅，厚薄得宜，精致端正，方为第一"④，而叶德辉更讲究实用，而不太强调款式之古雅。他在介绍蝴蝶装、包背装、线装等各种装订方法的利弊之后，指出线装是保留古书之妙法，"断不可用蝴蝶装及包背本"。蝴蝶装这种样式虽然出于宋，但宋本百无一本，不必强行仿效，特别是蝴蝶装本身有许多弊病，"糊多生霉而引虫伤"；包背装明朝时间或有之，亦属于古雅款式，然而，"包装如

---

① 叶德辉．藏书十约．长沙：叶氏观古堂，[出版年不详]：4.
② 叶德辉．藏书十约．长沙：叶氏观古堂，[出版年不详]：4.
③ 叶德辉．藏书十约．长沙：叶氏观古堂，[出版年不详]：5.
④ 孙从添．藏书记要．北京：中华书局，1991：8.

蓝皮书，纸岂能如皮之坚韧？此不必邯郸学步者也”。这些古雅款式，“家中存一二部以考古式、藉广见闻”亦无不可，但须原装，不必新仿，“若新仿之，既费匠工，又不如线装之经久，至无谓也”。[①] 至于具体的装潢技术，叶德辉也有独到的见解，如，他认为“北方书喜包角，南方殊不相宜”，因“包角不透风，则生虫，糊气三五年尚在，则引鼠”；又如，“北方多用纸糊布匣，南方则易含潮，用夹板夹之最妥”。[②] 这都是叶德辉的经验之谈，至今于古籍保存有重要参考作用。装潢是对每一本书的保管，而陈列则是针对所有图书的保管，涉及到图书的分类。叶德辉主张：“编列书籍，经为一类，史为一类，子为一类，集为一类，丛书为一类，其余宋元旧刻、精校名钞别为一类。”[③] 将宋元旧刻、精校名抄别为一类，是为了保存善本。在图书陈列的顺序上，叶德辉以“便用”为原则。如，他提出：“列书依撰人时代，亦以门户相聚。如十子、七子、五子、三家、四家、八家之类，皆衔接相承，则易于查阅。”总集之类的书，有以元、明、清朝人选集唐、宋者，有以清朝人选录三代、秦汉、魏晋人者，仍以诗文时代为衡，不论撰人之先后。这些陈列顺序皆以便于查阅为宗旨。值得一提的是，四部之学是中国学术体系，而如何安排西学书籍是自明代以来的学者就在考虑的问题。钱谦益《绛云楼书目》将“西书”列为一类，《四库全书总目提要》则将“西书”附之“杂家杂学”。而发展到清末民初，“中外交通著述日众，翻译之作，家数纷歧”，叶德辉因此提出：应将西学书籍单独“列室储之，不复绳以四部之

---

① 叶德辉．藏书十约．长沙：叶氏观古堂，［出版年不详］：5.
② 叶德辉．藏书十约．长沙：叶氏观古堂，［出版年不详］：5.
③ 叶德辉．藏书十约．长沙：叶氏观古堂，［出版年不详］：6.

例”。① 这个观点反应了叶德辉在藏书理念上与时俱进的一面。

由于“旧书往往多短卷，多缺叶”，须通过“抄补”的方式使之齐全，故叶德辉又将“抄补”列入藏书方法之一。抄补“必觅同刻之本，影抄补全”；若无同刻之本，则“取别本，觅佣书者录一底本，俟遇原本，徐图换抄，庶免残形之憾”。② 至于那些零篇断册，尤宜留心，往往有多年短卷之本，一旦“珠还合浦，仍为一家眷属”者。抄补不仅仅是为了追求图书形式上的齐全，更是为了考究文本的真相，故叶德辉强调：“凡书经手自抄配者最佳。出自傭书之手，必再三覆校，方可无误。己抄之书，则人校之；人抄之书，则己校之。多一人寓目，必多校出二三处误字、脱文。经史更不得草率，一字千金，省后人多少聚讼，岂非绝大功德哉。”③ 由此可见叶德辉尊经重史的思想。

“抄补”是为了使残书齐全，而“传录”则是为了增加书的副本。孙从添曾将“抄录”列入藏书八法之中，提出：“书之所以贵钞录者，以其便于诵读也。历代好学之士皆用此法，所以有刻本又有钞（抄）本、有底本。底本便于改正，钞（抄）本定其字划，于是钞（抄）录之书比刊刻者更贵且重焉。况书籍中之秘本为当世所罕见者，非钞（抄）录则不可得。从未有藏书之家，而不奉之为至宝者也。”④ 在印刷术普遍流行之前，抄录曾经是图书流传的主要形式。“五代北宋之间，经史正书，鲜有刻本。非有大力者不可言收藏。既有刻本，又不能类聚一处；即有大力搜求，亦非易事。”⑤

---

① 叶德辉．藏书十约．长沙：叶氏观古堂，［出版年不详］：6.
② 叶德辉．藏书十约．长沙：叶氏观古堂，［出版年不详］：7.
③ 叶德辉．藏书十约．长沙：叶氏观古堂，［出版年不详］：7.
④ 孙从添．藏书记要．北京：中华书局，1991：5.
⑤ 叶德辉．藏书十约．长沙：叶氏观古堂，［出版年不详］：8.

故古人以窥中秘读老氏藏为荣幸者。随着印刷术的发展，刻本已成为图书流通传播的最主要的形式，扩大了图书传播的范围与数量，也降低了人们接触图书的难度，抄书已非获得图书的必要途径。然而，有些图书尚须通过传录而获得，“盖其书或仅有抄本，不能常留，过目易忘；未存副录，校刻则有不给，久假复不近情；唯有彼此借抄，可获分身之术”①。因此，叶德辉也将“传录”列入藏书法之一。

在《藏书十约》中，叶德辉对校勘之法的总结是比较有特色的。由于书籍在刊刻、传抄等传播过程中，往往会出现文字上的脱、讹、误、倒等现象，只有通过校勘才能恢复图书的本来面目。藏书是为了读书，而“书不校勘，不如不读”，故校勘成为藏书中的重要活动。叶德辉平时每得一书，“必竭数日之力，逐卷校读而后释手”②。为什么要进行校勘？叶德辉提出从事校勘有八大益处：“习静养心，除烦断欲，独居无俚，万虑俱消，一善也；有功古人，津逮后学，奇文独赏，疑窦忽开，二善也；日日翻检，不生潮霉，蠹鱼蛀虫，应手拂去，三善也；校成一书，传之后世，我之名字，附骥以行，四善也；中年善忘，恒苦搜索，一经手校，可阅数年，五善也；典制名物，记问日增，类事撰文，俯拾即是，六善也；长夏破睡，严冬御寒，废寝忘餐，难境易过，七善也；校书日多，源流益习，出门采访，如马识途，八善也。”③ 清儒治学重视校勘，但尚未有人对校勘之益进行过全面总结。叶德辉将前人的经验与自己的心得体会加以归纳总结，予以理论提升，将校勘之益概括为“八善”，对于后人认识校勘的作用具有重要的参考价值。这八善之中，其中一、七与传统士大夫修身养性有关；

---

① 叶德辉．藏书十约．长沙：叶氏观古堂，［出版年不详］：8.

② 杨树达等撰，崔建英整理．郋园学行记．近代史资料．1985（4）：114.

③ 叶德辉．藏书十约．长沙：叶氏观古堂，［出版年不详］：9.

三、八与保护藏书有关；二、四、五、六则与学术传承有关，总体上看，重视校勘还是出于传承学术的宗旨。关于校勘的具体方法，叶德辉总结清代顾千里、黄丕烈、孙星衍、卢文弨等校勘名家的做法，归纳出“死校”与“活校”两种。所谓“死校”，就是校同异不校是非，“据此本以校彼本，一行几字，钩乙如其书，一点一画，照录而不改。虽有误字，必存原文”①。“死校”的方法旨在求古，是为了保存古书原貌，有时是必要的。所谓“活校”，“以群书所引改其误字，补其阙文，又或错举他刻，择善而从”②。活校的方法旨在“求是”，但容易变乱古书，反致失误。故两种方法之使用，须视具体情况而定。值得注意的是，叶德辉认为，这两种校勘之法并非清朝校勘家刻书之秘传，实际上是汉儒解经之法；如：郑康成注《周礼》，取故书杜子春诸本，“录其字而不改其文”，此死校也；刘向校录中秘之书，多所更定，许慎撰《五经异义》，自为折中，此活校也。认识到校勘之法其实即是经师解经之法，则“不仅获校书之奇功，亦得著书之捷径也已”。③ 撇开叶德辉这个观点之是非不论，这一主张反映了他将藏书与著书结合在一起的思想特征。

将“题跋”纳入藏书活动的必备环节予以专门探讨，是叶德辉《藏书十约》的新特色。他主张：“凡书经校过及新得异本，必系以题跋，方为不负此书。”题跋的类型，“或论其著述之指要，或考其抄刻之源流”。具体来说，又可分为数派。就“论著述之指要者”而言，可分为两种：一是“记叙撰人时代、仕履及其成书之年月，著书中之大略”，如宋代晁公武《郡斋读书志》、陈振孙

---

① 叶德辉．藏书十约．长沙：叶氏观古堂，[出版年不详]：9－10.
② 叶德辉．藏书十约．长沙：叶氏观古堂，[出版年不详]：10.
③ 叶德辉．藏书十约．长沙：叶氏观古堂，[出版年不详]：10.

《直斋书录解题》二家之目就属这类；一是“辩论一书之是非与作者之得失”，如宋代叶梦得《过庭录》、明王世贞《读书后》二家之书即是。就“考其抄刻之源流”而言，则历经演变，渐成数种。最初，这类题跋“官监、书棚流传有绪，毛抄、钱借授受必详”，钱曾《读书敏求记》、何焯《义门读书记》开这类题跋之先河。发展到孙星衍《平津馆藏书记》、《廉石居书籍题跋记》、黄丕烈《士礼居藏书题跋记》等，就“专记宋元板之行字、新旧抄之异同”，渐渐“趋于别径”。再到道咸年间，钱熙祚《守山阁丛书》、伍崇曜《粤雅堂丛书》，一书刻成，必附一跋，斯由《四库提要》而变其例者也。叶德辉认为，“综稽众体，各有门庭，窃谓宜集诸家之长，以成一家之说”。题跋具体要如何写，应视情况而定。比如，撰人仕籍见于正史传志者，则藏书家在题跋中即可“不待详言”；如果正史未载，则在题跋中“博考群籍以补之”；记一书之宗旨始末，则应“先挈其大纲，使览者不待卷终，可得其要领”；至于刻本的具体情况，是宋本元本，还是仿宋重刻宋本，抄本是影写还是过录，以及收藏前人之姓名、印记，都应该“稽志乘私记，述为美谈”，以使“前贤抱残守缺之苦心，不至书存而人泯灭”①。叶德辉对题跋的论述，既是对自身多年藏书活动的体验与总结，也是对他人经验的系统概括与发展。

此外，《藏书十约》还对藏书的具体技术如收藏之法、印记之法进行了介绍，对图书如何防火、防湿、防虫、防霉都提出了许多有益的建议。有意思的是，作为私人藏书家，叶德辉还特意交代子孙：“非有书可以互抄之友，不轻借抄。非真同志著书之人，不轻借阅。舟车行笥，其书无副本者，不得轻携。远客来观，一

---

① 叶德辉．藏书十约．长沙：叶氏观古堂，［出版年不详］：11.

主一宾，一书童相随，仆从不得丛入藏书之室。不设寒具，不着衣冠，清茗相酬，久谈则邀入厅事。”这就涉及到图书流通的原则，也反映了叶德辉重收藏轻流通的思想局限性。这也是中国私人藏书的一大特色。早在唐代，杜暹家书中就有“鬻及借人为不孝”之语；明代祁承㸁《澹生堂藏书约》亦有“亲友借观者，有副本则以应，无副本则以辞”的规训；至于以“借人不孝”为祖训的藏书家就更多了。因此，作为私人藏书家，叶德辉从预防图书被丢的角度出发，限制流通，亦属情有可原。不过，事实上，曾有无数宾客登观古堂，阅其藏书，而叶德辉对那些“真同志著书之人”亦不吝借瓻。

总之，《藏书十约》对有关藏书的原则与方法理论概括与总结，既包含了叶德辉个人的经验与心得，更是对前人藏书活动的系统提升，对后世具有重要的参考价值，无愧于“收藏之指南、汲古之修绠”的美誉。而从思想的角度看，《藏书十约》不仅是一部有关藏书技术的著作，更为重要的是，它反映了在清末民初旧学日衰的背景下一个传统学者试图挽救古籍、绵延斯文的努力，体现了叶德辉独特的藏书理念。《藏书十约》中所涉及的对图书的抄补、传录，特别是对图书的校勘、题跋，都不属于单纯的藏书活动，而是文献的研究与整理。如果说，叶德辉的藏书活动以“为读而藏，藏而能读”为指导思想的话，那么，叶德辉对藏书活动的理论概括——《藏书十约》则更为直接地表达了叶德辉作为学者藏书家的理念，那就是融藏书与研究于一体。

“不欲居藏书之名，惟锐以传古自任”，这本是傅增湘对民国藏书家董康的评价。综观叶德辉的藏书实践与藏书理念，这一评价用在叶德辉身上，也完全适合。正是“以传古自任”的这一精神，使叶德辉超越了一般藏书家的思想境界，成为近代著名的传统学者。

第二节　表彰先哲，嘉惠来学
——叶德辉的出版活动与出版理念

叶德辉重视藏书却不欲居藏书之名，而以传古自任。为此，他除了强调为读而藏、藏而能读之外，还重视图书的出版。“藏书而不知刻书，何异骨（古）董行客。刻书而不知藏书，亦棚铺坊肆所优为，曾何与于表彰先哲嘉惠来学之事?”① 如果说叶德辉的藏书是为了自己学术研究服务的话，那么，叶德辉的刻书，就是为了表彰先哲、嘉惠来学，为更多的人研究古学提供便利，同时也是为了让古籍化身千万，不致因时势变迁而湮灭。图书出版是叶德辉绵斯文之绪的又一重要途径。他一生的精力大部分都花在校书、刻书上面，其“所著及校刻者凡数十百种，多以行世”②。除了以观古堂的名义进行私家出版之后，叶德辉还曾参与其他机构的出版活动，前有湖南的思贤书局，后有商务印书馆。特别是在商务印书馆刊印《四部丛刊》的文化工程中，叶德辉倾注心血，将其文化关怀转化为古籍的刊刻，为保存、流传中国古籍做出了贡献。

一、流布古书，保存斯文
——观古堂的刻书理念与实践

叶德辉一生醉心刻书，这与他对刻书功能的认识有关。图书出版既有世俗的功利性，又有其文化传播意义，是造福子孙后代

① 叶德辉．常熟顾氏小石山房佚存书目序//郋园山居文录：卷上．长沙：叶氏观古堂，1922：5.

② 许崇熙．郋园先生墓志铭//闵尔昌纂．碑传集补：卷五十三：1581.

的雅事。在《书林清话》中，叶德辉开卷即总论刻书之益，援引古人事迹。他十分推重北宋司马光。后者尝言：“积金以遗子孙，子孙未必能尽守，积书以遗子孙，子孙未必能尽读，不如积阴德于冥冥之中，以为子孙无穷之计。”积书、积德都为历代士人所重视，积书以育人，积德以厚道。书要成为育人之资，须子孙具有读书之力，否则将成为废物。司马光此言似乎偏重阴德而忽视“积书”之举。叶德辉通过考证，认为“温公虽有是言，而其好书亦有深癖”。温公爱惜图书，所藏文史万余卷，阅读累数十年，“皆新若手未触者”；又时常告诫子孙：“贾竖藏货贝，儒家惟此耳。”叶德辉因此感叹温公爱书之笃。叶德辉又提出：“积金不如积书，积书不如积阴德，是固然矣。今有一事，积书与积阴德皆兼之，而又与积金无异，则刻书是也。”为后代子孙计，刻书兼具积金与积德之功能。刻书或能使子孙食其禄，或能使乱世保其家，或数百年版本流传，令人景仰；无论与人、与己，都是一件有益的事情。

所谓“积金”、“积德”当然只是对图书出版功能的一种通俗说法，是书商的价值取向。作为学者，尚有超越于此的追求。晚清张之洞在《书目答问》中曾附有《劝刻书》云：“凡有力好事之人，若自揣德业学问不足之人，而欲求不朽者，莫如刊布古书一法。但刻书必须不惜重费，延聘通人，甄择秘籍（刻书不择佳恶，书佳而不雠校，尤糜费也）。其书终古不废，则刻书之人终古不泯，如歙之鲍、吴之黄、南海之伍、金山之钱，可决其五百年中必不泯灭，岂不胜于自著书自刻集者乎？且刻书者，传先哲之精蕴，启后学之困蒙，亦利济之先务，积善之雅谈也。”张之洞将刻书提升到“欲求不朽”的高度，并且身体力行，两广总督任内曾刻《广雅丛书》百数十种。在张之洞的影响下，光绪以来，国内刻书成风，所刻之书，几乎是乾嘉时期的几倍。

叶德辉重视刻书，显然受到张之洞“刊布古书以求不朽”思想的影响，而在清季民初又有其特别的内涵。如前所述，从清末新政开始，舍旧图新成为整个学术文化界的风气，古籍图书几成可废之势，相应地，刊布古书几成“背时违俗”之活动。尽管图书出版获得前所未有的发展，时人所谓“学生日多，书局日多，报馆日多”，但大都与新学有关。一方面，原来从事古书刊刻的图书出版机构纷纷转向，如各省在同治、光绪年间成立的官书局，本来旨在刊刻传统经史子集、弘扬儒家学说，进入清季以后，或裁或并，或将经营重点转向译印西学书籍；另一方面，新成立的出版机构，大多以翻译介绍西书为主。连最初倡导“刊布古书以求不朽”的张之洞自移节两湖以后，也不再关注古书的出版。当时，叶德辉“屡以续刻（《广雅丛书》）为请，公绝不措意”①。世易时移，古籍刊刻显然没有新书出版那样的经济效益，并非“积金”的最佳选择；也不如出版新书那样容易引起关注。在此背景下，抱残守缺，执著于古籍的出版，“诚以黄流绛云之厄，千古读书者所痛心”②。古籍沦亡虽然是时势所趋，总要有人出来力挽狂澜予以保存。古籍是中国传统文明的载体，保存古籍既是避免中国文明的衰落。而避免古籍沦亡的办法，除了收藏、整理图书之外，最重要的就是让它化身千万，广为流播。可见，古籍的出版，不只是一件积金与积德的雅事，更是一种挽救古籍沦亡之命运、保存斯文于一线的途径。

叶德辉一生刊刻过的书，从内容上看，涉及到经史子集等。

---

① 叶德辉．总论刻书有益//书林清话．长沙：岳麓书社，1999：3.

② 叶德辉．与瞿良士借印四部宋元善本书启//郎园山居文录：卷下．长沙：叶氏观古堂，1922：19.

从1891年辑刻《鬻子》始，他陆续选择珍本秘本，或自己校勘、辑佚之书进行刊刻。[①] 此后，又将所刻单行本分别结集成若干套丛书，最主要的有七套丛书。分析这七套丛书的内容构成，大体上可以看出叶德辉的关注所在，评估叶德辉对于古籍保存的贡献。

(一)《观古堂汇刻书初、二集》十三种，于光绪壬寅（1902年）八月以“湘潭叶氏”的名义印行。

初集主要为儒家经部，间涉佛、道之书，具体包括清阮元《三家诗补遗》三卷、晋郭璞《尔雅图赞》一卷、晋郭璞《山海经图赞》二卷、周春《尔雅补注》四卷、《说文段注校》三种（包括龚自珍撰《说文段注札记》一卷、徐松撰《说文段注札记》一卷、桂馥撰《说文段注抄按》一卷、《补》一卷）、宋贾渊《华阳陶隐居内传》三卷、梁陶弘景《华阳陶隐居集》二卷、清朱一新《朱氏遗札》一卷、宋真宗御注《佛说四十二章经注》一卷、后汉安息国安世高译《佛说十八泥犁经》一卷、东晋无名氏《佛说鬼问目莲经》一卷、《饿鬼报应经》一卷、东晋沙门法显译《佛说杂藏经》。

其中阮元《三家诗补遗》是叶德辉从京师厂肆所购得手稿。叶德辉比较清人研究三家诗者，如范家相《三家诗拾遗》、丁晏《三家诗补注》、冯登府《三家诗异文疏证》以及陈乔枞《三家诗遗说考》，发现范、丁二人是略依前人之书，冯概三家，只有陈书钩稽子史，各述师承，是为治经家所推重；而阮元撰此书时，未

① 关于叶德辉刊刻图书的总体情况，可参见刘肇隅《郎园刻板书提要》（丁卯嘉平月观古堂刊行）以及杜迈之、张承宗所著《叶德辉评传》（岳麓书社1985年版）所附《叶德辉撰辑校刊书目系年》。此外，王逸明主编的《叶德辉集》（学苑出版社2007年版）在卷首附有王逸明、孙有东、刘海翼等整理的《郎园出版书目》，大体上囊括了叶德辉出版的所有书目。

见丁、冯、陈等人书，去取颇有异同，而不为无本；并且阮书无臆断之病、有抉择之长，故将之校勘誊录，刊刻表彰。

《山海经图赞》、《尔雅图赞》为晋郭璞所著，然早佚，为清严景文所辑出。叶德辉早年从京师坊肆抄得。《尔雅图赞》原附于《山海经图赞》后，叶德辉抄时将之析出，并加以校勘。叶德辉赞严景文“抉择之精、校雠之密，羽仪经传，揖让姬孔”①，故为之刊刻流传。

《说文段注》三种中，徐松、龚自珍合校段注《说文》本为弟子刘肇隅在何棠荪观察家所见，于是“竭数日之力，条而钞之”，凡有“松按”别为一纸，将徐松、龚自珍所校分而析之，为叶德辉所刻。后叶德辉又从京师获得桂馥的《说文段注抄》，乃“手抄真迹”，于各条下间加按语，有纠正段注之处，亦有引申段注之处，可谓“金坛之诤友，徐、龚之先河”，故叶德辉亦将之整理，一并刻之，“以饷来学”②。其他各书也均经叶德辉校勘，或可存文献，或可启后学，故刻而传之。

二集以诗文集为主，包括唐沈亚之《沈下贤集》十卷、宋曾极《金陵百咏》一卷、宋张尧同《嘉禾百咏》一卷、清朱彝尊《曝书亭删余词》一卷、《原稿目》一卷、《校勘记》一卷、清严长明《严冬有诗集》九卷以及明王彦泓《疑雨集》四卷。其中曾极《金陵百咏》在宋代即被引重，“可据以订正史传闻之诬”；更为可贵的是，当南宋偏安、“偷安喘息者”比比皆是之时，曾极“孤怀独抱，托诸歌咏以自抒，其磊落激昂之气，虽触忤时相、重遭谴责有所不惜”，可谓贤者。③ 则叶德辉刊刻其书，不只为是存

---

① 叶德辉．尔雅图赞序//尔雅图赞．长沙：叶氏观古堂，1902.

② 叶德辉．说文段注钞三种叙//说文段注三种．湘潭：叶氏观古堂，1902.

③ 叶德辉．金陵百咏叙//曾极．金陵百咏．湘潭：叶氏观古堂，1902.

金陵故事，更是为表彰先贤。明代王彦泓《疑雨集》则因托于儿女丁宁、闺门婉恋以写其胸中之幽怨，实有“屈子之哀、江淹之恨、步兵之失路无聊与杜少陵无家垂老之忧伤憔悴”，为前人所重视，也曾流传极广，然讹谬甚多。在“科举将废、声律一事已渐无人考求”的背景下，叶德辉与将此书传本校勘一遍，重写付刻，予以表彰，以不失“风骚之传”。①

（二）《观古堂所著书》十三种，所收皆叶德辉辑撰的著作，与《观古堂汇刻书初二集》同时于光绪壬寅八月以“湘潭叶氏”的名义刊行。包括《天文本单经论语校勘记》一卷、《孟子刘熙注》一卷、《释人疏证》二卷、《淮南间诂》二卷、《淮南万毕术》二卷、《山公启事》一卷、《山公佚事》一卷、《傅子》三卷、《订误》一卷、《晋司隶校尉傅玄集》三卷、《瑞应图记》一卷、《宋秘书省续编到四库阙书目考证》二卷、《昆仑集》一卷、《续》一卷、《附》一卷、《释文》一卷、《古泉杂咏》四卷和《郎园书札》一卷。叶德辉于1919年重编这套丛书，分第一集和第二集刊行，内容和初版有些许不同。增加了《辑月令蔡邕注》四卷、《古今夏时表》一卷、《六书古微》十卷、《辑鬻子》三卷、《郭氏玄中记》二卷、《藏书十约》一卷、《游艺卮言》一卷等七种，而删去了《宋秘书省续编到四库阙书目考证》二卷和《昆仑集》一卷、《续》一卷、《附》一卷、《释文》等四种。

（三）《观古堂汇刻书》十四种，内容以经学、目录学、诗文集为主，于光绪壬寅八月以“湘潭叶氏”的名义刊行，与前述《观古堂汇刻书初二集》、《观古堂所著书》同时刊行。在内容上包括了《观古堂汇刻书初二集》中刊刻过的《三家诗补遗》、《尔雅

① 叶德辉．疑雨集叙//王彦泓．疑雨集．湘潭：叶氏观古堂，1902．

图赞》、《山海经图赞》、《尔雅补注》、《说文段注札记》、《说文段注抄按》、《补》、《陶隐居内传》、《华阳集》、《沈下贤集》、《朱氏遗札》；另外则是《明南雍经籍志》二卷，《万卷楼书目》四卷（明梅鷟撰），《结一庐书目》四卷，《宋元本书目》一卷（朱学勤撰），《绛云楼书目补遗》一卷、附《静惕堂宋元人集书目》一卷（钱谦益撰），《影宋本鱼玄机集》一卷，《题跋》一卷。[1]

（四）《丽瘦丛书》八种。光绪丁未年（1907 年）以“长沙叶氏”的名义刊行，包括：宋陈田夫《南岳总胜集》三卷、宋司马光《七国象棋局》一卷、《投壶新格》一卷、宋洪迈《谱双》五卷、宋李易安《打马图经》五卷、宋朱河《除红谱》一卷、唐女郎《鱼玄机诗》一卷和明周弘祖《古今书刻》二卷。

《南岳总胜集》三卷为宋人陈田夫所撰，自元迄明久无传刻，故乾隆时《四库全书提要》中没有著录。阮元任浙江巡抚时始得明人影宋本进呈，同时孙星衍《祠堂书目》亦载有影宋写本三卷。此后，湘人唐仲冕曾向孙星衍借得，于嘉庆年间刻之于金陵，而板毁于兵乱。故后人知此书者甚少。两江总督端方从京师书商手中购得孙星衍平津馆旧藏《南岳总胜集》，而赠与叶德辉。湖南巡抚庞鸿书认为此乃湖湘故籍，不可使之无闻，遂捐廉助刻，由叶德辉亲自校勘，“俾数百年欲绝未绝之书复流传于今日”。叶德辉刻印该书时，“书之行款悉依宋本，宋讳缺笔及缺文墨块皆仍其

---

① 关于观古堂汇刻书初、二集十三种、观古堂汇刻书十四种，此处采纳新加坡学者沈俊平观点，参见沈著《观古堂所刊刻丛书的研究》（《图书与情报》2001 年第 2 期，第 47－51 页）一文，不过犹有疑窦。既然都是 1902 年所刊，似无必要将内容交叉重叠的书分成两套丛书。由于叶德辉所刊书初版极其罕见，第三类观古堂汇刻书十四种究竟是叶德辉原汇刊而成，还是图书馆混配成帙而成，待考。

旧，未敢擅增，原本误字以别纸附识卷末”[1]。由于摹刻之精，几可以假乱真。当时，有书商将此书叶序去掉，假冒宋本，以番饼80元卖给宜都杨守敬。杨守敬“喜告江阴缪筱珊学丞荃孙，荃孙不觉大笑。杨殊惊诧，缪述其为余刻，始懊恨而去”。[2] 杨守敬曾随黎庶昌出使日本，探访日本古书，著有《日本古书志》，又曾督刻《古佚丛书》，自属见多识广者，而竟被书商所骗，说明叶刻仿宋本《南岳总胜集》之精。

这套书中，宋人所撰游艺之书占了较大比重，叶德辉刊刻该类书，既是为了满足好古者之求，也是为了观天水一朝之风俗。《七国象棋局》为宋司马光所撰，历代目录家皆有著录。叶德辉久闻其名，思见其书。1905 年秋，他从书肆中购得明正德六年沈津所刻《欣赏编》，中有此书，故予以刊刻。叶德辉认为，“司马光历仕仁、英、神、哲四朝，其时辽夏分争，中原未归一统。光借象棋局以激发人心，尊朝廷而复疆土”，可见：“古大臣每饭不忘君国之志，岂曰贤于博弈而已?”[3] 司马光作《投壶新格》，则是因为“当时世行旧格多取奇中，温公恶其侥幸，而尽改之，谓之新格”，可见温公“即于游艺琐事，有则古称先之风”。[4] 此外，如《打马图经》、《谱双》、《除红谱》亦是游艺书，均由叶德辉从明沈津所刻《欣赏编》中析出。

（五）《双梅影暗丛书》十七种。共收入著作 17 种，凡 26 卷。

---

① 叶德辉．重刊宋本南岳集序//南岳总胜集．长沙：叶氏，光绪丙午（1906 年）校刊.

② 叶德辉．南岳总胜集//郎园读书志（卷四史部）．上海：澹园，戊辰（1928 年）初夏：13.

③ 叶德辉．重刊宋司马温公七国象棋局叙//七国象棋局．长沙：叶氏，光绪丙午（1906 年）刊.

④ 叶德辉．重刊投壶新格序//投壶新格．长沙：叶氏，光绪丙午（1906 年）刊.

此书初版于光绪丁未年（1907 年），1914 年重编时又增益数种，成今日所见之规模。具体有：《素女经》一卷、《素女方》一卷、《玉房秘诀》一卷（附《玉房指要》）、《洞玄子》一卷、《天地阴阳交欢大乐赋》一卷、《青楼集》一卷、《板桥杂记》三卷、《吴门画舫录》、《燕兰小谱》五卷（附《海沤小谱》一卷）、《桧门观剧绝句》三卷、《木皮散人鼓词》一卷（附《万古愁曲》）、《乾嘉诗坛点将录》一卷、《东林点将录》一卷（附录《重刻足本诗坛点将录》一卷和《秦云撷英录》一卷）。

在这套丛书中，《素女经》、《素女方》、《玉房秘诀》、《玉房指要》、《洞玄子》、《天地阴阳交欢大乐赋》六种大抵言房中阴阳之术、养生之方，不免“诲淫导淫”之嫌疑，因而长期以来备受非议。李肖聃曾说：“（叶德辉）刻《黄帝素女经》、《天地阴阳交欢大乐赋》，为《梅影暗丛书》等，于春宫秘戏，导人以淫，轻薄少年争购之。其子尚农复印以行世，许季纯责之云：‘汝父所刻书，竟无他种可印也？’”① 这套书的出版，也成就了叶德辉“好谈房中术”的名声。现代作家章依萍说：“长沙叶德辉，是近代中国的一个怪人。他本来是一个以道学家自命的人，自以为‘能解经’，但大家知道他的，都以为他好谈房中术。从叶德辉以至张竞生，他们的谈性都是一种迷信的玄学，比英人爱里斯差得远也。”② 不过，亦有人肯定它的价值。如近代谈性学的潘光旦认为这类书还有“几分科学的价值”③。近代诗人况周颐曾记载：

“南阳铨部刻《双梅影暗丛书》，首列异书三种，曰《素女

① 李肖聃．星庐随笔．长沙：岳麓书社，1983：31.

② 章依萍．依萍文存．上海：天下书店，1947：67.

③ ［英］霭理斯．性心理学∥潘光旦文集：12．北京：北京大学出版社，2002：363.

经》，曰《玉房秘诀》附《玉房指要》，曰《洞玄子》，皆绝艳奇丽之文。求之古人，非庾、鲍以次克办，而至理所寓，尤玄之又玄，通乎天人性命之故，合大《易》微言，黄庭内景一而贯之，其殆庶几乎。刻成，以赠某尚书。尚书语人曰：'南阳之才信美，独惜其不庄。'南阳之友闻之曰：'不庄者见之谓之不庄。'曩余得见是书于十鞬斋，求之南阳，至于再三，弗可得也。"①

可见当时该书流传并不广，议论者大多都是耳闻其名，并不曾见其书内容，并且褒贬不一。

20世纪80年代杜迈之、张承宗著《叶德辉评传》认为："叶德辉还假'圣道'、'人道'之名，公开刻印宣传荒淫生活的《双梅影暗丛书》之类的著作……内容全是公开诲淫和宣扬色情糜烂生活的。他在每书卷首还写上一道重印序言，大肆渲染。……叶刻过不少的书，但以这套坏书印销最多，获利最厚，其流毒亦非常深远。"② 到90年代，又有学者将叶德辉刊刻此类书提升到开近代中国性学之先河的高度，提出："他是把性科学的研究和推广视作有关民族兴衰的一件大事。……从而把男女性生活的技术，看作济世的正道，决心以传道的精神，加以研究并传授。"③

那么，到底该如何看待该丛书？我们且看看这些书的由来以及叶德辉刊刻的目的。该丛书中的一部分，如《洞玄子》、《素女经》、《素女方》、《玉房秘诀》、《玉房指要》等，都是隋唐以前的古籍，见于《隋书·经籍志》，而新旧《唐书志》均不著录。唯日本《宽平中见在书目》有之。宽平中相当于中国唐昭宗（公元

① 况周颐．眉庐丛话．太原：山西古籍出版社，1996：46.

② 杜迈之，张承宗．叶德辉评传．长沙：岳麓书社，1985：49－50.

③ 彭玲．叶德辉《双梅影暗丛书》及《书林清话》、《书林余话》评述．图书与情报，1995（2）：60.

889—904 年在位）之时。虽未有刊本，而载在日本永观二年（相当于北宋雍熙元年，即公元984 年）丹波康赖所撰《医心方》中。丹波康赖于《医心方》中将上述诸书的内容都分别列入其中，并一一注明出处。这部《医心方》在日本沉睡了近九百年，直到1854 年（清咸丰四年）才刊行于世。20 世纪初，叶德辉多方借得《医心方》，从中辑录出这五种古籍，使失传1000 多年的中国古代性学著作得以重见天日。此外如《天地阴阳交欢大乐赋》，则是敦煌鸣沙山石室出土古书，原为唐人抄本，日本影印行世，叶德辉从藏书家董康手中获得，据以重刊。叶德辉在《重刊素女经序》中写道："今远西言卫生学者，皆于饮食男女之故，推究其隐微。译出新书，如生殖器、男女交合新论、婚姻卫生学，无知之夫，诧为鸿宝。殊不知中国圣帝神君之胄，此学已讲求于四千年前。即纬书所载《孔子闭房记》一书，世虽不传，可知其书之古。又如《春秋繁露》、《大戴礼》所言古人胎教之说，无非端性情，广嗣续，以尽位育之功能。性学之精，岂后世理学迂儒所能窥其要眇！……读者因隋唐旧籍，以求古人制乐禁情之节文、延节种子之要道，俾华胄之族类，繁衍于神州；和平寿考之休徵，充溢于宙合。"① 叶德辉认为："近日妄人喜谈新理，以为男女裸逐而后进于大同，岂知古人之所以异于禽兽者，在裸而不逐，则衣冠揖让、婚姻孔嘉，上以广造化生物之仁，下以获子孙螽斯之庆。果如妄人所尚，则是未犯绮戒，先堕泥犁，不为豕交，而亦禽兽。彼亦人情耳，胡不起化于闺门，本身以作则，在乃空言惑世，欲率天下之人还于牛首蛇身之俗，亦独何心哉！"《洞玄子》传是"人道亦因之而传，而一切异俗野言，不至淆乱耳目"。② 由此可

① 叶德辉．新刊素女经序//素女经．长沙：叶氏，光绪癸卯（1903 年）嘉平月刊.
② 叶德辉．新刊洞玄子序//洞玄子．长沙：叶氏，光绪癸卯（1903 年）嘉平月刊.

见，叶德辉刊刻这些书，首先是因为它们本是中国古文献，而在中国久已失传，将之刊刻是为了“存古”；其次，当清末西潮东涌之时，西方卫生书被国人诧为枕中鸿宝，刊刻这些书，可证明此类学问为中国数千年前即已讲求。当然，以中国古代房中术来类比西方卫生学是否恰当，另当别论。第三，叶德辉认为这些书探男女饮食之故，保留了三皇五帝之遗意，体现了“性情之极”，是人道之书；宣之可使人道传播，而与异俗野言区分开来。就此而言，叶德辉确有推广性学的用意。但最主要的，还是出于保存古文献的目的。叶氏弟子刘肇隅论及叶德辉所刊《天地阴阳交欢大乐赋》时说：“或有谓其猥亵者。然唐人习俗之任诞，宰相歇后之流风者，可引为法诫。仁者见仁，智者见智，是不必存一隅之见也。”① 亦可见叶德辉本意之所在。叶德辉编刊此套丛书，既非诲淫，也非推广性科学，而主要是保存了古典文献，以供后人研究使用。

除房中术、养生术外，《青楼集》、《板桥杂记》、《吴门画舫录》、《燕兰小谱》、《海沤小谱》等所记皆梨园青楼之事，为优伶歌妓之传谱，实有“艳史”之性质。清余怀在序《板桥杂记》时说：“或又曰一代之兴衰、千秋之感慨，其可歌可录者何限，而子惟狭斜之是述、艳冶之是传，不已荒乎？余乃听然而笑曰：此即一代之兴衰、千秋之感慨所系也。金陵古称佳丽之地，衣冠文物，盛于江南，文采风流，甲于海内。白下青溪、桃叶团扇，其为艳冶也多矣。洪武初年建十六楼以处官妓，淡烟轻粉，重译来宾，称一时之盛事。自时厥后，或废或存，迨至百年之久，而古迹寖湮不存者，惟南市珠市及旧院而已。……鼎革以来，时移物换，

① 刘肇隅. 郎园四部书叙录·天地阴阳交欢大乐赋. 丁卯（1927 年）嘉平月观古堂刊行.

十年旧梦依约扬州，一片欢场，鞠为茂草；红牙碧串，妙舞清歌，不可得而闻也。”① 由梨园青楼之兴废看历史之盛衰，也是叶德辉惯有的思想。故重视此类文献的保存，不纯粹是为艳史之传。《桧门观剧绝句》、《木皮散人鼓词》、《万古愁曲》三种则与戏曲有关，前者乃清金桧门观剧题诗，后二者则为鼓词与曲，均借戏曲的形式抒发古今兴替之慨。《乾嘉诗坛点将录》则类似文人排名榜。

（六）石林遗书十三种。叶德辉在刊刻古籍过程中，尤其注意对有关叶氏族祖文献的搜集、整理与刊刻，以存家学而彰先德。六世祖叶梦得又是叶德辉关注的焦点之一。他经过多年的搜集，先后刊有《礼记解》、《石林燕语》、《石林燕语辨》、《石林燕语考异》、《岩下放言》、《石林诗话》、《避暑录话》、《老子解》、《玉涧杂书》、《石林词》、《石林遗事》、《石林家训》、《石林治生家训要略》、《建康集》等书，其中绝大部分是叶梦得的著作，《石林治生家训要略》则是叶德辉辑佚所得。因《石林燕语》间有记忆失真、考据不详者，是以宋时有汪应辰作“辨”、宇文绍奕作“考异”。二书均散佚，经后人从《永乐大典》中辑出。叶德辉在刻印《石林燕语》的同时，又从缪荃孙处借得两书，陆续刊出。1911 年仲秋，叶德辉又将这些汇刻成《石林遗书》十三种。②

（七）观古堂书目丛刻十五种。叶德辉一生笃好前贤藏书目录，擅长辨簿录异同，审椠刻今古。目录具有“校勘之资，多识之用”，既是治学之门径，又是文化遗产之账本；不仅能扩充见闻，且能阐扬幽潜。书目之存，为后人搜求古书、重刊古书提供了线索，故保存古籍，尤当保存书目。精校、刊刻珍贵书目，使

---

① 余怀．板桥杂记序//板桥杂记．长沙：叶氏，光绪戊申（1908 年）秋刊．

② 沈俊平．叶德辉所刊刻丛书的研究．图书与情报，2001（2）：47－51．

之流传开来，成为叶德辉存书种文种的重要组成部分。故一生中刻印了多部目录著作。至1919年，又将光绪壬寅（1902年）间所刊7种书目加入后来陆续刊刻的8种书目，共15种，汇集成观古堂书目丛刻，其中收入了不少具有特色的书目。

一是《秘书省续编到四库阙书目》2卷。此书是叶德辉考证校刊的一部宋代官修书目。宋太宗时，曾在左昇龙门北建崇文院，作为藏书之所。至真宗时，因皇宫火灾，所藏图书大多被焚。残存之书迁到右掖门外，谓之崇文外院。至宋仁宗时，重新修崇文院。1041年，命翰林学士张观等编四库书，仿开元部录，为《崇文总目》，分四部四十五类，共收书30669卷。每类有序，每书有提要。宋神宗时，改官制，崇文院改为秘书省。宋徽宗时，将《崇文总目》更名为《秘书总目》。同时，又下诏向民间购求藏书，对献秘而未见之书者赏以官职；同时又因三馆书多遗佚，又专门设立一个机构来补全、校正这些书。北宋灭亡，宣和馆阁藏书荡然靡遗，仅存书目。宋高宗时，建都临安，于是在国史院之右建秘书省，搜访遗阙，图书慢慢又丰富起来了。馆阁编辑日益以富。南宋绍兴年间，改定《崇文总目》、《秘书省续编四库阙书》。南宋淳熙年间，曾有人上《中兴馆书目》七十卷，序列一卷，分五十二类门类，收书44486卷，较崇文所载多13817卷。郑樵按秘书省所颁《阙书目录》，集为《求书阙记》七卷、外记十卷。又据陈振孙《直斋书录解题》，《秘书省四库阙书目》一卷，亦绍兴改定，其阙者注“阙”字于逐书之下。这是《四库阙书目》的由来。《崇文总目》后世已无完整的本子，明清只有简目流传。至1799年，才由钱侗等人从《欧阳文忠公集》、《玉海》、《文献通考》中辑出，辑成五卷。《秘书省书目》则自宋浙漕司摹版后别无刻本，东南藏书虽间有抄存，而孤本单传，海内学人无由共见。叶曾得丁氏绛云楼抄本，多讹误。然而宋讳缺避及脱烂空白之处，皆无所改移。叶氏因此推知该抄本必有依据。因此，他仿效钱氏考证《崇文总目》的做法，取宋人官私书目，以资校勘，其书名异同卷帙多寡必详载之，"以见古书传世之存亡，有宋一代朝野崇文之盛治"。叶氏考证此目，极其艰难。"昔钱氏（指钱侗）考证崇文总目，集朋友兄弟之功而成者。今以孤陋混俗，外无同志佐其校雠，内无子弟助其翻检，徒于雨宵月夕，废寝摊书，挂漏必多，惴惴不敢问世。"而之所以如此执著，乃有鉴于旧学日衰的情形。"惟念斯文未丧，异说朋兴。存此背时违俗之编，留为守先待后之用。同文之治，余不得而见之，图籍有灵，或不至有天水散亡之祸。是则余撰刊此书之意。"①

二是《古今书刻》。《古今书刻》为明代武人周弘祖所撰，"上编载各直省所刊书籍，下编录各直省所存石刻"，是别具一格的按行政区划分类著录的书目。其中上编著录各直省版刻书，16个地区，176个部门，刻书2306部，类似于现在的出版目录；下编则著录各直省所存石刻，共15个地区，130个部门，存石刻920种，实为金石目录。② 该书目是考求版刻源流及文献存佚的原始史料。其书《明史·艺文志》及各家藏书目均不著录，《四库全书总目》未经采入，亦未存目。海内传本几无。日本驻湘领事井原真澄曾以岛田翰所著《古文旧书考》一书赠与叶，该书后附该《古今书刻》上编，而下编未刻。后来，日本友人白岩龙平来湘，又赠给叶德辉岛田翰所刻宋本《寒山拾得诗》、萨天锡《诗集补遗目》等书。叶德辉遂托其介绍，向岛田翰借得原书，加以重刊流

---

① 叶德辉．刊秘书省续编到四库阙书目序//秘书省续编到四库阙书目．长沙：叶氏观古堂，光绪癸卯（1903年）刊.

② 王晋卿．叶德辉的刻书思想及其实践．图书馆，1997（4）：72.

传。该书“古色斑斓，如睹琅环秘笈”。叶德辉重刊之时，“书式行格，一无所移”，误字、别体字并存其真，“俾读者如见四百年前古物，抒怀旧之蓄念，发思古之幽情”①。1956年古典文学出版社就用叶氏刻本出版了《古今书刻》。

三是《百川书志》。《百川书志》为明涿州高儒所撰，共二十卷，属私家簿录。此书目出后，新城王士祯《居易录》尝称引之，黄虞稷、周在浚等《征刻唐宋秘本书目略》亦列其名，说明此书当时已为士大夫所推重。明代以武人而喜藏书者，唯高儒与陈第二人，陈氏藏书不如高氏所藏多，而其《世善堂书目》已为鲍廷博刻入《知不足斋从书》，久为藏书家视为枕秘。高儒此目，则因史部“野史”、“外史”、“小说”诸门类著录许多小说、戏曲、演义、传奇等文献，被视为离经叛道、越礼伤俗，故不登于天府，不行于坊肆，流传甚少。乾隆时修《四库全书》，已不著录，可见其传本之稀。叶德辉曾从湘潭袁芳瑛卧雪庐中获得该书的朱彝尊曝书亭写本，该写本二十卷之尾损失十许页，因未见别本，没能补全。缪荃孙艺风堂藏有不知名者旧抄本，叶德辉取校朱本，却发现缪本文不及朱本详，且脱简讹字及颠倒错乱之处每卷皆有，故怀疑原抄本非精抄，屡谋付刊而忽止。直到1914年，叶德辉在北京得到吴印臣两种旧抄本，一为旧抄，一即缪本旧抄，于是“竭五日之力，校补缪本之脱误”。归家后，再取朱本细勘。于是，“是书简编完善，非复曩日之残缺难读矣”②。于是舍出刻叶氏家集之时间，先将其书刻成。叶德辉之所以于此事再三致意，费尽

① 叶德辉．重刻古今书刻序//周弘祖．古今书刻．长沙：叶氏，光绪丙午（1906年）仿明刻本．

② 叶德辉．校刻百川书志序//高儒．百川书志．长沙：叶氏观古堂，乙卯（1905年）刊．

心思，“以其书四库未收，三百年来未刻，辉不刻之，则冤沉海底，永无见天日之日”①。此书刻成，叶德辉深感欣慰，以其三百年后又传之梨枣，是又不幸中之一幸也。

四是《征刻唐宋秘本书目》。这是一种特殊的征刻书目，也是我国仅有的一种征刻书目。黄虞稷与周在浚均为明末清初著名的藏书大家，他们从自家书中选出世间罕见之秘本96种，精心校勘，撰写题解，编成《征刻书目》，希望有能力的好事者能够选择刊刻，以便使没有刻本的秘籍能广泛流传开来。此后，纳兰性德刻《通志堂经解》将此目所举经部之书全部刻之；武英殿《聚珍板丛书》、《知不足斋丛书》又陆续刊行该《目》所列经书。至于书目所列史子各种，也陆续被他人刻印，所未刻者仅杂史小抄本以及宋元人集部数种。不过杂史一二种，藏书家多有抄本；集部亦多明人校刻。虽未刊行，而两公之心亦可慰矣。秘本书目，不仅是扩充见闻，而且还能阐扬幽潜，使私家所藏变为世人共见。叶德辉“暇日校录重刻”，以飨读者。叶氏在重刻之时，“即所见各书有刻本者，别为考证一卷，附著卷后，以贻之有同好者”。经叶氏考证，此《目》应征刻之书96种中已有81种刊印行世。此外，叶德辉还将《征刻唐宋秘本书启》、张其芳写的《征刻唐宋秘本书论略》和《征刻唐宋秘本书例》等文献，一并刻版印刷，与世人共见。叶德辉同时慨叹:“前人藏书而不能刻，后人刻书而不能校，如通志堂、知不足斋，皆不免为后人訾议，是亦美犹有憾之事也。安得顾千里、黄荛翁一辈人，更生于今日耶?”②

---

① 叶德辉致缪荃孙：四十三//顾廷龙整理．艺风堂友朋书札：卷下．上海：上海古籍出版社，1981：562.

② 叶德辉．重刊征刻唐宋秘本书目序//黄虞稷，周在浚．征刻唐宋秘本书目．长沙：叶氏，光绪三十四年（1908年）郎园校刊.

叶德辉所汇刻之书目，在学术上有很高的价值，受到了后世的重视。谢国桢曾说，叶德辉《汇刻书目》“收集元明以来藏书家书目实广”，“可以知刊刻古籍之源流”。① 汪辟疆则说：“坊刻之清代学术丛书，专收目录之属，则有上虞罗氏之《玉简斋丛书》，长沙叶氏之《观古堂书目丛刻》，皆此时期丛书中之魁垒也。”② 而从叶德辉的本意来看，不仅仅是为了补订史志、考证版本，更主要的是借此表彰幽潜、守先待后，既考一代典籍之存亡，更是为了在古籍日衰的局势下，为典籍之流传留一线生机。

以上所举仅叶德辉所刊丛书之部分，此外尚刊有《唐开元小说》六种、《午梦堂全集》十二种、《郎园小学》四种等丛书，所刊单行本书亦多精品。如光绪三十三年（1907 年）八月，叶德辉据影抄元足本刊印的《元朝密史》，是蒙古文献中见存最早的一部史书，也是叶德辉刻印史书中最有价值的文献。1915 年用活字排印《通历》亦是重要的活动。此外，1918 年刊刻影写元本《修辞鉴衡》也是叶德辉出版活动中值得一提的事。元王构《修辞鉴衡》元刻本传世极少，据《四库全书总目》称，“上卷佚其第五页，序文仅存末页，中亦时多缺字”。可见四库馆臣们所见即已残缺不全。清代藏书家黄丕烈《士礼居藏书题跋记》中有旧抄本，无缺页。其书后归湖州陆氏皕宋楼，而陆氏之书又售给日本。此外，尚有元至顺四年集庆路刻本存在。此书原归浙江天一阁，后来天一阁藏书散出，遂为杨来青阁所有。1916 年冬，叶德辉从杨来青阁借得此书，历时半月之久，将之影写。“此半月中，十日严寒冰雪，墨池冻合，以炉火炙砚，笔又坚腹。惟末后五日，天气晴和，差不窘手耳。” 在影写过程中，叶德辉还取原书订正该书舛讹之

---

① 谢国桢．明清笔记谈丛．上海：上海书店，2004：163－164．
② 汪辟疆．目录学研究．北京：商务印书馆，1995：101．

处。叶德辉影写元本《修辞鉴衡》，较之《四库全书》文渊阁本更为完善，不仅序文完整，中无缺页，而且中间缺字也大都填上。文渊阁本在誊录时虽也进行过比勘，校改了原刻本许多错字，但失校处仍很多。叶德辉本在校勘上虽不能说尽善尽美，但它的校勘参考过库本，但凡文渊阁本已校改之处，叶德辉本均已订正。在此之外，它又订正了许多文渊阁本失校之处，“其精细可信的程度是现在《修辞鉴衡》任何一个本子都不能比拟的”。① 1918 年，观古堂又据叶德辉影写元本《修辞鉴衡》加以刊刻，使世人共见。

综观叶德辉的出版活动，可见出其特点所在。第一，注重版本的选择。叶德辉所刊之书，大多为珍本、孤本或抄本。他曾表示“平生得古人之书，但属孤本，必为之刊传”②。第二，注重校勘。正如叶德辉藏书强调“书不校勘，不如不读”一样，叶德辉在刻印古籍时也特别重视校勘。叶德辉每刊一书，都会附上一序或跋，说明版本的选择与校勘情况。这些既是叶德辉出版活动的特点，也是叶德辉一再强调重申的出版原则，构成了叶德辉出版理念的组成部分。

二、存古之中，兼寓读书之法
——叶德辉与《四部丛刊》之出版

除以“观古堂”的名义从事出版外，叶德辉还先后参与了其他出版机构的出版活动。前有思贤书局，后有商务印书馆。叶德辉以其出版理念影响到这些出版机构的活动，尤其是在商务印书

① 参见于天池．题叶德辉影写元刻本修辞鉴衡．北京师范大学学报：人文社会科学版，2001（1）：143.

② 梁颖．郎园轶事——读叶德辉遗札．藏书：第六辑．济南：齐鲁书社，2002：77.

馆刊印《四部丛刊》的活动中发挥了重要作用。

思贤书局本为王先谦在思贤讲舍主讲时所设。1890 年，王先谦接替郭嵩焘的思贤讲舍的主讲席位后，“商定于鹾务公所，岁醵六百金，就讲舍设局刊书，是为湘省思贤书局之始”①。准确地说，这时成立的应是思贤讲舍刻书处。1891 年，王先谦移主城南书院。在他的建议下，思贤讲舍刻书处与湖南传忠书局最终得以合并，组成了思贤书局。思贤书局最初为王先谦所主持，之后，叶德辉、张祖同先后接替，直至辛亥革命后停办。思贤书局是晚清影响较大的几家官书局之一，经费比较有保障，而书局主持者又多是当时的博学鸿儒，因此出版了不少质量较高的古籍和时人文集，在近代湖南乃至中国出版史上都占据重要一席。1898 年京师大学堂成立后，为建设好大学堂所属藏书楼，充实其藏书，管学大臣张百熙除从国子监调拨，或通过洋教习、驻外使节从国外购买外，还咨文各省官书局，要求各官书局将刻印好的各类书籍，每种提取 10 部或数部送京师大学堂，“湖南思贤书局一次送书 59 种，共计 310 部”②。思贤书局刊印古书的成就，与叶德辉的努力分不开。

在晚清政局的演变过程中，各省官书局或裁或并，或改变出版重心，传统刻书业的中心遂转移到湖南、湖北等地。且湘中刻资较廉，故思贤书局能刻出多种精美古书。然而，随着清末新政的实施，新学的兴起，湖南的传统刻书业受到挤压，日益萎缩，致使叶德辉的出版理想不能实现。“学堂既兴，二三手民粗通文

---

① 王先谦．葵园自订年谱//葵园四种．长沙：岳麓书社，1986：736.

② 黄林．也知经术非时务，稍为儒林振古风——王先谦编辑出版活动及思想述论．湖南师范大学社会科学学报，2004（1）：118.

理，考入学班，短衣横行天下，以致此业高手日稀。”① 加上石印活字版流行以后，刻工四散，致使“刻工少”成为制约传统刻书业的一大因素。此外，刻书处经常被占据，经费亦受到限制。在辛亥革命前，叶德辉与王先谦曾有拟借思贤书局汇刻经书之计划，而最终遭遇时事变迁，未能如愿以偿。“余于宣统初元，与长沙王阁学先谦共事思贤书局，拟用局赀，据唐石经遍刻《九经》、《三传》，以陆德明《释文》及宋元以下诸本异文校列本经句下方，谓此本一出，可驾岳刻而上之。未几，武昌变起，长沙响应。匪徒劫取局赀净尽，原有书板（版）大半散亡。”② 这使叶德辉引以为恨。集合同志之力，遍刻古人之书，挽救古籍于危亡之急，以保书种文种，一直是叶德辉的心愿，自言：“辉平生以朋友书籍为性命，每思有大人先生长年筹二三千金款，尽刻古今卷帙稍繁、传本极少之书，流布天下，湘中竟无此人。惟以己之力量，见卷帙少者刻之，每岁花消数百金，成此小小局面。”③ 辛亥革命后，思贤书局名存实亡，叶德辉的出版活动则主要是以观古堂的名义进行的。然而历经国事、湘事及家事之乱，叶家商业受到影响，财产受损严重，致使刻书经费也不如从前充裕。加上“刻工寥寥”，致使叶德辉的很多计划都无法实现。

虽然古籍沦亡乃时势使然，然而，从保存国学的角度看，总要有人来挽回局面，多保存一部古籍，即是多保存一分国学。叶德辉曾表示，“弟平生得古人之书，但属孤本，必为之刊传。宋、

---

① 叶德辉致缪荃孙：四//顾廷龙整理．艺风堂友朋书札：卷下．上海：上海古籍出版社，1981：536.

② 叶德辉．缩刻唐开成石经周易尚书毛诗三经跋//郎园山居文录：卷上．长沙：叶氏观古堂，1922：19.

③ 叶德辉致蓼荃孙：十一//顾廷龙整理．艺风堂友朋书札：卷下．上海：上海古籍出版社，1981：540.

元、旧抄秘本，或借或赠，绝无成心，师友中惟艺风、葵园二老雅有同志”①。又言：“己不能刻，借人刻云。但使古人之书得传，便觉问心无愧。”而之所以要如此执著刻书，也是鉴于历史上古籍散佚的惨痛教训：“远如绛云之火，近如皕宋之散，岂不使古人冤沉海底哉！”。②

幸运的是，1916 年叶德辉还居吴中之后，在原有的王先谦、缪荃孙等同道之外，又遇到了更多的志同道合者。特别是张元济主持下的商务印书馆正有志于中国文化典籍的保存与传播。叶德辉与张元济本为进士同年，相识多年，由于共同的文化关怀，交往密切。叶德辉将自己绵斯文之绪的文化理想转化为支持商务印书馆的出版活动，在《四部丛刊》这一重大的文化工程中，叶德辉积极建言，出谋划策，做出了重要的贡献。

张元济（1867—1959），字筱斋，号菊生，浙江海盐人。与叶德辉同为光绪壬辰科（1892 年）进士。先后任刑部主事、总理各国事务衙门章京。光绪二十二年（1896 年）创办通艺学堂，并参与维新变法运动。戊戌政变后，被革职，“永不叙用”。离京南下上海，担任南洋公学译书院主事。1902 年，应创办人夏瑞芳之邀，加入商务印书馆。此后主持商务印书馆数十年，是我国近现代史上卓越的出版家和著名学者。

商务印书馆最初以出版新式教科书著称。民国初年转向古籍的整理出版，把中国固有的历史文化典籍的保存与传播作为一项长期性的任务。张元济认为：“吾辈生当斯世，他事无可为，惟保

① 梁颖．郎园轶事——读叶德辉遗札．藏书：第六辑．济南：齐鲁书社，2002：77.

② 梁颖．郎园轶事——读叶德辉遗札．藏书：第六辑．济南：齐鲁书社，2002：77.

存吾国数千年之文明，不致因时势而失坠。此为应尽之责。能使古书流传一部，则于保存上多一分效力。吾辈炳烛余光，能有几时，不能不努力为之也。”保存古籍即是避免文明的衰落，是文化托命之所在。“艺事之进退，与其政治之隆污、民心之仁暴有息息相通之理。况在书籍，为国民智识之所寄托，为古人千百年之所留贻，抱残守缺，责在吾辈。”① 因而将出版重点由获利甚厚的新学书籍，转向背时违俗的古籍旧学。由于业务的需要，同时也为了使各藏书家散出的图书不致沦亡，商务印书馆大力收购古籍图书，并于1909年正式建立了自己的图书馆——涵芬楼。商务印书馆刊刻古籍的活动首先就是从出版涵芬楼珍藏秘笈开始的。为了使涵芬楼中的珍本得以流传，不致因万一遇到灾变而失传，张元济曾仿照毛晋刻《津逮秘书》、鲍廷博刻《知不足斋丛书》的方式，选印涵芬楼珍本，编为《涵芬楼秘笈丛书》出版。从1916年开始出版，至1921年，共出版了十集，收书51种，印成84册。由于《涵芬楼秘笈》的选目限于本身所珍藏古籍的范围，不能充分反映传统学术的主要面目，故在此前后，张元济策划出版一套更大规模涉及经史子集各传统学术门类的丛书，是为《四部丛刊》。

叶德辉不但是《四部丛刊》出版计划的热心支持者，在某种程度上，还是这一重大出版活动的倡议者，是这一活动的发起人之一。叶德辉在致瞿良士的信中曾说：“弟数年前与张菊生同年倡为《四部丛刊》之议，欲合部最要最善之本，聚于一编。合二人之藏不敌尊处一鳞片羽，屡思援朱竹垞、钱湘灵、黄俞邰、周雪客征刻唐宋人秘本书之例，藉重大名，列于公启。以时局扰攘，

① 转自吴方．仁智的山水——张元济传．上海：上海文艺出版社，1994：113.

执事又以议员在京，江海阻修，无缘通耗。道旁筑室，三年于兹。”[①] 又说：“此事本发端于鄙人。”[②] 1919年春，叶德辉重来上海，张元济再申前议，叶德辉极为赞成，以为：“《四部丛刊》之举，有功前籍，津逮后人，诚如例言‘愿有似乎石仓、奢更甚于南皮’。……弟向劝各洋书店汇印善本周秦两汉诸子及唐宋名家诗文，今并涉及经史，更为煌煌巨观矣。”[③] 他在阅过商务印书馆初拟的《四部丛刊目》之后，表示：“以浩如烟海之簿籍，择尤提要，成此鸿编，《百川学海》无此规模，《永乐大典》逊其精要。其中各书采集善本，一在存古，一在信今。以校勘兼赏鉴之长，以表章寓嘉惠之意。季札闻乐而叹观止，娄护传食而得侯鲭。此书一成，信为空前绝后之作。”[④] 叶德辉本非商务股东，而如此推重《四部丛刊》之出版，则因这一活动正是自己未酬心愿的实现。在叶德辉看来，《四部丛刊》的出版不仅仅是商务印书馆一家之事，更是以保守中国固有文化为职志的诸位同道的共同事业，“不过藉商馆机石，流传世间未见之奇书”[⑤]。如前所述，辛亥革命前，叶德辉本有心借思贤书局公费刻印经书，但时局变迁，这一计划遂成画饼；叶德辉深引为恨，慨叹“河清人寿，后顾茫茫”，而对商务印书馆出征《四部丛刊》之事，表示“惟有馨香祷祝，企其

① 叶德辉致瞿启甲一//王逸明主编．叶德辉集：4．北京：学苑出版社，2007：415-416.

② 叶德辉致瞿启甲二//王逸明主编．叶德辉集：4．北京：学苑出版社，2007：416.

③ 叶德辉致夏敬观四//王逸明主编．叶德辉集：4．北京：学苑出版社，2007：393.

④ 叶德辉致夏敬观五//王逸明主编．叶德辉集：4．北京：学苑出版社，2007：394.

⑤ 叶德辉致瞿启甲二//王逸明主编．叶德辉集：4．北京：学苑出版社，2007：416.

成功而已”，并希望商务印书馆的主事诸人“勿惮其难，勿求其速，假以岁月，合此浮图”。①

为了协助商务印书馆完成此项盛举，叶德辉和当时供职涵芬楼的夏敬观书信往返，反复商量此事，“不厌其烦地出主意，提建议，辨别版本的优劣，研讨书目的取舍，甚至还关心到了选题对《丛刊》销售的影响”。② 仅据王逸明先生辑录的郎园信札来看，叶德辉致夏敬观的十五封信中，讨论《四部丛刊》的多达十余封，其中几封信详说《四部丛刊》所采版本、所选书目事，长达数千言。其所作为，已经超越了一个藏书家的范围，而成为《四部丛刊》的策划、组织者之一了。

大体上说来，一部书的发凡起例决定了这部书的编写原则，而一项出版计划的发凡起例无异于这项出版计划的总体规划与原则。《四部丛刊》的书目条例都撰自叶德辉一人。当然，叶德辉所撰，原本吸收了众家之思想，而撰成后亦经同仁“斧削”指正，而后才成为商务印书馆的出版原则。笔者将《书林余话》所载叶德辉撰写的《例言》与上海商务印书馆正式发布的《四部丛刊例言》两相比较，发现除个别表述法有所修改外，基本上采纳了叶德辉的意见。修改之处主要去掉叶德辉似嫌狂妄与武断的语气，如“分卷分集，殊无义例，今所不取”改为“分卷分例，似皆可以，今所不取”，修改后的语气较为缓和；又如，“悉从原书影印，一存虎贲中郎之意，一免鲁鱼三写之讹”，改为“一存虽无老成尚有典型之意，一免书经三写改鲁为鱼之讹”；又如，“宋、元旧刻，

---

① 叶德辉致夏敬观六//王逸明主编．叶德辉集：4. 北京：学苑出版社，2007：398.

② 梁颖．郎园轶事——读叶德辉遗札．藏书：第六辑．济南：齐鲁书社，2002：77.

尽善尽美”，改为“宋、元旧刻，固尽善尽美”；“在收藏家固不以为疵类，而以之影印，则于读者殊不相宜”，爱憎分明，语气较为强烈，改为“在收藏家固不以为病，而以之影印，则多遗憾”，将“疵”改为“病”，将“殊不相宜”改为“多遗憾”。又如，“昔顾亭林已甚重之”，改为“即顾亭林亦不菲薄之”；“学者得之，引用有所依据”，改为“庶学者引用，有所依据”；“兹编于此类颇有鉴衡”，改为“兹编于此类颇用苦心”，将原来对于结果的自信改为对于过程的态度。又如，“张文襄有言”改为“张公之洞有言”；“美意”改为“盛心”，等等。这些都属于遣词造句的修改，使得表述更为和缓、委婉。较大的修改是去掉了几处叶德辉对前人的批评。好论人短长、讥评前贤，本是叶德辉的个性。这在叶德辉所撰写的《例言》初稿中亦有体现。如言：“近代影刻旧本，如黄丕烈士礼居重刻明嘉靖徐刻《周礼》，改小原书，黎庶昌《古佚丛书》摹刻杜工部《草堂诗笺》，移动行款。兹编幸无此弊，识者鉴之。”① 指名道姓地批评黄丕烈与黎庶昌摹刻失真，修改后被删掉。又如论及集部的选择标准，叶德辉原稿有：“至明之五子、十子、前后七子，大都声气标榜，名实乖违，收不胜收，悉从割爱。”②在说明舍弃原因的同时，发抒了对明五子、十子、前后七子的强烈批评。此为叶德辉个人的见解，在修改时亦被删除。但总体上看，叶德辉所确立的原则，从出版的价值取向、选题的标准、版本的确立等，得到了商务印书馆的认同。由此可见，叶德辉在《四部丛刊》出版活动中发挥了重要作用。换言之，《四部丛刊》虽是商务印书馆主持的一项出版活动，实质上是众多著名学者、藏书家共同参与、共襄其成的一项重大文化工程，而叶德辉正是

① 叶德辉．书林余话．长沙：岳麓书社，1999：290－291．
② 叶德辉．书林余话．长沙：岳麓书社，1999：291．

其中不容忽视的一位。《四部丛刊》的出版策划、组织，在一定程度上体现了叶德辉的出版理念。

第一，昌明国学，端赖流布古书。

古籍出版是一项文化传播活动，旨在传承中国固有文明。而在旧学日衰、古籍渐成富贾之古董的背景下，从事大规模的古籍汇刊活动就更有力挽狂澜的意蕴。叶德辉所撰《例言》，首先将《四部丛刊》的出版活动与国故的保存联系起来，赋予其绵延斯文的意义。《例言》称："昔曹石仓学佺有言：释道二家，汇刻经典累数万卷，名为《藏经》。至于儒家，独付阙如，诚为恨事。张文襄之洞劝人随举《书目答问》中一类，刊成丛书，以便学者。二公锐竟及此，迄未有成。鄙见以为：昌明国学，端赖流布古书。涵芬楼广收善本，海内贤达，勉以流通，不吝借瓻之助，冀成集腋之功。故不辞力小任重之讥，毅然图始。区区之意，学者谅之。"这就为《四部丛刊》的出版定下了"昌明国学"的基调。商务印书馆将叶德辉的"鄙见"改为"窃以为"；将叙述他者的"涵芬楼"改为"筑涵芬楼"外，全盘接受了叶德辉的这一定位。其实，叶德辉此言不仅对《四部丛刊》意义的阐发，也是对自身出版理念的表白。1919 年 10 月，包括叶德辉在内的 25 人联合发布的《印行〈四部丛刊〉启》将这一定位作了进一步的阐发："睹乔木而思故家，考文献而爱旧邦。知新温故二者并重。自咸同以来，神州几经多故，旧籍日就沦亡。盖求书之难，国学之微，未有甚于此时者也。上海涵芬楼留意收购，多蓄善本，同人怂恿影印，以资津逮。间有未备，复出公私所储，恣其搜临，得于风流阒寂之会，成此《四部丛刊》。"说明《四部丛刊》的出版是在求书之难、国学之微前所未有的情况下为挽救旧籍、振兴国学而采取的措施。该启为张元济所起草，无疑也是诸位同仁的共同心声。

叶德辉主张："即刻一书，务使学人同趋于正轨而不误于歧途，此平生刻书之宗旨也。"[①] 他将这一思想渗透到为《四部丛刊》所撰《例言》中。从"昌明国学"的宗旨出发，《四部丛刊》"衡量古今，斟酌去取，几经详审，始得成书"；而之所以要如此郑重其事，则因意欲"于存古之中，兼寓读书之法，不仅如顾千里所云，丛书之意在网罗散佚而已"。[②] 刻书不仅仅是为了保存书籍，更是为了传承学术，故辨析取舍之间以导引正学为标准。当然，具体到什么样的"读书法"才是治学之正途，则难免见仁见智，可另当别论。但这一价值取向本身无疑值得肯定。

第二，古书出版选题应以存古、有用、利市为标准。

《四部丛部》作为一部大型丛书，虽遍及四部，但在选择书目上，是有独特的考虑的。"四部之书，浩如烟海，兹编止择其急要者登之。"[③] 从经部来看，最主要的是没有收入宋学总汇《通志堂经解》、《经苑》和汉学总汇《皇清经解》及《皇清经解续编》等书。这是因其已广为流传，几乎达到"家藏户遍"的程度，兹恐挂一漏万，概不泛收。从史部来看，正史、编年、地理外，取别、杂传载之古者。子部则九流十家，取其古雅而非出于伪托者收入。诗文集则取其已成宗派者。算学、兵书、医经，在古人为专门之学，在今日有专科之书，作者层出不穷，后来或更居上，故但取其初祖数种著录，以为学者导源星宿之资。史部中的《通典》、《通志》、《通考》，类书中的《太平御览》、《册府元龟》，集部中

---

① 叶德辉致夏敬观六//王逸明主编．叶德辉集：4．北京：学苑出版社，2007：395.

② 叶德辉．书林余话．叶德辉．书林余话．长沙：岳麓书社，1999：290.

③ 叶德辉．书林余话．叶德辉．书林余话．长沙：岳麓书社，1999：291.

的《全唐文》、《全唐诗》，皆以卷帙繁重，自宜别印单行，兹编概不阑入。史部艺文、经籍诸志，以及古今官私书目，所以辨章古今学术，借考典籍之存亡，他日拟汇集诸家藏书记、目、题、跋之属，别为一编印行，故兹于书目不录一部。《四部丛刊》的一大特色，是收入了较多的集部书籍，并且采及近人，对于清代文学予以了较多关注，其理由是“有清一朝文学，实后进之津梁。张文襄有言：读书门径，必须有师。师不易得，即以国朝著述名家为师”①。对于注本，则采用宋、元以前旧注，凡近人注本，概不轻用。

《四部丛刊》的这一选题标准是在吸收了众多学者的意见之后形成的，其中特别是吸收了叶德辉的意见。商务印书馆拟印书目提出后，曾向叶德辉等藏书家咨询，商酌去取。叶德辉一一为之复勘，颇有增省。如史部之书，叶德辉认为：汉荀悦《汉纪》、晋袁崧《后汉纪》，此为编年纪事之祖，断乎不可缺少；又如子部，《鬻子》、《慎子》本非完书，又非古本，无关考证，可以删除；又如集部，叶德辉认为，《山谷集》后宜增秦观《淮海集》；《水心集》前宜增陈傅良《止斋集》，《鹤山大全集》前宜增真文忠公《西山集》。“以上所增，皆两人一时齐名，录一阙一，未免挂漏。”② 至于那些既非希见之书，又非必用之书，则宜去掉。

《四部丛刊》选书中最终收及清人文集，是叶德辉断断力辩的结果。最初，集部之书拟断自明朝，不涉近代，后在叶德辉的主张上，增加了清代部分。这一主张遭到沈曾植等人的反对。后者认为，经、史、子三部未收清人书而集部多收清人书，于全书体例不合；再者四部分布不匀，经、史、子录书太少。张元济向缪

① 叶德辉．书林余话．长沙：岳麓书社，1999：293.

② 叶德辉致夏敬观六//王逸明主编．叶德辉集：4. 北京：学苑出版社，2007：397.

荃孙询问意见，缪荃孙以沈意为然。于是张元济拟删却近代诸集，增多宋金元人集，或兼采北、南词家专集。叶德辉得知消息后，在致夏敬观的书信中反复申论，力持原议。他提出了两个维持原议的理由：一则“为流通古书起见，不得不有利市之心”，利市则流通，不利市则不流通。所谓利市，也即从商业的角度考虑，古书出版应获得一定的利润。而要获得利润，则首先所刊之书能够销售出去。要使古书有销路，则必须考虑读者的需求，所谓“投其所好”。叶德辉认为：“近二三十年，国朝人诗文集几欲凌驾宋元。人之求之者，得甲失乙，每恨不全。今则类聚一编，触手皆备，其为人所必购，自不待言。究竟中国读书之士好词章者多，务实学者少。”这就是为什么原目于经、史、子三部书采录少而集部书采录多，近人集采录尤多原因所在，也是叶德辉明知采录近人集部与经、史、子三部采录之例不合而依然不忍割爱的原因所在。二则因经、史、子三部之书与集部情况不同，“不能出前朝人范围”。经有汉、宋门户，其书汗牛充栋，收不胜收。史则一朝人物必待异代始能撰修，制度典章之书，亦非二三册所能详尽。子部十家三略释氏，其稍古雅者已经尽收，其他与学术流别有关系者实已寥寥。且此三部不如集部之流行。因此，叶德辉认为：“经、史、子三部不能出前朝人范围，诗文则百态翻新，国朝已别为风气。”并且，“东西各国于有清一代文学已公认为可研究之学问，而中国尚古学者固多欲备其书，即新学中咬文嚼字之人亦多不惜重资以购求诸家诗文各集”。综合上述理由，叶德辉反复提醒夏敬观等人，《四部丛刊》之出版，正欲通过荟萃近人诗文集带动全书销售；如果删除清朝诸家诗文集，“于体例则合，则销售转不合，此当审慎再三而始可定局者也”①。

---

① 叶德辉致夏敬观——//王逸明主编. 叶德辉集：4. 北京：学苑出版社，2007：401.

叶德辉还建议，《四部丛刊》之出版，固然为流通古书起见，苦于不能不预算成本，为此应“只宜取有用之书”，拟刊书目之增、删都以此为标准，并且对应增、应删之书提出具体的建议。他表示自己“于《四库》集部之书十阅八九，从前搜采先祖辈友朋诗文交际，于宋金元明人集，几于遍读遍翻”，因此对名家诗文之得失都“略有主宰”，至于“目录版本犹其绪余”；故与夏敬观“不惮往复推详”①，表达自己的主张。如关于明代总集的选择，叶德辉认为：“《明文衡》、《明文海》似是网罗宏富矣，非明文之全。《文衡》选自程篁墩，偏重道统；《文海》选自黄梨洲父子，意在征文考献，不在选文，比于《文粹》、《文衡》二书，未免繁重，故弟主张用《明文在》，转觉简练菁华。”② 此后又重申自己的意见：“《明文衡》、《文海》鄙意始终不主张，与其刻此占纸张之近人书，固不如匀出纸张多印古书。明人文集如宋、刘、唐、归外可取者少，其诗亦然。总集一《明文在》足以了之，以其所采精也。”③ 又如关于宋元明三朝诗选，夏敬观拟删《宋诗存》、《元诗选》、《历朝诗集》，叶德辉则表示“弟意万不可删”，盖此三集所以代宋元明三朝选本。夏敬观本为诗人，对于诗家流派有自己的赏鉴与偏好；而叶德辉时有异见，如夏敬观拟将《西昆》、《唐诗鼓吹》、《瀛奎律髓》、《乾坤清气集》等配为一朝选家，叶德辉表示“断乎不能苟同”，谓：“《西昆》犹属诗宗，《唐诗鼓吹》、《瀛奎律髓》、《乾坤清气集》乃三家村头巾气之书，阁下以

---

① 叶德辉致夏敬观一一//王逸明主编．叶德辉集：4．北京：学苑出版社，2007：402．

② 叶德辉致夏敬观一一//王逸明主编．叶德辉集：4．北京：学苑出版社，2007：402．

③ 叶德辉致夏敬观一三//王逸明主编．叶德辉集：4．北京：学苑出版社，2007：404．

欲配为一朝选家，顾乃牵（迁）就列入，思虑周密，无如不能增色也。”① 由此可见叶德辉的热心任事、知无不言的个性，当然亦可见叶德辉的自信太过。但叶德辉同时也表示：“弟以局外人，自不如馆中经理人于书之行销不行销别有经效，弟所以不敢附和，亦不敢主张者此也。”② 自己只是尽到竭诚建言的职责，至于商务印书馆是否采纳，则并不勉强，所谓“弟如此说，不必如此行也”③。

具体到何书当选、何书当删，这与选者对于学术文化的不同认识乃至不同偏好有关，诚有谓“见仁见智”，因此，笔者无法判断叶德辉所言合理与否。但从存古的角度看，他建议词曲也应择取三五大家及有名总集为全书之殿，这一主张无疑是合理的。四部是中国传统学术分类，涵盖全体，词曲理应囊括进去，诚如叶德辉所言，“大而经史，小而词曲，荟萃一集，蔚为大观，则《四部丛刊》之名称不至有见首不见尾之恨”④。

总体上看，叶德辉对于古书出版选题强调三个原则：一是存古，二是有用，三是利市。古书出版本为存古起见，将常人不易接触到的古书化身千万、传播开来；然而古书浩如烟海，而出版社经费有限，不能不有所鉴别选择。选择应以“有用”为标准。所谓“有用之书”，是一个学术评价标准，也即是那些为当时所重、对后人治学有津逮之功的书。这正是《四部丛刊》出版宗旨

① 叶德辉致夏敬观一三//王逸明主编．叶德辉集：4．北京：学苑出版社，2007：405.

② 叶德辉致夏敬观一三//王逸明主编．叶德辉集：4．北京：学苑出版社，2007：404.

③ 叶德辉致夏敬观一四//王逸明主编．叶德辉集：4．北京：学苑出版社，2007：405.

④ 叶德辉致夏敬观六//王逸明主编．叶德辉集：4．北京：学苑出版社，2007：398.

中的“存古之中，兼寓读书之法”的具体化。而古书出版要达到存古、有用两个目的，都必须以“利市”为前提，也即得到市场的认可，通俗地说，只有销售出去，才能发挥它的文化传播功能。为此，又必须考虑市场的需求、读者的爱好，利用读者的爱好与需要来拉动整套丛书的销售。从后来商务印书馆正式确定的《四部丛刊例言》来看，叶德辉的思想主张大都得到体现。而这一思想，对于今天的图书出版无疑也具有一定的借鉴意义。

第三，古书重刊应精择版本。

古书出版的成功与否不仅取决于书目选题，底本的选择也至关重要。《四部丛刊》出版过程中，不仅书目选题的确定几经曲折，而且在底本的选择上也产生了激烈争论。关于此事，茅盾回忆：“当权者一派主张《四部丛刊》应该尽量采用宋、元、明的刊本而精工影印。这一派可称为‘善本派’，也有人讥讽地称之为‘制造假古董者’。另一派主张注重实用，例如《庄子》就应该采用郭庆藩的《庄子集释》或王先谦的《庄子集解》，《墨子》就应该采用孙诒让的《墨子间诂》，等等。这是实用派。据说，两派争论了五六个月，最后还是‘善本派’得胜。”① “善本派”的取胜与决策者张元济有关，而张元济的决策与叶德辉的建言有关。

《四部丛刊》动议之初，缪荃孙、王秉恩等人主张按张之洞《书目答问》中所列诸本付印。当张元济向叶德辉咨询之时，叶“力言其非”，以为“文襄《书目》，行之海内数十年，稍知读书者，无不奉为旨南，按目购置”；转而主张：“今惟取世不经见之宋元精本缩印小册，而以原书大小尺寸载明书首，庶剞劂所不能尽施、版片所不能划一者，一举而两得之。”② 这一建议得到了张

① 吴方．仁智的山水——张元济传．上海：上海文艺出版社，1994：121.
② 叶德辉．书林余话．长沙：岳麓书社，1999：289.

元济的首肯。

对于版本之选，叶德辉认为："兹事本属创例，讨论不厌其详。在议始者未尝存牟利之心，在参校者不可无惜名之见，既费巨本，当具别裁。若使草率图成，未免负此盛举。"① 故不仅确立了《四部丛刊》选择版本以"世不经见之宋元精本"为主的总体原则，而且还对具体的每本书所应选择的善本进行了充分的讨论。他在校勘《四部丛刊目录》时，一方面将"目中善本一定不可移易者，上皆用朱圈识别之"，另一方面对"其中鄙见未合及敝处所藏、他人所藏胜于目载之本者"则在原目中进行批注。除此之外，还在与张元济、夏敬观等人的长信中反复辨析，对商务印书馆拟印的四部各本逐一提出自己的意见。如《十三经注疏》，商务馆原拟采宋元旧本，叶德辉提出，宋元旧本难得完全，不如采用武英殿本以定一尊；以与《廿四史》同用殿本归于一辙。对于其余采录之书，商务印书馆"或用旧本，或用校刻本，或用注释本，出入进退，未免分歧"，不如"每种书三本兼采，先列旧刻原本，次列校刻本，无校刊则笺注本。旧刻以存原书面目，校注以便读者研求"，但考虑到这样做会导致卷帙篇幅过大，二者不可兼得，"惟有存旧本去校注本，俾读者先得有用之本，再别求参考之书"。具体到每一本书，叶德辉都详细分辨，别其优劣。如商务印书馆原拟《韩诗外传》用明通津草堂本、《大戴礼记》用明袁氏嘉趣堂翻宋本、《方言》用近翻宋大字本、《释名》用明吕柟翻宋陈氏书棚本、《尚书大传》用陈寿祺校注本、《春秋繁露》用凌曙校注本、《经典释文》用卢文弨考证抱经堂刊本。叶德辉则提出：《方言》可用宋刻原本，更觉精神；《尚书大传》宜用《四库》著录之扬州

① 叶德辉致夏敬观六//王逸明主编．叶德辉集：4. 北京：学苑出版社，2007：398.

本；《春秋繁露》好古则宜用明华坚兰雪堂活字本，适用则宜于武英殿聚珍本，《春秋繁露》本无可注，况凌注并不佳，可以不取。《经典释文》卢校多窜改，不如用叶梦得校抄宋本，该本最为乾嘉诸儒所推崇。诸如此类，叶德辉都不厌其烦，一一详述。

值得注意的是，叶德辉不仅详论每种版本之优劣，并且还每每指出应用版本藏在何处，用什么样的方式能获得，如主张《经典释文》用叶梦得校抄宋本，同时又表明“余有此本”；主张《方言》用宋刻原本，又表明此书在北京傅增湘处，可向其借印。而在与张元济的信中，也反复商议刊印诸事项与原则，提出：“今日海内藏书家，固以江南之瞿、山左之扬，为南北两大国，然其他藏书之人所藏，亦有出于二家之外者。此次汇印，板（版）片则取异不取同，征求则就近不就远，一则在保留古本，一则利在易借荆州，盖必如此，始足达吾辈流通古书之素心，而其途亦较有归宿也。”① 并对每一部应选用的版本一一说明，既考虑到版本之善，又兼顾获取之易。

版本之差异，从表面上看只涉及到书的外在形式的不同，故有时为人所轻视，以为不过是藏书家或古董家所当讲求。叶德辉曾记：“同年友某尝与吾笑谈，谓平生不知板（版）本，但见其书有字即读。吾戏语之曰：‘君所读书皆无字。’是亦各明一义矣。”② 而叶德辉之所以断断力辨版本之优劣，乃因“版本之学，为考据学之先河。一字千金，于经史尤关紧要”。故于《四部丛刊》所采用的版本，“皆再三考证，择善而从”。所谓“择善而从”，是通过仔细比勘，定其是非，而非仅以时代先后论。比如，

① 叶德辉．与张菊生同年论借印四部丛刊书//郋园山居文录：卷下．长沙：叶氏观古堂，1922：20.

② 叶德辉．书林清话．长沙：岳麓书社，1999：22.

明徐氏仿宋刻本《三礼》。明人翻宋岳珂本《九经》，徐刻《周礼》不如岳本之精，岳刻《仪礼》不如徐本之善。这些都须逐一细校，才能定其是非。又如北宋失传之书，赖有元、明人翻本，转出南宋本之上者。宋、元旧刻，固然尽善尽美，但阅世既久，非印本模糊，即短卷缺页。在收藏家固不以为瑕疵，而以之影印，则于读者殊不相宜。

对于古书刊印，叶德辉“每恨前人仿宋元旧刻，字句总有参差”；故在《四部丛刊》的活动中，希望通过精择底本与影印方法，确保影宋本的质量，以期“千万化身，不失庐山真面”。又说：“今人动以千金购求宋本，兹则聚无数名刊善本，贵不过四五百元，宜乎家置一编。留兹种之，合之为四部，散之各一书。若能采及刍荛，则真毫发无遗恨也。”①

叶德辉的这一版本思想最终也成为《四部丛刊》采择底本的原则，《例言》声明：“兹之所采，多取明人复影本，喜其字迹清朗，首尾完具，庶学者引用，有所依据，非有宋、元本不贵，贵此明刻本也。”② 这一原则也正是叶德辉所主张的。

叶德辉除了积极建言、为《四部丛刊》确立指导思想之外，还参与到实际事务中来。他多次表示，自己所有之书均可借出，自己所无之书亦可介绍借印。当时，叶德辉居住苏州，往来沪上，而所藏之书大部分都在长沙寓所。叶德辉向夏敬观索得《四部丛刊》采用书目，寄回湖南，由子侄们按目检查。鉴于当时古书运载不便，叶德辉还提出种种方法：“或装运上海，或就近由湖南贵

① 叶德辉致夏敬观六//王逸明主编．叶德辉集：4．北京：学苑出版社，2007：398．

② 四部丛刊例言//上海书店编．四部丛刊书目．［出版者不详］：卷首．

分馆用照片照出汇寄上海，均可商量。"① 此后因运载不便，叶德辉又提出："此事总以借得瞿书为功之半，江南图书馆次之。弟书远在湘中，邮寄究多不便，苟非瞿、丁及涵芬楼所无，馀皆尽就近易借者借之较简便，亦较迅速也。"② 叶德辉先后将自己所藏的《仪礼郑注》、《古列女传》、《越绝书》、《吴越春秋》等书借给商务印书馆。③ 更为难能可贵的是，叶德辉还多方联络、多方奔走，为商务印书馆向国内外藏书楼借印底本，其中特别值得一提的是向瞿启甲借印宋元善本书与向日本藏书家转借静嘉堂藏书。

常熟瞿氏铁琴铜剑楼是清末中国四大藏书家之首，收藏宋元旧椠及稀见本达 1300 多种之多。其主人瞿启甲（1873—1940），字良士，别号铁琴道人，辛亥革命后，积极倡议设立公共图书馆。1915 年创建常熟公共图书馆，并献家藏复本和乡邦文献于其中。瞿氏还多次借出所藏，为他人摹印。人称瞿氏"流通古籍，有朱竹垞、曹倦圃之遗风"。瞿氏此种精神，深得叶德辉的赞扬，称其"传古人不敝之精神，开书林方便之条例"。为了玉成《四部丛刊》出版，叶德辉写信给瞿启甲，商量借印瞿藏宋元善本书。在信中，叶德辉表示："如蒙雅意玉成，则借琅环二酉之奇珍，以续《警悟》、《百川》之巨制，执事洵无愧于竹垞、湘灵诸老，弟等亦获如俞郘雪客追逐后尘，岂非盛美之业哉！"④ 又一再阐明《四部丛刊》的意义："菊生同年创设商务印书馆垂二十年，印行学堂教科

---

① 叶德辉致夏敬观六//王逸明主编．叶德辉集：4．北京：学苑出版社，2007：398．

② 叶德辉致夏敬观八//王逸明主编．叶德辉集：4．北京：学苑出版社，2007：399．

③ 张树年主编．张元济年谱．北京：商务印书馆，1991：181．

④ 叶德辉．与瞿良士借印四部宋元善本书启//郎园山居文录：卷下．长沙：叶氏，1922：19．

书，利逾校印古书倍蓰，今亟亟与弟图画及此者，诚以黄流、绛云之厄，千古读书者所痛心。”若能完成此举，“非独后学获此津梁，抑亦古人藏山传人之素志也”。而自己敢于对张元济所拟刊书目一一复勘，颇有增省，力图收入最佳底本，则因“视执事琳琅满室，如取如携，故敢谬作吃谈，以冀偿兹宏愿”。同时，对影印之法也作了交代：“至影印之法，绝不拆散原书，但以玻璃版逐页翻移，毫无手污爪破之患。惟检查稍嫌繁细，拟恳执事代延一笃实可依之书记，藉重指挥，月俸若干，由弟等按月致送。”① 此举得到了瞿启甲的大力支持。铁琴铜剑阁先后为提供藏书达 81 种，其乐于传布、嘉惠士林的精神得到了社会的赞誉。而叶德辉在其中所起的沟通协调作用也不应忘记。

叶德辉还通过友人向日本静嘉堂借书。关于此事，叶德辉侄子叶启勋曾回忆：

“十余年前，先世父考功君与海盐张菊生侍郎元济、江安傅沅叔学使增湘，倡印《四部丛刊》，集南北藏书家之秘籍，以供采择。时先世父正居苏城，书首《例言》，皆力任之。于时四部惟大、小二徐《说文》尚待搜访。盖大徐《解字》宋本见于归安陆存斋运使心源《皕宋楼藏书志》者，其子早已售之静嘉堂，海内无第二本。小徐系传则宋本残帙，亦且无传。吴中黄荛圃主事丕烈《百宋一廛书录》所载虞山钱遵王尊述古堂影宋钞本，亦无踪迹。会余因事道经沪上，先世父亦由苏来申。侍郎以地主之谊，并欲商借余家藏书，招宴于其家。席间谈及二徐《说文》，苦无善本可印。时江阴缪筱珊学函荃孙亦在座，遂告侍郎以述古，世父则告以大徐《解字》陆藏宋本亦可转托友人商假。侍郎色喜，即

---

① 叶德辉．与瞿良士借印四部宋元善本书启//郎园山居文录：卷下．长沙：叶氏，1922：19.

席促筱老致函乌程、先世父致函友人。未逾月，友人复函，已得藏主允许，惟书不愿出门，且恐印时污损。几经函商，遂由侍郎备印资三千金，托藏主自影，以晒片寄申。据以印入《续古逸丛书》，再据以印入《四部丛刊》。"①

今保留在《郋园山居文录》中的叶德辉《与日本白岩龙平借印宋本书启》使我们能够了解到当年叶德辉为借到该书是如何对白岩龙平晓之以理、动之以情的。其书先说借书原委："今年春间，弟与商务印书馆股东张菊生倡印《四部丛刊》一书，凡《十三经》、《二十四史》、周秦两汉诸子名人诗文集，都四百种，为书三千本，所收皆宋元旧刻，次亦明刻精校名抄。凡南北藏书家秘笈琳琅，皆允借印，现已印成数十种，特将《凡例》、《目录》寄呈。惟经部小学类《说文解字》中国所存宋刻本，向藏浙江陆心源家。今其书尽售于岩崎氏静嘉堂。闻主人已物故，其子能守楹书。"再以流布古书乃真爱古书的道理打动白岩龙平："然珍袭而阏于家，不如流布而公诸世。阁下在贵国素负清望，又与敝国人士文字交深，倘得借重鼎言相假印照，则数百年之善本可成千万化身，当亦岩崎与陆氏在天之灵所握手欢笑者也。"再从日本保存中国文物的角度来说服白岩龙平鼎言相借："中国自唐以来，散佚之书赖贵国保存仍还中国者，残篇整卷，沾溉无穷。况此书之去吾国不及廿年。虽不敢存完璧归赵之心，而不免异书借荆之想。"②经过叶德辉的一番努力，终于使《四部丛刊》收入《说文解字》宋刻本，以免遗珠之憾。

---

① 叶启勋．宋本说文解字题跋//拾经楼细书录：卷上．长沙：叶氏，丁丑（1937年）刊.

② 叶德辉．与日本白岩龙平借印宋本书启//郋园山居文录：卷下．长沙：叶氏观古堂，1922：22－23.

叶德辉不仅为解决《四部丛刊》的底本借印问题出力不少，还对《四部丛刊》的销售策略提出了很好的建议。如，他主张："印本有六七分定妥，即将目例排印百分或二百分，先寄日本分布。彼国图书馆办理得法，不似中国之无经费无办法，其书必能多销。富人好藏书壮门面者亦不少。西文翻译者则多寄于美国，德、法次之，英颇市井，恐不尚也。"叶德辉并以自己所著《六书古微》的销售情况作为经验之谈："拙箸《六书古微》，前年驻湘之德领事、天主教堂之法牧师售去百余部，次则日本门生带归国者，英美人则无之。美好文，特在长沙人少耳。以是知德法之好中国书过于英美，且过于日本也。"① 这个建议对于《四部丛刊》的销售也起了一定的作用。

几经商讨、筹备之后，1919 年 12 月，《四部丛刊》正式开印。1920 年 6 月，上海《申报》刊出《四部丛刊》出版第一批书的大幅广告。至 1923 年 3 月 1 日出版第六批，初编出齐，全书共收入古籍 323 种，2100 册。《四部丛刊》初编集部最后收书 350 种，其中宋刊本 39 种，金刊本 2 种，元刊本 18 种，影宋抄本 16 种，影元抄本 5 种，校本 18 种，明活体字本 8 种，高丽旧刻本 4 种，释、道藏本 2 种，其余都是明清精刻本。如此大规模地刊印古书，又选择流传稀少、校刊精良的珍本善本，解决了当时国学研究中"求书难"与"版本差"两大难题。张元济曾将《四部丛刊》的好处归纳为七善：一是《四部丛刊》作为一部大型丛书，所收都"家弦户诵之书，如布帛菽粟，四民不可一日缺者"；二是所收古书保留了古书的原貌；三是所采用的版本都是精心搜求、世不常见的秘笈；四是将各种书籍具于一编，省事省时；五是册小字大，便

① 叶德辉致夏敬观一五//王逸明主编. 叶德辉集：4. 北京：学苑出版社，2007：406.

于庋藏与阅读；六是各种书版型纸色划一；七是价廉。这表明，《四部丛刊》已实现了它存古、有用的目标。大型丛书而销售达1500部之多，说明它取得了巨大的成功。

《四部丛刊》出版后，得到了学术界的高度评价，并引起了海外学者的注意。日本学者神田喜一郎、武内义雄都在《支那学报》上发表评论。神田喜一郎认为：《四部丛刊》之刊行，实为有裨学界之壮举。四部中重要书籍，已网罗俱尽。其选择底本，亦尚为适当。但又指出：选择底本尚非尽善尽美，如《群书治要》不用日本元和二年刊本，而用有显然臆改形迹之天明七年尾州藩刊本，注意似犹未周，等等。但总体上看，“吾辈认此书为中国最有价值之空前巨著以介绍于读者，并略述区区之愿望，盼其克底于成也。”武内义雄认为，“《四部丛刊》实为中国空前之一大丛书”，并具体论述了《四部丛刊》之优点：“全书册数有二千余册之多，非以前丛书可比。即其选择之标举，亦与向来丛书全然不同。所收之本，悉为吾辈一日不可缺之物。”又如，“选择原本，极为精细。于宋、元、明初之旧刻，或名家手校本中，务取本文之尤正确者，并即其原状影印，丝毫不加移易，故原书之面目依然，而误字除原本外，决无增加之虑。”在版本选择上，不是效法普通藏书家一味地佞宋薄明、只论时代先后的做法，而是实事求是地鉴别是非，“以为翻北宋本之明刻本，优于南宋或元椠本。同一明版，以徐刻之仿宋《三礼》与明翻之宋岳珂《九经》比较，以为《周礼》岳本胜徐本，《仪礼》徐本胜岳本，各自择善而从。此其可喜者也。”武内义雄所肯定的这种不囿于宋椠、明椠，择善而从，正是得力于叶德辉的主张。如前所述，叶德辉在致夏敬观信中，于版本之优劣的分辨再三致意。武内义雄又指出，在印法上，翻刻旧本者往往改小原版、移动行款，“《四部丛刊》则必影照原本，泯鲁鱼之弊。名人校勘有裨本书者，悉附卷末。校勘用朱墨两笔者，亦分刷两次，以存其真。惟以规为一定分寸之故，间将原本略为缩小，亦必详记原版之宽狭大小于卷首，务不失其典型。此亦是书之胜处”①。武内义雄所肯定的《四部丛刊》的优点，大都与叶德辉的积极建言有关。

对于《四部丛刊》，叶德辉表示“实非余满志踌躇之事”②，肯定日本学者的批评“实切中采用之失，固无所用其辩白矣”③。叶德辉检讨其不足之处，如以收书而论，虽遍及南北藏书家，但聊城杨氏海源阁所藏宋本四经、四史都未能收入；日本各图书馆所藏善本尤多，以影印之费不赀，故不能多借。又其中有些收入者，并非善本，不过因藏书家循人请托而采印，欲附庸风雅、借此以彰其姓名。且挟成见，先尽涵芬楼所藏，虽有善者，不愿借印。不过，《四部丛刊》中也实有前人未见之本，如经部中的宋大字本《孟子》赵岐注，宋本《周易》王弼、韩康伯注；史部中的宋大字本《五朝名臣言行录》、《三朝名臣言行录》；子部中的宋本《易林》；集部中的《沈下贤》为明翻刻，无异第二宋本；《白氏文集》为日本元和戊午那波道圆活字印本；宋本《李群玉诗集》等，均为《四部丛刊》所特有而前人未及见者也。

《四部丛刊》的出版是近代出版史上的盛举，也是中国学者挽救古籍的一次集体行为。它是以张元济主持下的商务印书馆为主、联合众多著名学者与大藏书家共同参与、共襄其成的一项重大文化工程，凝聚了众多对中国传统学术文化怀有深厚情感的学者们

① 神田喜一郎与武内义雄的评论，具体参见叶德辉：《书林余话》，长沙：岳麓书社，1999年版，第293－295页。

② 叶德辉．书林余话．长沙：岳麓书社，1999：293.

③ 叶德辉．书林余话．长沙：岳麓书社，1999：296.

的心血。而叶德辉正是这一重大文化工程中贡献尤为突出者。综观叶德辉在此前后的活动，从动议、筹划、开印甚至销售，叶德辉无不参与其中。叶德辉认为，流通古籍是自己的志向，《四部丛刊》的出版是有志于存古者的共同事业，是自己出版理念的落实，不过借商务之名而行事。故而不惮其烦、不辞辛苦，在其中做出了巨大的贡献。只有认识了叶德辉的这一思想，我们才能理解作为旁人的叶德辉为什么那样热心任事。

《四部丛刊》不仅体现了叶德辉的出版理念，更寄托了叶德辉的文化理想。在近代国学式微、古书难求的背景下，古书刊印不仅是一项传统意义上的“积金”与“积德”的雅事，更是一项绵延斯文的壮举。古籍是古学的载体。要保存古学以免其不坠，首先必须保存古籍。而要保存古籍，最主要的是让它化身千万、流传开来。是以叶德辉将《四部丛刊》的出版宗旨定位于“昌明国学，端赖流布古书”上面。而要让古书服务于“昌明国学”，则古书出版就不能仅仅停留在“网罗散佚”上面，而须导引学术，即“存古之中，兼寓读书之法”。古书书目的确立、底本的选择，无不围绕着这一宗旨展开。正如叶德辉不以藏书家自居一样，叶德辉也不以出版家自限，而是将古籍出版与国学研究融合在一起，凸显了古书出版的“传先哲之精蕴，启后学之困蒙”的学术传承意义。当然，出版活动作为一项商业活动，也必须考虑到利润、考虑到销售等具体情况。叶德辉在《四部丛刊》的出版过程中，对于“利市”的一面也给予了较多的关注，也主张投人所好。但总体上看，是以“利市”带动整套丛书的销售，最终达到存古、倡学的目的。

第六章　乱世人才刀俎物，不缘挝鼓误平生

——叶德辉之死及其文化阐释

1916 年，袁世凯复辟帝制失败，叶德辉作为“帝制余孽”避兵还吴，回到原籍苏州长住，试图在吴越文化中找到安身立命之所。尽管在吴、沪等地叶德辉的确也找到了更多的“可与道古”之人，但旧学的衰退乃系全国范围内的大势所趋，吴郡并没有成为叶德辉的精神家园。另一方面，叶德辉难以割断与湖湘文化的联系，身在吴会，而湘人、湘事萦绕于心。因此，在苏州长住几年之后，叶德辉最终还是在 1922 年回到了湖南，回到了长沙。热心任事的个性使叶德辉不甘寂寞，在闭户弦歌的同时不免又批评时政、臧否人物，卷入湖南地方政治纷争之中。湖南农民运动兴起之后，叶德辉戏作对联，极尽讽刺之能事，最终“因文贾祸”，在 1927 年 4 月被作为“湘省著名劣绅”而遭到农民运动镇压。那么，叶德辉之死仅仅是游戏邀祸？抑或还有更深刻的原因？本章将结合叶德辉的活动，追踪叶德辉晚年的心路历程，特别是注意挖掘叶德辉独特的生死观，进而从更高的层次上对叶德辉之死加以阐释。

第一节 旧学商量同辈少，中原离乱故乡亲

1916年春，叶德辉再一次回苏州扫墓。期间时局扰乱，先是袁世凯复辟帝制活动失败，后是汤芗铭逃走，湘省兵乱频仍。曾任筹安会湖南分会会长的叶德辉被目为“帝制党”，遭到众人的攻击。叶德辉只得避兵居吴，他一生多次渴望的“回归原籍”就在这特殊的背景下实现了。

叶德辉生于湖南长于湖南，长期活跃在湖南政界、学界，曾经是湘中影响巨大的权绅。然而，叶德辉的足迹并不局限于湘中一隅，而是经常东游吴会、北上京师，广识同道，特别是与旧籍吴中保持了较为密切的联系，几乎每年都要回乡扫墓。叶德辉标榜自己是“半吴半楚之人”。每当与湖南人在某些问题上产生分歧之时，叶德辉的原籍意识立刻显现，“鄙人旧籍吴中”成为他的口头禅，颇有“道不同不相与谋”的意味。他多次表达离开湖南、回归原籍的愿望。早在戊戌变法时期，因与湘中今文经学家皮锡瑞为着学术文化的问题辩难，叶德辉就曾表示过对湘中的不满，云：“鄙人旧籍吴中，行将彷徉乎具区之间，长为渔人以没世。若运丁阳九，则黄冠道服，埋骨包山。此间地无五金之矿，境僻不足以通商，眈眈虎视者，或弃而不顾焉。敬谢故人，勉事圣君，毋以为念。”① 1910年长沙抢米风潮时，叶德辉因“有谷不售”被参革职，叶德辉回归原籍之意更加坚决，并托缪荃孙打听如何办理。因辛亥革命的爆发，这个计划未能实现。民国建立后，叶德

① 叶德辉．叶吏部与南学会皮鹿门孝廉书//翼教丛编．上海：上海书店出版社，2002：169.

辉被目为前清顽固党，频频卷入与湖南地方的冲突之中，几度逃亡苏州与上海。不过，时间都在半年左右，最终还是回到湖南。而1916袁世凯复辟帝制失败，叶德辉又只得避兵还吴，彻底退出了湖南政界。

对于叶德辉而言，奔走于吴楚之间，不仅意味着活动空间的变化，更象征着对不同地域文化的取舍。一方面，叶德辉以湖湘文化忠义传统的代言人自居，自觉地以扶世翼教为己任；另一方面，具体到学术领域，叶德辉又对“本不以考据为能”的湘学颇多批评，而以接绪三吴汉学传统为荣。抱怨湘中风气几乎成为叶德辉与缪荃孙通信的主题之一。早在被参案发生之前的1907年，叶德辉就写道：“辉平生学旨，颇有异于湘人。由于衣钵再传，如亲指授，故刻书校书二事，自谓能习公之传。……湘中此事，无可共语者。葵园老人终是古文家，可以言文章著述，而不可言考订校勘。……海内比邻，想惟公与贱子耳。”① 在1909年致缪荃孙的信中又再次提出：“辉平生以朋友书籍为性命，每思有大人先生长年筹三千金款，尽刻古今卷帙稍繁、传本极少书，流布天下，湘中竟无此人。”② 就连相交最密的王先谦，论及校书刻书，也与叶德辉“合志而不同方”③。在与另一至交叶昌炽的通信中，叶德辉也曾“极论湘学渊源，上自船山，下逮曾文正、郭筠仙，今之湘绮、葵园，皆有微词，而归宿于诸家一无师承，大言炎炎，洋

---

① 叶德辉致缪荃孙：二//顾廷龙整理．艺风堂友朋书札．上海：上海古籍出版社，1981：535.

② 叶德辉致缪荃孙：十一//顾廷龙整理．艺风堂友朋书札．上海：上海古籍出版社，1981：540.

③ 叶德辉致缪荃孙：十二//顾廷龙整理．艺风堂友朋书札．上海：上海古籍出版社，1981：541.

洋十余纸”①。在批评湘学的同时，叶德辉推崇三吴汉学，同时也引自宋代叶梦得以来的叶氏家学为豪，尝言：“湘中入儒林、文苑者，先辈本无多人。一省人物，尚不如辉一家，非夸诞也。”② 通过频繁地回乡扫墓、领衔撰修叶氏族谱，与东吴、沪上名流往来，叶德辉显示出自己对吴学、对家学的延续。回归原籍，在叶德辉看来，也是由湖湘文化回到吴越文化中来。

1916 年，叶德辉回到苏州之初，寄居在阊门客舍。这也是叶德辉往年回苏扫墓之时经常借宿的地方。“垂老方知客绪忙，五年两度宿金阊。夜深明月应相识，人是他乡我故乡。”③ 之后，又移居阊门曹家巷，凭屋十余楹，拟归隐于此。“移居久已谋归隐，表字新添号辟兵。更欲买田阳羡去，闭门长此学躬耕。”④ 历史上曹家巷曾是说书、歌妓之流聚集之地，此后也遗风尚存。故得知德辉寓居于此，友人曾以诗调笑其“艳福不浅”。德辉有言：“归舟拟写载书图，那得西施泛五湖。何事谰言添艳福，不妨理学笑迂儒。诛茅早作僧庵住，剪烛因嫌客舍孤。春草间房悬磬室，此生安稳住吴都。”⑤

在苏州，叶德辉遍访宗族古迹，特别是叶氏历代先祖在苏州的故居旧址以及叶氏宗祠。据元代陆友《研北杂志》，叶梦得故居在风池乡鱼城桥。叶德辉通过查考宋代李寿朋主持绘刻的《平江图碑》，发现上面有吴承议桥，而无鱼城桥，推测“吴承”为“鱼城”之误音，“议”则“儿”之误，因在吴语中，吴、鱼同音，

---

① 叶昌炽．缘督庐日记．南京：江苏古籍出版社，2002：6737.

② 叶德辉致缪荃孙：三十八//顾廷龙整理．艺风堂友朋书札．上海：上海古籍出版社，1981：558.

③ 叶德辉．夜宿阊门客舍口占//还吴集（丙辰）．长沙：叶氏观古堂，1929：1.

④ 叶德辉．移居曹家巷//还吴集（丙辰）．长沙：叶氏观古堂，1929：1.

⑤ 叶德辉．移居曹家巷//还吴集（丙辰）．长沙：叶氏观古堂，1929：2.

儿则语助尾声。根据《平江图碑》，吴承议桥则在尽市桥之南。由于地名的变迁，“尽市桥”即后来的“兴市桥”。于是，叶德辉确定叶梦得故宅在兴市桥南唐家巷，前往探访，发现门前旗杆石础犹存（因宋时进士门首皆立旗杆），赋诗抒怀：“尽市桥南破落村，夕阳衰草旧朱门。旗杆没影青留名，书带含香绿到根。画像无因寻故垒，争名谁与问遗墩。空林乔木风烟古，霜露悽怆动远孙。”① 《平江图碑》因年代久远，字迹漫漶，后来叶德辉还与朱锡梁一起督工将此碑深刻。

宗庙祠堂是人们祭祀先祖、表达哀思的场所，也是绵延祖泽的象征。清朝覆亡以后，许多宗庙祠堂被毁，而在苏州尚保存了一部分。叶德辉谒叶氏二十三世族祖吴西公祠，有“南阳门第旧，家庙亦规模”② 之感叹。又有吴江三贤祠，祀叶氏汾湖派族祖叶绍颙、四川参政吴严、绍兴守沈启，三者皆与吴江水利疏浚有功。叶德辉为三贤祠《遗爱亭图像记册》题诗：“天翻地覆四维绝，名祠到处同烟销。此间却有三高士，长与三公破寂寥。南阳公是吾苏祖，子孙九叶传金貂。吾今披图识明德，首功当日谁开辟。汾湖叶棣世泽长，自有祠堂妥英魄。黄巾不扰郑公乡，墨井犹留言子宅。”③ 为英魄尚有安置之处感到欣慰。

苏州本有人间天堂之称，园林、名胜繁多。还吴之后，叶德辉都一一游玩，如拙政园、虎丘、沧浪亭，尽情领略吴越文化的底蕴。更为重要的是，叶氏一门与吴越文化关系极深，使叶德辉

① 叶德辉．先少保石林公故宅//还吴集（丁巳）．长沙：叶氏观古堂，1929：11.

② 叶德辉．谒二十三世族祖吴西公祠//还吴集（丙辰）．长沙：叶氏观古堂，1929：5.

③ 叶德辉．题吴江三贤祠遗爱亭图像记册三贤为吾汾湖族祖尚宝卿绍颙四川参政吴严绍兴守沈启也//还吴集（丙辰）．长沙：叶氏观古堂，1929：3.

在游览之时，平添别样的感慨。如苏州旧有沧浪亭，本为宋代苏子美所筑。后几经兴废，已非宋时旧貌，但风采依旧。沧浪亭中有500名贤祠，嵌有与苏州历史有关的五百多个人物平雕石像，其中叶氏先祖就有7人。故叶德辉游沧浪亭，倍感亲切与自豪，有诗曰："吾家祖像衍七叶，石林、菉竹、光禄卿。尚宝祖孙两龛列，文敏风采蔼可亲。一堂俎豆似宗庙，星物屡换池馆春。"同时亦感慨："清风明月总无情，不恋诗魂恋歌舞。只今华屋又山邱，何年伐尽千章树。"①

回到苏州，叶德辉与一批吴中才俊日相往来，如画师陆恢、同里后学朱锡梁、诗人金天翮、精通文字学的程仰苏、喜好藏书的宗人叶振宗等。他们或为叶德辉的旧识，或为叶德辉的新交。其中叶振宗与朱锡梁两人与叶德辉交往尤其密切。叶振宗，字印濂，为明代叶燮裔孙，家藏颇多先祖遗集，如《午梦堂全集》、《已畦诗文集》等，成为叶德辉校刻家集的同道者。朱锡梁（1873—1932）字梁任，江苏吴县人。曾东渡日本，接受孙中山的革命思想，加入同盟会，后毕业于东京弘文学院速成科。慈禧太后做寿时，因有意素服衣冠而被清吏逮捕，后被误认为疯子而释放。又景仰章太炎，"苏报案"发生后，常去提篮桥监狱探望。是革命团体南社的成员之一。朱锡梁思想革命，性情怪诞，有"狂生"之名，而于古学颇有研究，著有《草书探源》、《词律被体》等书，受到叶德辉的赞誉，"吾友朱梁任嗜学好古，为吴中汉学硕果之仅存"②。叶德辉作《赠朱梁任七古》一首，描述朱氏好学之

① 叶德辉．城南沧浪亭宋苏子美谪居时故宅池馆非昔蹊径略存景仰昔贤作歌一首//还吴集（丙辰）．长沙：叶氏观古堂，1929：13.

② 叶德辉．龙启瑞口韵通说书后//郎园山居文录：卷上．长沙：叶氏观古堂，1922：42.

情形："朱生好学尤好古，读书不畏饥寒苦。读破万卷如有神，通天地人儒不腐。平生好奇似子云，六书真欲穷初祖。鼎彝铭字出山川，犹恨孤文关难补。……袖携手稿过寒斋，疑闻一一如刀剖。迩来读遍天文书，忽悟十干象星聚。……吴侬众口笑狂生，非常怪论时倾吐。天放交游四世人，其三斗筲何足数。朱生今之嵌奇历，落人亦是文章秘。三吴汉学久式微，龙门一石中流柱。他日名山有著书，祖武遥绳朱乐圃。"①商量旧学，吾道不孤，使叶德辉深感吴郡乃古风依旧的世外桃源，尚存斯文于一线，是他理想的栖息之地，故作诗述怀："频年粤湘搆兵衅，翻喜桃源在吴郡。学子依然诵汉唐，居民不知有魏晋。我欲菟裘还故乡，廿年尘网犹牵引。愁对青山与白云，空言誓墓违庭训。长沙卑湿不可居，当门萧艾难挥锄。"②

然而，所谓"吴郡桃源"不过是叶德辉的幻想。破旧立新乃全国范围内的大势所趋，吴郡亦不能幸免。尽管相对于兵乱频仍的长沙，吴江等地保留了较多的古风旧貌，然而，却同样呈现出"斯文之丧"的迹象。吴江曾有三高祠，祭祀春秋越国范蠡、晋张翰、唐陆龟蒙等人，在毁庙兴学的过程中，被改为学堂，而新式学堂在叶德辉看来，无异于废学。"我生丁乱离，日盼干戈戢。六年困江湖，奔走携书笈。瓣香拜祠前，新见茅茨葺。弦歌聚生徒，分年重阶级。不读孔孟书，谁铸黄金揖。未知潘朱贤，安论晋唐佬。儒风日式微，墨学九而十。高蹈寂无人，欲语先羞涩。野草

① 叶德辉．赠朱梁任七古//浮湘集．长沙：叶氏观古堂，1929：11.

② 叶德辉．印濂丈招饮城西园即席作兼呈同坐金松岑孙伯南两茂才家咏霓丈//还吴集（丙辰）．长沙：叶氏观古堂，1929：15.

正离离，秋风满原隰。”①

在苏州期间，叶德辉还曾拜访当时主持江苏图书馆的曹赓笙太守允源，亦发斯文欲坠之忧思。其诗曰：“旧学商量同辈少，中原离乱故乡亲。城南州学弦歌寂，坐拥书城待席珍。”又曰：“版片前朝庋郡斋，廿年曾过夕阳街。马槽乱后寻官帖，蠹简焚余辨记牌。暂典文书待守府，不妨祠禄作添差。夜深梦有衣冠拜，收拾残编胜掩骸。”又曰：“官书许借昉州军，学制无人证旧闻。文汇文宗双阁废，异言异服九流分。却甘牛马同奔走，欲注虫鱼重典坟。白发传经遗一老，壁藏奚畏祖龙焚。”又曰：“叹风伤麟吾道非，建元祀孔与时违。斯文欲坠千钧发，没字犹飘五色旌。誓诰具文成废务，神仙饱食不疗饥。祝公寿考同周柱，坐看文昌入紫微。”② 斯文之丧，吴郡亦不能逃此命运。

三吴是清代汉学重镇之一，导其源者为昆山顾氏与吴县惠氏。二人不但“化被三吴，泽及桑梓”，而且被后世推为有清两巨师。叶德辉治学本尚汉学，曾言：“鄙人生长湖湘，秉承家学，拔茅开径，得于乡先辈顾、惠二先生遗著为多。”③ 还吴期间，叶德辉结识了惠栋的后人惠耕渔茂才，并为其所藏《先德四世传经图》题诗，推崇惠氏“父子孙曾历四世，大师一席谁与争。至今人称惠氏学，世无朱云敢折角”；同时表明追踪三吴诸老，笃守汉学，“鲰生髫年奉庭训，遗书列架搜吴郡。中有红豆书屋书，手勘《九经》识门径。壮年通籍宦京曹，于时汉学帜正高。郑庵尚书主先

① 叶德辉．吴江三高祠祀越范蠡晋张翰唐陆龟蒙今废为学堂龛前作寝室矣//还吴集（丙辰）．长沙：叶氏观古堂，1929：16－17.

② 叶德辉．赠曹赓笙太守允源时主江苏图书馆事//还吴集（丙辰）．长沙：叶氏观古堂，1929：15－16.

③ 叶德辉．龙启瑞口韵通说书后//郎园山居文录：卷上．长沙：叶氏观古堂，1922：41.

进，后生奔走多贤豪。田居有心复邦族，楹书世守勤披读”。然而，这种复兴汉学的志向却是那么不合时宜，世事变迁，叫人不忍目睹：“自遭国变藏屋壁，茫茫四顾无所适。晚归吴下识文孙，独抱斯图语来历。方今海内犹乱难，比之秦火祸更奇。六经扫地斯文丧，太牢祀孔将信疑。”叹息盛世不再，古学难续。①

吴中亦曾是藏书家云集之地，先后有虞山钱谦益绛云楼、毛晋汲古阁、张金吾爱日精庐、黄丕烈士礼居等著名藏书楼。藏书楼既多，图书交易亦很发达，“书肆之盛，比于京师”。然而，历经世变，盛况不再：“上海飞凫客，群翔集于茶坊酒市之中，而吴门玄妙观前，无一旧书摊，无一书船友。俯仰古今，不胜沧桑之感矣！”② 图书的稀少使叶德辉对吴郡的世外桃源的观感大打折扣。他在与缪荃孙的信中写道：“居苏只翻书不方便，余无所不便。乾嘉时，苏城到处皆藏书，今无一家，可哀也。”③ 这一缺陷甚至使叶德辉产生移居上海的想法：“辉居苏清闲著书，较在湘为安乐。惟家藏书籍为儿辈把持，不能运苏。偶思检寻，极不顺手。欲移居上海，又落入野鸡遗老窠中，心中实有所不愿。”④

除外在的文物衰退之外，风气嬗变同样也波及到吴郡。当时，一个名叫王严士的人有感于吴门风俗之蔽，作《劝孝歌》百首，以敦化风俗。叶德辉读之，慨然赋诗：“衮衮衣冠世局新，无君移

---

① 叶德辉．惠耕渔茂才属题先德四世传经图像册图绘朴庵先生有声、密云大令元龙先生周惕、翰林学士仲孺先生士奇、征君定宇先生栋四世像，为作七古一首//还吴集（丙辰）．长沙：叶氏观古堂，1929：22－23.

② 叶德辉．书林清话．长沙：岳麓书社，1999：211.

③ 叶德辉致缪荃孙：四十三//顾廷龙整理．艺风堂友朋书札．上海：上海古籍出版社，1981：562.

④ 叶德辉致缪荃孙：四十四//顾廷龙整理．艺风堂友朋书札．上海：上海古籍出版社，1981：563.

孝作忠臣。不知有父犹知母，禽兽差强墨经人。”又曰：“回头唤醒世人时，苦口婆心笔一枝。《感应篇》兼《功过格》，争如七字道情诗。”[①] 希望有更多的王严士为警世之木铎。

尽管对湘学的不满以及与湘人的冲突使叶德辉逃离湖南，回归故里，一时间似乎回到了精神的港湾，但叶德辉并不能割断与湘中的联系。他念念不忘湘中诸友，曾作《寄怀湘中诸子二十首》，思念湘中诸友人与诸及门弟子；又作《除夕怀人绝句四十七首》，所怀亦多半是湘中旧友与及门弟子。二王的先后去世更是引发了叶德辉忧思。在晚清湘学史上，二王一叶同为湘学之领袖。晚清同治、光绪年间，王闿运与王先谦督讲书院，群士承风，奉手其门。叶德辉以少年新进，而名声与齐，有长沙王叶（王先谦与叶德辉）、湘潭王叶（王闿运与叶德辉）之称。他们之间交往密切而又互相批评，于湘省学术影响甚大。王闿运治学主今文，是晚清公羊学大师；叶德辉治学尚古文，重视《左传》厌闻公羊。更为重要的是，王闿运继承了湖湘文化经世致用的传统，所谓“学不仅占毕，志在于匡俗；通经欲以致用，文章蕲于经国”[②]。对于王闿运而言，学术之意义在于致用而非求真，纯粹的知识兴趣无异于玩物丧志，而所谓目录、版本等事均为无关致用的赏鉴之事，不能成其为学问。叶德辉虽然也主张经世致用，但反对以经术缘饰吏事，认为讲学与论政是二事，学术自有其标准，考据乃是通经的必要前提。治学旨趣既不同，评判标准自然相异。叶德辉攻击王闿运的经学，不仅因为王氏所治乃今文经学，更因为王氏今文经学不合经学规范，是以有王氏经学“似清谈”、王氏乃

---

① 叶德辉．严士近作劝孝歌百首吴门风俗之敝读之慨然然天下滔滔安得严士千万化身为之木铎//还吴集（丁巳）．长沙：叶氏观古堂，1929：3.

② 钱基博．湖南近百年学风．北京：中国人民大学出版社，2004：60.

六朝文士，不足以当经学大师等论断。叶德辉撰于1907年、刊于1915年的经学教科书《经学通诰》中，直斥王闿运“笺《礼》补《诗》，抹杀前人训诂，开著书简易之路，成末流蔑古之风”①。尽管二人论学有这些分歧，在保守传统文化方面依然有共同的信念。因此，1916年王闿运的去世，在叶德辉看来，象征着斯文传衍的又一次损失。“噩耗传江海，文星陨上台。道穷麟也泣，家丧狗之哀。”在叶德辉看来，他与王闿运之间纷争不断并非为了争夺学术文化地位，而是为了维护儒学传统；王闿运所倡导的今文经学疑经惑传，是儒学内部的同室操戈：“夺席吾何敢？操戈世岂知？牙琴今欲碎，何处遇中旗？”“《春秋》天子事，墨守发《公羊》。我岂争门户？人谁入室堂？新经疑祸宋，圣证莫评王。此谳今难定，千秋各主张。”始终不能认同王闿运的公羊学，但肯定王闿运的文学成就，以为“不能稍毁”：“岂独《湘军志》？文章一世惊。”②

相比之下，王先谦与叶德辉不仅思想主张接近，治学旨趣也相同。王先谦为晚清汉学重镇，一生续、纂、选、辑著作无数，重视考据，喜好校书刻书，与叶德辉可谓志同道合。不过，以叶德辉半个江苏人的眼光来看，王先谦的汉学并不那么正宗，有“阁学师不出桐城古文范围，于经学有中年出家之弊”的评价③。在与缪荃孙的通信中，叶德辉对王先谦颇多批评，如谓：“葵园老人终是古文家，可以言文章著述，而不可言考订校勘。”④ 又如：“葵园老人刻书必附以己注（老人毕竟是桐城派），注又未必高，

---

① 叶德辉．经学通诰．长沙：湖南教育会，1915：32.

② 叶德辉．挽王湘绮年丈//还吴集（丙辰）．长沙：叶氏观古堂，1929：21.

③ 杨树达等撰，崔建英整理．郎园学行记．近代史资料，1985（4）：109.

④ 叶德辉致缪荃孙：二//顾廷龙整理．艺风堂友朋书札．上海：上海古籍出版社，1981：535.

甚或以其族人王先慎门下苏厚康之注参入，其人均不知注古书之法，纯乎俞曲园之应课材料。辉屡与争之，不信也。故辉所刻所著，皆不曾有二王先生序。二王老前辈亦甚知己，而终不能强合其学派也。"① 又如："葵园主持湖南书局十八年，与辉持论相左，其所刻书必加以自注，又杂以本家及门人之注，注者往往不知门径，以意为之，且又不据古本，但据时本，校所不当校，注所不必注，灾梨祸枣，而天下人恭维，可见世界只有读类书之人，无读注书之人也。"② 尽管如此，叶德辉承认，"湘中可与共语者，惟葵园老人"；虽然"讲学时复参差，然矜而不争，和而不同，实无愧于古君子之谊"。③ 从儿辈家书中得此王先谦于丁巳年十一月二十六日（1918 年 1 月 8 日）去世的消息时，叶德辉深感"老人凋谢，知己何人"，以为王先谦去世"不仅衡麓，洞庭山水无色也"④。自嘲长沙王叶、湘潭王叶；张、王、叶、孔四大劣绅，唯有自己称孤道寡也。叶德辉作挽诗八章，对王先谦一生的功业、对王叶的交往作了总结。"六年离乱别缁林，声息时闻出谷音。忽讶文星随月晦，不留时雨到春深。党人碑在蚍蜉散，野史亭空鹏鸟吟。未肯自伤先痛逝，九州著作失同心。"又谓："天下人文祭酒尊，卅年德望负龙门。名山有约归田早，乐部相随接席温。生谥经神宗北海，清时雅集附西园。于今坛坫风流尽，华屋生存未

---

① 叶德辉致缪荃孙：四十三//顾廷龙整理．艺风堂友朋书札．上海：上海古籍出版社，1981：562.

② 叶德辉致缪荃孙：四十六//顾廷龙整理．艺风堂友朋书札．上海：上海古籍出版社，1981：564.

③ 叶德辉致缪荃孙：四十五//顾廷龙整理．艺风堂友朋书札．上海：上海古籍出版社，1981：564.

④ 叶德辉致缪荃孙：四十五//顾廷龙整理．艺风堂友朋书札．上海：上海古籍出版社，1981：564.

忍论。”表彰王在传播汉学方面的功绩，“三吴汉学入湖湘，求阙斋兼思益堂”，不过却不是那么正宗，“毕竟再传成惜抱，未能一姓守西庄”。又谓：“鲰生家学少师门，私室无因说受恩。只奉福山亲授受，始从学海证渊源。忘年久敬交逾善，知己平生口不言。衣钵未能传正法，负公期许愧招魂。”因叶德辉乡试的房师谢隽杭会试时出王先谦门下，故叶德辉认王先谦为太老师，一生对王氏谨执弟子礼。又谓：“乡评谬许居王后，夜梦相从在孔前。学自异同心悦服，讵须枕膝托师传。”① 在叶德辉看来，王先谦的去世不仅意味着自己痛失知己，更是“斯文绝续千钧系”的体现。

对湘中的牵挂以及三吴文物式微，使叶德辉还乡之初“翻喜桃源在吴郡”的欣慰之情渐渐减退，转生“还乡仍作客”之感，吴郡亦非自己的精神家园。在吴郡中所见所闻，时常勾起叶德辉对湘中往事的回忆。1918 年，他在费仲深观察枣花庐中看到所藏秦汉印，又联想到当年与湖南巡抚吴大澂交往之事。吴大澂喜搜藏金石书画，经常以所藏与叶德辉等人讨论，最重视叶德辉的意见。当时，吴大澂以新得张良、陈平印征诗课士，王先谦、王闿运都怀疑该印为伪，只有叶德辉深信其真。叶德辉认为：两汉风气淳朴，人之同姓名者恒有之；谓其人非《史》、《汉》之张、陈则可，谓其印非汉时物似不可。此言深得吴大澂首肯。当叶德辉在枣花庐观费仲深所藏秦汉古印时，不禁又往事重现。“尚书抚湘振古学，搜讨颇令葵园訾。张良陈平两美合，出示坐客客鼻嗤。酒澜湘绮肆嘲讽，卖饼比作春秋师。一堂笑语足追忆，只我默契

① 叶德辉．挽王葵园阁学太夫子//还吴集（丁巳）．长沙：叶氏观古堂，1929：12－14.

无微词。尚书久化二王死，感逝怀旧同伤悲。”①

“避世还行乐，哀时语激昂。”② 这是叶德辉对自己还吴生活的真实写照。叶德辉如何行乐？除了与友朋宴饮酬唱、观赏名胜、探访书肆之外，单是叶德辉的家居生活亦足以让人艳慕。时人曾有记载：

“湘中大儒叶德辉，为学一宗许郑。……曾为吴下寓公，于金阊门外凭屋十余楹，以贮周彝汉砚名画法书及秘籍珍本，叶乃著书啸傲其间。仰苏先生与之神交有年，某日乃往访之，并欲一窥其宝藏。至则叶款以佳茗。须臾，诸姬妾捧玉轴金黄色缄以出，容仪照灼，卫鬓楚腰，皆绝色也。仰苏先生赏鉴其清秘，无不为精隽稀有之品。叶且留之晚宴。姬妾亲斟葡萄佳酿，为之醉饱以归。仰苏先生尝语人曰：‘叶公诗婢，多于郑康成也。’”③

然而，另一方面，外在的萧然自得并不能消除叶德辉的失落感。他感叹世事沧桑、物换星移，追念故人与往事，而所论全与世俗标准不合拍。当时，杨度因曾发起筹安会而为天下人所诽谤，叶德辉则于杨赞不绝口，赋诗抒怀念之情：“亡命走扶桑，瀛海曾飞渡。禁解就羁縻，宪典滋疑误。三起复三眠，蚕吐丝成素。悔读圯桥书，喜诵高唐赋。裘马过平康，姓字人惊怖。意气凌云霄，呼吸霏烟雾。世人耳君名，未面闻声恶。及至握手时，相知物无忤。毁誉本不虞，有怀共谁诉。平生策治安，至此成薪厝。天若生圣人，不铸六州错。一笑待明夷，横庚兆先布。”④ 叶德辉也思

① 叶德辉. 观费仲深枣花庐所藏秦汉印歌//还吴集（戊午）. 长沙：叶氏观古堂，1929：9.

② 叶德辉. 文襄祠隆园吟社//还吴集（戊午）. 长沙：叶氏观古堂，1929：2.

③ 郑逸梅. 叶德辉流寓金阊//掌故小札. 成都：巴蜀书社，1988：96.

④ 叶德辉. 人日寄怀杨皙子上海//还吴集（己未）. 长沙：叶氏观古堂，1929：2.

念追随他问学的左念康，“尔翁我同举，陈臬宣皇仁。晚节励金石，皓首称殷民。君今正年少，志气扶危倾。髫龄从受业，问字先正名。小德有出入，道贯交日亲。京曹十年俸，九转丹已成。何图天地革，阳九龙在田。衣冠坐涂炭，阀阅沦海滨。行歌触悲愤，举足防荆榛。闲情肆流宕，所恨岁欲殚。”① 亦可见叶德辉虽然回归故里，却无法忘怀湘中故人。

在寄居姑苏期间，由于家事的牵累，叶德辉也曾几度回湘。1919 年春天，叶德辉回乡处理家事。前清时期，由于家产丰富，叶德辉曾雇佣了一批刻工，以方便古书的刻版印刷。“鼎革”之后，叶氏商业受损，古书刊刻渐受影响，“欲如往日挥金如泥，刻书如抄写，此乐不可复得”②。这次回湘，遂将刻工一概遣散。同时，又为《四部丛刊》选择观古堂所藏善本书借印之，“己不能刻，借人刻之，但使古人之书得传，便觉问心无愧”③。回湘期间，适值湖南督军张敬尧为湘人攻击、遍搜耆旧为之出电挽留，叶德辉为避免卷入是非之中，遂“悄然而去，亦悄然而来”④。

1919 年冬天，叶德辉再度回湘省亲。张敬尧折节登门拜访，“且挽留久居备顾问。见则力言汪诒书以子弟荐事不遂，朱恩绂以财纸币汇水被禁，因此开罪，遂鼓煽在京湘人造谣毁余。余久盼公归。今喜极，凡有教训，无不拜纳”。叶德辉“见其人极爽朗”，于是“造福桑梓”之心重生，向张陈请停收地方苛细杂捐，如年

---

① 叶德辉．寄怀左台生//还吴集（己未）．长沙：叶氏观古堂，1929：2.

② 叶德辉．致刘承干：一//王逸明主编．叶德辉集：4. 北京：学苑出版社，2007：410.

③ 叶德辉．致刘承干：七//王逸明主编．叶德辉集：4. 北京：学苑出版社，2007：412

④ 叶德辉．致刘承干：八//王逸明主编．叶德辉集：4. 北京：学苑出版社，2007：412.

终抽收房捐、盐斤加价等，张“皆立允”。叶德辉因此盛称张敬尧“受言爱好，远胜于芗铭”①。张敬尧之弟张敬汤也在湘任参谋长，见叶德辉回湘，执简愿为门生，叶德辉喜甚。见其诚恳，“遇事匡正遵导之入于正轨”。叶德辉甚至认为，“敬汤气质亦非十分恶劣，徒以所识无赖之湘人，逢长其恶，以至无所忌惮”。自从与叶德辉相接，“诸人亦稍稍敛迹矣”②。当然，这只是叶德辉一人之看法。事实上，其时张敬尧正因行为不法、蔑视教育等，激起了湖南人民的反抗，各界掀起了“驱张运动”。叶德辉的弟子杨树达即被推选为代表之一，进京请愿，控诉张敬尧。而叶德辉则签名致电北京政府，称颂张敬尧“功高尧、舜，德兼文武”。③ 然而不久张敬尧败逃湖南，叶德辉在“帝制党”的名声之外，又被湘人目为“安福党”。

还吴期间，除多次往来沪上、几度回湘短住之外，叶德辉还于1921年夏天应友人之约北游京师，住半年之久。在京期间，叶德辉观花饮酒，唱和应酬，无日蔑有；又常为他人赋诗题卷，作序弁书。其时，弟子杨树达（1885—1956，字遇夫，号积微，湖南长沙人）在北京高等师范学校任教，“数日一过从，时挟其著书，殷殷请益。其成者必索一序，盖犹承平时在余家园问字时光景也”④。杨树达先后将所作《韩诗外传疏证》、《新序集证》、《说苑集证》等书交叶德辉，请其为序。叶德辉从经学家法门户的角度来看待杨氏诸作，对其揄扬有加，其序曰：

---

① 叶德辉．郋园六十自叙．长沙：叶氏观古堂，1923：9.

② 杨树达等撰，崔建英整理．郋园学行记．近代史资料，1985（4）：143.

③ 杨逢彬．叶德辉与晚清民初的湖湘．中国图书评论，2007（10）：31.

④ 叶德辉．新序集证序//郋园北游文存．辛酉（1921年）夏正冬十月财政部印刷局活字印：10.

“夫《左氏》、《公羊》水火之争二千年矣。近人刘逢禄氏因固信本传向歆非难之说，遂谓左氏不传《春秋》；魏默深、龚定庵和之，陵夷至于王闿运之徒，诞妄支离，实经学之蝥贼。今虽蕴毒已发，而国纪世教已荡焉无存。每思剌取向所序录诸书推衍成编，以捄横流之祸。今老矣，无能为矣。遇夫《集证》二书出，其有功于经学而为吾道之干城者，不诚实获我心哉！”①

叶德辉于及门弟子中，最看重杨树达，曾有“吾弟好学深思，读书处处得向”之语，并勉励杨树达成为“第一流人”②。不过，叶德辉希望杨树达不仅继承自己的学术成就，而且继承自己的翼经卫道思想，却未必是杨树达所能接受的。③

除杨树达外，叶氏其他弟子如蔡传奎、左念康及友人符定一（叶德辉即下榻于符定一在京寓所）、易敦白等人亦时常追陪其间。“宴游却似承平日，朋辈都忘少长年。东观西清成故事，北柯南叶愧齐贤。浮生聚散如萍絮，桃李春风在眼前。”叶德辉喜谈星命，曾著《星命真原》一书，“穿穴郑、虞二家《易》书，探源《河》、《洛》，旁参印度回回之术，更证以西人谈命之书，自谓为古今绝学”④。在京期间，叶德辉经常与胶州柯劭忞等人聚会，见则互出时人星命，共推休咎，或彼此非难，或各持同异。柯劭忞戏称叶“学通天人”、“学贯中西”，德辉亦自负无谦谦之意。在京都旧学圈中，时论以柯、叶为南北两学宗，是以叶德辉诗中有“北柯南叶愧齐贤”之句。此外，居京期间，叶德辉又与宋伯鲁、江瀚、

---

① 叶德辉．说苑集证序//郎园北游文存．辛酉（1921 年）夏正冬十月财政部印刷局活字印：10.

② 郎园手札．手稿．藏湖南师范大学图书馆.

③ 杨树达曾表示不愿重提今古文之争，师徒间为此曾发生争执。参见拙文《新发现的〈郎园手札〉及其史料价值》，《文献》2008 年第 4 期.

④ 叶德辉致王秉恩//王逸明主编．叶德辉集：4. 北京：学苑出版社，2007：422.

秦树声、傅增湘等人论学。“衣冠强半义熙民，高会从容自率真。宋玉微词倾坐客，江淹别赋动离人。诗名淮海流传远，理论鹑觚著作新。学派久闻南北合，相逢旧雨更情亲。”旧雨新知，桃李春风，聚集一堂，使叶德辉一时对斯文之存倍增信心。“中郎史意太冲才，曾记当年载酒来。今日登堂仍授受，几年分席又追陪。束脩有愧先生馔，狂简欣闻小子裁。敢道河汾多将相，匡时终望出群材。”① 叶氏弟子蔡传奎论及叶氏，则言：“沧桑屡变，国故沦胥，鹗飞泮林，触目增感。而吾师之坚忍卫道，日与异己者笔舌鏖战，虽屡挫抑，而百折不回。”② 诚可谓对叶德辉思想的真实摹刻。叶德辉北游期间所作文稿，后被符定一、易敦白、蔡传奎等集资出版，题为《郋园北游文存》，从中亦可看出叶德辉思想与戊戌时期相比并无多少变化。

第二节　穷途著书，时亦干政

1922 年，叶德辉在还居吴郡几年之后，又回到了湖南。物换星移，叶德辉早已丧失了当年对湘省政局“阴移暗转”之权势，唯有穷途著书、闭户弦歌。在叶德辉晚年的活动中，值得注意的是他的文字学研究。叶德辉先后著有《六书古微》、《说文读若字考》、《同声假借字考》、《说文籀文考证》等书。

《六书古微》共十卷，成于乙卯（1915 年）冬，刊于丙辰

① 叶德辉．宴集门人蔡斗南路分宅中即席成四律//北征集．长沙：叶氏观古堂，1929：3.

② 蔡传奎．郋园北游文存跋//叶德辉．郋园北游文存．辛酉（1921 年）夏正冬十月财政部印刷局活字印：1.

（1916年）冬。因初刊错误太多，未及发行，即于丁巳（1917年）重刻（但牌记仍标示“丙辰冬刊”）。该书未成之前，叶德辉曾对弟子言：“吾有一书，不求今人知，当通之重译，俾异方之人读吾书者，知吾国文字之英灵，非佉卢梵夹之徒所能比拟。”[①]由此可见，叶德辉此书不仅是为了考释文字，更是为了向外国人表明中国文字的精妙。《六书古微》对古文字生成的六种原则指事、象形、转注、假借、会意、引申进行了探讨，以追寻造字之初意，提出了很多新见解，特别是区分了指事与象形，在研究方法上则是“以本书证本书，佐以《六经》、《史》、《汉》、周秦两汉诸子、汉人经史子注”[②]。

《说文读若字考》七卷，成书于1902年左右，而后时有修改，编摩20年之久，刊于1923年。此书取《说文》所称“读若某”者数百条一一为之疏通证明，以发明字之本音，使读者能寻字音之原、穷文字之妙，被誉为“至为该洽”。前人著述，自乾嘉一二大师外，于古韵分部不甚讲求，“此编则依据段玉裁《六书音韵表》十七部之说，以证声音，亦殊扼要”[③]。

《同声假借字考》二卷，1923年刊行。鉴于近儒于同声通用之字多所发明，而以同字假借为引申，于依声托事之字不能划分，叶德辉此书专门发明同声假借之义。他按照诸经次第，除篆隶正小有异同不举外，将所有同声假借字悉数录之，“庶学者知同声字之假借与六书中之假借划然不同，夫而后可与言治经，可与言识

---

① 左念康．六书古微跋//叶德辉．六书古微．长沙：叶氏观古堂，1916.

② 宗琬．六书古微序//叶德辉．六书古微．长沙：叶氏观古堂，1916.

③ 杨树达．说文读若字考提要//湖南文献委员会编．湖南文献汇编：第二辑．长沙：湖南文献委员会，1949：152.

字，是亦足为近儒分出一例矣”①。

《说文籀文考证》成书于叶德辉晚年。据叶启勋《补遗》叙称：“先世父文选君晚岁撰《说文籀文考证》，属稿粗定，即被难。稿几佚而幸存。”② 则此书近乎叶德辉的绝笔之作。此编首载《说籀》四篇，继取《说文》所录籀文二百余文一一加以考证，“颇为详洽”；特别是与清代以来湖湘学者不措意于钟鼎款识之学相比，该著独取宋代宣和考古图、博古诸图以至近代吴大澂所载彝器铭文证古籀之字形，“最为有识”。③

四部著作又于1931年被结集为《郎园小学四种》刊行。此外，叶德辉晚年在与友朋的书信中也经常论及文字学。综观这些论著，叶德辉在文字学研究中，主要阐发了以下思想：

第一，推崇许慎《说文解字》保留了古圣造字之初意，为中国古文字之正宗。

中国文字究竟是如何产生的？叶德辉提出：古圣造字无空言虚义，其原则有二：本乎声音，根乎实象。文字同于易象。古文字出于知识初开之野人，如画像、结绳，都是文字的初始形态，被中国学人尊为造字初祖的仓颉不过将这些文字加以整齐划一。仓颉之前，即有文字；仓颉以后，复有师说。

“字非一二圣人所造，仓颉不过整齐之；如周公制礼乐、孔子订《六经》之例，不得谓周公以前无礼乐、孔子以前无六经，即不得谓仓颉以前无文字也。且仓颉同时造字者，尚有沮诵，而今不传者，以仓颉之书，汉人独表章之，治其学者如张敞、杜业、

---

① 叶德辉．同声假借字考：卷上．长沙：叶氏观古堂，1923：1.

② 叶启勋．补遗叙//叶德辉．说文籀文考证．庚午（1930年）仲夏叶氏刊行.

③ 杨树达．说文籀文考证提要//湖南文献委员会编．湖南文献汇编：第二辑．长沙：湖南文献委员会，1949：155.

爰礼、秦近，皆其徒。自扬雄作《训纂》，而众家遂废。许氏博采通人，裒录其遗说，而成《说文解字》一书。其文不必皆仓颉之旧，亦犹仓颉不必皆古文之旧也。古文多出于知识初开之野人。凡盘古万物之形象、史皇结绳之记载，一点一画，皆出于自然。”①

了解文字演变的历史，追寻圣人造字之初意，既是叶德辉从事文字学研究的宗旨，又是其文字学研究的路径。若要倒溯古文字之形体与初意，则必须掌握文字演变的几大关节。叶德辉提出：从古文字产生，到后来之变化，仓颉为初祖，而李斯为发明仓颉第一人；汉代扬雄为发明仓颉第二人，许慎为发明仓颉第三人。那么，由许慎到扬雄，由扬雄到李斯，乃考察古文字的必经之路。

“文字有上古、中古、下古三世之分，取象有人身、草木、鸟兽、百物之异。许氏九千余字，已视造字时之数倍蓰过之；即较扬雄作《训纂》时亦几增半。然则五百四十部首，亦可断其非《仓颉篇》之原文。当时博采通人，囊括今古，成一代之文典，为六艺之指归。循其迹以推寻，犹可得始制文字之精意。”②

文字发展自有其历史，不但许慎之前有文字，就是仓颉之前亦有文字，仓颉之字尚非最古之文字。周宣王时，太史籀又著《史籀篇》，亦保留了六书之古意。《史籀篇》为古篆之枢纽，后被称为大篆。其实，《史籀》所载文字，与秦以后所出古孔壁古文、鼎彝古文、奇字古文三者各异。周末时，文字主要有古籀与古文两种，各国还有私造文字杂出其间。至秦统一天下，李斯奏同文，罢各国不与秦国文字相合者。李斯作《仓颉篇》，赵高作《爰历篇》，胡母敬作《博学篇》。三家皆取《史籀》大篆，或颇有省改，所谓小篆者也。而三家之中，赵、胡二家不尽守仓颉之旧，

① 左念康．六书古微跋//叶德辉．六书古微．长沙：叶氏观古堂，1916.
② 宗弼．六书古微序//叶德辉．六书古微．长沙：叶氏观古堂，1916.

唯李斯守其义，故当时即以“仓颉”原名称之。因此，李斯乃为发明仓颉第一人。汉兴之后，仓颉之传几乎中断。孝宣时召通仓颉读者，张敞从受之，凉州刺史杜业、沛人爰礼、讲学大夫秦近，亦能言之。而扬雄采诸人之意，作《训纂篇》，集李斯以后仓颉学之大成。故扬雄为发明仓颉之第二人。扬雄之后，有杜林，有贾逵，有许慎。许慎所作《说文解字》，九千余字，重文千余字，与扬雄时相比，已增数倍；其部首有古文、有籀文、有古文奇字，已非李斯所据仓颉之原篇。不过，许慎《说文解字》虽增多了许多字，但他必不背师说，保留了仓颉古意。因此，许慎为发明仓颉之第三人。

《说文》之于文字考古的意义，在于它尊信古籀，而古籀之所以被许慎尊信，又因它保留了仓颉之意，因而，《说文》诚为古字之正宗。这一点，从《说文》叙中就可见出。许慎在《说文》叙中，明称“今叙篆文，合以古籀”，又称“世人诡更正文，诸儒说文解经，谊不合孔氏古文，缪（谬）于史籀”，既表明自己的原则，又批评世人“诡更正文”，笃信古籀之心由此可见。叶德辉又进一步推论：“史籀若非根据仓颉，许君必无此尊信之专”。① 因此，由仓颉到史籀，由史籀到李斯、扬雄，到许慎，即表明了中国古文字的圣圣相传；由许慎倒溯古文字之初始状态，则是文字考古的不二法门。

梳理中国文字演变的历史，其意义不仅在于为探寻古字之初意扫清道路，还在于维护中国传统文字的合法性。既然中国文字之传承有绪，则由许慎上溯扬雄、扬雄上溯李斯、由李斯上溯仓颉，步步倒溯，可探到中国文字的最初形态，以及古圣人造字之

---

① 叶德辉．说文籀文考证序//说文籀文考证．庚午（1930 年）仲夏叶氏刊行：9.

初意。在此过程中，许慎之书是考据古字的必要桥梁。中国文字是一种历史演变的结果，有其源有其流，有其约定俗成的内涵和规范，而非可以任人兴废。

第二，批评乾嘉诸儒改窜旧文、失存真之义。

叶德辉文字学思想中的又一要目是批判乾嘉诸儒文字学说。叶德辉研究文字学本由乾嘉诸儒开启门径，却逐渐不满于旧说，走向批判否定，甚至教授弟子时以“勿学乾嘉诸儒”为诫。弟子左念康回忆：“康昔始治六书，师告以读《诗》、《礼》注疏及周秦两汉诸子；有不通者，则检王念孙《读书杂志》、王引之《经义述闻》、阮文达《经籍纂诂》考之，不可惑于戴震、段玉裁师徒之谬说，塞聪蔽明，致终身不知其究竟。”① 那么，叶德辉为什么要弟子“勿为乾嘉诸儒”呢？“乾嘉诸儒，或不知其义，则妄为改窜，以就已说。此许氏所谓俗儒鄙夫玩其所习，蔽所希闻，不见通学，不睹字例之条者也。”可见，叶氏不满于乾嘉诸儒者，在于他们的擅自改窜旧文、失存真之义。

叶德辉认为，《说文》乃文字之正宗，在流传过程中，又经过后唐徐铉、徐锴兄弟专门校勘，保留了古意，于宋以前古本必具有师承。自唐宋以来，许书相传不绝，实赖大小二徐之功，而其中大徐本又尤为可信，不如小徐本经过后人的窜改。“盖大徐奉诏修定，必尽窥中秘之藏。观其‘按语’及表附‘新修字义’，辨正俗书讹谬、笔迹异同，其矜慎精详，必无擅改之病。然自毛汲古阁刻本，剜改至四五次，殊违徐氏之初心。而乾嘉诸儒校注此书，乃至依《玉篇》、《广韵》、《经典释文》、诸经正义、唐宋人类书所引校改增删，既不辨引者之移易旧文，复不知各书多有《字

① 左念康．六书古微跋//叶德辉．六书古微．长沙：叶氏观古堂，1916.

林》、《续说文》孱杂，而徒好奇逞博，迷惑后人。”① 徐本乃《说文》之正宗，而六朝唐宋人经典类书、释氏音义所称引的《说文》往往羼杂他种字书，或意为删省，不知墨守；清儒依据他书校改徐本《说文》，丧失了《说文》之本意。叶德辉因此大批乾嘉诸儒之谬。

叶德辉承认："元明以来，小学垂晦者殆五百余年，至乾嘉乃大明。诸家学子争为许君之功臣，校注诠释，不遗余力。”肯定乾嘉诸儒的考证工作，使垂晦五百余年之小学得以大明。但是，参照他书妄改旧本《说文》是一弊端；而以钟鼎彝器纠弹许书，更是一弊端。“庄述祖之《说文古籀疏证》、严可均之《说文翼》，至欲以鼎彝铭字，补《诗》、《书》之遗佚，纠许郑诸儒之缪（谬）误。疑经惑古，余窃非之。”② 可见叶氏对乾嘉诸儒的批判又与他对钟鼎彝器铭文的看法有关。

第三，肯定钟鼎彝器铭文可资考证古文字，但反对以铭文取代《说文解字》。

晚清以来，随着钟鼎彝器的大量出土以及殷墟甲骨文的发现，考古学成为新兴的学问。文字学的研究重点，也由传统的《说文解字》转移到金甲之文上面，甚至出现了以金甲之文否定《说文》的倾向。对于这些地下出土之实物，叶德辉始而怀疑，继而渐信，并以之证古，但始终不肯违背正宗的许慎《说文解字》，反对以金甲之文取代《说文》。

最初，叶德辉不信金器铭辞，反对以之证《说文》，并强调自己并非墨守成规，乃出于矜慎之心。在与友人书中说：“弟向不欲

---

① 宗弼．六书古微序//叶德辉．六书古微．长沙：叶氏观古堂，1916.

② 叶启勋．说文籀文考证跋//叶德辉．说文籀文考证．庚午（1930 年）仲夏叶氏刊行.

以鼎彝铭字佐证《说文》，并非以《说文》为天经地义、不可违背之书，不过以许氏一家言，在汉人学中，自为一派古学。鼎彝既非人人共见共晓之物，自不能以一二人所独赏独好者，妄以一时臆见，变乱古人之家法，窜改文字之形声。弟向所持论如是云云，盖亦读书矜慎之心，并非姝然墨守一先生之言，以为圣人复起，不可易也。"①

可见，叶德辉不信金器铭辞主要基于两个原因：第一，钟鼎彝器并非皆为真器，其中很多都是宋以后伪造之物。叶德辉认为，就钟鼎彝器而言，年代越早，被发现的可能性越大，发现的数量越多。许慎生活在汉代，所见钟鼎彝器必定数倍于今日。但《说文》中对此持谨慎态度，各部掇拾之字寥寥无几。这并非因许氏不通此类文字，而是此类文字比起有源可溯的古文字来，更难以置信。第二，宋代考古学家在以钟鼎彝器考证古字上颇多罅漏。如吕大防的《考古图》、王黻的《博古图》所载三代法器，文字多半雷同，而且没有确凿的证据分清何者为夏、何者为商、何者为周。三代本有尚忠、尚质、尚文之不同，照理，其铭文应有不同。而今人所见之器铭如出一手，是为可疑。此外，宋代考古学家所载钟鼎铭文与经典所载不一。如《周礼·考工记》中记栗氏为量，其铭曰："时文思索，允臻其极。嘉量既成，以观四国。永启厥后，兹铭为则。"《礼记·大学》载汤之盘铭，曰："苟日新，日日新，又日新。"还有《左传》昭公七年宋正考父鼎铭，等等，与今所传钟鼎彝铭全不相类。因此，以真伪难辨之钟鼎彝器考证文字，终究难以令人信服。

1916 年还居三吴以后，叶德辉越来越多地接触到钟鼎彝器之

① 叶德辉．与易敦白论鼎彝铭字书．郎园山居文录：卷下．长沙：叶氏观古堂，1922：35.

拓本，特别是1921年北游京师以后，叶德辉对金甲之文的态度发生了改变，由怀疑而不得不信。“迩者地不爱宝，沉貍于荒土河沙之器，时见人间。毛公鼎、周颂敦、齐侯罍、盂鼎之类，文辞古奥，动至数百余言，虽典、谟、训、诰，其精深殆又过之，绝非后人所能拟作，更非后人所能伪造。且许君当日所见鼎彝铭文，皆自相似，则不能以其如出一手而或疑之。又得吴子苾、吴平斋、张叔未、徐籀壮、陈寿卿、潘伯寅、吴愙斋诸先生精研博考，著有成书，非如杨升庵之补缀《石鼓文》、何义门之误信《隐秀编》，滋人疑窦也。此余三十年前所不信者，三十年后始渐信之。”① 而对于以前的疑窦，叶德辉又作出了一番新解释：“钟鼎诸器，出于东周列国时为多，其为夏、为商、为周，本由编撰金器人所臆定。其相沿无所分辨，亦固其宜。至其铭词，大半述先人之功，纪君赐之物，事多相类，所赐复同，其文不必有所异同，亦如今日内阁所拟诰命之文，人人可以通用也。其他宗庙之器，则曰用孝享；家用之器，则曰永保用。舍此本无他文可以参用，固不得以其诸器一律而疑之。”② 既然钟鼎彝器非尽皆伪造，则无妨用以考证。“夫使鼎彝确非赝作，拓本又复精神，则《说文》以前之古文，亦正足资考索。”③ 不但足资考证，而且有些地方还可以补《说文》之不足。因“今世《说文》字画，乃因李斯秦篆之遗。李斯有《仓颉篇》。既以仓颉名所著书，则中必仓颉古字故训。特其间不无因笔势趋于玉筋，或有时改变其旧形，故凭《说文》以求古人

① 叶启勋．说文籀文考证跋∥叶德辉．说文籀文考证．庚午（1930年）仲夏叶氏刊行．

② 叶德辉．答松崎鹤雄问钟鼎彝器书∥郎园山居文录：卷下．长沙：叶氏观古堂，1922：30.

③ 叶德辉．与易敦白论鼎彝铭字书．郎园山居文录：卷下．长沙：叶氏观古堂，1922：35.

造字精神，则或有不如鼎彝铭字之可据者”①。

因此，由吴还湘之后，叶德辉在文字学研究取向上由固守《说文》变为二重证据，是以有《说文籀文考证》之作。与此前的小学著作相比，该书最大的变化是对于许慎与铭文关系进行了重新解释。《说文解字叙》有云：“郡国往往于山川得鼎彝，其铭即前代之古文。虽叵复见远流，其说可得略说也。而世人大共非訾，以为好奇者也。”此前，叶氏怀疑钟鼎彝器时，只取前一句，说明汉代许慎时已有钟鼎彝文，并且其时钟鼎必数倍于后代，而《说文》中所取寥寥，慎之又慎，乃因地出之物无源流可考。叶德辉如此理解《说文·序》，暗示着许慎对铭文持怀疑态度。此后则转而认为，汉时钟鼎出世者甚稀，而识钟鼎文字者亦少，世人非訾铭文，唯有许君笃好此等铭文，并在《说文解字》中录为重文。不过《说文》中没有分别何者为钟鼎彝铭，没有提供一个可供辨别真伪的标准，致使后世赝鼎日出。

《说文籀文考证》还提出，《说文》一书，字则参以古籀，谊则博采通人；不考古籀，不知文字递嬗之因；不采通人，不知故训相传之古。除《说文》保存了籀文之外，一些钟鼎彝铭也保存了籀文，两相取证，可以考古籀之形。宋代学者在文字考古上失之粗略，而近代收藏家如潍县陈介祺、潘祖荫、吴式芬等，其拓本之精，载入吴大澂《集古录》者，实足掩阮文达《积古斋》、吴荣光《筠清馆》之长，“取精用宏，于古籀文多有徵信”。至此，叶德辉对清代学者的考古之学进行了充分的肯定，提出：新出土的古器，“其物可觇上古三代之文明，其文可订宣和薛氏之讹谬，

① 叶德辉．与易敦白论鼎彝铭字书．郎园山居文录：卷下．长沙：叶氏观古堂，1922：35.

稽课而明谕之，是固治小学者所必从事者矣”①。

然而，钟鼎彝器可以作博物之资，可以增加重文异字，却不能代替《说文》作为中国文字正宗的地位，“金石自为专门之学，不可以混许书。许书乃仓颉之嫡传，为汉儒确有师承之遗说”②。对于清儒或据铭文以证许书，或据铭文驳许书，叶德辉都表示“不敢附和”：“盖钟鼎自钟鼎，《说文》自《说文》。《说文》虽采鼎彝古文，鼎彝终不可以混乱《说解》。何也？钟鼎本不尽真器，其文出于后人所释，人各一说，又无古书以相证明，此固各为一家之书，离之则两美，合之则两伤，而不必为之强作调人者也。《说文》本李斯小篆之学，钟鼎多列国文字，安得融为一冶，致使笃信许书者，益诋其钟鼎彝器全出伪造而一概灭杀耶？”③

清末以来，文字考古的最新材料是殷墟甲骨文，一时言小学者，喜其于钟鼎之外，又获一种古文字。于是赏奇析疑，互相训释。叶德辉认为，此等动植之物，不如金石之坚久，而传写滋讹，不如汲冢书中《穆天子传》之文，虽有郭璞，有所不识。并且残篇断简，零畸破裂，文句不完备，刀刻易失真，因此采取了极为审慎的态度，主张：“存其物未尝不可以为博物之资，而要以之考文字，却有同强不知以为知。”④

总之，金文甲文，可以考古，却不能取代《说文》的正宗地

---

① 叶德辉．说文籀文考证序//说文籀文考证．庚午（1930 年）仲夏叶氏刊行：10－11.

② 叶德辉．广说文统系图说//郎园北游文存．辛酉（1921 年）夏正冬十月财政部印刷局活字印：26.

③ 叶德辉．答松崎鹤雄问钟鼎彝器书//郎园山居文录：卷下．长沙：叶氏观古堂，1922：30－31.

④ 叶德辉．与日本后藤朝太郎论古篆书//郎园山居文录：卷下．长沙：叶氏观古堂，1922：33.

位。金甲之文残缺不全，其系统性无法与《说文》比拟。钟鼎甲骨固然是实物，是客观的，而要以之考古字，则全在人们的考释。“夫文字全在训释，训释必求之同时之古书以相比证，否则取相类之文辞句法互相参稽。”① 金甲文不会自动显示其意义，关键在于人们对它的释读。而要释读，必然要调动其他知识信息。叶德辉此言似不无道理。正如陈寅恪所说：“自昔长于金石之学者，必为深研经史之人，非通经无以释金文，非治史无以证石刻。群经诸史，乃古史资料多数之汇集，金文石刻，则其少数脱离之片断，未有不了解多数汇集之资料，而能考释少数脱离之片断不误者。”② 因此，铭文并非如人们所想象的那样，更具有科学的依据。对铭文的释读需要原有的文字学知识。在金甲文与《说文》之间，与其说金甲铭文可以帮助人们纠正《说文》，不如说《说文》可以帮助人们考释铭文与甲骨文，而后才可以运用铭文考证《说文》，达到交验互证的境界。而单纯地、片面地以铭文考《说文》、纠《说文》，只会刺激笃守许氏的人反过来视铭文全为伪造而一概抹杀。因此，叶德辉反复强调：“以经史记言记事之义，以疏证商周古器，未尝无益于多闻。若信金石遗字，以订正《六经》，则蹈惑古疑经之弊。”③ 矜慎之中，流露出尊经信古的保守心理。

此外，叶德辉的古文字学研究也寄托了他保护中国文字的文化理想。晚清以来，在中西文化碰撞的过程中，中国文字日益遭到国人的批评。相当一部分人认为，中国字是当今普天下文字之

① 叶德辉．与日本后藤朝太郎论古篆书//郎园山居文录：卷下．长沙：叶氏观古堂，1922：33.

② 陈寅恪．积微居小学金石论丛续稿序//湖南师范大学学报编．杨树达诞辰一百周年纪念集．长沙：湖南教育出版社，1985：10.

③ 叶德辉．群经字考题跋//郎园读书志：卷二经部．上海：澹园，1928：32.

至难者，阻碍了识字率的提高与文化教育的普及，不利于开启民智。改造汉字，使人们易识易学，并节省出时间来学习各种更有用的实学，成为一种思潮。在此背景下，各种汉字改革运动此起彼伏。从早期的切音字运动，到民国初年的注音字母运动，再到“五四”时期的国语罗马字运动，汉字改革成为社会广泛关注的问题。各种方案中，或者主张统一文字的读音，或者主张将象形文字改为表音文字，以拼音取代汉字；或主张存汉语废汉字。一浪高过一浪的汉字改革运动，无不潜藏着中西文字优劣对比的思想，暗喻着汉语言文字不仅繁难，而且是一种落后的文字，是保守思想的载具，理应被改造，甚至于应当被废弃。有鉴于此，叶德辉力图通过文字考古，证明中国文字是历史地形成的、不可任人兴废；同时，通过阐明中国文字的独特法则，向外国人表明中国文字的精髓，争胜于外人。所著《说文解字故训》，是为了保存古圣制作之真精神，使其不致被异域之野言所侵夺；《六书古微》则希望能翻译成外文，使外国人知道中国文字之英灵。因此，叶德辉的文字学研究不仅是出于考释文字的目的，也是为了让人们知道我国古文字之精妙，以此警醒那些数典忘祖之人。

与叶德辉早年“轰轰烈烈”、叱咤风云的生涯相比，叶德辉晚年可谓潜心旧学、穷途著书。然而，一半出于热心公务、不甘寂寞的个性，一半出于传统思想的支配，叶德辉偶尔亦要议论时政。1924 年，叶德辉公开发表反对湖南省宪的言论，遭到湖南省议会的弹劾，一度成为湖南省政府捉拿的对象。

民国建立以来，军阀混战，乱象丛生。湖南地处南北要冲，是南北军阀的必争之地。人民深受其苦。尤其是北洋军阀汤芗铭、傅良佐、张敬尧统治期间，灾难尤重。1920 年，旅沪湘人组成湖南改造促进会，提出“湘事湘人自决”的主张。时任湘军总司令的谭延闿利用湖南人民要求自治的情绪，于7月22日发表通电，提出了“湘人治湘”的口号，主张湖南自治。这一主张得到了本地和京津各地湘绅的支持。1920年11月，赵恒惕就任湘军总司令后，继续推行省自治政策，同时聘请李剑农等13位专家负责起草《湖南省宪法》，该宪法于1921年公布。湖南省的制宪自治运动得到了主张联省自治的章太炎等人的支持。1922年，章太炎等在上海组织联省自治促进会，湖南代表参与其中。1924年，吴佩孚雄踞洛阳，欲实现其武力统一的梦想，多次派人游说赵恒惕废弃省宪法；章太炎则三次公开致电湘省议会，鼓励坚持省宪自治。

对于民国建立之后的乱象，叶德辉深恶痛绝，渴望海宇承平。“我生丁乱离，日盼干戈戢。六年困江湖，奔走携书笈。”① 但他错误地认为“湖南费百万金钱，糜百万尸骸者，皆此省宪为之厉阶”②，是省宪、自治阻碍国家统一，带给湖南人民深重灾难。1924年3月，叶德辉致书章太炎讨论省宪、自治，并将该信制成传单，广事传播，一些报纸竞相转载，并因此引起了湖南省议会的注意。

1924年3月24日，湖南省议会开议时，有的议员临时动议：“近日外间发现一种传单，系叶德辉讨论宪政致友人书，措词背谬，无异谋叛省宪。吾湘因鉴于南北之争，故为自卫计，惨淡经营、制宪自治。且省宪经过审查，与总投票之郑重手段，断不能任少数人破坏。叶云废它可以息事。试问废宪之后，湘省是附北亦是附南？……值此风雨飘摇之时，竟有此破坏根本大法之人。”由叶德辉的“破坏省宪”，又进一步联想到叶德辉从前的种种罪名。有的议员提出：“如此是非不分之妖孽，且前曾为洪宪勋臣，

---

① 叶德辉．吴江三高祠祀越范蠡晋张翰唐陆龟蒙今废为学堂龛前作寝室矣∥还吴集（丙辰）．长沙：叶氏观古堂，1929：16.

② 章太炎致叶德辉书．申报，1924－04－06.

后又为张敬尧走狗，非拿办不可。”有的议员提出：“此怪物留之终是湘祸，应将除去，并要抄家。”省议会最后通过议案，“取缔此项传单，禁止各报登载”，并咨请省长“拿办叶德辉”。①

得知消息后，叶德辉好“文断乡曲”的本性再度发作。他致函当道，表明自己“系根据宪法讨论，并无何项作用”。同时，叶德辉还致函省议会，质问道：

“公等法人，不应有此违法之举。言论自由，国宪省宪同载此条例。诸君如系守法，当以法律相责让；如系讲学，当以文字相讨论。鄙人非行政官，不畏贵会弹劾；非《大公报》，不畏贵会封禁。湘事各有秘密，鄙人所言，尚存忠厚，幸勿自扰。”②

该信丞还另批一行：“通过案未署名，诸公幸乞见谅。”

叶德辉此函被报纸披露后，又激起了省议员的公愤，成为湖南省议会3月27日会议的一大讨论热点。有议员动议：“叶德辉发布毁宪文电，居心谋叛，经本会黄议员动议公决，咨行政府拿办在案。乃今日报载，叶有书致本会，措词乖谬，并借口言论自由，殊不知言论自由须在法律范围内，似此以文字毁宪 ，较武力毁宪为烈，应再催政府，从速拿办。”有的议员提出：“言论自由，须不抵触现行法令。叶电公然毁宪，实犯内乱罪。本会可直接咨行高检厅，令行各级检察厅依法缉拿侦查起诉。”有的议员极为愤怒，曰：“本会议决拿办，政府何以不拿？致使其戏弄本会？应要政府负责。”有的议员提出：“叶本非湘人，无爱省观念，故以赌棍老资格捣乱，无论是何人保护，非拿办不可。”有的议员认为：“叶之悖谬叛宪，岂能借口言论自由？应请议长，马上向政府交涉拿办。”有的议员曰：“叶乃帝制余孽，不配讨论省宪。”有的议员

---

① 叶德辉主张毁宪之反响．（长沙）大公报，1924－03－25．

② 昨日省议会对于叶德辉之轩波．（长沙）大公报，1924－03－28．

认为叶德辉是“内乱现行犯”，“应马上电知戒严司令部拿办”。各方讨论颇久，最后决定由主席咨催政府从速拿办叶德辉。① 之后，省议会议长晤见省长，催促政府拿办叶德辉。

然而，就在省议长晤见省长、催促拿办叶德辉之时，叶德辉在家大摆筵席，宴请从洛阳吴佩孚幕南来的宾客谭道南、葛应龙、符定一等人，并请赵恒惕政府的实业司长唐承绪、警察厅长刘武作陪，“宾主共聚一堂，觥筹交错，亦属一时盛况”②。省议会要省政府拿办叶德辉，而叶德辉却邀请政府之人赴宴，不免“故开玩笑”之用意，省议员感到此事“骇人听闻”，因而“窃恨已极”。于是在 3 月 31 日省议会开会时，再度讨论叶德辉一案，认为：“此等毁宪之徒，如不拿办，不惟无以对章太炎，而本会亦无存在之余地。”③ 省议会第二次向省政府发出催促政府拿办叶德辉之咨文，提出：“似此莠言乱政，破坏省宪，非由政府从严拿办，恐将来以言论毁宪，必较武力尤甚。”④ 在省议会的催促之下，最后由省政府向警察厅发布了一道捉拿毁宪分子叶德辉的命令。

就在湖南省议会几次讨论叶德辉毁宪言论、催促省政府拿办叶德辉之时，主张联省自治的章太炎也在报上公开答复叶德辉，认为叶德辉发表毁宪言论，是冒天下之大不韪，“举国持论，皆以兄不可理喻之人”。在章太炎自己看来，曹锟昔为洪宪请愿之魁，后又以督军团称兵犯顺，导致内乱；又贿选总统，虽无实据，要其罪状重大，本应与天下共诛。只不过因频年辗转，疮痍未起，金鼓致伐，尚非其时。“故仆所望于湖南者，唯欲其保存自治，维

① 昨日省议会对于叶德辉之轩波．（长沙）大公报，1924 – 03 – 28.
② 叶德辉昨招宴宾客．（长沙）大公报，1924 – 03 – 30.
③ 省政府明令拿办叶德辉．（长沙）大公报．1924 – 04 – 01.
④ 湘议会再催拿办叶德辉．申报，1924 – 04 – 08.

护省宪，不与内乱诸贼同污，此本退一步言。而兄犹持承平之论，斤斤以统一相抵。”若要追求统一，则“号师仗顺，致届宛平，歼劂渠魁，屈此群丑，然后万方和会，自无分离之势矣”；如若不能，则亦应“为湖南留一方净土，势不能与内贼同流合污”。认为叶德辉所云“湖南费百万金钱，糜百万尸骸者，皆此省宪为之厉阶”，是“张仪威吓六国之言也”。谴责叶德辉“悍然与全省军民为敌”，“此种倔强气骨，不用于项城称帝之时，而用之于桑梓濒危之日，何其悖缪!”①

如前所述，叶德辉与章太炎本多交往。戊戌变法之后，章太炎在读到叶德辉的《翼教丛编》之后，承认该书“驳康氏经说，未尝不中窾要”，但同时也指责叶德辉论学“必牵涉政变以为言，则自成其瘢宥而已”。② 章太炎认为，叶德辉虽然顽固守旧，但知识远过王壬秋，亦未尝与腐败官僚同气，是学术传承的人才。因此，辛亥革命之初力主保护叶德辉，曾致书湖南革命党人，表示：“湖南不可杀叶德辉。杀之，则读书种子绝。”叶德辉因此引章太炎为知己。民国初年，章太炎为袁世凯软禁于北京。适值叶德辉逃亡京师，曾去探望章氏，被后者誉为“可与道古之人”。③ 此后二人鱼雁传书，商量旧学。

叶德辉以思想守旧著称，而章太炎则被鲁迅誉为“有学问的革命家”，二人在政治上所见相差甚远，而终于湖南省政问题上公开辩难。诚如章太炎所言：护宪毁宪，各不相容。但章太炎“犹不敢决然割席”，则因“兄本儒人，非可与专作鹰犬者并论也”。

---

① 章太炎复叶德辉书．申报，1924－04－06.

② 章太炎．书翼教丛编后//汤志钧编．章太炎政论文选集．北京：中华书局，1977：96.

③ 汤志钧编．章太炎年谱长编：卷四．北京：中华书局，1979：478.

章太炎表示："终以读书种子为可惜。且念兄平时制行，虽多不检，而犹守朋友久要之义，终非如路粹、谢朓辈以倾陷故旧为事者。故黾勉驰书以报。"又建议叶德辉还居吴地，"吴中旧宅，松菊犹存，何不翩然避地，吟咏自适，乃必介北援以抗舆论，借强寇以胁宗邦，亦异乎吾所闻也"，并感叹叶德辉"如此好学问，甘作谯周，何欤?"①

以章太炎的立场来看，叶德辉拥护吴佩孚武力统一，实有"是非不分"之愚，枉费其满腹经纶。不过，正如章太炎所言，叶德辉本属儒人，非可与专作鹰犬者并论。叶德辉反对省宪、鼓吹放弃自治，固然与他抵制民主宪政有关，最主要的还是基于渴望和平统一的愿望。叶德辉曾慨言："辛亥改革以来，奸人假国是以窃位号，朝割一城，夕据一邑，横征暴敛，残民以逞者所在皆有。"② 军阀混战、时局扰乱，给老百姓带来了深重灾难，渴望和平成为百姓的普遍心理。叶德辉也不例外。"十年改步再逢壬，但觉乾坤浩劫深。故国杌棱天上梦，私家函史井中心。魅多岂畏桃符禁？客至聊将桂酹斟。但愿南天烽火燧，此生安稳老山林。"③ 这是叶德辉写于农历1922年春节的诗句。在叶德辉晚年的思想中，除抒发"故国"之思外，渴望海宇承平亦是他反复表达的主张。这些似乎都是无可非议的。

然而，究竟怎样才能实现和平？叶德辉显然囿于传统的中央集权观念以及北洋军阀武力统一的政策宣传，而昧于现代民主政治。其实，为什么民国建立后中国不但没有走上富国强兵之路，

① 章太炎复叶德辉书．申报，1924-04-6.

② 叶德辉．陈璩章传//郋园北游文存．辛酉（1921年）夏正冬十月财政部印刷局活字印：29.

③ 叶德辉．壬戌元日//浮湘集．长沙：叶氏观古堂，1929：1.

反而陷入军阀混战、民不聊生的困境？这一现象早已引起了思想家、政治家们的思考。当时，思想家们曾提出了四种解释：一是认为中国政治之所以不能走上正轨的最大原因就是不守法；二是认为中国积弱之源在于集权之说；三是认为中国之所以十年九乱就是因为国民对共和尚有根本怀疑者，故越轨思想往往乘时发动；四是认为封建军阀的武装割据是社会动乱的最主要原因。要解决这些问题，必须守法、分权、自治，也即要采用欧美式的联邦制。① 正是基于对时局动荡原因的分析，才有了联省自治思潮的兴起。联省自治是当时最时髦的政治口号。在此背景下，湖南军阀谭延闿、赵恒惕等人提出湘人治湘等口号，制订省宪，倡导自治，尽管含有与北洋军阀对抗、保持地盘和权位的真实用意，却无疑为自己披上了一件时髦而合乎民心的外衣。因此，叶德辉发表毁宪言论，无异于触犯众怒，与全省军民为敌。叶德辉关注时局，寻求对策，虽愿望不可谓不良好，但更多的是凭历史经验来解读现实，既缺乏全盘的、缜密的思考，更缺乏现代政治意识，因此也就不能为混乱中的湖南乃至中国寻找出路。不过，若说叶德辉昧于时局则诚有之，若以叶德辉讨论宪政、发表反对意见为“莠言乱政”而欲置之于死地，只能说是非常时期的非常做法，似乎不合乎言论自由的现代民主精神。

由于赵恒惕对于省宪本身并不真心拥护，且为求得吴佩孚的支持有意修改省宪，故所谓拿办叶德辉之事最后亦不了了之。

就在此番毁宪风波停息后不久，叶德辉为维护商户利益，再度向湖南省当局抗议。1924 年左右，湖南省警察厅曾有整顿市政、扩充街道之计划。因扩充街道势必要拆毁临街建筑，经叶德辉与

---

① 谭属春．联省自治思潮的兴起及其影响//郭汉民．中国近代社会思潮：第三卷．长沙：湖南教育出版社，1998：236.

警察厅商定，只拆卸坐牌，并没有限定街道宽度。这一计划当时曾引起众人的反对。因历来只有起造让街，没有拆牌让街之事。经叶德辉再三劝导，又由商会召集各行业首领开会集议，最后勉强承允拆牌。然而，省警察厅在实施这一计划的过程中，打着一劳永逸、免日后再有拆毁房屋的名义，将街道拓宽到二丈，并因此派兵强行拆八角亭一带的商店，却没有给商家以任何补偿，导致怨声载道。叶德辉耳闻其事后，亲自致函警察厅详言"商民疾苦，及让街以后利害各情"，同时又致函省长，进行抗议。其致省长赵恒惕函曰：

"试思八角亭乃商店第一繁富之区。土木大兴，交易停顿，一出一入，损失至数百万之多。午节商会为政府借款，抵押米厘，各行群起反抗，至黄、王二会长逃避乡间。苟非弟从淮商续借盐税十八万元，节关岂易轻过。此事张财司、丁榷司所目睹。弟固不敢居功，政府却不能不任过。今煌煌大谕，犹以一丈八尺宽之街道为未足，并欲宽者扩至二丈一劳永逸，免至日后再有拆毁房屋等情。阁下所虑，诚哉其然。但有一事，阁下未虑及者。房产本无常主，今日姓张，明日姓李，目前损失，不能取偿于后人。至商店为子孙世业者，如九芝堂、东西协盛诸药店、陈力新神曲之类，一城不过二三家，损失在己，或者利在子孙。其余开歇靡常，迁徙无定，在此损失，不能弥补于二三年中，害在切肤，利在梦想。谁为阁下谏此扰民之策而使阁下蒙不韪之名？长舌厉阶，真妇人女子之簧鼓！此可为阁下太息者也。往年警厅为臬司衙门，其照墙下商店鳞比。谭畏公时代，有令拆毁，犹备价收回。彼于官地犹且体恤周详，今乃于民地武断若此，恐非阁下平日爱民之本怀，亦非弟最先赞襄之善意。"①

---

① 叶德辉庐居中之大作.（长沙）大公报，1924－06－17.

此信之后，叶德辉还意犹未尽，又上赵恒惕一书，历数政府征收房捐等种种扰民之事，申言在赵恒惕统治时期，“商会派捐络绎不绝”，“商民所受之损失，较往年为倍蓰”，并引湘省自治为由，反对援引广东之例行拆屋让街之举，其言曰：

“闻为阁下画此策者为某局长，并屡举广东近日之事为比例。不思广东为盗贼世界，久无政府，久无天日。湘省号为自治，省议会尚在拼命以保存省宪为词，何竟默无一言、尚待弟之呼吁？某局长出亡在外三十年，于湘省民情，毫无知觉，徒以一时高兴之语，不恤蒙一言丧邦之讥。献策者事外逍遥，主事者身为怨府。……请政府回顾去年商民房主痛苦情形并留秋节向商民借款地步，缓此不急之务，徐图改步之方。学民一民二之谭畏公，无学新广东之孙太予。则所以爱阁下者，即所以爱桑梓。”①

如果说发表毁宪言论反映了叶德辉思想守旧的话，那么，这次抗议则纯粹是出于维护商民利益。叶德辉作为坡子街值年，既出面为政府筹款办事；而当政府所作所为损害商民利益之时，也能“挺身而出”，与之抗争。从中可见晚年叶德辉虽无早年之权势，而保障乡里之志犹存；亦可见其“任侠仗义”的一面。

第三节　哪有桃源可避秦
——叶德辉的终极关怀

叶德辉由湘而吴、由吴而湘，在避乱求生的同时，更是在寻找精神的家园。虽然在张敬尧、赵恒惕统治期间，叶德辉在湖南

---

① 叶德辉庐居中之大作．（长沙）大公报，1924－06－17．

的生活相对比较安稳，但对世道的忧思始终是叶德辉思想的主题，而儒家文化的存废续绝则是他的终极关怀。换言之，外在生活的相对平稳并没有缓和叶德辉内心与这个世界、这个时代的冲突。而局势的变化，进一步加剧了叶德辉的紧张感。

1922年，叶德辉即将六十初度，曾作《郎园六十自叙》，回顾自己一生屡历之险境。虽然自己在前清之时“未一日补官”，但念及“二百余年列祖列宗煦育卵翼之人民，一旦改革，罹于刀兵水火之劫，而以湘中为尤惨”，故仍有“国破家亡，主忧臣辱”之感。① 故国之思萦绕于心。在叶德辉看来，国家之衰亡，以学术之诡异为之厉阶。故与弟子论学，依然断断力辩今古文之是非，申言：“今文在今日仅一《公羊》为全书，余皆断简残编，本无可以致力。加以袭、魏之偏陋，湘绮之荒唐，流为康、梁，已成亡国之祸。再不为学者提，令害将与洪水猛兽同科。……今文之学使人不读书，字母之学使人不识字，学术杀天下，后世皆此类孤陋坐伪之书。幸其学容易为人看穿，屡振不起。不然，率天下之人不读书不识字，其为害将无止也。”② 希望弟子们起而维护经学，以挽回“国纪世教”，成为“吾道之干城”。

然而，局势的变化使得叶德辉的这个理想越来越遥远。1925年夏天，叶德辉再度应友人之约，北游津、京，与杨树达、邵瑞彭、徐森玉等人“谈文道古，极平生之乐”③。1925年8月南归，湖南局势更加不稳。1926年3月，依附北京政府的赵恒惕被驱逐出湘，唐生智代理省长。不久，北伐军进入湖南。对于叶德辉而言，北京政府固然没有君臣之伦，而广东政府更是“久无天日”。

① 叶德辉．郎园六十自叙．长沙：叶氏观古堂，1923：1.

② 叶德辉致杨树达书第三通//郎园手札．稿本．藏湖南师范大学图书馆.

③ 叶德辉致杨树达书第十通//郎园手札．稿本．藏湖南师范大学图书馆.

因此一度计划赴日本讲学，以避开革命风潮。

这里，必须再交代一下叶德辉与日本的关系。

与日本学者的交往是叶德辉生平活动中的重要内容。甲午战争后，日本成立了一些以研究东方问题尤其是中国问题、挽救时局为目的的团体，如东亚会、同文会，其成员足迹遍及中国大陆，除搜集情报外，亦有致力于文化研究者。1898 年，东亚会和同文会合并为东亚同文会，总部设在东京，支部则遍设于日本国内及海外各主要城市（海外以中国为主）。东亚同文会致力于对华文化事业，不仅办报纸、设学校，还介绍日本学者来华遍访名宿，寻师问学。①在此背景下，湖南硕学通儒如王先谦、王闿运、叶德辉等都成为日本人士频繁造访的对象，其中叶德辉尤以其旧学深邃、藏书丰富为日本学人所关注。1920 年，叶德辉在接受日本留学生诸桥辙次访问时，曾不无得意地说："鄙人承贵国学士商家相知二十余年，平时与贵国人交情亦更亲切，故贵国现时无不知有鄙人者，惜不能人人握手也。"② 虽有所夸张，但叶氏与日本学士、商家交往面之广、人数之众由此可见。

叶德辉曾以多种形式与日本学者或诗词唱和，或交换书籍，或探讨具体的学术问题如经学、小学，或进行商业往来。就交往对象而言，则有以白岩龙平为代表的东亚同文会成员，以永井久一郎、盐谷青山、竹添光鸿等为代表的日本老宿之士；以盐谷温和松崎鹤雄为代表的日本留学生，以及日本驻华各地领事，等等。其中，盐谷温追随叶德辉学习戏曲等达五六年之久，松崎鹤雄跟

---

① 黄福庆．近代日本在华文化及社会事业之研究．台湾：中央研究院近代史研究所专刊，第 45 辑．

② 李庆编注．东瀛遗墨——近代中日文化交流稀见史料辑注．上海：上海人民出版社，1998：163．

随叶德辉研习文字学达八九年之久。

正由于与日本人交往密切，而且所交往的都是仰慕中国文化、虚心问学之辈，叶德辉对日本产生了强烈的好感，不仅视日本为同文同种之邻国，更视其为“蓬莱仙境”、“仙山楼阁”，是世外桃源。叶德辉曾有言：“南苑风光皆逆旅，东京物望若神仙。”① 在痛悼中国传统文化沦亡的同时，日本成为叶德辉想象中的文物之邦、精神家园。在叶德辉看来，日本至少在三个方面优越于中国：其一，日本明治维新确立了君主立宪制，维系了日本天皇的神圣地位。“天皇一统三千岁，不识人间鼎革名。”② 没有出现类似于清朝灭亡的鼎革之事，因而保持了君臣伦理。而君臣大义是儒家政治伦理的首要内容。其二，日本保存了中土濒临灭绝的古风遗韵。叶德辉曾客居日本人在华所开旅舍，“亲自”领略了日本的风土人情，发现日本颇多汉唐遗风，如：“复姓多沿土地名，堂堂门望谢王轻。乡风到处呼郎惯，之字还将助语成。”叶氏认为，名称“郎”，是唐以来旧俗，夹以“之”字亦是唐以前旧俗。又如，日人席地而坐、而卧，叶德辉认为亦是唐制：“家家板屋有秦风，席地无尘坐立同；六曲云屏相掩映，夜深人语一灯红。”叶德辉在夹注中写道：“人皆席地而坐，卧则以屏掩之，屏皆六曲，皆唐制也。”又如，日本人的待客礼节，“迎宾拜跪成通俗，似展宣尼击磬图”。日本人的跪迎之礼，与汉代武氏祠残石画像《孔子击磬图》中的跪拜之礼无异。日本女子高髻如云，腰缠锦带，也是仕女遗风。更为重要的是，日本人对中国文化的习染与热爱，书法人人有晋唐笔意，行草似阁帖，“千载同文俗渐移，人人书似小唐

---

① 叶德辉．赠山田饮江一首//于京集．长沙：叶氏观古堂，1929：6.

② 叶德辉．客居日本松乃旅舍喜其礼俗有中土古风诗以纪之//汉上集．长沙：叶氏观古堂：6.

碑，纵然狂草皆淳化，说与苏黄恐不知”。日本旅舍装饰古朴，“挂壁人家画轴新，收藏不惜费千缗。中朝蓝沈论金买，九友三王有替人。”① 此外，如日本儿童的发型、日本人的饮食、日本人的起卧习惯，无不与中国古风相连。其三，日本旧学新昌，是古学栖身的理想之地。永井久一郎、盐谷青山的词章之学，使叶德辉感到“东邻旧学又新昌，诗句人争袭盛唐”②；竹添光鸿的《左传》研究，使《春秋》学大义重现；内藤虎次郎的惠赠古籍，使叶德辉看到了日本对文物的护惜。不仅许多在中国早已散佚的唐书卷子，赖日本保存下来；而且明治维新以后，日本在搜集、整理古籍方面颇为重视，特别是运用新式印刷技术刻印古籍，将古籍流传开来。故叶德辉称：“迩来海舶通，日本吾元功。时有唐卷子，模刻称良工。新法玻璃版，貌似神复同。”③ 更为重要的是，日本年轻学人的笃学好古，使叶德辉看到了古学的希望。松崎鹤雄八年问字，患难相随；盐谷温家风世守而又负笈湘中，学习戏曲学，都表明在中国将绝之学，在日本会得到延续光大。叶德辉把日本学人对传统旧学的笃嗜看成是“天意眷周孔，斯文将日中”④。日本之于叶德辉，不仅是个人避乱的世外桃源，更是中国传统学术文化的沃土。

叶德辉一生中，曾多次表达对日本的向往之情，甚至于有移居日本的愿望。如1914年，曾有诗曰：“一朝发奇想，乘槎海西东。”⑤ 1917年，又作《人日寄怀白岩子云东京》一诗，中云：

---

① 叶德辉．客居日本松乃旅舍喜其礼俗有中土古风诗以纪之//汉上集．长沙：叶氏观古堂：5－6.

② 叶德辉．挽永井久一郎//汉上集．长沙：叶氏观古堂：5.

③ 叶德辉．买书//于京集．长沙：叶氏观古堂，1929：3.

④ 叶德辉．日本三君咏//岁寒集．长沙：叶氏观古堂，1929：3.

⑤ 叶德辉．买书//于京集．长沙：叶氏观古堂，1929：3.

“我欲乘桴浮东海，为迟花信正徘徊。”① 但均因故未能成行。也正因为从未踏上日本国土，而只是借助于来华日人来了解日本，故叶德辉的日本观中无疑包含着许多想象的成分，与真实、全面的日本有相当的距离。②

值得一提的是，叶德辉尽管对日本充满了好感，但主要是基于对日本文化的向往与对清季以来国内旧学日衰的不满，与一味地亲日还是有差别的。他曾于清末帮助日清公司在长沙设立分店；然而，1915年中日交涉之时，叶德辉又作为“排日之首领，将其住宅充大本营”，故日本学者园田一龟论及叶德辉，以此为理由，谴责叶德辉“无操守，无德行”。③ 这也从反面证明叶德辉并非一味地亲日。

当较之以往更为猛烈的革命风潮来临之时，叶德辉又一次想到避乱于日本。然而，一者因为1926年8月，北伐军总司令蒋介石进入湖南之时，曾对叶德辉加以礼遇④，使叶德辉对自己与新政权的相容性产生错觉；二者因为叶德辉认为自己既非地主，又非资本家，只是书香门第，向来只与政府交恶，对民众没有恶感，民众不会为难自己；加上家中财权为子辈掌管，无法筹得去日本的经费⑤，故最终还是留在了长沙，静观其变。

---

① 叶德辉．人日寄怀白岩子云东京//还吴集（丁巳）．长沙：叶氏观古堂，1929：12.

② 参见拙文．叶德辉与日本学者的交往及其日本想象．厦门大学学报：哲学社会科学版，2006（4）.

③ ［日］园田一龟．新中国人物志．黄惠泉，刁英华，译．上海：良友图书印刷公司，1930：360－361.

④ 据杜迈之、张承宗《叶德辉评传》称，1926年8月蒋介石到长沙后，曾宴请叶德辉，并以一帧亲笔签名戎装照片相赠。参见该书第57页.

⑤ 叶启勋在《拾经楼紬书录》中曾言：“从兄某以腰缠万贯，吝不资先世父以行，致死丁卯之难，为清流所不齿。”似暗指叶启倬等人不愿出资助叶德辉日本之行。参见该书卷上，丁丑十月叶氏刊行，第53页。

在时势急剧变化之际，叶德辉依然沉潜于著述之作。一方面，他完成了《说文古籀考证》一书，另一方面，则致力于《乾嘉诗坛点将录诗征》一书。1926年底，叶德辉曾有信给章士钊，中云：

"弟闭门著书，《乾嘉诗坛点将录诗征》，久已属草，自乾隆丙辰始，至道光丙申止，百年之间，国运之盛衰，人才之消长，以及诗派之变迁，一一采录甚详，包括甚富。此书成，自谓又一必传之作。盖原书本出游戏，易于流传。今加之以国故，辅之以选诗，使作者面目精神人人可以想象，岂非极有趣味之书乎？往年收藏有清一代诗文集颇多，本储为清史之用。年华虚度，事已无成。此特其绪余，亦尚存史例也。叶德辉。长沙苏家巷。十二月二十。"①

为此，章士钊特意在《甲寅周刊》杂志上回复：

"乱世无文人立足之地，此中外古今一例。焕彬先生行辈甚老，世或以为不在人间矣，而仍穷途著书如是。特出此函表之，亦欲使留心文化者略为警动尔。"②

《乾嘉诗坛点将录诗征》是叶德辉极为重视的一本著作。为此，他穷年搜访榜上有名的清诗人文集，费十年之力始得聚其全帙。该书考诸人履贯事迹作为小传，复征引诸家诗话，详其出处交际，使昔人孤诣免于沉沦，而一朝诗派儒风皆得有所考镜。稿目粗定，未及裁定即去世。后来叶德辉子侄在编撰《郎园读书志》时就将这部分内容收入。今本《郎园读书志》中有四册专门考证乾嘉诗坛诸家诗集，即是叶德辉的《乾嘉诗坛点将录诗征》一书的初稿。

---

① 叶德辉致章士钊函．甲寅周刊，第1卷第14号．转自章士钊全集：6．北京：文汇出版社，2000：438.

② 章士钊．诗征——答叶德辉//章士钊全集：6．北京：文汇出版社，2000：437.

不过，叶德辉到底没有能改变自己好放言高论的个性。他曾作了一副对联，极尽谐谑侮人之能事，以抒发对农民运动的敌视。这副对联后来流传极广，有种种大同小异的版本。其一：农运宏开，稻粱菽麦黍稷，尽皆杂种；会场广阔，马牛羊鸡犬豕，都是畜生。其二：农运方兴，稻粱菽麦黍稷，杂种出世；会场扩大，马牛羊鸡犬豕，六畜横行。其三：农运方兴，稻粱菽麦黍稷，杂种上市；会场扩大，马牛羊鸡犬豕，六畜成群。横批则只有一种：斌尖卡傀。不管是哪种版本，都首嵌“农会”二字，而横批则含不文不武、无大无小、不上不下、不人不鬼之意。叶德辉思想上与农民运动的对立由此可见一斑。随着该联的传播，叶德辉反革命的思想也暴露于光天化日之下，成为叶德辉被捕的导火索。

1927 年 4 月 10 日，叶德辉作为湖南省著名劣绅被农民协会捉拿。1927 年 4 月 11 日，湖南人民第一次铲除反革命分子示威大会在教育会坪召开，公审叶德辉等人。特别法庭宣布叶德辉犯有五条罪行：（一）前清时即仇视革新派，戊戌政变，残杀革命人物，为内幕主张之人；（二）充筹安会会长，称臣袁氏，促成袁氏称帝；（三）促成吴佩孚武力统一，并主张赵恒惕受北京政府任命；（四）万恶军阀迭予要职，利用其封建思想，发表封建之文字，为反动之宣传；（五）为省城著名反动派领袖，及著名土豪劣绅。情节重大，罪无可逭，判处死刑，并于当日下午绑赴刑场执行。

叶德辉之死在当时引起了重大震动。随着北伐风声愈来愈紧，北方一些著名学者也处于惶恐不安之中。1927 年 6 月 1 日，清华大学国学研究院导师王国维投湖自尽，据说与叶德辉之死不无关系。1927 年 6 月 15 日，叶德辉早年的论敌梁启超在至家人的信中说：“静安先生自杀的动机，如他遗嘱上所说：‘五十之年，只欠一死，遭此世变，义无再辱。’他平时对于时局的悲观，本极深刻。最近的刺激，则由两湖学者叶德辉、王葆心之被枪毙。叶平时为人本不自爱（学问却甚好），也还可说是有自取之道，王葆心是七十岁的老先生，在乡里德望甚重，只因通信有‘此间是地狱’一语，被暴徒拽出，极端箠辱，卒致之死也。静公深痛之，故效屈子沉渊，一瞑不复视。”①

叶德辉是被国共合作时期的湖南省特别法庭当作土豪劣绅而加以镇压的，这是特定时期的特定做法，其中的对与错、是与非尚有可议之处，笔者无意去追究。② 仅从叶德辉本人的角度看，诚如梁启超所言“有自取之道”。这个“自取之道”，显然与叶德辉的“为人”、“个性”有关。当时与叶德辉一同被捕的还有杨度之弟杨钧，但“舆论及协会中人”皆谓杨钧“为善人，且认错谬”，故予以保护；而叶德辉却没能逃过此劫，杨钧分析其原因，谓：“郎园性至乖僻，不近人情，余早知其不免。”③ 时在日本的藏书家董康在获闻叶德辉被戮的消息后，曾在日记中记道：“曾于宣南一晤。其人谈词风激，眸子露光太甚。初疑其不获令终，今竟罹祸，为之惋惜。”④

叶德辉死后，戏剧学家吴梅曾作挽诗二首，其一曰：

目空天下士，为我偶垂青。

---

① 丁文江，赵丰田编．梁启超年谱长编．上海：上海人民出版社，1983：1145.

② 新中国建立后，毛泽东曾在八届十二中全会闭幕式上说：“那个时候把叶德辉杀掉，我看是不那么妥当。”参见龚育之《从叶德辉之死谈到黄兴的流血革命和胡元倓的磨血革命》，《中国文化》，1996 年第 2 期，第 194 页。从特别法庭所公布的叶德辉的五大罪状来看，大多属于事出有因、查无实据，尤其是第五条罪行更是一句虚词。叶德辉尽管思想守旧，仇视革命，且将这种思想诉诸笔墨；但毕竟主要是一位学者，并无谋杀革命志士的血案，也没有直接参与军阀幕中的活动。所谓罪行，更多是一种言论罪。而从传统观念看，书生批评时政乃天经地义之事。

③ 杨钧．草堂之灵．长沙：岳麓书社，1985：213.

④ 董康著，王君南整理．董康东游日记．石家庄：河北教育出版社，2000：170.

岂意一朝别，南天见落星。

诙谐得奇祸，刑辟失常经。

安得中郎笔，重书有道铭。

其二曰：

大名垂四海，小隐寄三吴。

曾造通儒第，如披博古图。

奇文收紫简，馀技事丹炉。

竟杀读书种，天高何处呼。①

吴梅将叶德辉的死因归于“诙谐得奇祸”。

此外，湖南人朱德裳也有《九君咏·叶德辉》，云：“故里都无恙，斯人不可寻。牴牾当日事，凄恻此时心。宾客偷书卖，江山似陆沉。长沙作归计，已叹错弥深。”② 深以叶德辉晚年回长沙为憾。

熟悉叶德辉的人几乎都认为叶氏个性刚直。如黄兆枚曾言叶氏“常放言持系世教，本其抗直之性，多为非刺之辞。而世遂颇指为躁肆，卒于履祸”③。叶德辉的门人王啸苏也说：“先生以迈异之才，秉坚刚之性，独鸣威风，易致青蝇。举凡《翼教》之编，弹时之启，皆中横膺罗网，动触棘矜，以马融之经师，罹牛缺之惨祸，乱馀刀俎，致慨人才，劫后简编，终光日月昆炎之烈。安足戚乎！”④ 曾追随叶德辉问学的李肖聃亦言叶德辉“生性亢直，

---

① 转自左舜生．游戏邀祸的叶德辉//万竹楼随笔．沈云龙主编．近代中国史料丛刊第五辑．台北：文海出版社，1967：152－153.

② 朱德裳．三十年闻见录．长沙：岳麓书社，1985：219.

③ 黄兆枚．叶郎园先生传//叶德辉．郎园先生全书：第1册卷首．长沙：叶氏观古堂，1935.

④ 王啸苏．叶郎园先生全书序//叶德辉．郎园先生全书：第1册卷首．长沙：叶氏观古堂，1935.

勇言利病”①。

这种“刚直”或“亢直”的内涵在叶德辉的弟子那里得到了进一步的阐发。叶氏弟子言：“吾师为人磊落光明，欲言则言，欲行则行，不知趋时，亦不知避谤。”② 而所言中，又少道貌岸然之语，却时常杂以诙谐之词，是以张之洞曾有“叶某不庄”的评价。对此，叶德辉欣然接受：“此一字荣褒真可谓之知己，吾非不端，又非不正，平时每与讲学论事杂以诙谐，其为不庄甚矣，岂非吾一生定评哉！”③

今人钟叔河曾说，读书人有文人与学人之别。文人往往诗酒自娱，纵情声色，放浪形骸；或性格严峻，于人不假辞色；或嬉笑怒骂，出言狂悖。总之，为人不拘一格，其中许多人于操守不甚措意。学人则较为理智，较为温文尔雅，较为讲究操守。学人对待性格怪异的文人，往往加以谴责和鄙视。④ 以此为标准来衡量，叶德辉是类似于黄季刚学人兼文人而文人气质较重者。

这个说法甚有道理，有助于我们理解叶德辉的个性。然而，叶德辉自己可能并不认同。他曾说：“近世诗人多而文人少，文人多而学人少。”⑤ 叶德辉每每讥诋王闿运是“六朝文士”、王先谦是“桐城派古文家”，言外之意，只有自己才是学人——经学家。那么，叶德辉究竟是一个什么样的学人呢？他表示：“鄙人最服膺朱子之学，最畏居理学之名。平生言行之际，大德不逾。尝言：

---

① 李肖聃．郎园全书总叙//叶德辉．郎园先生全书：第1册卷首．长沙：叶氏观古堂，1935.

② 杨树达等撰，崔建英整理．郎园学行记．近代史资料，1985（4）：144.

③ 杨树达等撰，崔建英整理．郎园学行记．近代史资料，1985（4）：137.

④ 杨逢彬．叶德辉与晚清民初的湖湘．中国图书评论，20007（10）：33.

⑤ 金天翮．叶奂彬先生六十寿言//天放楼文言．沈云龙主编．近代中国史料丛刊．台北：台湾文海出版社.

吟风弄月之时，须具有仁民爱物之量。此方是圣门第一等学业，天下第一流人物。讲学而如楚囚相对，岂复有生人之乐哉!"① 可见叶德辉虽然以尊经卫道、维持风教为己任，以学人——经学家自我期许，却并不愿用理学家的修身功夫来约束自身，以至于在外人眼里，他甚至缺乏一般读书人应有的修养，因此招致外人的指责。湘中大儒王闿运就曾在日记中批评叶德辉。如光绪二十一年（1895 年）正月初九："叶麻子来，躁安殊甚，湘潭派无此村野童生派也。"光绪二十八年（1902 年）正月人日："还至上林，闻大声出屋，未审为谁。入见孔、叶，孔云子妇初昏而丧。叶云日作冶游，以为得意，亦太无耻矣。"② 鄙视之情，溢于言辞。

在修己方面如此，在待人方面亦无所故忌，"欲言则言"中不仅意味着"勇言利病"，也包含着"好道人短长"，时时流露出知识分子的傲慢。叶德辉"睥睨一世"，论及清季大儒，竟谓"并世三经师，王湘绮似清谈，俞曲园似房卷，陈东塾似乡约，其余一知半解多如牛毛者更无足比数"。③ 其品题人物，评判是非，"舌涌波涛，笔掣雷电"④，诚所谓"跌宕文史，惊骇流俗"也。⑤ 然而，叶之"惊骇流俗"并非仅仅局限于文史领域，而每每延及政治，似乎对于民主政治中的"言论自由"情有独钟，运用自如。民国建立以后，"湘中耆绅大半物故"，而叶德辉"出生入死保障

① 叶德辉. 与罗敬则大令书// 郋园书札论学书札. 戊戌（1898 年）仲冬刊：37.

② 王闿运. 湘绮楼日记. 长沙：岳麓书社，1997：1984，2438.

③ 左念康. 六书古微跋// 叶德辉. 六书古微. 长沙：叶氏观古堂，丙辰（1906 年）冬月刊.

④ 符定一. 郋园北游文存序// 叶德辉. 郋园北游文存. 辛酉（1921 年）夏正冬十月财政部印刷局活字印.

⑤ 金天翮. 叶奂彬先生六十寿言// 天放楼文言. 沈云龙主编. 近代中国史料丛刊. 台北：台湾文海出版社，1967.

乡里之志未之或忘"，放言高论不曾有所收敛；非议坡子街改名、控诉汤芗铭苛政、诋毁湖南省宪，都曾掀起波澜。他生平遭遇的几次杀身之祸无不与他的"言论自由"有关。是以舆论评价，有叶德辉"以文贾祸"之论。

然而，在叶德辉看似不近人情、游戏人生的个性背后，还包含着深刻的忧思。"叹凤伤麟吾道非，建元祀孔与时违。"①"吾道不行"才是导致叶德辉游戏人生的真正原因，也才是导致叶德辉之死的本质因素。

浸淫于湖湘文化之中的叶德辉，继承了先辈的忠义传统，以维护儒家伦理纲常为使命，系传统文化命脉于一身。然而，近代以来，中西碰撞、古今冲突的结果使得以儒家文化为核心的传统文化不可避免地走向衰落。坚守传统文化理想的叶德辉与他生活的这个世界、这个时代处于一种越来越剧烈的紧张对峙关系之中。世风日下、人心不古使得叶德辉充满了焦灼感，"叹斯文之丧"成为叶德辉一生中反复咏叹的主题。特别是辛亥革命以后，儒家学说丧失了维系世道人心的作用，而新的价值体系又未能有效地建立，世人身心无所约束，逾闲荡检之事常作。这在叶德辉看来，诚为乾坤颠倒、日月失明。尽管叶德辉出身于商人家庭，并且多年担任坡子街值年，参与长沙商会活动，但在骨子里，还是一个传统的读书人，是一个儒者。在叶德辉自己看来，书生议政乃天职，所谓"儒臣立朝，得展匡济生民之略；贤人在野，亦操有转移风化之权"②。因此，"干预时政"恰恰是传统读书人经世致用

① 叶德辉．赠曹赓笙太守允源时主江苏图书馆事∥还吴集（丙辰）．长沙：叶氏观古堂，1929：16.

② 朱锡梁．叶郎园先生六十生朝宴集序∥叶德辉．郎园六十自叙．长沙：叶氏观古堂，1922：4.

精神的外化，而“坚定不移”则恰恰是传统读书人最看重的节操。正因为抱守着传统儒家文化的理念，叶德辉才以螳臂当车的姿态去逆时而动，从而给外人一种冥顽不化的感觉。

在现实生活中，叶德辉讲究谋略，在众多领域都取得了成功——无论是湘剧院、古书刊印，还是其他商业活动，叶德辉都经营有方，颇有获利，但在思想上却无法融入这个日新月异的时代。虽然叶德辉没有像王国维那样留下一纸“五十之年，只欠一死，遭此世变，义无再辱”的遗书而主动投河，但他一生多次流露出不怕死、生不如死的想法。对现实的失望使叶德辉对生与死的关系有着异于常人的思考。叶德辉曾言：“庄生毁孔子，孔子第一知己是庄生；黄祖杀祢衡，祢衡第一知己是黄祖。”① 这在一定程度上是叶德辉的“夫子自道”。又曾言：“杀人必流寇，杀我必知己。”② 叶德辉六十岁时，曾为自己的画像自系赞辞，其中有谓“少年科第，为湘劣绅。谤满天下，人故鬼新。”以古代替死人叙述生平、表达哀思的“诔词”形式来替自己作一总结，盖久赘其生，早已把自己看作是阳间之鬼了。在赞辞中，又把自己比拟为“贞元朝士，庆元党人”。历史上，贞元朝士与庆元党人都是被小人以结党营私之罪名所陷害的君子。可见叶德辉视自己生平所历险境、所遭风波，都是小人陷害的结果。

“乱世人才刀俎物，不缘挝鼓误平生。”这是叶德辉凭吊东汉末名士祢衡之诗句。乱世本无文人立足之地，文人不见容于世岂因文人恃才傲物、不循常规？不过，叶德辉似乎比祢衡更豁达，反视杀掉祢衡的黄祖为祢衡第一知己。那么，若能起叶德辉于地

---

① 叶德辉致缪荃孙：十四//顾廷龙整理．艺风堂友朋书札．上海：上海古籍出版社，1981：543.

② 叶德辉．两知己诗·章太炎//书空集．长沙：叶氏观古堂，1929：6.

下而问之，他不但不会为自己竟遭杀身之祸鸣冤叫屈，反而会视农会诸人为他的“知己”。似乎可以这样说：农民运动杀掉了叶德辉，而叶德辉利用农民运动达成了自己的心愿。当然，这是一种无奈的选择。在“求死”的背后，即是对现实的抗争，更是对理想的殉道。因此，叶德辉之死，恰如王国维一样，亦是死于他的文化理想，死于他的“翼教”。

本书开篇第一章即说过：湖湘文化中的“卫道”传统成为叶德辉保守思想的渊源，也赋予了叶德辉维系儒家伦理纲常的使命。由于与历史发展潮流相违背，叶德辉的卫道理想最终失败。其执迷不悟让人叹息；其护惜传统文化的情怀则让人生敬。叶德辉的文化理想虽然破产了，但也不是毫无意义的。或许，正因为叶德辉守旧，他能洞察近代思想文化新旧递嬗过程中的种种弊病，能指陈近代社会进步思潮中所包含的内在缺失。叶德辉的思想既可以为我们全面把握近代文化转型的诸多面相、反思其是非得失提供参考，也可以为今天的文化建设提供借鉴。

更为重要的是，叶德辉执著于“守旧”，以绵延斯文传衍绝学为己任，虽然使他开新不足，没有成功地转型为现代知识分子、进步思想家，却为今天留下了一笔宝贵的文化遗产。前人有言：“先生之学通矣博矣。条枚所施，实本于东吴；沾溉之宏，乃衍夫南楚。《七略》、《四部》，穷术业之大原，五际六情，续天人之坠绪。荟丛编而远行海国，寻佚简而欲度流沙，淹雅有称，足光楚学。”① 叶德辉的学术成就早已得到了学术界的重视，其影响不但越出湖南一省，而且蜚声海外。他的藏书思想、出版思想、目录版本思想、文字学思想等，无不构成了今人在相关领域里进一步

① 王啸苏．叶郎园先生遗书序∥郎园先生全书：第一册卷首．长沙：叶氏观古堂，1935.

前行的基石。如果说，叶德辉的“卫道”理想破灭了的话，那么，叶德辉的“兴学”理想却在一定程度上得到实现，王先谦、叶德辉“名山之约”最终开花结果。叶德辉不但自己著述有等身之富，而且还培养了众多国学人才。尽管叶德辉一生不掌书院、不登讲席，但受学问业者远及于海外。“门下皆卢、郑，多惭绛帐师。”①及门弟子皆传承了叶德辉重视目录版本、文字训诂的治学路径，成就非凡，其中杨树达更是以“继承清代朴学风度，整理古书，研究古文法与古文字学”贡献突出当选为民国第一届中央研究院院士。从晚清时期湘人因不通汉学而为外人所笑，到民国年间湘籍学人成为传统学术领域中的领军人物，湖湘学风完成了一种嬗变。在此过程中，叶德辉与有力焉。因此，近代湘学知识谱系中自有叶德辉一席之地，而且是很重要、很关键的一席之地。

① 叶德辉．寄怀湘中诸子二十五首//还吴集．长沙：叶氏观古堂，1929：8．

附录：研究著作书目和论文索引

一、论著

［1］杜迈之，张承宗．叶德辉评传．长沙：岳麓书社，1986.

［2］郑炎．近代湖湘文化概论．长沙：湖南师范大学出版社，1996.

［3］朱汉民．湘学原道录．北京：中国社会科学文献出版社，2002.

［4］朱汉民．湖湘学派史论．长沙：湖南大学出版社，2004.

［5］朱汉民．宋明理学通论——一种文化学的阐释．长沙：湖南教育出版社，2000.

［6］王继平．晚清湖南学术与思想．长沙：湖南师范大学出版社，2006.

［7］冯象钦，刘欣森主编．湖南教育史．长沙：岳麓书社，2002.

［8］张学军．湖南教育大事记．长沙：岳麓书社，2002.

［9］杨布生．岳麓书院山长考．上海：华东师范大学出版社，1986.

［10］田伏隆．湖南近150年史事日志（1840—1990）．北京：中国文史出版社，1993.

［11］李开，刘冠才．晚清学术简史．南京：南京大学出版社，2003.

[12] 周秋光．熊希龄传．长沙：湖南师范大学出版社，1996.
[13] 许顺富．湖南绅士与晚清政治变迁．长沙：湖南人民出版社，2004.
[14] 李玉．长沙的近代化启动．长沙：湖南教育出版社，2000.
[15] 尹飞舟．湖南维新运动研究．长沙：湖南教育出版社，1996.
[16] 吴仰湘．通经致用一代师——皮锡瑞研究．长沙：岳麓书社，2002.
[17] 王先明．近代新学——中国传统学术文化的嬗变与重构．北京：商务印书馆，2000.
[18] 郑大华．晚清思想史．长沙：湖南师范大学出版社，2005.
[19] 郑大华．民国思想史论．北京：社会科学文献出版社，2006.
[20] 李帆．刘师培与中西学术．北京：北京师范大学出版社，2003.
[21] 罗志田．裂变中的传承——20 世纪前期的中国文化与学术．北京：中华书局，2003.
[22] 罗志田．权势转移——近代中国的思想、社会与学术．武汉：湖北人民出版社，1999.
[23] 罗志田．国学与学术：清季民初关于"国学"的思想论争．北京：生活·读书·新知三联书店，2003.
[24] 杨思信．文化民族主义与近代中国．北京：人民出版社，2003.
[25] 刘军宁．保守主义．北京：中国社会科学出版社，1998.
[26] 喻大华．晚清文化保守思潮研究．北京：人民出版社，2001.

[27] 胡逢祥．社会变革与文化传统．上海：上海人民出版社，2000.

[28] 郑师渠．晚清国粹学派．北京：北京师范大学出版社，1997.

[29] 桑兵．晚清民国的国学研究．上海：上海古籍出版社，2001.

[30] 桑兵．国学与汉学——近代中外学界交往录．杭州：浙江人民出版社，1999.

[31] 李庆编注．东海遗墨·近代中日文化交流稀见史料辑注．上海：上海人民出版社，1998.

[32] 李细珠．晚清保守思想的原型——倭仁研究．北京：社会科学文献出版社，2004.

[33] 丁伟志，陈崧：中体西用之间．北京：中国社会科学出版社，1995.

[34] 李雪梅．中国近代藏书文化．北京：现代出版社，1998.

[35] 李庆．日本汉学史．上海：上海外语教育出版社，2004.

[36] 王尔敏．晚清政治思想史论．桂林：广西师范大学出版社，2005.

[37] 王尔敏．中国近代思想史论．北京：中国社会科学文献出版社，2003.

[38] 王尔敏．中国近代思想史续论．北京：中国社会科学文献出版社，2005.

[39] 汪荣祖．从传统中求变——晚清思想史研究．南昌：百花洲文艺出版社，2002.

[40] 张朋园．知识分子与近代中国的现代化．南昌：百花洲文艺出版社，2002.

[41] 黄福庆．近代日本在华文化及社会事业之研究．中央研究院近代史研究所专刊（45）．

[42] 余英时．现代危机与思想人物．北京：生活·读书·新知三联书店，2005．

[43] 余英时．文史传统与文化重建．北京：生活·读书·新知三联书店，2004．

[44] 陈弱水，王汎森主编．思想与学术．北京：中国大百科全书出版社，2005．

[45] 吴雁南．清代学经学史通论．昆明：云南大学出版社，2001．

[46] 周予同．中国经学史讲义．上海：上海文艺出版社，1999．

[47] 姜广辉．中国经学思想史：第一卷，北京：中国社会科学出版社，2003．

二、主要论文

[1] 袁庆述．叶德辉和他的书林清话．中国文学研究，2003（1）．

[2] 袁庆述．叶德辉和他的观古堂藏书目．船山学刊，2003（3）．

[3] 李安．叶德辉的历史文献学成就论略．湖南师范大学学报：哲学社会科学版，2003（3）．

[4] 彭文静．简论叶德辉的藏书印与用印思想．常德师范学院学报，2002（2）．

[5] 彭文静．论《书林清话》的学术创获．湘潭师范学院学报，2002（4）．

[6] 彭文静．叶德辉及其藏书．忻州师范学院学报，2002（1）．

[7] 沈俊平．叶德辉与四部丛刊．古籍整理研究学刊，2002（2）．

[8] 沈俊平．叶德辉所刻丛书的研究．图书与情报，2001（2）．

[9] 沈俊平．叶德辉观古堂藏书述略．中国典籍与文化，2000（3）.
[10] 沈俊平．叶德辉及其校勘学．图书馆理论与实践，2000（6）.
[11] 沈俊平．叶德辉版本目录学工作概述．图书馆建设，2000（6）.
[12] 那成英．评清末目录学名作书林清话．青海民族研究，2002（2）.
[13] 那成英．清末藏书家叶德辉及其学术思想．青海民族学院学报，2002（4）.
[14] 王晋卿．叶德辉的版本思想与方法．湘潭大学社会科学学报，1998（5）.
[15] 王晋卿．叶德辉的刻书思想及其实践．图书馆，1997（4）.
[16] 王晋卿．叶德辉的藏书思想与方法．湘潭大学社会科学学报，1996（3）.
[17] 王晋卿．叶德辉的目录学思想与方法．图书馆，1994（4）.
[18] 彭清深．试评叶德辉的三部书——《双梅景暗丛书》、《书林清话》、《书林余话》．船山学刊，1996（7）.
[19] 彭玲．叶德辉《双梅景暗丛书》、《书林清话》、《书林余话》评述．图书与情报，1995（2）.
[20] 张晶萍．从《翼教丛编》看叶德辉的学术思想．湖南大学学报：哲学社会科学版，2004（4）.
[21] 张晶萍．叶德辉与日本学者的交往及其日本想象．厦门大学学报：哲学社会科学版，2006（4）.
[22] 程千帆．叶德辉光复坡子街地名记补注．中国文化，1996（1）.
[23] 龚育之．从叶德辉之死谈到黄兴的流血革命和胡元倓的磨血革命．中国文化，1996（2）.
[24] 杨逢彬．叶德辉与晚清民初的湖湘．中国图书评论，2007（10）

图书在版编目(CIP)数据

叶德辉生平及学术思想研究／张晶萍著．—长沙：湖南师范大学出版社，2008.12

ISBN 978－7－81081－988－6

Ⅰ．叶…　Ⅱ．张…　Ⅲ．①叶德辉(1864—1927)—人物—研究②叶德辉—学术思想—研究　Ⅳ．K828

中国版本图书馆 CIP 数据核字(2008)第 182546 号

湖湘文库(乙编)

湖湘文库编辑出版委员会

叶德辉生平及学术思想研究

著　　者　张晶萍
责任编辑　刘苏华
责任校对　黄　晴　李永芳
整体设计　郭天民
出版发行　湖南师范大学出版社
网　　址　http://press.hunnu.edu.cn
地　　址　长沙市岳麓山
邮　　编　410081
营销部电话　(0731)8873071
经　　销　湖南省新华书店
印　　刷　长沙化勘印刷有限公司
版　　次　2008 年 12 月第 1 版第 1 次印刷
开　　本　960×640　1/16
印　　张　28.25
字　　数　329000
书　　号　ISBN 978－7－81081－988－6
定　　价　95.00 元

ISBN 978-7-81081-988-6

9 787810 819886 >